Ferdinand Christian Baur

Vorlesungen über neutestamentliche Theologie

Ferdinand Christian Baur

Vorlesungen über neutestamentliche Theologie

ISBN/EAN: 9783743308046

Hergestellt in Europa, USA, Kanada, Australien, Japan

Cover: Foto ©ninafisch / pixelio.de

Manufactured and distributed by brebook publishing software
(www.brebook.com)

Ferdinand Christian Baur

Vorlesungen über neutestamentliche Theologie

Vorwort des Herausgebers.

Indem ich die von meinem verewigten Vater in den Jahren 1852—1860 an der hiesigen Universität gehaltenen Vorlesungen über neutestamentliche Theologie hiemit der Öffentlichkeit übergebe, darf ich vielleicht hoffen, einem in weiteren Kreisen gehegten Wunsche entgegenzukommen.

Auch bin ich mir bewusst, bei der Herausgabe dieser Vorlesungen insofern im Sinne des Verfassers selbst zu handeln, als dieser noch in der letzten Zeit seines Lebens damit umgieng, sein im Jahre 1845 erschienenes Buch „Paulus, der Apostel Jesu Christi" in zweiter, theilweise wesentlich umgearbeiteter, Auflage erscheinen zu lassen. Diese hat auch derselbe nahezu fertig im Manuscript hinterlassen.

Zu den für sie bestimmten und vollständig neu ausgearbeiteten grösseren Abschnitten gehört namentlich die Darstellung des paulinischen Lehrbegriffs, welche der Verewigte zuvor schon seiner, letztmals im Sommer 1860 gehaltenen, Vorlesung über neutestamentliche Theologie einverleibt hatte, und um welcher willen hauptsächlich er seinen „Paulus" nochmals erscheinen lassen zu können wünschte.

Da nun, obwohl das Buch längst vergriffen und aus dem Buchhandel verschwunden ist, die, nach des Verfassers Tod auch von mir eine Zeit lang beabsichtigte, Veranstaltung dieser neuen Auflage an äusseren Hindernissen scheiterte, so wollte ich um so weniger säumen, die vorliegenden, von meinem Vater auf's genaueste mehrmals durchgearbeiteten und von ihm noch in der letzten Zeit seines akademischen Wirkens gehaltenen Vorlesungen über die gesammte neutestamentliche Theologie zu veröffentlichen.

Ihre Herausgabe erfüllt einen doppelten Zweck: sie bringt die Resultate der Forschungen und Arbeiten des Verfassers im Gebiete des neuen Testaments in zusammenfassender, übersichtlicher Darstellung zur Kenntniss des Publicums, und lässt auch das Wesentlichste von dem, was der umgearbeitete „Paulus" Neues enthalten haben würde, nunmehr in derjenigen Umgebung und als Theil des Ganzen, wofür es der Verewigte zunächst bestimmt und ausgearbeitet hatte, vor die Öffentlichkeit treten.

Tübingen, im Juni 1864.

Der Herausgeber.

Inhalt.

	Seite
Einleitung. Begriff, Geschichte und Eintheilung der neutestamentlichen Theologie	1 — 44
Wesen der biblischen Theologie	1
Geschichte. Melanchthon und Calvin	1 — 2
Seb. Schmidt. Hülsemann. Baier. Weissmann. Büsching	2 — 4
Zachariä	4 — 6
Hufnagel. Ammon. Storr. Gabler	6 — 8
Lorenz Bauer	8 — 10
Kaiser. De Wette	10 — 14
Baumgarten-Crusius	14 — 16
von Cölln	16 — 19
Strauss und die neuere Kritik	20 — 26
Neander	26 — 27
Die Gestaltung der neutestamentlichen Theologie auf dem jetzigen Standpunkt der Wissenschaft	27 — 33
Schmid. Hahn. Einheit und Verschiedenheit der neutestamentlichen Lehrbegriffe	33 — 35
Messner. Lechler	35 — 38
Eintheilung der neutestamentlichen Theologie. Ihre drei Perioden. Jul. Köstlin	38 — 44

Erster Abschnitt.
Die Lehre Jesu . . . 45—121

Einleitung	45 — 46
Verhältniss Jesu zum alten Testament und Gesetz . .	46 — 60
Die sittliche Grundanschauung Jesu	60 — 65
Die δικαιοσύνη	65 — 69
Die Lehre Jesu vom Reiche Gottes	69 — 75
Die Lehre Jesu von seiner Person und Messianität. Der Menschen- und Gottessohn	75 — 84
Aussprüche Jesu über seine Person in den synoptischen Evangelien	85 — 93

	Seite
Matth. 7, 21	85 — 87
Matth. 9, 1—8	87 88
Matth. 10, 5 f.	88 89
Matth. 11, 2 f.	89 90
Matth. 12, 1—8	90 — 92
Matth. 16, 13	92 93
Messiasbewusstsein Jesu	93 — 95
Voraussagungen Jesu über Tod und Auferstehung	95 — 99
Äusserungen über Zweck und Wirkung seines Todes	99—101
Worte Jesu bei der Einsetzung des Abendmahls	101—105
Aussprüche Jesu über sein Kommen zum Weltgericht und sein Richteramt	105—112
Sohnesbewusstsein Jesu	113—115
Die Idee Gottes als des Vaters	115—118
Jesus über seinen messianischen Beruf	118—121

Zweiter Abschnitt.

Die Lehre der Apostel . . 122—407

Erste Periode.

Die Lehrbegriffe des Apostels Paulus und des Apokalyptikers	122—230
Übergang von der Lehre Jesu zu der der Apostel	122—126
Die Auferstehung Jesu	126 127
1) Der Lehrbegriff des Apostels Paulus	128—207
Judenthum und Christenthum	128 129
Die Bedeutung des Todes Jesu	129—132
Der Begriff der δικαιοσύνη	132—134
Unmöglichkeit der Rechtfertigung durch Gesetzeswerke:	
1) Empirischer Beweis	135—137
2) Religionsgeschichtliche Betrachtung	137—141
3) Anthropologischer Beweis	141—153
Begriff der σάρξ, der ψυχή, des νοῦς, πνεῦμα	142—147
Die paulinische und die augustinisch-kirchliche Lehre	147—149
Σάρξ und νόμος	149 150
Gesetz und Sünde	150—153
Die δικαιοσύνη ἐκ πίστεως	153—186
Der Begriff des Glaubens	154 155
1) Thatsächlicher Gesichtspunkt, der Tod Christi. Genugthuung und Stellvertretung	156—160
2) Anthropologischer Gesichtspunkt, der Tod Christi und die σάρξ. Tod und Auferstehung	160—163

Seite

3) Religionsgeschichtlicher Standpunkt, Gesetz und Ver-
heissung, der νόμος παιδαγωγός, die στοιχεῖα τοῦ κόσμου,
Gesetz und Freiheit . . . . 163—173
Der Process des δικαιοῦσθαι ἐκ πίστεως . . . . . 174—176
Glaube und Liebe 176 177
Der Glaube und die Werke . . . . . . 177—182
Der Glaube und die Prädestination . . . . . 182—186
Die paulinische Christologie . . . . . . 186—194
Christus als πνεῦμα und ἄνθρωπος ἐξ οὐρανοῦ . . . 187—189
Sein ὁμοίωμα σαρκὸς ἁμαρτίας . . . . . 189—191
Der irdische und der himmlische Mensch 191 192
Präexistenz Christi . . . . 192—194
Die Geschichte der Person Christi als Entwicklungsgeschichte
der Menschheit, Tod und Auferstehung, Adam und Christus 195—198
Der auferstandene Christus und die Christen als Glieder des
Leibs Christi . . . . 198—200
Taufe und Abendmahl . . . . 200—202
Die Parusie Christi und die Eschatologie . . . . 202—205
Die Lehre von Gott . . . . 205—207

2) Der Lehrbegriff der Apokalypse . . . 207—230

Das Kommen des Herrn und das himmlische Jerusalem . 207—209
Das Reich Christi . . . . 209—211
Die Gemeinde des neuen Jerusalems. Judenthum und Heiden-
thum . . . . 211—214
Die Lehre von der Person Christi. Der Jehovahname des
Messias. Jesus als λόγος τοῦ θεοῦ und ἀρχὴ τῆς κτίσεως 214—219
Der Tod Christi 219 220
Der auferstandene Christus als Herr der Gemeinde . . 220—222
Alttestamentliche Messias-Prädicate. Das Lamm . . 222 223
Das Verhältniss des Menschen zu Gott und Christus. Die
Furcht Gottes, ἔργα und πίστις . . . . . 223—226
Die Lehre von Gott. Die vier ζῷα und die vierundzwanzig
Ältesten. Der Satan . . . . 226—230

Zweite Periode.

Die Lehrbegriffe des Hebräerbriefs, der kleineren paulinischen
Briefe u. s. w. . . . . 230—338

1) Der Lehrbegriff des Hebräerbriefs . . 230—256

Die Stellung des Christenthums zum Judenthum . . . 230—232
1) Der Unterschied des Christenthums vom Judenthum 232—238
Die Idee des Priesterthums 232 233

	Seite
Das Gesetz und die Opfer	233 234
Das Christenthum als τελείωσις	234 235
Die Christologie. Die Begriffe Sohn und Logos	235—238
2) Die Ausgleichung des Unterschieds zwischen Christenthum und Judenthum. Das alte Testament als Vorbild des neuen. Melchisedek und Christus	238—243
Der den Gegensatz aufhebende Process in der Person Christi. Grund und Zweck der Menschwerdung	243—245
Die versöhnende Thätigkeit Christi	245—247
Der αἰὼν μέλλων und der αἰὼν οὗτος	248 249
Die Parusie und das Weltende	250 251
Die Lehre vom Glauben	251—254
Die Transcendenz dieses Lehrbegriffs	254—256
2) Der Lehrbegriff der kleineren paulinischen Briefe, mit Ausnahme der Pastoralbriefe	256—277
Die Christologie des Epheser- und Colosser-Briefs. Das Pleroma	256—258
Das Verhältniss Christi zur Kirche als seinem Leibe	258—260
Die allgemeine Idee der Christologie dieser Briefe	260 261
Die Versöhnung durch den Tod Christi	261—263
Die Thatsachen der Geschichte Christi als Momente der sich realisirenden Idee	263 264
Die Christologie des Philipperbriefs	265—269
Die Lehre dieser Briefe vom Glauben, der Rechtfertigung und der Beseligung	269—272
Das Christenthum Sache des Wissens	272 273
Das Verhältniss des Christenthums zu Judenthum und Heidenthum. Polemik gegen Engelcultus und die στοιχεῖα τοῦ κόσμου	273—276
Die Idee des σῶμα Χριστοῦ und der Einheit der Kirche	276 277
3) Der Lehrbegriff des Briefs Jacobi und der petrinischen Briefe	277—297
Die Opposition des Jacobusbriefs gegen die paulinische Lehre von der Rechtfertigung durch den Glauben	277—280
Der Glaube und die Werke bei Jacobus	280—284
Der Gesetzesstandpunkt, der νόμος τέλειος τῆς ἐλευθερίας	284—286
Die Lehre von der Freiheit und der Sünde	286 287
Der Lehrbegriff der petrinischen Briefe	287—297
Die paulinische Grundlage. Der Glaube	287 288
Die Lehre von dem Tode Christi	288—291
Die Idee der Höllenfahrt Christi	291—293

Inhalt.

Seite

Der Unterschied vom Paulinismus und der zwischen diesem
und dem Judaismus vermittelnde Charakter des ersten
Briefs . . . . 293—295
Die Lehre vom Glauben, den Werken, der Wiedergeburt . 295—297
Der zweite petrinische Brief 297

4) Die Lehrbegriffe der synoptischen Evangelien
und der Apostelgeschichte . . . . . 297—338

Verhältniss zur Lehre Jesu 297 298
Die Lehre von der Person Jesu als des Messias. Übernatür-
liche Geburt und die Genealogien . . . . 298—300
Die Taufe und Versuchung Jesu . . . . . . 300—302
Die Wundererzählungen . . . . 302—304
Die Verklärungsgeschichte 304 305
Tod und Auferstehung Jesu . . . . 305—308
Himmelfahrt und Sitzen zur Rechten Gottes . . . . 308—311
Parusie und Weissagungen Jesu über die Zerstörung Jeru-
salems . . . . 311—321
Die Lehre vom heiligen Geist bei den Synoptikern und in der
Apostelgeschichte. Das λαλεῖν γλώσσαις . . . 321—327
Der paulinisirende Lehrbegriff des Lucas-Evangeliums . . 327—331
Der Paulinismus der Apostelgeschichte . . . . 331—338

Dritte Periode.

Die Lehrbegriffe der Pastoralbriefe und der johanneischen
Schriften . . . . . 338—407

1) Der Lehrbegriff der Pastoralbriefe . . . 338—351

Die paulinische Grundlage desselben . . . . . 339—341
Seine polemische Seite, die Bestreitung der Häretiker . . 341 342
Die Lehre von der Kirche . . . . 342—344
Das praktische Christenthum. Die Lehre von der Inspiration 344 345
Die Einwirkungen der Gnosis in der Lehre von Gott . . 345—349
Dieselben in der Lehre von der Person Christi . . . 349—351

2) Der johanneische Lehrbegriff . . . . 351—407

Die Idee des Logos im Prolog des Evangeliums . . . 351—354
Das Wesen Gottes, als reine Geistigkeit und als absolute
Thätigkeit . . . . 354—356
Der Logos als das göttliche Offenbarungsorgan . . . 356—359
Der Gegensatz des Lichts und der Finsterniss . . . 359—361
Verhältniss der johanneischen Lehre zum gnostischen Dualis-
mus 361 362

X

Inhalt.

	Seite
Die Fleischwerdung des Logos	362—364
Die σὰρξ des Logos und die menschliche Natur Christi	364—367
Der synoptische und johanneische Christus	367 368
Die Lehre von der Erlösung	368—389
Der Glaube und die Selbstdarstellung Jesu	368 369
1) Die Werke Jesu, ἔργα und σημεῖα	369—372
2) Die Lehre und die Reden Jesu	372—378
Die Rede Jesu Cap. 5 über das ζωοποιεῖν des Sohns	373—375
Die Rede Cap. 6 über Jesus als das Lebensbrod	375 376
Jesus als das Licht der Welt, der Weg u. s. w.	376 377
Das Gebot der Liebe	377 378
3) Der Tod Jesu	378—381
Die Auferstehung Jesu und sein Kommen in den Abschieds-reden	381 382
Die Erscheinungen des Auferstandenen	382 383
Die Mittheilung des Geistes, der Paraklet	384—386
Seine Wirksamkeit bei den Jüngern und den Glaubenden	386—389
Verhältniss des Evangeliums zum alten Testament und Juden-thum. Jesus als Passahlamm	389—393
Verhältniss zum Paulinismus	393—395
Glaube und Liebe	395—397
Die Liebe des Vaters zum Sohn und Gottes zur Welt	397—400
Die Bedeutung des Todes Jesu	400 401
Die Idealität des Lehrbegriffs. Die Mittheilung des ewigen Lebens und des wahren Gottesbewusstseins	401—403
Das ewige Leben als Gegenwart und Zukunft	403 404
Die Eschatologie. Auferstehung und Gericht	404—406
Die Parusie	406
Die Vermittlung der Gegensätze	406 407

Einleitung.

Begriff, Geschichte und Eintheilung der neutestamentlichen Theologie.

Die neutestamentliche Theologie macht mit der alttestamentlichen die biblische Theologie aus, welche durch den Unterschied des alten und neuen Testaments von selbst in diese beiden Haupttheile zerfällt. Theologie nannte man diese theologische Wissenschaft, um sie mit diesem allgemeinen und unbestimmten Namen von der Dogmatik als der systematischen Theologie zu unterscheiden. Im Unterschied von der Dogmatik und allem demjenigen, was zum Begriff derselben gehört, sollte die biblische Theologie eine rein geschichtliche Wissenschaft sein. In ihr hat sich die reine Lehre der Schrift aus den Fesseln des Abhängigkeits-Verhältnisses, in das sie zum dogmatischen System der Kirche gekommen war, losgemacht und von demselben mehr und mehr emancipirt. Um sie in diesem eigenthümlichen Charakter aufzufassen, muss man auf die Geschichte ihrer Entstehung und Ausbildung zurückgehen. Sie zeigt, dass sie von Anfang an darauf angelegt war, das Geschichtliche, das ihr wesentliches Element ist, so rein als möglich in sich darzustellen.

Nach dem Grundprincip des Protestantismus soll die Dogmatik der protestantischen Kirche nichts anderes sein als die Darstellung der in der Schrift enthaltenen Lehre. Dieser Forderung entsprachen die ursprünglichen Darstellungen der evangelischen Glaubenslehre weit mehr als die spätern. Sie sollten nur die wissenschaftliche Reproduction des in der Schrift ausgesprochenen evangelischen Bewusstseins sein. So schlossen sich Melanchthon's *Loci theologici*, wie sie aus dessen Vorlesungen über den Römerbrief hervorgiengen, nach Form und Inhalt an diesen Brief an, als an diejenige Schrift des neuen Testaments, in welcher die evangelische Lehre am meisten in dem organischen Zusammenhang ihrer Hauptmomente entwickelt ist. Auch in Calvin's *Institutio christianae religionis* ist das Verhältniss von Schrift und Dogmatik noch ein reineres und unmittelbareres. Die Schrift ist das Grundlegende, Maassgebende, Bestimmende, die Dogmatik das aus ihr als der Erkenntnissquelle Abgeleitete und durch sie Begründete. In der Folge wurde das Verhältniss das gerade umgekehrte. Je mehr das System sich ausbildete, nach dem hergebrachten dogmatischen Formalismus construirt wurde und auf der Grundlage des dogmatischen Gegensatzes, aus welchem es hervorgegangen war, seinen specifischen Charakter erhielt, um so mehr wurde der vorherrschende Gesichtspunkt das rein Dogmatische. Die Schrift war jetzt, wenn auch dem Namen nach, doch nicht der Sache nach das Primäre, sondern das Secundäre, sofern alles, was man aus ihr nahm, vor allem darauf angesehen wurde, wie man es zur Construction des Systems gebrauchen könne, um den genügenden Beweis für die Hauptsätze des Systems zu führen und die Antithesen der Gegner zu widerlegen. Die Exegese kam auf diese Weise ganz in den Dienst der Dogmatik, man kannte keine andere Auffassung der Schriftlehre, als die von der Dogmatik ausgehende und von ihr beherrschte.

Das Erste, worin sich das der biblischen Theologie zu Grunde liegende Interesse geltend machte, war daher, dass man den Schriftinhalt von dem eigentlich Dogmatischen zu unterscheiden anfieng und beides wenigstens soweit auseinanderhielt, um die zur dogmatischen Beweisführung dienenden Stellen für sich in's Auge zu fassen. Es geschah diess in den Schriften, die den Zweck hatten, die sog. *dicta probantia* der heiligen Schrift zu erörtern. Man nannte sie *Collegia biblica*, wie z. B. Seb. Schmidt, seine Schrift, eine der ältesten dieser Art, so nannte: *Collegium biblicum, in quo dicta V. et N. Testamenti juxta seriem locorum communium theologicorum explicantur.* Strassburg 1671. Ebendahin gehören Joh. Hülsemann's *Vindiciae s. s. per loca classica systematis theol.* Leipzig 1679. Baier, *Analysis et vindicatio illustrium scripturae dictorum sinceram fidei doctrinam asserentium.* 1716. Weissmann, *Institutiones theologiae exegetico-dogmaticae.* Tübingen 1739. Der Unterschied dieser Werke und der eigentlich dogmatischen war nur, dass man das Exegetische oder Biblische voranstellte; im Übrigen war die Behandlung, wie auch schon die Ordnung, in welcher man die classischen Schriftstellen an einander reihte, rein dogmatisch. Um die Mitte des achtzehnten Jahrhunderts tritt die biblische Theologie unter diesem Namen schon mehr als eigene selbstständige Wissenschaft auf. In den Schriften von A. F. Büsching: *Diss. inaug. exhibens epitomen theologiae e solis literis sacris concinnatae* Göttingen 1756. *Epitome theologiae e solis literis s. concinnatae, una cum specimine theologiae problematicae* (d. h. der in Frage stehenden biblischen Theologie). 1757. *Gedanken von der Beschaffenheit und dem Vorzug der biblisch-dogmatischen Theologie vor der scholastischen,* 1758, ist, wie schon aus dem Titel dieser Schriften zu schliessen ist, die biblische Theologie unter diesen Gesichtspunkt gestellt. Die biblische Theologie sollte somit nicht blos zur Erläuterung und Beweisführung dienen, sie wollte auch etwas für sich sein, nach der Idee, die ihr zu Grunde liegt, ein Ganzes für sich, sofern die sämmtlichen Lehren nur aus der Schrift zusammengestellt werden. Schon ist auch wenigstens von einem Vorzug der biblischen Theologie vor der scholastischen die Rede. Als sodann in der zweiten Hälfte des achtzehnten Jahrhunderts der Geist der Zeit sich mehr und mehr von dem kirchlichen System hinwegwandte und sich in Opposition zu demselben setzte, war es hauptsächlich die biblische Theologie, auf die man sich stützte, um die veraltete Dogmatik ihrem eigenen Princip zufolge durch ihren Widerspruch mit der Schrift zu bekämpfen, wie diess von den damaligen Aufklärungstheologen, in den Schriften eines Bahrdt, Teller und Anderer auf eine grösstentheils sehr einseitige und oberflächliche Weise geschehen ist. Die Semler'sche Kritik arbeitete gleichfalls darauf hin, die biblische Theologie von dem Zusammenhang mit der kirchlichen Dogmatik loszureissen.

Das bedeutendste Werk aus dieser ersten Periode der biblischen Theologie und dasjenige, an welchem sich die damals erreichte Stufe ihrer Ausbildung am besten fixiren lässt, ist unstreitig des Göttinger Theologen Zachariä *biblische Theologie, oder Untersuchung des biblischen Grundes der vornehmsten theologischen Lehren.* Sie erschien zuerst im Jahre 1772 und nachher noch in einer zweiten und dritten Ausgabe in vier Bänden, zu welchem noch ein fünfter, herausgegeben von Vollborth, kam. Der zweite Titel bezeichnet den Gesichtspunkt, aus welchem Zachariä die biblische Theologie in dieser ausführlichen Bearbeitung auffasste. Sie sollte eine Kritik des kirchlichen Systems sein, oder, wie Zachariä selbst seine Aufgabe bestimmte, dazu dienen, die systematischen und biblischen Ideen unter einander zu vergleichen und genau zu untersuchen, was bei den angenommenen systematischen Ideen, welche jederzeit ihre Quelle in gewissen biblischen Ausdrücken haben, richtig oder unrichtig sei, um endlich, wie es die Natur aller menschlichen Wissenschaften erfordere, den Weg zu einer deutlichen und genauer bestimmten Theologie zu bahnen, welche von Allen durch die Vergleichung ihrer bisherigen Begriffe mit den aufgeklärten biblischen Begriffen als völlig richtig erkannt werden

könne. Damit diese Vergleichung, die bei der Abweichung
unserer Art zu denken und zu reden von der der Bibel keine
sehr leichte sei, um so gründlicher geschehe, sollte sich das
Werk auf den gesammten biblischen Grund der theologischen
Lehrsätze erstrecken und dieser Einrichtung gemäss biblische
Theologie heissen. Bei der Richtigkeit theologischer Lehren be-
ruhe ja alles auf der Richtigkeit ihrer Beweise aus der heiligen
Schrift. Vergesse man folglich auf eine Zeitlang das System
unserer Kirche und suche durch eigenes sorgfältiges Erforschen
der ganzen Schrift die in ihr befindlichen theologischen Lehren
selbst zu bestimmen, so werde man eine von Neuem aus derselben herausgesuchte Theologie erhalten, welche man mit Recht
die eigentlich biblische Theologie nennen und mit den bekannten theologischen Lehren, welche als in der Schrift gegründet
in unserer Kirche behauptet werden, vergleichen könne, um
sich von ihrer Richtigkeit zu überzeugen, oder, wenn man sie
nicht in der Schrift gegründet finde, die eigentliche Lehre der
heiligen Schrift genau einzusehen. Denn bei solchen Untersuchungen würde man parteiisch handeln, wenn man selbst die
wichtigsten Lehren unserer Kirche als ausgemacht voraussetzen
und blos Beweise dazu suchen wollte. Hier müsse man alle
erlernte Wahrheit gleichsam vergessen, um unparteiisch genug
zu sein, blos was die heilige Schrift lehrt ohne Rücksicht auf
das, was diese oder jene Partei, dieser oder jener Gottesge-
lehrte für wahr und richtig halte, dafür zu erkennen und aus-
zugeben.

Die kritische Tendenz, die die biblische Theologie dem
kirchlichen System gegenüber sehr natürlich haben musste, tritt
hier sehr bestimmt hervor; aber bei aller Anerkennung, die
sie verdient, ist sie doch nur als eine noch mangelhafte Stufe
ihrer wissenschaftlichen Ausbildung anzusehen. Solange sich
die biblische Theologie nur die Aufgabe setzt, das kirchliche
System zu kritisiren, hat sie noch keine selbstständige Bedeu-

tung, sie hat ihren Zweck nicht in sich selbst, sondern ausser sich, in einem Gebiet der Theologie, durch welches ihre Existenz wesentlich bedingt ist. Es ist auch so noch ein durchaus dogmatischer Gesichtspunkt, aus welchem die biblische Theologie behandelt wird. Und so sehr es auf eine Kritik des kirchlichen Systems abgesehen war, so war es doch auch damit nicht so ernstlich gemeint. Man setzte doch immer wieder voraus, dass die biblische Theologie in ihren Resultaten mit der kirchlichen Lehre vollkommen übereinstimme. Die letztere werde, versichert auch Zachariä, durch seine neue Untersuchung so wenig leiden, dass sie vielmehr nur in einem neuen Lichte sich darstellen werde. Sie sollte ja nur die Beweisgründe aus der heiligen Schrift für die Lehrsätze des kirchlichen Systems liefern. Nur darin gab sich auch bei solchen Theologen, wie Zachariä, eine rationalisirende Tendenz zu erkennen, dass man sehr geneigt war, biblische Vorstellungen, wie von der Ewigkeit der Strafen und dem Opfertod Christi, für blosse Bilder und Redensarten zu halten. Im Allgemeinen aber wurde alles, was man unter biblischer Theologie verstand, als eine blosse Vorarbeit für die Dogmatik betrachtet, oder sie wurde selbst zur biblischen Dogmatik.

Auf dieser Stufe stehen neben Zachariä's Werk die Schriften von Hufnagel, Ammon, Storr. Hufnagel's nicht einmal zur Hälfte vollendetes und im Grunde nur aus fragmentarischen Materialien über die biblischen Beweisstellen der Dogmatik bestehendes *Handbuch der biblischen Theologie* vom Jahre 1785 verdient kaum erwähnt zu werden. Wichtiger ist Ammon's *Entwurf einer reinen biblischen Theologie* vom Jahre 1792 und noch mehr seine *biblische Theologie* vom Jahre 1801 in drei Bänden. Ammon ist es hauptsächlich, welcher die biblische Theologie als blosse Vorarbeit und Hülfswissenschaft der Dogmatik auffasste. Sie soll, sagte er, eine genaue Kenntniss der reinen, d. h. von aller Eigenheit des Vortrags abgesonderten

Resultate derjenigen Schriftstellen enthalten, aus welchen die Lehrsätze der biblischen Dogmatik abgeleitet werden. Die biblische Theologie liefere nur Materialien, Grundbegriffe und Resultate der Bibel, ohne sich um den Zusammenhang derselben zu bekümmern, oder sie in ein künstliches System zu winden. Dieses Geschäft bleibe allein dem Dogmatiker vorbehalten, der diese Resultate an einander kette. Wenn aber die biblische Theologie die wesentlichen Materialien der Dogmatik, die schriftgemässe Grundlage derselben zu liefern hat, so ist es ein blos formeller Unterschied zwischen einer solchen Materialiensammlung und einer Anordnung dieser Materialien zu einem dogmatischen System. Das letztere hat Storr gethan in seiner biblischen Dogmatik unter dem Titel: *Doctrinae christianae pars theoretica e sacris literis repetita.* 1793. Von dem kirchlichen System ist hier blos die systematische Form entlehnt, um die aus der Bibel abgeleiteten Lehren in einem wissenschaftlichen Zusammenhang darzustellen. Die Absicht ist nicht, die biblischen Lehren rein geschichtlich zu entwickeln, sondern es verbindet sich mit dem Geschichtlichen das dogmatische Interesse, diese Lehren als Glaubenssätze aufzustellen, deren dogmatische Auctorität schlechthin anzuerkennen ist.

Das Charakteristische dieser ersten Periode ist so überhaupt das durchaus vorherrschende dogmatische Interesse, mit welchem die biblische Theologie behandelt wurde. Es fehlte noch der geschichtliche Begriff ihrer Aufgabe. Wenn auch z. B. bei Ammon davon die Rede ist, dass die Schriftstellen nicht wie vormals unter einander geworfen, sondern chronologisch geordnet werden sollen, um das Stufenweise in den Offenbarungen Gottes bemerken zu können, und dass man die Eigenheiten der h. Schriftsteller und des Volks und Zeitalters, für welches sie schrieben, nicht aus den Augen verlieren dürfe, um in den Sinn dieser Schriften einzudringen, so ist diess doch nur eine flüchtige Bemerkung, und die in ihr angedeutete historische Betrachtungsweise hat keinen weiteren Einfluss auf die Behandlung des Ganzen gehabt. Ein weiterer Fortschritt in der Fortbildung der biblischen Theologie konnte daher nur dadurch geschehen, dass die eigentlich geschichtliche Aufgabe derselben zum bestimmteren Bewusstsein kam. Das Verdienst, dieses Bewusstsein zuerst ausgesprochen zu haben, gebührt dem Altdorfer Theologen, J. Ph. Gabler. Seine akademische Rede vom Jahre 1787 *de justo discrimine theologiae biblicae et dogmaticae regundisque utriusque finibus* (kleine theologische Schriften 1831, 2. S. 179 f.; vgl. Journal für auserl. theol. Literatur 1. S. 554. 5. S. 361 f. 594 f.) hatte den Zweck, den Unterschied der biblischen und der dogmatischen oder systematischen Theologie dadurch zu bestimmen, dass der erstern ein rein historischer, der letztern ein wissenschaftlicher Charakter zuerkannt wurde. Dieser Unterscheidung zufolge hat die Dogmatik, sofern sie auf der Bibel beruht, das Allgemeingültige aus den biblischen Lehren zu erheben, sie muss es mit Hülfe der Philosophie aus dem blos Lokalen, Temporellen und Individuellen herausfinden, wissenschaftlich begründen und verknüpfen. Die biblische Theologie dagegen hat es lediglich mit der factischen Ermittlung der in den biblischen Schriften enthaltenen Religionsbegriffe zu thun, sie muss daher auch das blos Lokale, Temporelle und Individuelle aufnehmen, weil es gerade am meisten charakteristisch ist für die religiöse Denkart einer Zeit und der einzelnen Personen. Um diesen historischen Charakter streng zu behaupten, vor allem aber das Successive in dem Entwicklungsgang der biblischen Religionsbegriffe anschaulich machen zu können, ist sowohl die chronologische Folge, als auch der Unterschied der verschiedenen Schriftsteller genau zu beachten.

Nach diesen richtigern Grundsätzen bearbeitete G. Lorenz Bauer, Professor der Theologie in Altdorf, die biblische Theologie in einer Reihe dieselbe betreffender Schriften, namentlich in der *biblischen Theologie des neuen Testaments* in vier Bänden, 1800—1802, zu welchen noch ein fünfter mit den Religionsbegriffen des Briefs Jacobi und des Hebräerbriefs kommen sollte. Den Begriff der biblischen Theologie bestimmte er so: sie sei eine reine und von allen fremdartigen Vorstellungen gesäuberte Entwicklung der Religionstheorie der Juden vor Christus und Jesu und der Apostel, nach den verschiedenen Zeitaltern und nach den verschiedenen Kenntnissen und Ansichten der h. Schriftsteller aus ihren Schriften hergeleitet. Der historische Charakter, welchen die Darstellung an sich tragen soll, ist dadurch deutlich bezeichnet, er ist aber nicht streng festgehalten, da Bauer in seine Aufgabe auch das mit aufnahm, zu untersuchen und zu bestimmen, was allgemein gültige Wahrheit für alle Zeiten und Orte, allgemein gültiges Christenthum sei, und sich dabei zu dem Accommodationsgrundsatz bekannte, welchem zufolge alles, was in der Lehre Jesu und der Apostel den Principien der Erfahrung und gesunden Vernunft widerstreitet, nur Anbequemung an irrige Volksbegriffe sein sollte. Doch sollten solche Accommodationen nur in unwesentlichen Punkten der Religion und Moral stattgefunden haben. Hiemit wurde demnach doch wieder ein dogmatisches Interesse in die geschichtliche Methode eingemischt. Dogmatisch war aber auch schon der allgemeine Standpunkt, auf welchen Bauer sich stellte, wenn er durch seine biblische Theologie zur Entscheidung der grossen Frage, die viele tausend gutgesinnte Menschen interessire, beitragen wollte, ob das Christenthum eine vernünftige und göttliche Religion sei. Wenn man auch zunächst nur ganz unparteiisch untersuchen will, was denn eigentlich die christliche Religionstheorie sei, wofür Jesus wolle gehalten werden, aus welchen Gründen er verlange, dass man ihm glaube, so wird doch der rein historische Gesichtspunkt sogleich verrückt, sobald man die Hauptfrage so stellt, ob das Christenthum eine vernünftige und göttliche Religion sei. Da diese Frage, wie sich von selbst versteht, nur bejahend beantwortet werden kann,

so steht voraus fest, was das Christenthum zu seinem Inhalt
haben muss. Um nun aber das, was man voraussagt, auch wirklich in ihm zu finden, trägt man seine eigene Ansicht vom Vernünftigen und Göttlichen in die Geschichte hinein und macht
an die biblischen Schriftsteller die Forderung, dass sie das, was
man nach seinen Begriffen nicht für vernünftig und göttlich
halten kann, auch nicht dafür gehalten oder in einem solchen
Falle sich blos zu Zeitbegriffen accommodirt haben. In dem
Accommodationsgrundsatz spricht sich immer das subjective Interesse aus, nur das als die eigentliche Meinung der biblischen
Schriftsteller anzusehen, worin man selbst mit ihnen einver-
standen sein kann. Man macht also nur seine eigene subjective Ansicht zum Kriterium der objectiven geschichtlichen Wahrheit. Es ist diess mit Einem Worte die rein rationalistische
Ansicht. Dem Rationalismus fehlt es an aller lebendigen Geschichtsanschauung, an der Fähigkeit, sich aus seiner subjectiven Vernunft heraus in die Objectivität der Geschichte zu versetzen. Während diese Ansicht auf der einen Seite sich zu
abstract nur an das Allgemeine hielt, liess sie auf der andern
alles, was sie nicht zu dem allgemein gültigen Inhalt rechnete,
zu sehr in das Einzelne, Zufällige, Zusammenhangslose auseinandergehen. Es war ganz richtig, dass man nicht nur die Theologie des neuen Testaments von der des alten Testaments streng
sonderte, sondern auch die verschiedenen Schriftsteller des
neuen Testaments unterschied und nach ihnen die Theologie
des neuen Testaments eintheilte; die verschiedenen Schriftsteller
selbst aber standen noch gar zu äusserlich und isolirt neben
einander. Zwischen dem Allgemeinen und Speciellen fehlte
noch zu sehr der vermittelnde Zusammenhang der concreten
geschichtlichen Wirklichkeit.

Es kam demnach erst noch darauf an, die grundsätzlich
anerkannte geschichtliche Methode auch practisch zur Ausführung zu bringen, die Subjectivität des Rationalismus dadurch zu

überwinden, dass man von ihr zur objectiven Geschichtsbetrach-
tung fortschritt. Diess erforderte noch längere Zeit. Nach einer
Zwischenperiode, in welcher für die biblische Theologie nur
sehr wenig geschehen war, machten zuerst Kaiser und de Wette
einen neuen Versuch ihrer Bearbeitung. Kaiser nannte sein
Werk: *Die biblische Theologie, oder Judaismus und Christianismus nach der grammatisch-historischen Interpretations-
methode und nach einer freimüthigen Stellung in die kritisch
vergleichende Universalgeschichte der Religionen und in die
universale Religion;* de Wette: *Biblische Dogmatik des Alten
und Neuen Testaments, oder kritische Darstellung der Religionslehre des Hebraismus, des Judenthums und des Urchristenthums.*
Beide Werke erschienen zu gleicher Zeit im Jahre 1813. Das
Kaiser'sche Werk verfolgt die geschichtliche Tendenz im weitesten Umfang. Es stellt die biblische Religion in den Zusammenhang der allgemeinen Religionsgeschichte hinein, fasst sie als
einen Theil derselben auf und vergleicht die biblischen Lehren
mit den Vorstellungen anderer Religionen. Je weiter aber von
diesem Standpunkt aus der Kreis der Darstellung gezogen wurde,
um so mehr trat die biblische Religion als eigentlicher Gegenstand der geschichtlichen Betrachtung gegen das Allgemeine
zurück. Das Kaiser'sche Werk ist nicht sowohl eine biblische
Theologie als vielmehr eine Darstellung der Religion überhaupt
nach ihren verschiedenen geschichtlichen Formen mit besonderer
Rücksicht auf Judaismus und Christianismus. Auch war damals
der Charakter und Inhalt der ausserbiblischen Religionen noch
nicht so erforscht, dass eine solche Vergleichung grössere Bedeutung hätte haben können. Es sind daher mehr nur Einzeln-
heiten, die hier aus den verschiedenartigsten Gebieten zusammengestellt sind. Das Werk hält aber ungeachtet seiner geschichtlichen Anlage nicht einmal den reingeschichtlichen Gesichtspunkt
fest. Es vergleicht nicht nur die biblischen Ideen mit den Vorstellungen anderer Religionen, sondern es will auf diesem Wege

auch das, was Bestandtheil der allgemeingültigen Religion sein
kann, kritisch bestimmen. Die parallelisirende Universalbe-
schreibung der Hauptmomente der Religion soll das theologische
Räthsel des Judaismus und Christianismus durch die Stellung
beider in die Universalgeschichte beantworten und reine Resultate für die ewige ideale Religion gewinnen. Das Princip dieses
Universalismus ist, dass von der wahren Religion alles Locale
und Temporelle, alles Individuelle und Particuläre ausgeschlossen
sein müsse, dass ebendarum die Idee einer positiven Religion
und Offenbarung verwerflich sei, weil das historisch Gegebene
immer nur national, individuell und zufällig bleiben müsse, und
nur dann in die universelle Religion aufgenommen werden
könne, wenn es mit der allgemeinen Offenbarung Gottes durch
Natur und Vernunft zusammenstimme. Mit der geschichtlichen
Darstellung verbindet sich daher der dogmatische Zweck, aus
dem concreten Inhalt der einzelnen Religionen das Allgemeine
als das an sich Wahre und Wesentliche zu abstrahiren. Solange
man aber den Gegenstand der geschichtlichen Darstellung vor
allem nur darauf ansieht, was an ihm das an sich Wahre und
mit unserer Überzeugung Übereinstimmende ist, fehlt es noch
immer an einer reinen und unbefangenen Auffassung des geschichtlich Gegebenen.

Auf diesen Standpunkt hat sich aber auch de Wette nicht
erhoben und nicht ohne Grund hat er seine Bearbeitung der
biblischen Theologie eine biblische Dogmatik genannt: das Dogmatische greift in der Form der Religionsphilosophie sehr bestimmend in die geschichtliche Darstellung ein. Als Hauptaufgabe
der biblischen Dogmatik betrachtet de Wette, das Wesentliche
und Unwesentliche oder Form und Inhalt durch die religions-
philosophische Reflexion zu scheiden, um den reinen Gehalt der
religiösen Vorstellungen hervorzuheben. Er wollte auf dem
Gebiet des von der Geschichte überlieferten Stoffs die rein religiösen Elemente von den fremdartigen Bestandtheilen durch

Vergleichung jenes Stoffs mit den Aussprüchen und Gesetzen
des idealen Vernunftglaubens und des religiösen Gefühls aus-
scheiden und alles in seiner Beziehung zu der religiösen Ge-
fühlsstimmung betrachten, um so das Wesen der Religion als
solcher aufzufassen, welches in dem durch Symbole und Dogmen
und zuletzt durch die innere Überzeugung vermittelten Glauben
und Gefühl gefunden werde. Durch eine solche Scheidung des
wahren Wesens von dem Fremdartigen, namentlich auch demjenigen, was über die Grenzen des Vernunftglaubens in ein
falsches Wissen überschreitet, oder eine Gefühlsanschauung in
sinnlicher Anschauung oder in wissenschaftlichem Begriff darstellt, meint de Wette, könne die christliche Religion vor den
Zweifeln des denkenden Zeitalters und der Verachtung der Gebildeten gesichert werden. Für dieses Scheidungsverfahren
beruft er sich darauf, dass die geschichtliche Offenbarung nichts
sei als die hervorgetretene innere Offenbarung; diese beiden
aber müssen zusammenfallen und das Bewusstsein dessen, was
zur Religion gehört, müsse zwar durch die geschichtliche Offen-.
barung geweckt und gebildet werden, aber nicht mit bindender
Hingabe des Urtheils an die geschichtliche Überlieferung. Hieraus erhellt deutlich, welchen überwiegenden Einfluss auch bei
de Wette das religiöse und dogmatische Interesse auf die geschichtliche Darstellung hat. Der leitende Gesichtspunkt, von
welchem aus der geschichtliche Stoff behandelt wird, ist der
Gedanke, dass die biblischen Schriften die Quelle unseres eigenen
religiösen Glaubens sind, und an die Stelle der rein geschichtlichen Betrachtung, welche das geschichtlich Gegebene ganz
als das nimmt, was es in seiner concreten Wirklichkeit ist, tritt
das Interesse, in ihm das bestätigt zu finden, was wir selbst für
das an sich Wahre und Vernünftige des religiösen Glaubens
halten. Das historische wird so dem religiösen und dogmatischen
Interesse untergeordnet, und an das geschichtlich Gegebene ein
Maassstab der Beurtheilung angelegt, welchen wir nicht aus der

Geschichte, sondern nur aus uns selbst nehmen. Statt also rein
und unbefangen an die geschichtliche Objectivität sich hinzu-
geben, macht man nur seine eigene Subjectivität gegen sie
geltend. Abgesehen davon aber ist anzuerkennen, dass die geschichtliche Behandlung der biblischen Theologie durch de Wette
einen Fortschritt gemacht hat. Er erklärte es für eine Forderung
der historischen Genauigkeit, dass man sich nicht mit Allgemeinem
begnüge, sondern in das Besondere der Eigenthümlichkeit eingehe, das alte und neue Testament genau scheide, jedoch auch
wieder mit einander vergleiche, dass man verschiedene Perioden
und Individuen trenne, aber nur nach festen grossen Unterschieden, ohne Kleinlichkeit und ohne neben dem Besondern
das Gemeinsame aus dem Auge zu verlieren, dass man die Ideen
in ihrer historischen Gestalt und in der Ordnung, wie sie in den
Gemüthern ihrer Urheber und Inhaber liegen, aufführe. Er
stellt daher nicht nur die Religion des alten und die des neuen
Testaments abgesondert dar, sondern unterscheidet auch in der
erstern den Hebraismus und das Judenthum, in der letztern die
Lehre Jesu und der Apostel und sucht den Grundcharakter der
einen wie der andern auszumitteln. Der wesentliche Fortschritt,
welchen die historische Methode durch de Wette machte, ist
somit überhaupt der von ihm zuerst gemachte Versuch, das
Ganze der biblischen Theologie nicht blos nach den verschiedenen Schriftstellern, wie von Bauer und Andern geschah, sondern
nach charakteristisch verschiedenen Perioden anzuordnen.

   Und doch wurde gerade dieser Fortschritt von dem nächsten
bedeutenderen Bearbeiter der biblischen Theologie wieder verlassen, von Baumgarten-Crusius, in dessen *Grundzügen
der biblischen Theologie* vom Jahr 1828 die biblische Religion
ohne die Unterscheidung der beiden Testamente als ein zusammenhängendes Ganze dargestellt ist. Baumgarten-Crusius unterscheidet nur einen allgemeinen und einen speciellen Theil der
biblischen Theologie und den letztern theilt er in die drei Ab-

schnitte, die biblische Lehre von Gott, vom Menschen und vom
Heil des Menschen. Zwar ist auch diese zusammenfassende
Behandlung des ganzen Inhalts der biblischen Theologie bei dem
engen Zusammenhang des alten und neuen Testaments nicht
ohne Berechtigung, und je länger der Weg ist, welchen die
einzelnen Religionslehren durchlaufen haben, um so mehr hat
es auch ein Interesse, die ganze Reihe ihrer Entwicklungs-
momente zu überblicken. Unhistorisch aber ist es, das Allgemeine gegen das Besondere so sehr zurückzustellen, und eine
so durchgreifende Epoche, wie die des neuen Testaments und
des Christenthums im Unterschied vom alten Testament und dem
Judenthum nicht so zu fixiren, dass das Princip in seiner ganzen
Eigenthümlichkeit hervortritt. Ein blosser Nachhall von jüdischen Begriffen soll zwar das Urchristenthum keineswegs gewesen
sein, aber die allgemeine Idee, von welcher Jesus und die
Apostel geleitet wurden, soll nur der Universalismus ihrer Lehre
und Anstalt gewesen sein, und auch innerhalb des neuen Testaments selbst will Baumgarten–Crusius keinen wesentlichen
Unterschied anerkennen. Eine Verschiedenheit bestehe nur
hinsichtlich der Lehrformen, Stimmungen und Ansichten der
einzelnen Schriftsteller, sowie hinsichtlich des Sprachgebrauches
und der Art zu beweisen. Aber auch in dieser Hinsicht könne
man nur von einem Charakter Einzelner nicht verschiedener
Classen reden. Die Unterscheidung zwischen einer jüdisch ge-
sinnten und einer freieren Partei der Apostel sei ohne Grund.
Ebenso wenig lasse sich eine periodische Entwicklung, ein
Fortschreiten in Hinsicht der Lehre im neuen Testament nachweisen, weder im Allgemeinen, noch bei den einzelnen Schriftstellern. Auch ein Unterschied zwischen der Lehre Jesu und
der der Apostel sei nur in sehr beschränktem Maasse anzuerkennen, sofern von den allgemeinen Grundsätzen der Religion
und Sittenlehre Jesu sich kein Apostel entferne, auch sich
nirgends ein eigentliches Missverständniss der Lehre Jesu von

Seiten der Apostel nachweisen lasse, alle Schriften vielmehr
ohne Unterschied als Hauptgedanken den von der Stiftung des
göttlichen Reichs anerkennen, den sie nur verschieden auffassen
und darstellen. In dieser Darstellung der neutestamentlichen
Theologie herrscht zu sehr das Streben vor, das Einzelne und
Besondere dem Allgemeinen und Gemeinsamen unterzuordnen,
während die Geschichte vor allem die Aufgabe hat, die Unterschiede, die auf keinem grösseren geschichtlichen Gebiet fehlen
können, in ihrer ganzen Schärfe hervorzuheben. Wenn der
einzige wirkliche Unterschied zwischen der Lehre Jesu und der
der Apostel hauptsächlich darin bestehen soll, dass in den
Lehren Jesu nicht sowohl seine Person als seine Sache, sein
Werk dargestellt werde, so ist diess unstreitig mehr als ein
blosser Unterschied der Lehrform und der Lehrart, wofür es
Baumgarten-Crusius gehalten wissen will.

Zu einem bestimmteren Eingehen in das concrete Leben der
Geschichte hat es die Periode der rationalistischen Geschichtsanschauung nicht gebracht, so nachdrücklich auch immer wieder
darauf gedrungen wurde, dass keine andere Behandlung der
neutestamentlichen Theologie gelten könne, als die rein geschichtliche. Derselben Periode gehört auch noch das ausführ-
lichste Werk dieser Art an, die biblische Theologie des D. Dan.
v. Cölln, herausgegeben von D. Schulz in 2 Bdn. 1836. Die
Bearbeitung dieser Wissenschaft aus dem rein historischen Gesichtspunkt und die Durchführung desselben in seiner ganzen
Strenge und Lauterkeit soll der eigenthümliche Vorzug dieser
neuen Darstellung sein, im Unterschied von dem falschen Streben
nach einer practischen oder populären Behandlungsweise und
der unrichtigen Vorstellung von dem Verhältniss der biblischen
Theologie zum theologischen System, zur allgemeinen Religionsgeschichte oder auch zur Religionsphilosophie, wodurch die
Vorgänger den wahren Gesichtspunkt verrückt haben. Als
geschichtliche Darstellung müsse sich die biblische Theologie in

ihrem Vortrag von historischen Principien leiten lassen. Aus
dieser Forderung gehen folgende wesentliche Bestimmungen für
den Vortrag hervor: 1) Sorgfältige Unterscheidung der Zeiten
und Lehrer, sowie der mittelbaren und unmittelbaren Darstellung
und Lehre. 2) Strenges Festhalten der Ansicht und Denkart
der biblischen Lehrer und Schriftsteller bei der Auffassung und
Stellung ihrer Religionsbegriffe, d. h. Unabhängigkeit vom
kirchlichen System und jedem philosophischen Partei-Interesse.
3) Darlegung und Erläuterung der symbolisch-mythischen Ein-
kleidungsformen und des Verhältnisses derselben zu den reineren
Begriffen sowohl als auch zu der Überzeugung des Lehrers.
Die Anordnung des Ganzen theilt sich in die beiden von einander abgesonderten Haupttheile der Theologie des alten und
neuen Testaments, und die letztere zerfällt wieder in die Lehre
Jesu und die der Apostel, deren Darstellung sowohl aus einem
allgemeinen als einem besondern Theil besteht. Der besondere
stellt die einzelnen Religionsbegriffe dar, wobei hier besonders
in Betracht kommt die Unterscheidung einer symbolischen und
unsymbolischen Religionslehre. Zu der letztern wird gerechnet
die Lehre vom göttlichen Wesen und seinem Verhältniss zur
Welt, und die Lehre von den erschaffenen Geistern und ihrem
Verhältniss zum göttlichen Wesen, wobei das Hauptstück die
Lehre vom Menschen ist. Zur symbolischen Lehre gehört die
ganze Lehre vom Reich Christi. Dabei fällt aber sogleich in die
Augen, wie unmotivirt diese ganze Unterscheidung ist, wenn
alle das Reich Gottes betreffenden Lehren blos aus dem Grunde,
weil die allgemeine Idee, auf die sie sich beziehen, das Reich
Gottes, oder die Theokratie ist, unter den symbolischen Ge-
sichtspunkt gestellt werden sollen. Was hat denn die ganze
Lehre von der Person und dem Werke Christi an sich Symboli-
sches, und wie weit müsste, wenn solche Lehren symbolisch sein
sollen, der Begriff des Symbolischen ausgedehnt werden? Was
Cölln dabei im Auge hat, ist der Unterschied des Begrifflichen

vom Bildlichen im Symbol und Mythus. Zur vollständigen
Kenntniss der Denkart der biblischen Schriftsteller scheint ihm
auch diess zu gehören, dass gezeigt werde, in welchem Verhältniss die eigene Überzeugung der Verfasser zu den Symbolen und Mythen gestanden habe, oder ob diese Formen ihnen
als solche bewusst gewesen seien oder nicht. Hiemit wird aber
eine Unterscheidung in die Schriften des neuen Testaments
hineingetragen, welche die Schriftsteller selbst nicht gemacht
haben, und es zeigt sich auch hier wieder die Unfähigkeit des
Rationalisten, sich aus sich heraus in andere Formen des Bewusstseins hineinzudenken. Ehe man fragen kann, ob sich die
Schriftsteller des mythischen Charakters ihrer Erzählungen bewusst gewesen sind, muss man vor allem darüber im Reinen
sein, ob die Erzählungen wirklich als Mythen anzusehen sind.
Ist nun diess jetzt noch immer eine so grosse Streitfrage, wie
kann man erwarten, dass die Schriftsteller selbst ein bestimm-
teres Bewusstsein des hier in Frage stehenden Unterschieds gehabt haben? Wie man sie auch darauf ansehen mag, sie werden
uns nie gestehen, dass sie blosse Mythen erzählen. Die ganze
Unterscheidung, die hier gemacht wird, ist daher unbrauchbar
und unhistorisch. Auch sonst leidet die Cölln'sche Darstellung
noch sehr an den Mängeln eines allgemeinen Schematismus. Die
biblische Theologie hat sich immer noch nicht ihrer Abhängigkeit von der Dogmatik entschlagen, wenn der dogmatische
Formalismus das Eintheilungsprincip für die Darstellung des
Einzelnen ist. Trennt man mit Recht die Lehre der Apostel von
der Lehre Jesu, so thue man auch den weitern Schritt und
unterscheide in der Lehre der Apostel selbst die verschiedenen
Lehrbegriffe, die nach der Verschiedenheit der neutestamentlichen Schriftsteller ein mehr oder minder individuelles Gepräge
an sich tragen. Je schärfer man aber diese Individualitäten in's
Auge fasst, um so weniger wird man den hergebrachten dogmatischen Formalismus beibehalten können. Schon de Wette

hat zwar in seiner Darstellung der Lehre der Apostel das Juden-
christenthum, die Lehre des Hebräerbriefs, das paulinische
Christenthum und die Lehre des Johannes, jedoch ohne alle
Charakteristik, schlechthin neben einander gestellt, und sodann
Cölln als die drei verschiedenen Grundformen des apostolischen
Vortrags bestimmter den palästinensischen, alexandrinischen
und paulinischen Lehrtypus unterschieden und eine allgemeine
Charakteristik derselben nach ihren unterscheidenden Zügen
der Entwicklung der einzelnen Lehrsätze vorangeschickt. Allein
auf die Darstellung selbst hat diess keinen bestimmteren Einfluss
gehabt und es ist schon aus der gegebenen Charakteristik deutlich genug zu sehen, welche geringe Bedeutung diese Unterscheidung von Lehrbegriffen hätte, wenn sie nichts weiter wäre,
als sie nach dieser Auffassung sein soll. Ausdrücklich behauptet
daher auch Cölln, die sämmtlichen Apostel stimmen in ihren
religiösen Grundsätzen sosehr überein, dass ihre Lehre als eine
zusammenhängende dargestellt werden könne. Sie haben zwar
die überlieferte Lehre weiter ausgebildet, unbestimmt gelassene
Lehrpunkte genauer festgestellt, und besonders sich eine eigenthümliche Ansicht von der Person Jesu Christi gebildet; so haben
allerdings, da jeder seinen eigenen Weg verfolgte, Verschiedenheiten entstehen müssen; indess betreffen sie mehr die Lehrart
als die Lehre, mehr die Stellung, welche man einzelnen Lehr-
sätzen gab, und die Wichtigkeit, welche man ihnen beilegte,
als ihren Inhalt, und sie haben ihren Grund vornehmlich darin,
dass man sich das Verhältniss nicht sogleich klar machen konnte,
in welches die neue Religionsanstalt zu der ältern treten sollte.
Diess heisst kurz: wenn auch in der Lehre der Apostel grosse
Lehrdifferenzen stattfinden, so sind sie doch nur formeller Art,
in Ansehung der Sache selbst ist der Lehrbegriff der sämmtlichen
Apostel völlig übereinstimmend, und daher nirgends eine reelle
Verschiedenheit vorauszusetzen.

Auf diesem Punkte stand die Behandlung der neutestament-

2 *

lichen Theologie, als die neuern kritischen Untersuchungen, wie
sie besonders seit dem Strauss'schen Leben Jesu ihren Auf-
schwung nahmen, auch in sie eingriffen und auf ihre weitere
Entwicklung den wichtigsten Einfluss hatten. Strauss hatte die
Glaubwürdigkeit der evangelischen Geschichte im Ganzen hauptsächlich dadurch in Frage gestellt, dass er auf den Mangel an
Übereinstimmung und die vielfachen Widersprüche aufmerk-
sam machte, die sich in den verschiedenen Darstellungen der
evangelischen Geschichte nachweisen lassen, woraus nur die
Folgerung gezogen werden konnte, dass unsere Evangelien-
schriften nicht von den apostolischen Augenzeugen herrühren,
welche die Verfasser derselben sein sollen. Die Resultate der
Strauss'schen Kritik schienen nur dadurch widerlegt werden zu
können, dass man den die evangelische Geschichte enthaltenden
Schriften die apostolische Glaubwürdigkeit sicher stellte, in deren
factischem Besitz sie bisher waren. Je mehr man sich aber diess
zur Aufgabe machte, und je schärfer man die in Frage stehenden Punkte in's Auge fasste, um so grösser waren die Schwierigkeiten, auf welche man stiess. Man konnte aus allem zusammen nur die Überzeugung gewinnen, dass man die Quellen der
evangelischen Geschichte bisher überhaupt noch nicht mit dem
historisch kritischen, oder dem rein geschichtlichen Sinn aufgefasst habe, welcher allein den Schlüssel ihres richtigen Ver-
ständnisses geben kann. Je schärfer man die Schriften darauf
ansah, was sie selbst über ihre Herkunft uns sagen, um so
deutlichere Merkmale einer späteren Zeit ihrer Entstehung ent-
deckte man, und je genauer man sie unter einander verglich,
eine um so grössere Verschiedenheit stellte sich unter den Verfassern der einzelnen Schriften heraus. Da die grösste Verschiedenheit sich in allem demjenigen zeigt, was die Person Jesu
und das Verhältniss des Christenthums zum Judenthum, überhaupt die Auffassung des christlichen Princips betrifft, so erhellt schon hieraus, in welchem engen Zusammenhang die For-

schungen der neutestamentlichen Kritik mit der Fortbildung der neutestamentlichen Theologie stehen, und wie die Resultate der einen immer wieder durch die der andern bestätigt werden.

Fassen wir diess näher in's Auge, so kommen dabei hauptsächlich zwei Momente in Betracht. Das erste betrifft die Darstellung der Lehre Jesu. Da wir die Lehre Jesu nicht aus einer unmittelbaren Quelle, sondern nur mittelbar aus der Darstellung der neutestamentlichen Schriftsteller kennen, so fällt von selbst in die Augen, welcher grosse tief eingreifende Unterschied es ist, ob man annimmt, die Verfasser der Quellenschriften der Lehre Jesu seien als Augen- und Ohrenzeugen dem Gegenstand ihrer Darstellung so nahe gewesen, dass wir den Inhalt ihrer Schriften als eine einfache, rein historische Relation anzusehen haben, bei welcher alles, was sie als Ausspruch und Lehre Jesu geben, ganz so wieder gegeben ist, wie sie es selbst unmittelbar oder mittelbar aus dem Munde Jesu empfangen haben, oder ob man sie von der Zeit, die sie beschreiben, durch einen Zwischenraum trennen muss, in welchem so Vieles dazwischen liegen kann, wodurch der ursprüngliche Thatbestand mehr oder minder verändert worden ist. Jeder, der dem Gang der neuern kritischen Untersuchungen ohne dogmatische Vorurtheile und Voraussetzungen gefolgt ist, kann sich nur auf die letztere Seite stellen. Es ist schlechthin unmöglich, wenn man nicht jedes wissenschaftlich kritische Bewusstsein verläugnen und alle Resultate der Kritik schlechthin negiren will, die Verfasser der Evangelien für blosse Referenten der Lehre und Geschichte Jesu zu halten. Man denke nur an die in dieser Beziehung wichtigste Frage über das Verhältniss des johanneischen Evangeliums zu den synoptischen. Wie ist es möglich, zwei so verschiedene und ihrer ganzen Richtung nach so weit auseinander gehende Darstellungen der evangelischen Geschichte so einander gleichzustellen, dass die eine wie die andere als eine gleich lautere Quelle der Lehre und Geschichte Jesu anzusehen

wäre? Man muss sich daher entscheiden; hat man sich aber
bisher gewöhnlich nur zum Nachtheil der synoptischen Evangelien entschieden und das johanneische vorzugsweise als den
unmittelbarsten und urkundlichsten Ausdruck der reinen Lehre
Jesu betrachtet, so kann man jetzt nach allem, was bisher noch
immer das unwiderlegte und wohl auch unwiderlegliche Ergebniss der neuesten Untersuchungen ist, nur der entgegengesetzten Ansicht sein. Man kann aus dem Dilemma, dass die Wahrheit der evangelischen Geschichte nur entweder auf der Seite
der Synoptiker oder nur auf der Seite des Johannes zu suchen
sei, nur dadurch herauskommen, dass man sich überzeugt, das
johanneische Evangelium sei überhaupt ein Evangelium ganz
anderer Art, als die synoptischen, es sei von Anfang an auf
eine Darstellung angelegt, die mit einem streng geschichtlichen
Charakter nicht vereinbar ist. Wo man daher nach der bisher
gewöhnlichen Ansicht in den ebenso zahlreichen als ausführlichen und inhaltsreichen Reden Jesu bei Johannes die reichste
Quelle für unsere Kenntniss der eigentlichen Lehre Jesu zu
haben glaubte, schliesst sich uns zwar auch ein sehr eigenthümlicher Lehrbegriff auf, wir sind aber nicht berechtigt, ihn
für die Lehre Jesu selbst zu halten, wir können in ihm nur die
Auffassungsweise des Evangelisten erblicken, und je höher die
Entwicklungsstufe des christlichen Bewusstseins ist, welcher
ein so ausgebildeter Lehrbegriff angehört, um so grösser muss
auch der Zeitunterschied gewesen sein, welcher ihn von der
Person Jesu trennte. Aber auch die Verfasser der synoptischen
Evangelien kann man sich in keinem so nahen Zeitverhältniss
zu dem Gegenstand ihrer Darstellung denken, wie man gewöhnlich annimmt. Den ersten Anspruch auf den Charakter einer
historisch-treuen und authentischen Darstellung der evangelischen Geschichte macht noch immer mit Recht das Matthäusevangelium, obgleich das griechische Matthäusevangelium in
der Form, in welcher es im Kanon steht, nicht für das ursprüng-

liche gehalten werden kann. Welche Ansicht man auch von
dem alten Hebräerevangelium und von der in sehr natürlichem
Zusammenhang damit stehenden Nachricht haben mag, dass
Matthäus sein Evangelium in hebräischer Sprache geschrieben
habe, so viel scheint aus den neuesten Untersuchungen mit
gutem Grunde als gemeinsames Resultat hervorzugehen, dass
in unserem kanonischen Matthäusevangelium zwischen einer
Grundschrift und einer spätern Bearbeitung zu unterscheiden
ist. Der Grundschrift gehören die judaisirenden Bestandtheile
des Evangeliums an, der Überarbeitung die freieren und univer-
selleren. Hat nun das Evangelium seinen Namen nicht ohne
Grund von Matthäus, so muss er der Verfasser der Grundschrift
sein, oder wenigstens einen sehr nahen Antheil an ihr gehabt
haben. Wie aber in dem Evangelium zwischen der Grundschrift
und der Überarbeitung zu scheiden ist, was der einen oder der
andern angehört, diess bleibt für die specielle Forschung, die
hier allein entscheiden kann, eine so offene Frage, dass dadurch
in jedem Fall der apostolische Charakter des Evangeliums eine
sehr bedeutende Einschränkung erleidet. Auch bei den judaisirenden Bestandtheilen des Evangeliums ist sehr darauf zu
sehen, dass man nicht zur ursprünglichen Lehre Jesu rechne,
was nur das Gepräge des erst nach dem Tode Jesu sich bestimmter gestaltenden Judaismus an sich trägt. Da das Lucasevangelium das Matthäusevangelium und zwar nicht blos in der Grundschrift, sondern auch in einer seiner Bearbeitungen zur Voraussetzung hat, so kann es gleichfalls in keine sehr frühe Zeit
gesetzt werden; dazu kommt aber noch ganz besonders, dass
es als ein so entschieden paulinisirendes Evangelium schon
unter den Gesichtspunkt eines über das Urchristenthum hinaus-
liegenden Gegensatzes zu stellen ist. Das Marcusevangelium
kann ohnediess wegen des Abhängigkeitsverhältnisses, in welchem es nach der Ansicht, die immer noch die weit überwiegende Wahrscheinlichkeit für sich hat, zu den beiden andern

Evangelien steht, nicht als selbstständige Quelle in Betracht kommen. Indem auf diese Weise das Verhältniss der drei synoptischen Evangelien zu den Thatsachen der evangelischen Geschichte ein mehr oder minder durch Zwischenglieder vermitteltes wird, können sie auch nicht die volle Bedeutung einer authentischen Quelle der Lehre Jesu haben. Wo man dieselbe in ihrer Unmittelbarkeit zu haben glaubt, sieht man sie vielmehr in eine Ferne entrückt, welcher gegenüber man nur annäherungsweise bestimmen kann, was ihr wahrer Inhalt gewesen sein mag, da es ja immer nur der Reflex der Subjectivität der Schriftsteller ist, durch deren Darstellung sie für uns vermittelt wird. Je weniger wir die Verfasser der vier Evangelien, so betrachtet, für blosse Referenten halten können, um so mehr erhalten sie dagegen die Bedeutung von Schriftstellern, deren Schriften selbst wieder eine Quelle der neutestamentlichen Theologie sind. In jedem der vier Evangelien stellt sich das Bewusstsein der Zeit, welcher sie angehören, in einer neuen eigenthümlichen Gestalt dar, und je weiter wir sie nach der Verschiedenheit der Zeit ihrer Entstehung und der Individualität ihrer Verfasser auseinanderhalten müssen, um so wichtigere Urkunden werden sie für die Entwicklungsgeschichte der neutestamentlichen Theologie. Was aber die Lehre Jesu selbst betrifft, so kann auf dem jetzigen Standpunkt der neutestamentlichen Kritik nur eine solche Darstellung für die principiell richtige gehalten werden, welche nicht das johanneische Evangelium, sondern die synoptischen zu ihrer Grundlage macht. So sehr wir auch bei den letztern alle Ursache zur Vorsicht haben, so enthalten doch sie allein die relativ zuverlässigsten Data, aus welchen die Lehren und Grundsätze Jesu zu entnehmen sind. Eine Darstellung der Lehre Jesu, welche, wie die Neander'sche, in dem Leben Jesu nur den apologetischen Zweck hat, im Gegensatz gegen die Strauss'sche Kritik die johanneische Christologie in ihrer unbedingten Auctorität aufrecht zu erhalten, ist

von vorn herein eine so sehr verfehlte, dass es gar nicht mög-
lich ist, von einer solchen Grundlage aus dem geschichtlichen
Entwicklungsgang der neutestamentlichen Theologie zu folgen.
Hier, wenn irgendwo, gilt es, die Grundsätze der historischen
Kritik in ihrer ganzen Strenge zur Anwendung zu bringen.

Das Zweite, woran hier noch zu erinnern ist, betrifft die
Lehre der Apostel. Von selbst versteht sich, dass von der Ansicht, die man von der Lehre Jesu hat, auch das Verhältniss
abhängt, in das man die Lehre der Apostel zu der Lehre Jesu
setzt. Je strenger zwischen der Subjectivität der darstellenden
Schriftsteller und der Objectivität des Gegenstandes ihrer Darstellung unterschieden wird, um so grösser wird die Beschränkung sein, welche das Gebiet der Lehre Jesu an Umfang und
Inhalt erleidet, und je mehr diess der Fall ist, um so mehr wird
in demselben Verhältniss das Gebiet der Lehre der Apostel sich
erweitern. Aber welche ganz andere Vorstellung muss man
sich überhaupt von der Lehre der Apostel machen, wenn man
nicht mehr, wie diess bisher die gewöhnliche Meinung war,
jeden den Namen eines Apostels führenden Brief des Kanon als
solchen auch für eine ächt apostolische Schrift halten kann,
wenn man selbst in der Reihe der paulinischen Briefe zwischen
ächten und unächten unterscheiden muss, sich überhaupt in
einem bedeutenden Theil der kanonischen Briefe aus dem apostolischen Zeitalter in das nachapostolische versetzt sieht, und
selbst von der apostolischen Zeit nicht die Meinung haben kann,
dass in ihr nur Einheit und Harmonie geherrscht habe und an
keine Verschiedenheit der Lehre und Ansicht zu denken sei?
Je mehr auf diese Weise schon der Zeitraum, welchen die neutestamentliche Theologie in sich begreift, an Ausdehnung ge-
winnt, um so mehr kann sie auch innerhalb desselben sich in
der ganzen Mannigfaltigkeit ihrer Formen entwickeln. Es beginnt so schon auf dem Boden der kanonischen Schriften derselbe Process einer geschichtlichen Entwicklung des christlichen

Dogma, dessen unmittelbare Fortsetzung sodann die christliche
Dogmengeschichte ist. Die neutestamentliche Theologie ist so
erst in der Lage, den rein geschichtlichen Begriff, der wesentlich zu ihr gehört, zu seiner vollen Geltung kommen zu lassen.
Hat das dogmatische Vorurtheil, dass nicht nur die Lehre Jesu
und die der Apostel ein schlechthin mit sich identisches Ganzes
bilden, sondern auch die apostolischen Lehrbegriffe vollkommen unter sich zusammenstimmen, bisher noch immer zu sehr
eingewirkt, glaubte man immer wieder, wenn man auch die
sich von selbst herausstellenden Unterschiede nicht ganz übersehen und verkennen konnte, sie nur als verschwindende, sich
von selbst in die Einheit des Ganzen auflösende Momente betrachten zu können, so findet jetzt vielmehr das entgegengesetzte Interesse statt.

Man erwäge in dieser Beziehung nur, wie illusorisch auch
noch in der Neander'schen Darstellung der apostolischen
Lehre, in dem zweiten Theil der *Geschichte der Pflanzung und
Leitung der christlichen Kirche durch die Apostel* die Unterscheidung mehrerer apostolischer Lehrbegriffe ist. Neander thut
sich zwar viel darauf zu gut, in dem Entwicklungsgang der
ursprünglichen christlichen Lehre besonders drei eigenthümliche
Grundrichtungen zu unterscheiden, die paulinische, die jako-
bische, zwischen welchen die petrinische als vermittelndes Glied
erscheine, und die johanneische. Diese Verschiedenheit habe eben
dazu dienen sollen, dass sich offenbarte wie die lebendige Einheit, der Reichthum und die Tiefe des christlichen Geistes in
der Mannigfaltigkeit der ohne Absicht einander gegenseitig er-
gänzenden und erläuternden menschlichen Auffassungsformen,
so die Bestimmung und Fähigkeit des Christenthums, die verschiedensten Richtungen menschlicher Eigenthümlichkeit sich
anzubilden, sie zu verklären und durch eine höhere Einheit mit
einander zu verbinden u. s. w. Was ist aber diese Neander'sche
Einheit und Mannigfaltigkeit des christlichen Geistes anders als

eine höchst unklare und vage Vorstellung? Der ganze Unterschied zwischen Paulus und Johannes soll nur darin bestehen, dass der eine dialectischer ist als der andere; die Lehrform des Jakobus ist zwar der des Paulus am meisten entgegengesetzt, aber sie lässt sich doch auf die Einheit desselben Geistes zurückführen, und die Gegensätze lösen sich auf, wenn man nur die verschiedenen Beziehungen, in welchen das Eine und das Andere gesagt ist, wohl unterscheidet. Wie wenn diess nicht am Ende von allen Gegensätzen der christlichen Lehre mehr oder minder gesagt werden könnte! Ehe man aber nach der Einheit des christlichen Geistes fragt, will man vor allem wissen, wie es sich mit dem Unterschied verhält. Hier bleibt bei aller Mannigfaltigkeit und Verschiedenheit alles immer wieder dasselbe. Man will es zu keinem realen Unterschied kommen lassen, weil man fürchtet, es möchten sich auch Gegensätze herausstellen, bei welchen man sich gestehen muss, dass auch in der apostolischen Kirche nicht alles so rein und lauter gewesen sei, wie man sich einbildet, dass es gewesen sein müsse. Die wahrhaft geschichtliche Betrachtung hat kein solches Interesse, es ist ihr nur darum zu thun, das Leben der Geschichte in seiner concreten Wirklichkeit so erscheinen zu lassen, wie es objectiv ist mit allen seinen Unterschieden und Gegensätzen.

Je reiner die neutestamentliche Theologie in allen diesen Beziehungen ihren geschichtlichen Charakter in sich darstellt, um so mehr ist es denn auch an der Zeit, den abstracten Formalismus, welcher ihr von ihrem Zusammenhang mit der Dogmatik noch anhängt, vollends von ihr abzustreifen. Wozu die Eintheilung in eine Offenbarungslehre, allgemeine Glaubenslehre, Heilslehre und sodann weiter in die Lehre von Gott, seinem Wesen an sich, seinem Verhältniss zur Welt, seiner Dreieinigkeit, von den Engeln und Dämonen, dem Menschen u. s. w., wozu überhaupt der ganze Schematismus, wie er noch der De Wette'schen und Cölln'schen Darstellung zu Grunde

liegt? Alles diess dient nur dazu, der neutestamentlichen Theologie in der ganzen Reihe ihrer Erscheinungen eine Gleich-
förmigkeit aufzudringen, die ihr fremd ist. Vom geschichtlichen
Standpunkt aus stellen sich uns die verschiedenen Lehrbegriffe
als ebenso viele individuelle Gestaltungen dar, deren jede auf
einer eigenthümlichen Grundanschauung beruht, von welcher
aus der ganze Inbegriff der zusammengehörenden Vorstellungen in seinem natürlichen Zusammenhang sich entwickeln lässt.
Je bestimmter der Grundcharakter jedes Lehrbegriffs sich zu
erkennen gibt, um so klarer wird dadurch auch, wie der eine
durch den andern bedingt ist, man sieht um so tiefer in den
Zusammenhang des Ganzen hinein, die neutestamentliche Theologie erscheint als ein lebendiger Organismus, in welchem jeder
Unterschied zu seinem Recht kommt, jede Individualität an ihrer
Stelle ist, und je schärfer die Gegensätze sind, die ganze Entwicklung nur um so inhaltsreicher ist. Die neutestamentliche
Theologie ist daher überhaupt derjenige Theil der geschichtlichen Theologie, welcher sowohl die Lehre Jesu als die auf
ihr beruhenden Lehrbegriffe in dem Zusammenhang ihrer geschichtlichen Entwicklung und nach dem eigenthümlichen Charakter, mit welchem sie sich von einander unterscheiden, soweit darzustellen hat, als diess auf der Grundlage der neutestamentlichen Schriften geschehen kann.

Es sind hiemit die Grundsätze entwickelt, nach welchen
die neutestamentliche Theologie zu behandeln ist, wenn ihre
Darstellung den wissenschaftlichen Anforderungen genügen soll,
die auf dem jetzigen Standpunkt der Theologie gemacht werden
müssen. Da aber die Grundsätze der neuesten Kritik überhaupt
noch den Gegenstand einer sehr controversen Principienfrage bilden, so kann man sich nicht wundern, dass die neuesten Bearbeitungen der neutestamentlichen Theologie der hier aufgestellten
Idee noch sehr fremd geblieben sind, und beinahe durchaus
noch den unkritischen Charakter der früheren Zeit an sich

tragen. Es versteht sich von selbst, wie wesentlich anders das
Ganze sich gestalten muss, wenn, wie noch immer geschieht,
nicht nur der Lehre Jesu das johanneische Gepräge aufgedrückt
wird, sondern auch unter Voraussetzung der Ächtheit des Briefs
Jacobi und der petrinischen Briefe die apostolischen Lehrbegriffe eines Jacobus und Petrus an die Spitze der apostolischen
Lehrentwicklung gestellt und selbst mit dem auf sie folgenden
paulinischen im besten Einverständniss gedacht werden. Je
unkritischer man verfährt, um so leichter weiss man immer
wieder alles auszugleichen und über jeden Unterschied hinweg-
zusehen. Ja es soll diess gerade die tiefere Auffassung sein,
deren man sich der modernen Kritik gegenüber rühmt. Denn
selbst bei dem Verhältniss zwischen Johannes und den Synoptikern soll es sich zeigen, „wie ungeachtet alles Unterschieds
im Wesentlichen die Einheit in der Tiefe ruhe, wenn man sich
nicht durch die Form täuschen lasse, und auch die Form erkläre
sich in ihrer Mannigfaltigkeit wieder von selbst.“ Es ist somit
nur eine Täuschung, wenn man in dem Verhältniss der neutestamentlichen Lehrbegriffe zu einander einen realen Unterschied
zu finden glaubt, wornach schon zu ermessen ist, wie wenig
es zu bedeuten hat, wenn auch bei dieser Behandlung der neutestamentlichen Theologie von charakteristisch unterschiedenen
Lehrtropen die Rede ist. Der maassgebende Typus dieser vagen
Anschauungsweise bleibt immer die Neander'sche Einheit und
Mannigfaltigkeit.

Wie sehr es an wissenschaftlicher Schärfe und Präcision
fehlt, sieht man auch schon aus der Bestimmung des Begriffs.
Schmid, *biblische Theologie des neuen Testaments*, 1853, 1. Th.
S. 3, definirt die biblische Theologie des neuen Testaments als
die wissenschaftliche historisch-genetische Darstellung des in
den Schriften des neuen Testaments enthaltenen Christenthums.
Diese Erweiterung des Begriffs auf das Christenthum überhaupt
ist ebenso gegen den hergebrachten Sprachgebrauch als gegen

die Natur der Sache. Man will in der neutestamentlichen Theologie nicht wissen, wie es sich mit der Geburt Jesu, seiner Wirksamkeit, seinen Wundern u. s. w. verhält, ebenso wenig, was die Apostel gethan haben, sondern nur, worin ihre Lehre bestand. Soll das Christenthum, d. h. seine Entstehung und Begründung in der Welt historisch-genetisch dargestellt werden, so kann man sich der Natur der Sache nach nicht blos auf die Schriften des neuen Testaments beschränken, es gehört, um eine solche Erscheinung geschichtlich zu begreifen, noch so Vieles dazu, was über die Schriften des neuen Testaments hinausliegt; nur die Lehre, die diese Schriften enthalten, ist so für sich abgegrenzt, dass ihre Kenntniss aus keiner andern Quelle als eben nur aus diesen Schriften geschöpft werden kann. Der historische Charakter der neutestamentlichen Theologie, sagt Schmid S. 5, setze sie in ein Verwandtschaftsverhältniss zur geschichtlichen Theologie überhaupt, sie unterscheide sich aber von der Kirchengeschichte, weil ihr Gegenstand die Gründung der Kirche sei und das Normirende für die ganze Folgezeit. Allein aus dem geschichtlichen Charakter der neutestamentlichen Theologie folgt keineswegs eine solche Beziehung zur Kirchengeschichte, sondern es erhellt vielmehr gerade daraus das Unrichtige der aufgestellten Definition. Hat man das geschichtliche Gebiet der Theologie mit Recht in die beiden Zweige der Kirchengeschichte und der Dogmengeschichte getheilt, so ist es nicht die erstere, sondern nur die letztere, zu welcher die neutestamentliche Theologie in einem ihrem Begriff entsprechenden natürlichen Verwandtschafts-Verhältniss steht.

In demselben Sinne wird ferner ein grosser Nachdruck darauf gelegt, das Christenthum sei nicht blos Lehre, sondern auch Leben, ja durchaus Leben, nemlich das neue göttliche Leben in Christo, also theils das göttliche Leben in der Person Jesu von Nazaret, des Christs, als die Offenbarung des Vaters in dem Sohn auf Erden, theils das von demselben ausgegangene göttliche Le-

ben in den an ihn Glaubenden, als die Offenbarung des Vaters
durch den Sohn in dem heiligen Geist und zwar in der ursprünglichen apostolischen Kirche. Wenn sein Leben ebensowohl wie
seine Lehre zur Offenbarung des Vaters durch ihn zu seinem Erlö-
sungswerk gehöre, warum die Theologie des neuen Testaments
sein Leben nicht ebenso wie seine Lehre als einen integrirenden
Bestandtheil in sich aufnehmen wolle? Es liegt auch hier eine
sehr unklare Vorstellung zu Grunde. Wie ist es überhaupt zu
verstehen, wenn vom Christenthum gesagt wird, es sei durchaus und wesentlich Leben? Soll damit gesagt werden, das Christenthum sei nichts durch Begriffe Vermitteltes, sondern Gegenstand der unmittelbaren Lebenserfahrung, thatsächliche Wirklichkeit, so kann diess wenigstens nicht vom Urchristenthum
gelten, dessen Kenntniss für uns durch so Vieles, das dazwischen liegt, vermittelt wird. Leben, nicht blos Lehre ist freilich
das Christenthum, sofern es auf Thatsachen beruht, durch welche
eine neue religiöse Lebensgemeinschaft begründet worden ist;
soll aber dadurch die gegebene Definition motivirt werden, so
kommt diess nur wieder auf die unrichtige Behauptung zurück,
dass es die neutestamentliche Theologie nicht blos mit der Lehre
Jesu und der Apostel, sondern mit dem Ursprung des Christenthums überhaupt zu thun habe. Mit dem Ausdruck Leben glaubt
man so zwar etwas sehr Tiefes und Bedeutungsvolles zu sagen,
sobald man aber die Sache näher betrachtet, ist es nur entweder etwas sehr Gewöhnliches oder etwas sehr Schiefes.

Auf ähnliche Weise verhält es sich mit dem Ausdruck Bewusstsein, wie er gleichfalls zur Bestimmung des Begriffs der
neutestamentlichen Theologie gebraucht worden ist. Hahn, *Theologie des neuen Testaments*, 1854. 1. Band S. 1, definirt die
Theologie des neuen Testaments als die treue und wissenschaftliche Beschreibung des religiös-sittlichen Bewusstseins der christlichen Kirche im apostolischen Zeitalter, wie dasselbe aus den
Schriften des neuen Testaments erkennbar sei, oder die Be-

schreibung des christlichen Bewusstseins, wie dieses sich im
Kreise der Apostel und Apostelschüler gestaltete im Gegensatz
zu allen spätern Gestaltungen desselben. Gegenstand der neutestamentlichen Theologie ist so zwar nicht das Urchristenthum
überhaupt, sondern nur das in den Schriften des neuen Testaments ausgesprochene christliche Bewusstsein; ist aber nicht
auch diess ein zu weiter und vager Begriff, gehört zum christlichen Bewusstsein der apostolischen Kirche nicht auch Manches, wornach in der Theologie des neuen Testaments nicht ge-
fragt werden darf, wie z. B. was sich auf die Ascese, das sociale
Leben der ersten Christen, die Verfassung der Kirche bezieht?
Offenbar wird der Ausdruck Bewusstsein aus dem Grunde gebraucht, um in ihm das in den Hintergrund zurücktreten zu
lassen, was für die neutestamentliche Theologie ihrem Begriff
nach gerade die Hauptsache sein muss, die reale Verschiedenheit
der Lehrbegriffe. Man spricht von dem Bewusstsein der apostolischen Kirche, um das Hauptgewicht sogleich nicht auf den
Unterschied, sondern auf die Einheit zu legen, und von der
Voraussetzung der Einheit geht man aus, weil man sonst den
Inhalt der Schriften des neuen Testaments nicht als eine übernatürlich geoffenbarte Lehre behandeln könnte, zu welcher man
sich nur gläubig zu verhalten hat. Dass diess der Standpunkt
der Hahn'schen Theologie des neuen Testaments ist, erhellt aus
ihrer Bestimmung des Verhältnisses, in das sie die neutestamentliche Theologie zur Dogmengeschichte setzt. Die Theologie
des neuen Testaments, wird gesagt S. 7, entwickle eine religiös-
sittliche Anschauung, die ihrem ganzen Umfang nach Product
göttlicher Offenbarung sei, die Dogmengeschichte habe es mit
einer Entwicklung zu thun, die zwar im Christenthum ihren
Anstoss erhalte und in ihm ihren steten Impuls habe, nicht aber,
wie jene, auf einem schon geebneten und durch Gott in ausser-
ordentlicher Weise zubereiteten, sondern auf völlig wildem Boden erwachse, der vorher in keiner Weise für das Christenthum

unmittelbar bearbeitet gewesen sei. Daher habe denn auch jene
eine Anschauung zu entwickeln, die ihrem ganzen Umfang nach
die wahre sei, diese habe es mit einer Entwicklung zu thun, die
durch mannigfache Irrungen hindurch die im neuen Testament
ungetrübt enthaltene Wahrheit erst allmählig zu erringen suche.

Das Falsche dieses Standpunkts liegt hier klar vor Augen.
Statt dass nach dieser Auffassung neutestamentliche Theologie
und Dogmengeschichte in Hinsicht ihres Gegenstandes sich zu
einander verhalten wie die reine absolute Wahrheit und die
durch Irrthum getrübte, muss man vielmehr sagen, die neutestamentliche Theologie sei auch schon Dogmengeschichte, die
christliche Dogmengeschichte in ihrem Verlauf innerhalb des
neuen Testaments. Wie man bei der Dogmengeschichte nicht
fragt, ob das, was sie darzustellen hat, auch an sich wahr ist
und von uns selbst zum Gegenstand des Glaubens gemacht werden muss, sondern nur, was überhaupt gelehrt worden ist, nicht
was wir selbst glauben sollen, sondern nur, was Andere für
wahr gehalten und geglaubt haben, so verhält es sich auch mit
der neutestamentlichen Theologie. Man will nur wissen, was
die Schriften des neuen Testaments als Lehre enthalten, und
welche Formen in ihrem Lehrinhalt durch ihre charakteristische
Eigenthümlichkeit sich unterscheiden. Geht man nicht von diesem Gesichtspunkt aus, so ist die erste Forderung, die man an
die neutestamentliche Theologie machen muss, rein illusorisch.
Wie ist eine geschichtliche Behandlung möglich, wenn man in
der Geschichte nur das finden will, was man zu glauben hat,
und der Geschichte voraus vorschreibt, was sie enthalten soll.
Diess geschieht, wenn man von der Voraussetzung ausgeht,
die sämmtlichen Schriften des neuen Testaments enthalten von
Anfang bis zu Ende nichts als reine Offenbarungslehre, sie
unterscheiden sich dadurch von allen andern Schriften, dass ihr
Inhalt vermöge ihres Offenbarungscharakters reine ungetrübte
Wahrheit ist. Wo Wahrheit ist, muss auch Einheit und Über-

einstimmung sein; stimmt also in dem gesammten Inhalt der
neutestamentlichen Schriften alles so mit sich zusammen, dass
der Lehrinhalt aller dieser Schriften nur Ein Ganzes bildet, so
kann es auch keine Verschiedenheit von Lehrbegriffen geben,
weil eine solche nicht möglich ist, ohne dass möglicher Weise
auch Gegensätze und Widersprüche stattfinden, welche die Einheit des Ganzen aufheben. Dazu darf es demnach eine vom
Offenbarungscharakter der Schrift ausgehende Behandlungsweise
der neutestamentlichen Theologie nicht kommen lassen, sie muss
vielmehr immer darauf bedacht sein, jeden Unterschied, der
sich ihr in der Auffassung des Lehrinhalts der Schrift herausstellt, nicht als einen reellen, sondern als einen blos schein-
baren zu betrachten, als einen solchen, der in der Einheit des
Ganzen zuletzt immer wieder verschwinden muss. Diess ist der
unhistorische Charakter der Hahn'schen Theologie des neuen
Testaments. Zwar hebt auch Hahn als Haupteigenschaft der
neutestamentlichen Theologie hervor, dass sie eine rein historì-
sche Wissenschaft sei: sie wolle blos darstellen, gehe nicht
von vorn herein von einer bestimmten Anschauung aus, es sei
ihr alles erst Gegenstand der Untersuchung. Welche grössere
Voraussetzung kann es aber geben, als diese, dass der Inhalt
der Schrift schlechthinige Offenbarungslehre ist? Geht man
davon aus, so hört ebendamit jede geschichtliche Betrachtung
auf. Man hat nur einen Inbegriff von Lehren vor sich, in welchem alles und jedes dieselbe Geltung und Bedeutung hat, es
ist völlig gleichgültig, aus welchen Schriften und Schriftstellen
das Ganze zusammengesetzt wird. Auch nach dieser Ansicht
soll zwar nicht blos Einheit, sondern auch Mannigfaltigkeit und
Verschiedenheit sein. Die Theologie des neuen Testaments habe
es, wird gesagt, mit einem Dreifachen zu thun: 1. mit der
Darstellung des dem ganzen neuen Testamente zu Grunde liegenden Begriffsystems; 2. mit der Darstellung der Art und Weise,
in der sich bei der wesentlich Einen Grundanschauung doch

verschiedene Lehrbegriffe haben ausbilden können, oder mit der
Darstellung der Entwicklung der religiös-sittlichen Anschauung
im apostolischen Zeitalter, so weit das neue Testament darüber
Aufschluss ertheilt; 3. mit der Darstellung der einzelnen Lehrbegriffe, als der Bewusstseinsgestalten, welche aus dieser Entwicklung hervorgegangen sind. Welches Interesse kann es aber
haben, noch von verschiedenen Lehrbegriffen zu reden, wenn
ein Begriffsystem vorangestellt wird, in welchem nach der Reihe
der dogmatischen Lehrartikel die Lehre von Gott, der Welt,
den Engeln, dem Menschen u. s. w. abgehandelt und bei jedem
derselben alles eingereiht wird, was die betreffenden Schriftsteller vom ersten der neutestamentlichen Bücher bis zum letzten darbieten? Mag man auch die neutestamentlichen Schriften
nach dem Grade ihrer Verwandtschaft classificiren und nach
Maassgabe dieser Classification mehrere Lehrbegriffe unterscheiden, einen paulinischen, johanneischen, populären, hellenisti-
schen: es lehrt jeder immer wieder dasselbe, weil alle zusammen dasselbe System bilden; die Christologie des Paulus ist
keine andere als die des Johannes, die des Paulus und Johannes
keine andere, als die des Jacobus und Petrus; wozu also noch
diese Unterscheidung? Die Einheit ist in jedem Fall so überwiegend, dass die Verschiedenheit in ihr verschwindet, es sind
nur verschiedene Namen für dieselbe Sache. Macht doch Hahn
selbst der Schmid'schen Theologie des neuen Testaments den
Vorwurf, dass in ihr die Einheit der durch das neue Testament
hindurchgehenden, bei allen einzelnen Schriftstellern sich wie-
derfindenden Grundanschauung gar nicht zu ihrem Rechte komme!
Wie deutlich ist hieraus zu sehen, dass diese unkritische Behandlungsweise statt fortzuschreiten, nur Rückschritte machen
kann!

Auch die beiden neuesten Werke über neutestamentliche
Theologie, Messner, *die Lehre der Apostel*, 1856, und Lechler, *das apostolische und das nachapostolische Zeitalter mit*

Rücksicht auf Unterschied und Einheit in Lehre und Leben,
1857, gehören ganz einem Standpunkt an, auf welchem es bei
allem Gerede über die Mannigfaltigkeit und Verschiedenheit der
apostolischen Lehrbegriffe doch nie zur Anerkennung eines
wahren und wirklichen Unterschieds kommt. Es steht ja voraus
fest, dass es nur Unterschiede aber keine Gegensätze geben
darf. Die Unterschiede innerhalb der apostolischen Lehre, sagt
Messner S. 31, bestehen keineswegs blos in der Verschiedenheit der einzelnen Begriffe und Ideen, sondern sie haben vor
allem ihren Grund darin, dass die einzelnen Apostel die ganze
Erscheinung und das Werk Christi unter einem verschiedenen
Gesichtspunkt auffassen. — Die Erkenntniss von einer Verschiedenheit apostolischer Lehrarten im neuen Testament zeigt
uns, dass auf demselben Glaubensgrunde verschiedene Lehr-
bildungen möglich sind, welche sich gegenseitig zu ergänzen
bestimmt sind. Es ist dadurch einer durch die menschliche
Eigenthümlichkeit und den Bildungsgang bedingten Verschiedenheit in der Auffassung und Darstellung der göttlichen Wahrheit ihr Recht gesichert, so lange nur die auf diese Weise ent-
stehenden Verschiedenheiten nicht zu einander ausschliessenden
Gegensätzen werden, S. 38. — Woher weiss man aber voraus
schon, dass es innerhalb einer solchen Entwicklung zu keinen
Gegensätzen kommen kann? Um das Verhältniss, in welchem
die verschiedenen Lehrbegriffe zu einander stehen, näher zu
bestimmen, sagt Messner S. 55, eine Verschiedenheit zwischen
den apostolischen Lehrtropen, mit welcher an Tiefe und Umfang keine andere verglichen werden könne, sei dadurch bedingt, dass die einen das Verhältniss zwischen den beiden Bünd-
nissen vorzugsweise von Seiten der Einheit beider auffassen,
den Unterschied zwischen denselben zwar keineswegs verkennen, aber doch nicht mit derselben Vorliebe hervorheben, während die Andern allerdings die Einheit beider Offenbarungen
voraussetzen, aber mit Vorliebe sich doch der Seite des Unter-

schieds zwischen denselben zuwenden und diese zum Gegenstand ihrer Darstellung der christlichen Wahrheit machen, d. h.
es handelt sich auf beiden immer nur um ein Plus und Minus.
Ist es aber auch nur der Unterschied eines Plus und Minus,
wenn die Einen die jüdische Beschneidung für nothwendig zur
Seligkeit erklären, die Andern darin eine Verläugnung des
Christenthums sehen? Entweder muss man also diese Thatsache
läugnen oder jene Bestimmung des Unterschieds für unrichtig
halten. Da man sich zu dem Letztern nicht entschliessen kann
und keinen andern als einen blos relativen Unterschied zugeben
zu können glaubt, so erhellt hieraus, wie wenig auf diesem
Standpunkt die geschichtliche Wirklichkeit zu ihrem Rechte
kommt. Ob man sodann die Lehrbegriffe des Jacobus und Petrus mit Messner dem paulinischen voranstellt, oder mit Lechler
dem letztern folgen lässt, ist völlig gleichgültig, da es in dem
einen Fall so wenig als in dem andern zu einer wahren Entwicklung kommt. Das Schwanken dieser Theologen über die
Aufeinanderfolge der Lehrbegriffe hat ebendarin seinen Grund,
dass sich bei ihrem Verfahren nirgends klare und feste Unterschiede herausstellen können. Überall ist es hier nur darauf
abgesehen, jeden Unterschied abzuschwächen und alles glatt
und eben zu machen. Messner lässt doch wenigstens dahingestellt, ob neben dem für johanneisch gehaltenen Evangelium
auch die Apokalypse johanneisch ist, für Lechler ist auch die
Identität des Lehrbegriffs der Apokalypse mit dem des Evangeliums ausser Zweifel. Lechler sieht überhaupt in den neueren
Forschungen und Ansichten nicht blos die geschichtliche Wahrheit verkehrt, sondern auch die Ehre Gottes, die Würde des
Erlösers, die Einheit des heiligen Geistes angetastet und das
Interesse des Glaubens beeinträchtigt (S. 4). Wer so urtheilt,
sollte wenigstens nicht von einer freien Forschung reden, die
zuletzt die Wahrheit an's Licht bringen werde. Was ist denn
noch frei für die Forschung, wenn alles voraus schon so ent-

schieden und an's Licht gebracht ist, dass man sich über die
abweichenden Ansichten Anderer, wie wenn nicht auch sie
auf wissenschaftlichem Wege die Wahrheit erforschen wollten,
die absprechendsten Urtheile erlauben darf. Unkritischer, be-
schränkter, oberflächlicher ist die neutestamentliche Theologie
nicht leicht behandelt worden, als von Lechler in der genannten
Schrift, bei aller Prätension, die das Werk macht.

Wenn man die neutestamentliche Theologie streng nach
ihrem geschichtlichen Begriff behandelt, so ist es nicht genug,
mehrere Lehrbegriffe zu unterscheiden und sie, wenn auch in
einer gewissen Zeitfolge, neben einander zu stellen, sondern es
muss auch ein Fortschritt der Entwicklung nachgewiesen werden, welcher um so bedeutender sein wird, je grösser der Zeitraum ist, auf welchen sich die neutestamentliche Theologie erstreckt. Da nun die neutestamentliche Theologie ganz auf den
in den Schriften des neuen Testaments gegebenen Quellen beruht, so kann der Zeitraum, welchen sie umfasst, nur nach
der Zeit bestimmt werden, in welche die Abfassung der sie
betreffenden Schriften fällt. Würde es sich daher mit dem Ursprung dieser Schriften ganz so verhalten wie die gewöhnliche
Meinung annimmt, so wäre der Zeitraum, welchen sie in der
Entwicklungsgeschichte des Christenthums einnimmt, dem Umfang nach sehr beschränkt; es wäre kaum möglich, die Entwicklung der neutestamentlichen Theologie in verschiedene
Perioden zu theilen, da die Verfasser der Schriften so ziemlich
zu einer und derselben Zeit lebten, wodurch voraus schon nicht
wahrscheinlich wird, dass sich in dem Verhältniss ihrer Lehrbegriffe zu einander sehr bedeutende Differenzen hervorgethan
haben. Beides steht ja in einem sehr natürlichen Zusammenhang: je grösser der Zeitraum ist, welchen die Geschichte der
neutestamentlichen Theologie in sich begreift, um so grösser
werden auch die Unterschiede und Gegensätze sein, durch die
sie hindurchgeht, und je weniger diess der Fall ist, um so

kürzer wird der Zeitraum sein, welchen sie mit ihrem Inhalt
ausfüllt; wenigstens wird man, je weniger man geneigt ist,
wirkliche Differenzen und Gegensätze anzuerkennen, auch um
so weniger ein Interesse haben, über die Grenzen hinauszu-
gehen, die sich die Schriften selbst durch ihre angeblichen
Verfasser setzen, und dasselbe Verhältniss wird im umgekehr-
ten Falle stattfinden. Es hängt somit überhaupt die Periodi-
sirung der Geschichte der neutestamentlichen Theologie, abgesehen von der Lehre Jesu, welche, wie sich von selbst versteht,
auf der Grundlage der synoptischen Evangelien die erste Periode
bildet, ganz von der Frage nach dem Ursprung der Quellenschriften ab.

Lechler setzt als die erste Periode schon die Zeit vor der
Bekehrung des Apostels Paulus. Wie viel Sicheres lässt sich
aber über eine Periode sagen, deren einzige Quelle eine Schrift
von so zweifelhafter Glaubwürdigkeit ist, wie die Apostelgeschichte. Der Unterschied der kritischen und unkritischen Auffassung zeigt sich schon hier in seinem Einfluss auf das Ganze.
Wer den Charakter der Apostelgeschichte kennt, kann auch
schon die ersten Kapitel nicht für eine einfache Relation dessen
halten, was die Apostel damals gedacht und gelehrt haben, es
reflectirt sich auch darin die Anschauung des Schriftstellers.
Was jene Kapitel enthalten, erhält seine Bedeutung erst im Zusammenhang mit demjenigen, was sich aus den Briefen des
Apostels Paulus als Gegensatz zu seiner Lehre ergibt.

In die erste Periode der nach dem Tode Jesu beginnenden
Zeit kann man nur die paulinischen Briefe und die Apokalypse
setzen, aber auch die paulinischen Briefe erleiden hier sogleich
eine kritische Beschränkung. Als ächt paulinische Briefe können nur die vier gelten, die in jedem Fall die Hauptbriefe des
Apostels sind, der Brief an die Galater, die beiden Korinthier-
briefe und der Brief an die Römer, ohne allen Zweifel die ältesten Schriften des neutestamentlichen Kanons. Die kleinern

paulinischen Briefe stehen nicht nur in allem, was zum Charakter eines paulinischen Briefs gehört, tief unter jenen, die der urkundlichste Ausdruck des paulinischen Geistes sind, und daher auch den sichersten Maasstab zur Beurtheilung von allem, was sich für paulinisch ausgibt, an die Hand geben, sondern sie unterscheiden sich auch in so manchen Vorstellungen auffallend von ihnen, sie können daher nicht so schlechthin mit ihnen zusammengenommen werden. Wollte man sie auch einer spätern Lebensperiode des Apostels zuweisen, man würde doch immer in ihnen das ächte Gepräge seines Geistes vermissen müssen. Da sich nun überdiess manche Merkmale späterer Zeitverhältnisse zu erkennen geben, so ist man berechtigt, sie in die nachapostolische Zeit herabzusetzen. In jedem Fall kann die neutestamentliche Theologie, wenn sie den paulinischen Lehrbegriff in seiner ganzen Schärfe und Eigenthümlichkeit darstellen will, sich an keine andere Quelle halten, als die zuerst genannten Briefe. Aus derselben Periode kann dem paulinischen Lehrbegriff kein anderer zur Seite gestellt werden, als der der Apokalypse, welche, da sie unmittelbar vor der Zerstörung Jerusalems im Jahre 70 geschrieben ist, den schicklichsten Endpunkt für die erste Periode gibt.

In die zweite Periode gehören neben dem Hebräerbrief die kleineren paulinischen Briefe, von welchen die Pastoralbriefe getrennt werden müssen. Die Gründe, welche den paulinischen Ursprung aller dieser Briefe mehr oder minder unwahrscheinlich machen, können hier nicht näher entwickelt werden. Die Frage über die Ächtheit dieser Briefe ist noch immer ein sehr controverser Punkt der Kritik; für mich steht nach wiederholter Prüfung das kritische Resultat fest, dass diese Briefe der nachpaulinischen Periode angehören.. Auch sehe ich nicht, welches Moment es haben kann, ob man etwa einen Brief, wie 1 Thessalonicher, den Brief an den Philemon, oder auch den Philipperbrief noch als paulinisch anerkennt, die übrigen aber nicht. Alle diese kleineren Briefe tragen im Grunde denselben Charakter an sich, und wenn man einmal auch nur mehrere von ihnen für nicht apostolisch hält, wie schwach ist die Wahrscheinlichkeit für den apostolischen Ursprung der andern. Die neutestamentliche Theologie kann, je schärfer sie die charakteristischen Züge des Lehrbegriffs dieser Briefe hervorhebt, nur um so mehr das kritische Resultat bestätigen. Nach Jahren lässt sich zwar die Entstehung dieser Briefe nicht bestimmen, so viel aber ist wohl mit Recht zu behaupten, dass sie in eine Periode fällt, welche von der Zerstörung Jerusalems bis in die ersten Zeiten des zweiten Jahrhunderts sich erstreckt. Auch bei den noch übrigen neutestamentlichen Schriften ist es sehr schwierig, genauere chronologische Bestimmungen aufzustellen; es möchte daher rathsamer sein, statt einer weitern Perioden-Abtheilung sie nur so zu classificiren, dass sie mit Ausnahme der johanneischen Schriften, welche in jedem Fall die letzte Entwicklungsstufe bilden, alle zusammen in dieselbe Klasse gesetzt werden. Zu den spätesten Schriften des Kanons gehören neben dem Evangelium des Johannes und den johanneischen Briefen unstreitig die sog. Pastoralbriefe, welche deutliche Merkmale des gnostischen Zeitalters an sich tragen, und der zweite petrinische Brief, dessen Unächtheit so entschieden ist, dass kaum die strengsten Vertheidiger des Kanon das Gegentheil zu behaupten wagen. Dass man aber auch bei den übrigen Schriften den Maasstab für ihr Alter nicht zu hoch nehmen darf, kann eine neuestens auf dem Gebiet des apostolischen und nachapostolischen Zeitalters gemachte Entdeckung zeigen. Der erste Brief des römischen Clemens galt bisher nach der gewöhnlichen Meinung für eine Schrift des ersten Jahrhunderts; man hielt gerade bei ihm jeden Zweifel gegen sein höheres Alter für sehr unberechtigt. Nun enthält aber der Brief eine Stelle, durch die er selbst die Zeit seines Ursprungs verräth. Es ist in ihm zuerst das zu den Apokryphen des alten Testaments gehörende Buch Judith citirt. Nach den

neuesten Untersuchungen kann das Buch Judith nur als eine
verhüllte Darstellung von Begebenheiten angesehen werden,
die in die letzten Jahre der Regierung Trajan's fallen und sich
auf den damaligen grossen Aufstand der Juden beziehen. Der
Clemensbrief kann daher nicht vor dem Jahre 118 geschrieben
sein. Sieht man hieraus, dass man überhaupt solche Schriften
nicht zu hoch hinaufsetzen und keine zu günstige Meinung von
ihrer Ächtheit haben darf, so kann man unbedenklich auch den
ersten petrinischen Brief für ein Product derselben Zeit halten,
indem man ja schon bisher ein Hauptkriterium darin erkannte,
dass er uns in dieselbe Situation versetzt, die wir in dem bekannten Briefe des Plinius an den Kaiser Trajan [1]) vor uns
haben. Der Brief Jacobi ist schwerlich viel älter als der erste
petrinische. In dieselbe Periode, die überhaupt nur als die der
ersten Decennien des zweiten Jahrhunderts zu bezeichnen ist,
gehören die synoptischen Evangelien mit der Apostelgeschichte.

Es lassen sich demnach drei Perioden mit verschiedenen
Lehrbegriffen unterscheiden. In der ersten stehen sich die Lehrbegriffe des Apostels Paulus und des Apokalyptikers Johannes
gegenüber, in die zweite gehören die Lehrbegriffe des Hebräerbriefs, der kleinern paulinischen Briefe, des Petrus- und Jacobusbriefs, der synoptischen Evangelien und der Apostelgeschichte, in die dritte die der Pastoralbriefe und der johanneischen Schriften.

Es erhellt von selbst, welche wichtige Bedeutung für die
neutestamentliche Theologie die kritischen Untersuchungen über
die Entstehungszeit und die Verfasser der neutestamentlichen
Schriften haben, wie jede dieser Disciplinen auf die Resultate
der andern sich stützt. Je weniger sich eine charakteristische
Verschiedenheit der Lehrbegriffe verkennen lässt, um so ge-

---

1) Man sehe des Verfassers Geschichte der christlichen Kirche I.
(Christenthum der drei ersten Jahrhunderte, 1860) S. 436 ff.

neigter wird man sein, auch eine grössere Zeitferne zwischen den
sie betreffenden Schriften anzunehmen, und je wahrscheinlicher
der spätere Ursprung so mancher Schriften ist, um so weniger
kann die Verschiedenheit der Lehrbegriffe befremden. Hierin
liegt der Grund, warum die Gegner der neuesten Kritik gegen
die Resultate derselben sich schon auf dem Gebiete der neutestamentlichen Theologie vorsehen zu müssen glauben. Es ist
daher auffallend, wie die neutestamentliche Theologie neuestens
darin eher Rückschritte als Fortschritte zu machen scheint, dass
man statt die anerkannte Verschiedenheit der Lehrbegriffe weiter zu verfolgen und genauer zu bestimmen, vielmehr alles auf
eine so viel möglich gleichförmige Einheit zurückzuführen sucht.
Das Äusserste, was man auf diesem Standpunkt zugeben kann,
bleibt immer die Neander'sche Einheit und Mannigfaltigkeit der
neutestamentlichen Lehre. Unter diesem Titel hat kürzlich wieder J. Köstlin in den Jahrbüchern für deutsche Theologie 2,
1857, S. 327, dem auf dem Gebiet der neutestamentlichen Kritik
und Theologie drohenden Riss zu begegnen gesucht. Es gibt
keine reelle Verschiedenheit, sondern nur eine Mannigfaltigkeit, und der Mannigfaltigkeit wird die Einheit der Grundanschauung so überwiegend vorangestellt, dass jede Differenz nur
als eine Modification des Allgemeinen und Gemeinsamen zu
betrachten ist. Auf der einen Seite wird zwar der Unterschied
neutestamentlicher Lehrtypen so betont, dass, wo von der Anerkennung desselben Umgang genommen wird, eine neutestamentliche Theologie gar nicht anerkannt werden soll, auf der
andern Seite soll aber aus der Einheit folgen, dass auch die
einzelnen Lehren, in welchen sie sich verschieden ausprägte,
nicht in wirkliche Gegensätze werden auseinandergehen können. Schon das Leben und Bewusstsein der judenchristlichen
apostolischen Gemeinde habe den Grundcharakter der neuen
Lebensgestaltung gehabt, aber innerhalb des Zustandes und Bewusstseins derer, die in ihrem Glauben an Christus als Ver-

söhnte und Geistbegabte sich wissen und so der Zukunft des
Herrn freudig entgegensehen, haben sich von selbst verschiedene mögliche einzelne Richtungen und Gestaltungen ergeben,
indem einerseits die Gewissheit von dem Heil als einem schon
mitgetheilten, andererseits die Aussicht auf eine noch künftige
Offenbarung und Vollendung des Heils von Anbeginn an in der
Christenheit vorhanden gewesen sei. Die letztere Richtung sei
bei Petrus und Jacobus, die erstere bei Paulus und Johannes
die vorherrschende gewesen. Was hierüber weiter gesagt wird,
ist höchst vag und oberflächlich. Wenn man so sehr das Interesse der Einheit hat, so geht man sehr natürlich über die Haupt-
punkte hinweg, auf deren Bestimmung es vor allem ankommt.
Man kann nicht so schlechthin von der Einheit ausgehen; etwas
Gemeinsames bleibt freilich immer als Einheit zurück, ob aber
eine solche, durch welche alle Gegensätze ausgeschlossen werden, diess ist die Frage, die nur durch die genaueste Untersuchung der einzelnen Lehrbegriffe beantwortet werden kann.
Es ist höchst willkürlich, wenn man meint, es sei überall nur
Einheit und Übereinstimmung, und man habe daher nur von
einer Einheit und Grundanschauung auszugehen, nach welcher
sich alles Andere richten muss. Überflüssig ist es jedoch, darüber im Allgemeinen weiter zu reden; wie es sich wirklich mit
der Einheit und Verschiedenheit verhält, kann nur durch die
Darstellung der Lehrbegriffe selbst gezeigt werden.

Erster Abschnitt.

Die Lehre Jesu.

Wenn man die Lehre Jesu als einen eigenen Bestandtheil
der neutestamentlichen Theologie betrachtet, so ist dabei wohl
zu beachten, dass sie mit den verschiedenen Lehrbegriffen, in
welche die neutestamentliche Theologie sich theilt, nicht in Eine
Reihe zusammengestellt werden kann. Nicht nur findet in Ansehung der Quellen, auf welchen unsere Kenntniss der Lehre
Jesu beruht, das schon erwähnte Verhältniss statt, dass wir bei
den Schriften, an die wir gewiesen sind, immer wieder fragen
müssen, wie weit wir uns auf ihre Treue und Glaubwürdigkeit
verlassen können, was wir in so verschiedenen und in so manchen
wichtigen Punkten von einander abweichenden Darstellungen als
das Wahre und Ursprüngliche anzusehen haben, sondern es liegt
auch in der Natur der Sache selbst ein sehr wesentlicher Unterschied. Die Lehre Jesu ist das Principielle, zu welchem sich
alles, was den eigentlichen Inhalt der neutestamentlichen Theologie ausmacht, nur als das Abgeleitete und Secundäre verhält,
sie ist die Grundlage und Voraussetzung von allem, was in die
Entwicklungsgeschichte des christlichen Bewusstseins gehört,
sie ist ebendarum auch das über alle zeitliche Entwicklung Hinausliegende, ihr Vorangehende, Unmittelbare und Ursprüngliche, sie ist überhaupt nicht Theologie, sondern Religion. Jesus
ist Stifter einer neuen Religion; was aber das Wesen einer
Religion an sich ausmacht, ist nicht ein dogmatisch ausgebildetes
Religionssystem, ein bestimmter Lehrbegriff, es sind nur Grund-

anschauungen und Principien, Grundsätze und Vorschriften, als
unmittelbare Aussagen des religiösen Bewusstseins. Auf dieses
Ursprüngliche und Unmittelbare müssen wir daher auch hier
zurückgehen; alles, was diesen Charakter an sich trägt, dürfen
wir, je weniger er sich verkennen lässt, um so gewisser zur
Lehre Jesu rechnen, bei allem Andern dagegen, was schon die
Gestalt eines bestimmten Dogma hat, somit überhaupt nicht sowohl der Sphäre der Religion als der der Theologie angehört,
müssen wir immer wieder fragen, ob nicht sich uns darin nicht sowohl die Lehre Jesu als vielmehr die Lehrweise der Apostel, ein
bestimmter, schon über die allgemeine Grundform hinausgehen-
der, in seiner dogmatischen Entwicklung begriffener Lehrbegriff
zu erkennen gibt. Bei jeder neuen Religion kommt vor allem
das Verhältniss in Betracht, in welches sie sich zu den bisher
bestehenden Religionsformen setzt; sie wäre keine neue Religion, wenn sie sich nicht auch principiell von ihnen unterschiede. Diess schliesst jedoch keineswegs aus, dass sie nicht
in ihrem Ursprung noch im engsten Zusammenhang mit einer
der ihr zunächst vorangehenden steht und an ihr erst ihr eigentliches Princip zum bestimmteren Bewusstsein sich entwickelt.
Es ist diess der Punkt, von welchem man auch bei der Auffassung der Lehre Jesu ausgehen muss.

Nach der evangelischen Geschichte des Matthäus hätte Jesus
selbst in der Bergrede, nachdem er die Grundstimmung des
durch ihn geweckten messianischen Bewusstseins in allgemeinen
emphatischen Sätzen Matth. 5, 3 — 16 ausgesprochen hat, sich
vor allem über sein Verhältniss zur alttestamentlichen Religion
sehr bestimmt erklärt. Man solle nicht glauben, dass er gekommen sei, sie aufzuheben; so wenig sei diess seine Absicht,
dass er im Gegentheil nur gekommen sei, das Gesetz und die
Propheten, d. h. das alte Testament, seinem ganzen Inhalt nach
zu erfüllen V. 17. Er hätte sich demnach ganz auf den Boden
des alten Testaments gestellt, sein Verhältniss zu demselben

sollte kein destructives, sondern ein durchaus conservatives
sein, so dass er sogar V. 18 die bestimmte Versicherung gibt,
bis dass der Himmel und die Erde vergangen sein werden, werde
auch nicht ein Jota oder ein Eckchen vom Gesetze vergehen,
ἕως ἂν πάντα γένηται, d. h. wie man diese Worte gewöhnlich
nimmt, bis alle Bestimmungen des Gesetzes wirklich vollzogen
und ausgeführt sein werden, wobei demnach als Idee vorausgesetzt werden müsste, dass das Gesetz solange nicht aufgehoben
werden kann, bis es seinem ganzen Inhalt nach zur thatsächlichen Wahrheit und Wirklichkeit geworden ist, oder, wie die
Worte auch genommen werden können, bis alles geschehen ist,
was noch zum gegenwärtigen Weltlauf gehört. Zur Erläuterung
des Hauptsatzes wird V. 19 gesagt: wenn nun einer eines dieser
kleinsten Gebote aufhebt und lehrt so die Menschen, der wird
ein Kleinster heissen im Himmelreich, wer es aber thut und
lehrt, wird gross heissen. Der Rangunterschied im Gottesreich
ist somit ganz dadurch bedingt, in welchem Umfang das Gesetz
mit allen seinen einzelnen Bestimmungen mehr oder weniger
beobachtet wird. Der Gegensatz zu λύειν ist ποιεῖν; erfüllt und
verwirklicht wird also das Gesetz dadurch, dass man es hält
und befolgt, diess setzt aber voraus, dass man es in seiner fortdauernden Gültigkeit anerkennt. An den Hauptsatz V. 17, dass
das Gesetz nicht aufgehoben, sondern erfüllt und vollkommen
realisirt werden soll durch genaue Beobachtung in allen seinen
Theilen, schliesst sich V 20 die Aufforderung an, dass diess
demnach erst noch geschehen muss durch die, die Mitglieder des
neuen Gottesreiches werden wollen. „Denn wenn nicht eure
Gerechtigkeit vorzüglicher ist als die der Schriftgelehrten und
Pharisäer, werdet ihr nicht in das Himmelreich eingehen." Im
Folgenden wird sodann an einzelnen Geboten gezeigt, wiefern
die Gerechtigkeit der Jünger besser sein müsse, als die der
Pharisäer, oder worin die Erfüllung des Gesetzes bestehe. Es
ist nicht genug, dass man nicht tödtet, man darf auch dem

Bruder nicht zürnen V. 21—26; nicht blos der Ehebruch ist
verboten, auch schon die böse Lust ist dem Ehebruch gleich zu
achten V. 27—30. Auch die Ehescheidung gehört in dieselbe
Kategorie einer geschärften Forderung, da die einzig zulässige
Bedingung derselben der Fall des Ehebruchs ist V. 31. 32. Es
ist ferner nicht genug, nicht falsch zu schwören, man soll
überhaupt nicht schwören V. 33—37. An die Stelle des Wie-
dervergeltungsrechts und der Rachesucht trete aufopfernde Nachgiebigkeit und Feindesliebe V. 38—42, und an die Stelle der
nur auf den Nächsten beschränkten, mit Feindeshass verbundenen Liebe allgemeine auch die Feinde in sich begreifende
Menschenliebe V. 43—48.

Durchaus ist es sowohl in diesem Theil der Bergrede als
auch in dem weitern Inhalt derselben die Reinheit und Lauterkeit der Gesinnung, oder die nicht blos in der äussern That,
sondern im Innern der Gesinnung bestehende Sittlichkeit und
der jede willkürliche Ausnahme und Beschränkung, jeden falschen heuchlerischen Schein, jede Halbheit und Getheiltheit
ausschliessende sittliche Ernst der Gesetzesbefolgung, worauf
Jesus mit allem Nachdruck dringt, was er zum Princip der Gerechtigkeit oder des dem Reich Gottes adäquaten Verhaltens
macht. Da wir nun alles diess als Antithese gegen die mosaisch-
pharisäische Religiosität und Sittlichkeit zu nehmen haben, so
scheint der oberste Grundsatz der Lehre Jesu in ihrem Unterschied vom Mosaismus nur so bestimmt werden zu können, dass
allein die Sittlichkeit der Gesinnung es ist, was dem Menschen
seinen absoluten sittlichen Werth vor Gott gibt. Der Mosaismus
und die Lehre Jesu verhalten sich daher zu einander, wie Äusseres und Inneres, wie Werkthätigkeit und Gesinnung, oder
wie particuläre, sich selbst eine Schranke setzende Sittlichkeit,
und allgemeine, auf der Unbedingtheit des sittlichen Bewusstseins beruhende.

Wie verhält sich nun aber, muss man fragen, zu dieser

Antithese zum Gesetz die von Jesu behauptete Identität seiner
Lehre mit dem Gesetz? Stellt sich Jesus sosehr auf den Boden
des alten Testaments, dass seine Lehre nicht die Aufhebung,
sondern die Erfüllung des Gesetzes ist, wie kann er der gesetzlichen Gerechtigkeit des alten Testaments ein ganz anderes, nur
auf der Sittlichkeit der Gesinnung beruhendes Princip gegenüberstellen? Und wenn das ganze sittliche Verhalten nur nach
der Gesinnung zu beurtheilen ist, wie stimmt damit zusammen,
dass er nicht blos das Sittengesetz, sondern auch das Ritualgesetz des Mosaismus, selbst mit allen seinen einzelnen Bestimmungen, aufrecht erhalten wissen will? Wie haben wir bei
den einzelnen Geboten, welche Jesus hervorhebt, seine Antithese zu verstehen, gilt sie nur den Satzungen und Deutungen
der Pharisäer, oder auch dem Mosaismus selbst?

Auf diese Frage hat man die Antwort gegeben: Die Vervollkommnung des Gesetzes durch Jesus stelle sich dar in der
Erweiterung des Gesetzes auf die Normirung der Gesinnung,
nicht aber in der Forderung eines innerlichen geistigen Verhaltens gegen das Gesetz. Jene neuen Forderungen seien ausdrücklich nur gegen die beschränkte pharisäische Deutung des
Gesetzes gerichtet und entfernen sich weder in der Form noch
in dem Inhalt, soweit Jesu Ansicht und Absicht reiche, von
dem Boden des Gesetzes. Jesus habe seine Deutungen *implicite*
im Buchstaben des Gesetzes enthalten gesehen. Bei dieser sich
ganz von selbst verstehenden Idealisirung des Gesetzes sei durch
die neuen Bestimmungen Jesu nicht nur die Form, sondern auch
der materielle Inhalt des Gesetzes erhalten worden. Es sei somit eine falsche Ansicht, dass Jesus eine Vervollkommnung des
Sittengesetzes beabsichtigt, dagegen sich von der Anerkennung
des Ritualgesetzes abgewendet habe. Offenbar sei die letztere
in der Behauptung ausgedrückt, dass auch die geringfügigsten
Gesetzesbestimmungen nicht vor dem Weltende aufgehoben werden sollen. V. 20 sei unter der δικαιοσύνη nicht das Resultat

des subjectiven Verhaltens zum Gesetz zu verstehen. Der Unterschied zwischen den beiden Formen der Gerechtigkeit, der
pharisäischen und der wahren, liege nicht in der verschiedenen
Form des subjectiven Verhaltens, sondern in objectiven materiellen Bestimmungen. Diess wird an den einzelnen Geboten so
nachgewiesen: V. 21 dehne Jesus das mosaische Verbot des
Tödtens auf jede Art und jede Äusserung des Übelwollens und
Zornes aus, und erkläre die Strafbarkeit des Zorns für ebenso
gross, als nach pharisäischer Satzung die des Todschlags selbst
sein sollte. Die hierin liegende Anleitung zu einer Gerechtigkeit, welche grösser sei, als die pharisäische, werde also nicht
dadurch gegeben, dass ein anderes Verhalten gegenüber dem
Gebot vorgeschrieben werde, sondern dadurch, dass das Gesetz
auf die Normirung der Gesinnung ausgedehnt werde. Nicht der
Gegensatz von Geist und Buchstaben stelle sich hier dar, sondern
ihre Einheit. Mit dem Grundsatz, welcher eine geistige Vervollkommnung des Gesetzes mit der Erhaltung der unbedeutend-
sten Gebote verbinde, sei nur die Thatsache vereinbar, dass
Jesus die Gesinnung nicht als subjective Fähigkeit der Gesetzeserfüllung in's Auge fasse, sondern als ein Gebiet, auf dessen
Normirung das von den Pharisäern nur in beschränktem Sinne
verstandene Gesetz ausgedehnt werden müsse. Ebenso werde
V. 43 in deutlicher Antithese gegen die Pharisäer, welche aus
dem Gebot der Nächstenliebe die Pflicht des Feindeshasses folgerten, das mosaische Gebot zu dem Gebot der allgemeinen
Liebe auch gegen die Feinde erweitert.

So aufgefasst wäre demnach der ganze Unterschied zwischen der Lehre Jesu und dem Gesetz oder dem alten Testament
nur quantitativ nicht qualitativ zu nehmen. Es wird kein neues
Princip aufgestellt, sondern es werden nur die schon im Gesetz
enthaltenen sittlichen Bestimmungen auf die ganze Sphäre des

---

1) Ritschl, die Entstehung der altkathol. Kirche, 1850. S. 34 f.

sittlichen Gebietes bezogen, das unter ihren Gesichtspunkt zu
stellen ist. Aus diesem Grunde werden die willkürlichen Aus-
nahmen und Beschränkungen, welche die Pharisäer machten,
mit allem Nachdruck zurückgewiesen. Es wird dem Gesetz nur
zurückgegeben, was ihm nie hätte entzogen werden sollen, die
Erweiterung und Verallgemeinerung, deren es an sich fähig ist,
wird ausdrücklich auch ausgesprochen. Bei dem Ausdruck
ἀρχαῖοι ist nicht an die Zeitgenossen des Moses zu denken, sondern er ist auf vergangene Generationen überhaupt zu beziehen,
welche schon unter der Obhut pharisäischer Satzungen standen.
Diese Auffassung der Bergrede wird dadurch unterstützt, dass
immer nur von einzelnen Geboten die Rede ist, um ihnen die
dem ursprünglichen Sinn des Gesetzes oder dem sittlichen Bewusstsein entsprechende Bedeutung zu geben. Das Allgemeine
wird so zwar nie ausdrücklich ausgesprochen, wenn aber die
einzelnen Bestimmungen, in welchen die Erfüllung des Gesetzes
besteht, immer wieder darauf zurückkommen, dass dem Äussern
das Innere, der blossen That als solcher die Gesinnung als das
gegenübergestellt wird, was allein dem Thun des Menschen
seinen wahren sittlichen Werth gibt, so ist diess nichts anderes als
ein vom Mosaismus wesentlich verschiedenes Princip. Es ist ein
neues Princip schon sofern das, was das Gesetz zwar auch enthält, aber nur an sich, nun ausdrücklich zur Hauptsache gemacht wird. Man kann daher nicht sagen, der Fortschritt bestehe
blos in der Erweiterung des Gesetzes auf die Normirung der
Gesinnung, die Natur der Sache bringt es von selbst mit sich,
dass die quantitative Erweiterung ein qualitativer Gegensatz wird,
es wird dem Äussern das Innere, der That die Gesinnung, dem
Buchstaben der Geist entgegengesetzt. Diess ist das wesentliche
Princip des Christenthums, und in diesem Dringen auf die Gesinnung als das Eine, worin der absolute sittliche Werth des
Menschen besteht, ist es ein wesentlich neues. Dass der Gegensatz nicht ausdrücklich ausgesprochen ist, dass die Forderung,

4 *

in welche die Vollendung des Gesetzes gesetzt wird, immer nur
an einzelnen Geboten gemacht wird, kann uns nicht hindern,
auf die allgemeine sittliche Anschauungsweise, die dabei zu
Grunde liegt, zurückzugehen, und die in verschiedenen Formen
sich wiederholende Forderung in ihrem Princip aufzufassen. Ist
aber die Gesinnung das höchste sittliche Princip, so liegt darin
von selbst, dass nicht nur das Sittliche der That von dem Sittlichen der Gesinnung, sondern auch das Ritualgesetz von dem
Sittengesetz unterschieden wird. Wo wird aber, muss man
fragen, diese Unterscheidung in der Bergrede gemacht, wenn
Jesus, so hoch er die sittliche Gesinnung stellt, doch zugleich
die bis an das Ende der Welt fortdauernde Gültigkeit aller und
jeder Gesetzesbestimmungen, somit auch aller Ritualgesetze auf's
Bestimmteste behauptet? Bedenkt man, wie kurze Zeit nachher
das ganze Ritualgesesetz seine Bedeutung verlor, und wie
wesentlich dadurch die ganze Entwicklung des Christenthums
bedingt war, so ist klar, dass der Ausspruch seinem wörtlichen
Sinne nach auf keine Weise in Erfüllung gieng, vielmehr das
gerade Gegentheil stattfand. Sollen wir daher annehmen, Jesus
habe damals, als er jenen Ausspruch that, selbst noch kein
klares und bestimmtes Bewusstsein des eigentlichen Princips
und Geistes seiner Lehre gehabt, oder ist es möglich, demselben
eine Deutung zu geben, mit welcher sich auch der principielle
Unterschied seiner Lehre vom alten Testament vereinigen lässt?
Das erstere liegt in der Behauptung Ritschl's (1. A. S. 30),
Jesus habe keineswegs die directe Absicht gehabt, das Ritualgesetz abzuschaffen, man dürfe sich ihn nicht in dem Sinn als
neuen Gesetzgeber denken, wie er einer spätern vom Judenthum losgerissenen christlichen Anschauung erscheine, er habe
sich lediglich in der dem Begriff des Gesetzes wesentlich eigenthümlichen Vereinzelung der Gebote gehalten, und die beabsichtigte Vollendung des Gesetzes nicht durch allgemeine Re-
flexionen, sondern durch schlagende Folgerungen eingeprägt,

er habe überhaupt die einzelnen Postulate der vollkommenen
Gerechtigkeit nicht unter ein Princip gestellt. Diess kann jedoch,
wie schon gezeigt worden ist, nicht behauptet werden; das
Verhältniss, in das Jesus seine Lehre zum alten Testament setzt,
lässt sich nicht als ein blos quantitatives auffassen, es widerstreitet diess der Natur der Sache und lässt sich auch mit mehreren der Erklärungen, welche Jesus über die Gebote des Mosaismus gibt, nicht vereinigen. Wenn Jesus dem mosaischen
Rechtsgrundsatz der Wiedervergeltung V. 38 die Aufforderung
zur Nachgiebigkeit entgegenstellt, V. 33 nicht blos den Meineid,
sondern den Eid schlechthin verbietet, so ist diess keine quantitative Erweiterung, sondern das gerade Gegentheil. Soll also
Jesus mit dem Ausspruch 5, 17—19 nicht etwas offenbar Un-
richtiges und thatsächlich sich selbst Aufhebendes behauptet
haben, so kann er nicht von dem Buchstaben, sondern nur vom
Geiste des Gesetzes verstanden werden. In diesem Sinne sagt
z. B. de Wette, beziehe man λύειν V. 19 wie καταλύειν und
πληρῶσαι auf den Geist des Gesetzes, und denke man dieses als
ein organisches Ganzes, in welchem alles Bedeutung habe, so
verschwinde die Schwierigkeit, auch dem geringsten der Gebote
müsse sein Recht geschehen und die Idee, zu deren Darstellung
es gehöre, bewahrt und vollkommener verwirklicht werden. Es
fragt sich nur, wie sich diess mit den Worten Jesu in Einklang
bringen lässt. In dieser Beziehung sagt Ritschl 2. A. S. 36 f.:
es handle sich V. 17 nicht um das Gesetz allein, sondern um
die Einheit von Gesetz und Propheten, also um die Fortentwick-
lung des Gesetzes durch die Propheten, die darin bestehe, dass
die Propheten durch Aufstellung des Zweckes der Gerechtigkeit
die sittlichen Gebote aus derjenigen Verbindung lösen, in welcher
sie mit den Ritualgesetzen durch den Zweck der Heiligkeit zusammengehalten waren. Jesus meine also das Gesetz in seiner
Fortbildung und Auslegung durch die Propheten unter dem
Zwecke der Gerechtigkeit, worin eben die Auseinandersetzung

des sittlichen und des rituellen Inhalts eingeschlossen sei,
an den letztern werde gar nicht gedacht. Die Vorhersagung
Jesu V. 18 könne sich nur auf den νόμος πληρωθείς beziehen,
auf das für das Gottesreich geltende Gesetz, wie es aus den
Händen Jesu hervorgegangen sein werde, in Gemässheit seiner
Aufgabe, die fortbildende Auslegung des Gesetzes durch die
Propheten im Sinne der Gerechtigkeit zu vollenden. Unter den
kleinsten Geboten seien gerade die für das Gottesreich charakteristischen zu verstehen, solche scheinbar unbedeutende und
kleinliche Vorschriften, von welchen er nachher in Anknüpfung
an die mosaischen Gebote Proben gebe. Indem Jesus Gesetz
und Propheten, sofern sie im Ganzen die Bestimmung der menschlichen Gerechtigkeit ausprägen, als Grundlage des von ihm zu
entwickelnden vollendeten Gesetzes anerkenne und bestätige,
löse er doch einzelne ihrer Bestimmungen auf, in denen sich
gerade ihre Unvollkommenheit und ihr Bedürfniss nach Vollendung kund gebe. Wenn Jesus Matth. 7, 12 das formale Princip
der Gerechtigkeit ausspreche, wenn er ferner Matth. 22, 40 das
materiale Princip der Gerechtigkeit in den mosaischen Geboten
der Liebe zu Gott und zu dem Nächsten nachweise, so könne er
auch Matth. 5, 17 nur in dem Sinn, dass die Bedeutung und der
Werth von Gesetz und Propheten als Einheit an diesen Geboten
hafte, Gesetz und Propheten als die Grundlage seiner vollendeten
Gesetzgebung gemeint und in dieselbe eingeschlossen haben,
nicht aber sofern das Gesetz eine Summe einzelner Gebote sei,
von welchen manche doch dem Princip der Gerechtigkeit nicht
entsprechen. Das organische Verhältniss der Gesetzgebung Jesu
zu der des Moses stelle sich gerade darin am deutlichsten dar,
dass er die Gebote der Gottes- und Menschenliebe aus ihrer Vereinzelung befreie und zur Geltung als Princip des Gesetzes erhoben habe; und wenn er solche Verordnungen erlasse, welche
die entsprechenden mosaischen ausschliessen, so sei der Grund
der, dass diese dem Princip der Liebe nicht folgen, Jesus aber

die Folgerungen aus dem Gebot der Liebe zu Gott und den
Menschen entwickele, ohne dieses selbst direct zu bezeichnen.
S. 36—46. Es wäre also mit Einem Worte der Ausspruch Jesu
V. 17 f. nicht vom Buchstaben, sondern nur vom Geist des Gesetzes zu verstehen. Allein eine Deutung, welche diess in den
Worten Jesu selbst finden will, bleibt immer eine sehr künst-
liche und gezwungene, es lässt sich die Schwierigkeit nicht
beseitigen, dass gerade das nicht wörtlich genommen werden
soll, was Jesus selbst nach seiner ausdrücklichen Erklärung im
wörtlichsten Sinn genommen wissen will. Wäre eine solche
Deutung zulässig, so könnte man ebenso gut sagen, der Ausspruch Jesu sei nicht von der Beibehaltung, sondern von der
Aufhebung des dem Geiste seiner Lehre widerstreitenden Ritualgesetzes zu verstehen, und könne daher nur in dem seinem
Wortlaut gerade entgegengesetzten Sinn genommen werden.
Da nun Jesus ebenso wenig das Ritualgesetz bestätigt, als auf
der andern Seite, wenn er es nicht bestätigen wollte, sich über
die fortdauernde Geltung des Gesetzes auf solche Weise ausgesprochen haben kann, so bleibt nur die Annahme übrig, dass
der ihm beigelegte Ausspruch erst in der Relation des Evangelisten eine judaistische Fassung erhalten hat, in welcher er nicht
aus dem Munde Jesu gekommen ist. Es hängt diess mit dem
judaistischen Charakter des Matthäusevangelium zusammen. Wie
dieses Evangelium Jesum gleich anfangs mit einem förmlichen
Programm seiner öffentlichen Thätigkeit auftreten lässt; so
konnte man es sich nach judaistischer Anschauung auch nicht
anders denken, als dass er von vorn herein auch die fortdauernde
absolute Geltung des mosaischen Gesetzes ausdrücklich zuge-
sichert habe. Hätte Jesus wirklich die Absicht gehabt, sich über
sein Verhältniss zum alten Testament so principiell auszusprechen, wie er bei Matthäus thut, so hätte er unmöglich ein
für die Zukunft so wichtiges Gebot, wie das der Beschneidung,
so völlig unberücksichtigt lassen können. Da darüber nichts

sich findet, so kann man daraus nur den Schluss ziehen, dass
er überhaupt keine allgemeine Erklärung dieser Art gegeben
hat. Um daher zu bestimmen, in welches Verhältniss Jesus sich
und seine Lehre zum alten Testament gesetzt habe, kann man
sich nur an die in der evangelischen Geschichte darauf sich beziehenden Aussprüche Jesu halten.

Die erste Stelle dieser Art ist Matth. 8, 1 ff., wo Jesus dem
geheilten Aussätzigen befiehlt, sich dem Priester zu zeigen und
das von Moses verordnete Geschenk darzubringen. Diese Stelle
betrifft aber im Grunde nur die Beobachtung einer polizeilichen
Vorschrift. Wichtiger ist, wie er sich über das Sabbathsgebot
äusserte, als es seine Jünger durch Ausraufen von Ähren ver-
letzt zu haben schienen und er selbst durch Heilung eines Ge-
brechlichen denselben Vorwurf sich zuzog. Matth. 12, 1 ff. und
9 ff. Wenn er in der ersten Stelle seine rechtfertigende Erklärung mit den Worten schloss, dass des Menschen Sohn Herr des
Sabbaths sei, und in der zweiten es als eine allgemein zuge-
standene Wahrheit betrachtete, dass man auch am Sabbath Gutes
thun dürfe, so erhellt hieraus, dass er nicht nur das Sabbathsgebot für kein schlechthin verbindliches hielt, sondern überhaupt die Beobachtung solcher Gebote von der höhern Frage
abhängig machte, ob sie der Idee des sittlich Guten und Zweck-
mässigen entsprechen. Noch bestimmter ist diess bei Marcus
2, 27 in den Worten enthalten, der Sabbath sei um des Menschen
willen da, nicht der Mensch wegen des Sabbaths. Als die Pharisäer Matth. 15, 1 f. daran Anstoss nahmen, dass die Jünger die
traditionelle Händewaschung vor dem Essen unterliessen, hielt
ihnen Jesus nicht blos entgegen, dass durch die pharisäischen
Satzungen die Beobachtung des eigentlichen Gesetzes heuch-
lerisch verkürzt werde, sondern er rief auch das Volk herbei
und erklärte vor demselben, dass nichts was von aussen in den
Menschen eingehe, sondern nur was von ihm ausgehe, ihn ver-
unreinige. Hiemit erklärte er überhaupt die Beobachtung der

mosaischen Reinigkeitsgesetze für etwas sittlich Indifferentes;
unrein wird der Mensch nicht durch das, was ihn äusserlich
berührt, sondern nur innerlich, wenn er in die Motive seines
Willens etwas aufnimmt, was für ihn die Ursache einer Sünde
wird. Wenn er Matth. 19, 8. die mosaische Erlaubniss der Ehescheidung nur aus einer Nachsicht gegen die Herzenshärtigkeit
der Juden ableitete, so erklärte er auch damit, dass das Gesetz
in seinen Augen nur eine sehr relative Geltung habe. Solche
Stellen, wie die hier angeführten, bezeugen es klar, dass er
dem mosaischen Gesetz keine absolut bindende Auctorität zuer-
kannte. Auf der andern Seite aber hat er sich auch nie über
die Aufhebung desselben im Ganzen und seine für den Glauben
an ihn nicht mehr fortbestehende Gültigkeit ausgesprochen.
Wenn er es auch mit einzelnen Bestimmungen nicht sehr genau
nahm und sich freier über sie äusserte, so ist man doch nicht
berechtigt, daraus eine auf das Gesetz im Ganzen sich beziehende
Folgerung zu ziehen, da bei solchen Bestimmungen immer auch
wieder die so Vieles zum Gesetz hinzusetzende pharisäische
Praxis in Betracht kam, mit welcher er in keinem Fall sich ein-
verstanden erklären konnte. Aber auch selbst gegen diese hat
er sich nicht so schlechthin verneinend ausgesprochen, wie man
erwarten sollte. Er hat nicht nur nie das Volk geradezu aufgefordert, die pharisäischen Satzungen zu verlassen und sich nur
auf die Beobachtung des Gesetzes zu beschränken, sondern sich
bisweilen auch so geäussert, wie wenn es auch für die Zukunft
bei der einmal bestehenden Praxis verbleiben sollte. Matth. 6, 17
setzt er das Fasten ganz in der Weise voraus, wie es von den
Pharisäern geübt wurde, und verwarf nur die dabei, wie beim
Gebet und Almosengeben, sich bemerklich machende heuchleri-
sche Ostentation der Pharisäer. Matth. 23, 1 ff. erklärt er das
Volk sogar für verpflichtet, allen Geboten der Pharisäer Folge
zu leisten, wenn auch nicht ihrem Beispiel. In dieser Hauptstelle seiner Polemik gegen die Pharisäer sagt er gleichwohl

von ihnen und den Schriftgelehrten, dass sie auf der Kathedra
des Moses sitzen, seinem Lehrer- und Gesetzgeber-Stuhl, und
das Volk und seine Jünger sollen alles, was sie sagen, dass sie
beobachten sollen, beobachten und thun. V. 23 heisst er sie
das Wichtigere des Gesetzes, alles, was sich auf die Gerechtigkeit im Entscheiden über Recht und Unrecht, die Barmherzigkeit und die Treue und Redlichkeit betrifft, thun, aber auch die
kleinlichen Vorschriften der pharisäischen Genauigkeit und Ge-
setzesbeobachtung nicht unterlassen. Demungeachtet bezeichnet
er in derselben Stelle die Satzungen der Pharisäer als schwere
und unerträgliche Lasten, und im Gegensatz gegen die Pharisäer sagt er Matth. 15, 13, jede Pflanze, die sein himmlischer
Vater nicht gepflanzt habe, werde mit der Wurzel ausgerissen
werden, die Pharisäer selbst erklärt er für Blinde, welche das
blinde Volk in's Verderben führen. Nimmt man alle diese zum
Theil sehr verschieden lautenden Erklärungen zusammen, so
kann man aus ihnen nur den Schluss ziehen, dass er zwar in
einzelne seiner Aussprüche genug hineinlegen wollte, was einen
principiellen Gegensatz nicht blos gegen die Satzungen der Pharisäer, sondern auch gegen die fortdauernde absolute Geltung
des Gesetzes begründen konnte, dass er aber, statt es zu einem
offenen Bruche kommen zu lassen, die weitere Entwicklung
des an sich und thatsächlich schon vorhandenen Gegensatzes
dem Geiste seiner Lehre überliess, der von selbst dazu führen
musste.

Es findet hier der Ausspruch seine Anwendung, welchen
Jesus zur Beantwortung der Frage that, die nach Matth. 9, 14
die Johannisjünger, nach Luc. 5, 33 die Pharisäer an ihn machten, warum seine Jünger nicht ebenso oft fasten, wie die Pharisäer. Niemand, sagt er Matth. 9, 16 f., setzt einen Flicklappen
ungewalkten Zeugs auf ein altes Kleid, denn die Ergänzung,
die man mit dem Flicklappen macht, nimmt vom Kleide hinweg
und der Riss wird nur um so schlimmer, noch auch giesst man

neuen Wein in alte Schläuche, sonst reissen die Schläuche, und
der Wein fliesst aus, und die Schläuche gehen zu Grunde, sondern man giesst neuen Wein in neue Schläuche und so werden
beide erhalten. Der Ausspruch kann nur von der Unverträg-
lichkeit des Geistes der neuen Lehre mit dem der alten verstanden werden. Wer die pharisäischen Fastenübungen noch
so genau beobachten zu müssen glaubt, und doch in der neuen
Lehre schon ein neues Princip in sich aufgenommen hat, wird,
je enger er beides in sich zusammenhalten will, nur in einen
um so grössern Zwiespalt mit sich selbst kommen, es wird in
seinem religiösen Bewusstsein ein immer grösserer Riss entstehen, er kann das Alte nicht festhalten, weil das Neue, das
er schon in sich hat, es von selbst von sich abstösst. Wozu
also die pharisäischen Fastenübungen, wenn man im Geiste
schon darüber hinaus ist, auf einem andern Standpunkt des
religiösen Bewusstseins steht? Der neue Wein gehört auch in
neue Schläuche, man kann den Geist der neuen Lehre nicht
in ein Gefäss der alten niederlegen, er wird von selbst das alte
Gefäss zersprengen und sich eine neue Form schaffen. Hiemit
hätte also Jesus selbst den principiellen Gegensatz seiner neuen
Lehre gegen die alte ausgesprochen, und es wäre aus diesem
Ausspruch zu sehen, dass er, wenn er gleich selbst dasselbe
that, auch den neuen Wein noch in die alten Schläuche legte,
sofern er mit dem gesetzlichen und traditionellen Judenthum
nicht principiell brach, doch das Bewusstsein dieses principiellen
Gegensatzes hatte, und wenn gleich er nicht blos den substanziellen Inhalt des Gesetzes unversehrt erhalten wissen wollte,
sondern auch so viel möglich an die alten traditionellen Formen
sich hielt, diess doch nur mit dem bestimmten Bewusstsein that,
dass der neue Inhalt bald genug die alte Form zerbrechen
werde. Es kommt daher bei dem öfters missverstandenen, zur
richtigen Beurtheilung des ursprünglichen Standpunkts Jesu
sehr wichtigen Ausspruch nur noch darauf an, dass man οὐδεὶς

ἐπιβάλλει u. s. w. und οὐδὲ βάλλουσιν u. s. w. nicht so versteht,
wie wenn damit gesagt werden sollte, niemand thue diess, so
dass Jesus damit gesagt hätte, man thue etwas nicht, was er
doch selbst that, sondern nur, wenn es jemand thue, wie diess
ja öfters geschieht, und in so vielen Fällen nicht anders geschehen kann, so werde es der Natur der Sache nach und mit
innerer Nothwendigkeit nicht anders gehen können, als Jesus
in diesen Worten sagt.

Wie Jesus in seiner Stellung zum alten Testament sowohl
in seinem affirmativen Verhältniss zum Gesetz als auch in dem
polemischen zum Pharisäismus alles, was dem Menschen seinen
sittlich-religiösen Werth gibt, einzig in die Gesinnung legt, so
ist es überhaupt die Gesinnung, das unmittelbare in seiner immanenten Wahrheit sich aussprechende Bewusstsein des Menschen, worauf im ganzen Inhalt der Bergrede alles zurückgeführt wird. Die Gesinnung soll rein und lauter, von aller
Selbstsucht frei, das ganze Bewusstsein des Menschen auf das
Eine, worin er seinen absoluten Inhalt erkennt, gerichtet und
über alles erhaben sein, was ihn nur an die niedrige Sphäre
seiner sinnlichen Existenz mit ihren Sorgen und Bedürfnissen
knüpft. Das Innere ist es allein, wornach aller Werth des
Äussern zu beurtheilen ist, nur wenn die Gesinnung in ihrer
Wurzel gut ist, kann auch etwas an sich Gutes als Frucht aus
ihr hervorgehen. Besonders bemerkenswerth sind die Aussprüche Matth. 6, 19—24. 7, 12. Wenn er in der ersten Stelle
Schätze sammeln heisst nicht auf der Erde, sondern im Himmel,
weil, wo der Schatz ist, auch das Herz ist, und das Herz nicht
sowohl da als dort sein kann, indem ja niemand zwei Herrn
dienen kann, Gott und dem Mammon, so ist in dieser Ungetheilt-
heit des Herzens die Absolutheit des christlichen Standpunkts
ausgesprochen, der jede Halbheit, jede Trennung und Schranke
von sich ausschliesst. Die zweite Stelle enthält den bekannten
Ausspruch: Alles, was ihr wollt, dass euch die Leute thun, das

thut ihr ihnen auch, das ist der Hauptinhalt des Gesetzes und
der Propheten. Man hat diesem Ausspruch schon öfters die
Bedeutung eines Princips der christlichen Sittenlehre gegeben.
Dagegen sagt Neander [1]): Gewiss habe Christus hier kein
Princip der Sittlichkeit geben wollen, das würde mit dem ganzen Geiste und den leitenden Ideen der Bergrede in Widerspruch stehen, denn diese weise ja überall auf den Sitz der wahren
Sittlichkeit in der Gesinnung hin. In dieser Norm aber sei nur
von dem äusserlichen materiellen Handeln die Rede, welches
von verschiedener Gesinnung ausgehen könne; es könnte diess
ja eine Klugheitsregel der Selbstsucht werden, Andern erweisen, was man von ihnen wieder erwiesen zu haben wünscht.
Es ist diess eine sehr einseitige und beschränkte Auffassung
dieses Ausspruchs. Er hat insofern eine principielle Bedeutung,
als das Absolute des christlichen Bewusstseins vor allem darauf
beruht, dass man im Stande ist, von sich, seinem eigenen Selbst,
seiner Ichheit zu abstrahiren, und sich mit Andern so zu identificiren, dass man jeden als ein mit sich gleichberechtigtes Subject betrachten lernt. Eben diess will auch das im Ganzen gleichbedeutende alttestamentliche Gebot sagen, dass man den Nächsten lieben soll, wie sich selbst. Liebt man den Nächsten, wie
sich selbst, so muss man auch alles Egoistische, Subjective,
Particuläre fallen lassen; über die Vielheit der gleichberech-
tigten Subjecte, von welchen jedes einzelne der Reflex aller
andern ist, stellt sich von selbst die Objectivität des Allgemeinen, in welchem alles Particuläre und Subjective aufgehoben
ist, und dieses Allgemeine ist die Form des Handelns, vermöge
welcher man gegen Andere dasselbe thut, was man wünscht,
dass Andere gegen uns thun, dass sittlich Gute ist somit das,
was für alle gleich recht und gut ist, oder für alle das gleiche
Object ihres Handelns sein kann. Es ist diess ein formeller

---

1) Das Leben Jesu Christi. 1837. S. 169 f.

Grundsatz des Handels, welcher in der Hauptsache zusammenfällt mit dem Kant'schen Imperativ: Handle so, dass die Maxime
deines Handelns das allgemeine Gesetz des Handelns sein kann.
Es spricht sich also auch darin die Eigenthümlichkeit des christlichen Princips aus, sich über das Äussere, Zufällige, Particuläre zum Allgemeinen, Unbedingten, an sich Seienden zu erheben und den sittlichen Werth des Menschen nur in das zu
setzen, was seinen absoluten Werth und Inhalt in sich selbst
hat. Dieselbe Energie des Bewusstseins, die das substanzielle
Wesen der Sittlichkeit nur in dem innersten Kern der Gesinnung erfassen kann, gibt sich in der in dem genannten Gebot
auf ihren einfachsten practischen Ausdruck gebrachten Forderung kund, das individuelle Ich zum allgemeinen, zum Ich der
ganzen in allen einzelnen Individuen mit sich identischen Menschheit aufzuheben.

Um das Princip der Lehre Jesu, oder des christlichen Be-
wusstseins, wie es von Jesus selbst ausgesprochen worden ist,
in seiner reinsten und ursprünglichsten Gestalt aufzufassen, darf
man auch die in den Makarismen der Bergrede ausgedrückte
Grundanschauung nicht unbeachtet lassen. Es werden hier die
Armen im Geiste, d. h. die Armen, welchen an ihrer äussern
leiblichen Armuth und im Contrast mit derselben ihr geistiger
Reichthum zum Bewusstsein kommt, gepriesen, weil ihrer das
Himmelreich ist, die Traurigen, weil sie getröstet werden, die
Sanftmüthigen, weil sie die Erde zum Erbtheil erhalten, die
nach der Gerechtigkeit Hungernden und Dürstenden, weil sie
gesättigt werden, die am Herzen Reinen, weil sie Gott sehen,
die Friedfertigen, weil sie Söhne Gottes heissen, die um der
Gerechtigkeit willen Verfolgten, weil ihrer das Himmelreich ist.
In allen diesen Seligsprechungen spricht sich ein vom tiefsten
Gefühle des Drucks der Endlichkeit und aller Widersprüche
der Gegenwart durchdrungenes, aber in diesem Gefühl über
alles Endliche und Beschränkte weit übergreifendes religiöses

Bewusstsein aus. Der prägnanteste Ausdruck dieses ursprünglichsten Elements des christlichen Bewusstseins sind die mit Recht an der Spitze aller Seliggepriesenen stehenden πτωχοὶ τῷ πνεύματι, die Armen, die nichts haben, und als die nichts Habenden doch alles haben. Um diesen Ausdruck richtig zu verstehen, muss man die πτωχοὶ τῷ πνεύματι nicht unmittelbar als die geistig Armen nehmen, so dass die πτωχοὶ die Demüthigen, die nach der Erlösung sich Sehnenden wären, die πτωχοὶ sind wirkliche Arme, leiblich Arme (vergl. Luc. 6, 20), aber ihre Armuth hat eine geistige Bedeutung, sofern sie an ihrer Armuth sich des Reichthums bewusst werden, der der Gegensatz zu der Armuth ist. Sie haben nichts, weil sie als leiblich Arme nichts von allem demjenigen haben, was zum Besitz in dieser Welt gehört, und alles, was sie in der künftigen Welt als ihr Eigenthum betrachten dürfen, für sie etwas blos Künftiges ist. In diesem Nichtshaben ist das Element ihres Seins und Lebens nur die Sehnsucht und das Verlangen nach dem, was sie nicht haben, aber in diesem Sehnen und Verlangen haben sie schon Alles, was der Gegenstand ihrer Sehnsucht und ihres Verlangens ist. So sind sie als die nichts Habenden die alles Habenden, ihre Armuth ist ihr Reichthum, das Himmelreich ist schon jetzt ihr eigenstes Eigenthum, weil sie, so gewiss sie hier nichts haben, so gewiss dort alles haben. In diesem Contrast des Habens und Nichthabens, der Armuth und des Reichthums, der Erde und des Himmels, der Gegenwart und der Zukunft hat das christliche Bewusstsein seine reinste Idealität, als die ideale Einheit aller dem empirischen Bewusstsein sich aufdringenden Gegensätze. Alles, was das entwickeltste dogmatische Bewusstsein umfassen kann, ist darin schon begriffen, und doch hat es seine ganze Bedeutung nur darin, dass es noch die unmittelbare Einheit aller Gegensätze ist, die sich aus ihm entwickelten. Alle jene Makarismen, so verschieden sie lauten, sind immer nur ein anderer Ausdruck für

dieselbe ursprüngliche Grundanschauung des christlichen Bewusstseins. Es ist das den Gegensatz von Sünde und Gnade
an sich schon in sich enthaltende, aber von dem Bewusstsein
desselben noch völlig unberührt gebliebene reine Gefühl der
Erlösungsbedürftigkeit, das als solches auch schon alle Realität
der Erlösung in sich hat. Je unmittelbarer alle Gegensätze
noch in ihrer Einheit zusammengehalten sind, um so inhaltsreicher und kräftiger ist dieses ursprüngliche Bewusstsein, es
ist nicht blos das intensivste Selbstbewusstsein, sondern auch
das übergreifendste Weltbewusstsein, wie es Jesus selbst in
den unmittelbar auf die Makarismen folgenden Worten ausspricht, wenn er Matth. 5, 13 f. seine Jünger das Salz der Erde
nennt, das nie kraftlos werden darf, wenn es nicht der Welt
an der sie zusammenhaltenden und sie vor aller Verderbniss
bewahrenden substanziellen Kraft fehlen soll, das Licht der
Welt, das nicht unter den Scheffel gestellt werden darf, sondern vor aller Welt leuchten muss, damit man die guten Werke
derer, die ihr Licht leuchten lassen, sehe und den Vater im
Himmel preise.

Es ist sehr charakteristisch, dass alles, was als der ursprünglichste Inhalt des christlichen Bewusstseins aus der Bergrede Jesu hervorgehoben werden kann, ein rein sittliches Element ist. Das Christenthum, wie es sich in seiner ursprünglichsten Gestalt als Lehre Jesu darstellt, ist eine, den reinsten
sittlichen Geist athmende Religion. Als Affirmation des alttestamentlichen Gesetzes und als Gegensatz gegen die pharisäische
Gesetzlichkeit trat es vor allem als Kräftigung des sittlichen
Bewusstseins auf, als eine sittliche Macht, die in dem Menschen
das Bewusstsein seiner sittlichen Selbstbestimmung, die Energie
seiner sittlichen Freiheit und Autonomie wecken wollte. Dieses
sittliche Element, wie es in den einfachen Sätzen der Bergrede
als der reinste und lauterste Inhalt der Lehre Jesu sich kund
gibt, ist der eigentlich substanzielle Kern des Christenthums,

zu welchem alles Andere, so grosse Bedeutung es haben mag, in einem mehr oder minder secundären und zufälligen Verhältniss steht, die Grundlage, auf welche erst alles Andere gebaut werden kann, die, so wenig sie auch noch die Form und Farbe des geschichtlich gewordenen Christenthums hat, doch an sich schon das ganze Christenthum ist. Mag es auch bald genug von dem aus dem christlichen Bewusstsein sich entwickelnden Dogmatismus zurückgedrängt und in Schatten gestellt, überbaut und überwuchert worden, ja sogar in so vielen Beziehungen in einen unversöhnlichen Widerstreit zu demselben gekommen sein, es blieb doch immer der feste unwandelbare Punkt, auf welchen man aus allen Verirrungen im Dogma und Leben immer wieder zurückkommen musste, als auf dasjenige, worin sich das wahrhaft christliche Bewusstsein in seiner unmittelbarsten Ursprünglichkeit und in seiner einfachsten über alle Selbsttäuschungen des Dogmatismus unendlich erhabenen Wahrheit ausspricht.

In diesem ursprünglichsten Element ist die Lehre Jesu nicht sowohl Religion als Sittenlehre. Gehen wir nun aber von dem ethischen Element zu dem religiösen fort, so ist das Erste und Ursprünglichste, wodurch das ethische Element die Form eines religiösen erhält, jene Gerechtigkeit, deren Begriff schon in der Bergrede zum wesentlichen Inhalt des christlichen Bewusstseins gehört. Die δικαιοσύνη steht in der unmittelbarsten Beziehung zu der βασιλεία τοῦ θεοῦ, sie betrifft nicht blos das Verhältniss des Menschen zu sich selbst, wie es im sittlichen Selbstbewusstsein bestimmt wird, sondern das Verhältniss des Menschen zu Gott, ohne welches es kein religiöses Bewusstsein gibt, sie ist wesentlich identisch mit jener Vollkommenheit, in welcher die höchste Aufgabe für den Menschen in der Forderung gestellt wird, vollkommen zu sein, wie der Vater im Himmel vollkommen ist. Der Begriff der δικαιοσύνη führt uns wieder auf die Stellung Jesu zum Gesetz zurück. Sie ist eben

jene Vollendung und Erfüllung des Gesetzes, zu welcher Jesus
gekommen zu sein versichert. Wenn er sagt, dazu sei er gekommen, es dürfe vom Gesetz nicht das Geringste hinwegkommen, denn wenn ihre Gerechtigkeit nicht besser sei, als die
der Pharisäer und Schriftgelehrten, so werden sie nicht in das
Himmelreich kommen, so ist klar, dass die Gerechtigkeit in der
Erfüllung des Gesetzes besteht. Ohne Gerechtigkeit kann man
nicht in das Reich Gottes kommen. Die Gerechtigkeit ist also
das adäquate Verhältniss, vermöge dessen man subjectiv dasselbe ist, was das Reich Gottes objectiv ist. Das Vermittelnde
aber für diese Identität des Subjectiven und Objectiven ist die
Erfüllung des Gesetzes. Der Gesichtspunkt, unter welchen wir
nun diese in der Erfüllung des Gesetzes bestehende Gerechtigkeit zu stellen haben, ist das Verhältniss, in welchem in ihr
die Lehre Jesu oder das Urchristenthum einerseits zum alten
Testament, andererseits zum Paulinismus steht. Sofern die wahre
Gerechtigkeit in dem von Jesus in der Bergrede ausgesprochenen Sinn in die Erfüllung des Gesetzes gesetzt wird, ist
das in dieser Gerechtigkeit bestehende ursprüngliche Christenthum selbst nichts anderes als die immanente Vollendung, die
vollkommene Verwirklichung des alten Bundes. Es ist in ihm
nur der Gegensatz aufgehoben, über welchen das alttestamentliche Bewusstsein nie hinwegkommen konnte, der Gegensatz,
in welchem der Wille des Einzelnen, der als solcher auch ein
selbstischer ist, zu dem im Gesetz enthaltenen göttlichen steht.
Diese Getheiltheit des alttestamentlichen Bewusstseins macht
die wahre Gerechtigkeit unmöglich, sein Widerspruch ist der
eigentliche Ursprung des christlichen Bewusstseins. Die Aufhebung dieser Getheiltheit, durch welche erst die subjective
Möglichkeit der δικαιοσύνη gesetzt ist, ist die vollkommene Durchführung des Gesetzes, und umgekehrt die Vollendung des Gesetzes, in welcher seine beschränkte alttestamentliche Form,
wie jene ganze Getheiltheit aufgehoben ist, ist als solche die

subjective Möglichkeit der wahren δικαιοσύνη, der vollkommen durchgeführte νόμος ist als solcher auch der verinnerlichte νόμος. Dem Gegensatz gegenüber ist das, was als das Neue, als die vollkommene Gerechtigkeit verkündigt wird, nur die Aufhebung des Gegensatzes. Das Christenthum in seiner ursprünglichen Form enthält also nichts als die zunächst liegende objective Consequenz des alten Bundes in Hinsicht des Verhältnisses des Willens zum Gesetz, die alttestamentliche Scheidung des Göttlichen und Menschlichen ist darin aufgehoben, dass das Ich mit seinem Willen sich an Gott hingibt. Entäusserung des Menschen an Gott ist das Christenthum in seiner ersten Form, reine einfache Negation des menschlichen Willens, einfache Hingabe an den jenseitigen göttlichen Willen, diess ist sowohl das Alttestamentliche, das ihm noch anhängt, als das Neue, Grosse, das es zuerst ausgesprochen hat. Die beiden Seiten, die hier unterschieden werden müssen, die objective der vollendeten Gesetzeserfüllung, und die subjective der Aneignung des Heils, sofern mit dieser Vollendung auch die subjective Möglichkeit der vollkommenen Gesetzeserfüllung gegeben ist, fallen hier noch zusammen, beide sind noch ungetrennt enthalten in der Einheit des Gesetzes und des Evangeliums. Die subjective Möglichkeit der δικαιοσύνη, die Kraft der Versöhnung mit Gott, das, was für das entwickeltere Bewusstsein die Gnade ist, ist einfach in das Andere, die objective Durchführung des vollendeten Gesetzes eingeschlossen. In Stellen, wie Matth. 5, 6, wo den nach der Gerechtigkeit Hungernden und Dürstenden Sättigung verheissen wird, 11, 29. 30., wo von einer Ruhe für die Seelen, von einem sanften Joch und einer leichten Last die Rede ist, ist nichts Anderes ausgesprochen, als eben das Bewusstsein einer durch Jesus gekommenen Kraft der Erlösung und Versöhnung. Nirgends aber ist es ausdrücklich zum Bewusstsein gebracht, dass mit dem, was Jesus verkündige, eine neue allgemeine Kraft der Versöhnung mit Gott gegeben sei, so dass

5 *

der Mensch ohne sie, für sich allein, durch des blossen Gesetzes Werke nicht gerecht werden könne. Der Sache nach
ist zwar ausgesprochen, dass durch das blosse, beschränkte
alttestamentliche Gesetz keine wahre Gerechtigkeit möglich sei,
und darin liegt auch, dass es eine neue und allgemeine Kraft
der Versöhnung mit Gott ist, die durch Jesus gebracht ist, allein
die ganze Richtung des Bewusstseins ist noch eine andere als
im Paulinismus. Das Bewusstsein Jesu in der Bergrede geht
ganz auf die vollkommene Entäusserung des Menschen an Gott,
darauf, dass nur in der Gesetzeserfüllung, wie er sie verkündige, die wahre Gerechtigkeit möglich sei; ebendesshalb ist die
Grundidee der ersten ursprünglichsten Form des Christenthums
der vollkommen durchgeführte νόμος. Dieses Bewusstsein steht
also insofern noch innerhalb der alttestamentlichen Anschauung,
als es bei der jenseitigen Objectivität Gottes stehen bleibt, und nur
von einem neuen subjectiven practischen Verhalten des Menschen
zu demselben weiss. Es ist dieser Punkt in der Entwicklung
des Urchristenthums genau zu fixiren, um schon hier das Verhältniss des Paulinismus zur ursprünglichen Lehre Jesu richtig
zu bestimmen. Es ist also für die erste Form des Christenthums
die neue allgemeine Kraft der Versöhnung mit Gott, die subjective Möglichkeit der wahren δικαιοσύνη, die durch Christus
gegeben ist, nur erst auf thatsächliche Weise im Bewusstsein;
der Paulinismus erst ist es, der sie ausdrücklich als ein neues
allgemeines Princip von vornherein zum Gegenstand des christlichen Bewusstseins macht; jene Form bleibt bei dem alttestamentlichen objectiv gegebenen Verhältniss von Gott und Mensch
für das Bewusstsein oder formell noch ebenso sehr stehen, als
sie an sich der Sache nach durchbrochen ist. Der Paulinismus
hat nichts Anderes gethan, als für das Bewusstsein auszusprechen, was an sich, thatsächlich im Urchristenthum gesetzt war.

   Die Gerechtigkeit in dem bisher entwickelten Sinne ist die

wesentliche Bedingung, ohne welche man nicht in das Reich Gottes kommen kann. Es schliesst sich daher hier die Lehre Jesu vom Reiche Gottes an. Sie ist der Hauptgegenstand der Parabeln Jesu in den synoptischen Evangelien. Wir halten uns auch hier vorzugsweise an Matthäus, da schon die Parabeln bei Matthäus das Wesentliche enthalten und im Falle einer Differenz doch nur nach Matthäus entschieden werden kann.

Die βασιλεία τοῦ θεοῦ, oder nach dem eigenthümlichen Ausdruck des Matthäus, τῶν οὐρανῶν, ist ein ganz aus der alttestamentlichen Religions- und Staatsverfassung herübergekommener Begriff. Es liegt in dem Ausdruck unmittelbar der Begriff der alttestamentlichen Theokratie. Die βασιλεία τοῦ θεοῦ ist die Gemeinschaft derer, welche das Volk Gottes, die theokratische Gemeinde bilden, als deren König und höchster Regent nur Gott gedacht werden kann. Dieser Begriff liegt den Parabeln zu Grunde, in welchen die βασιλεία τοῦ θεοῦ in ihrem geschichtlichen Verlauf, nach der Folge und Verschiedenheit ihrer Perioden dargestellt wird, wie z. B. Matth. 21, 33 f., wo ein Hausherr zuerst seine Diener aussendet, und dann andere Diener, noch mehr als das erstemal, und zuletzt seinen Sohn. Hier bezieht sich die βασιλεία τοῦ θεοῦ nicht blos auf das neue, sondern auch auf das alte Testament. Der Ausdruck bezeichnet die ganze von Gott gestiftete Religionsanstalt von Anfang an, die theokratische Einheit des alten und neuen Testaments. Von diesem weitern Begriff ist der engere zu unterscheiden, nach welchem die βασιλεία τοῦ θεοῦ die erst mit dem neuen Testament beginnende Religionsökonomie ist, oder das messianische Reich als die Periode der theokratischen Weltentwicklung, in welcher der göttliche Weltplan zu seiner vollkommenen Realisirung gelangt und das Ziel erreicht, auf das er von Anfang an angelegt ist. In diesem Sinne gründet sich der Begriff der βασιλεία τοῦ θεοῦ auf die Stellen bei dem Propheten Daniel 7, 13. 14. 27. 2, 44., wo nach den vier den Juden bis zur Maccabäerzeit bekannt gewordenen Weltreichen, dem assyrischen, babylonischen, persischen, griechischen das Reich dessen folgen sollte, der mit den Wolken des Himmels wie eines Menschen Sohn kommt. Ihm ward Herrschaft und Herrlichkeit und Königthum gegeben, dass alle Völker ihm dienen, seine Herrschaft ist eine ewige, die nie vergeht, und sein Königthum wird nicht zerstört. Da nun der Begriff der βασιλεία τοῦ θεοῦ mit den bekannten sinnlichen Vorstellungen der Juden vom messianischen Reich zusammenhängt, so fragt sich, ob und wieweit sie auch auf die Lehre Jesu von der βασιλεία τοῦ θεοῦ Einfluss gehabt haben. In dieser Hinsicht ist sehr entschieden zu behaupten, dass sich in der Lehre Jesu nichts von allem demjenigen nachweisen lässt, was zum Charakteristischen der jüdischen Vorstellung gehört. Der Begriff des messianischen Reichs ist von Jesu so vergeistigt worden, dass die βασιλεία τοῦ θεοῦ oder τῶν οὐρανῶν in seinem Sinne nur eine auf sittlich-religiösen Bedingungen beruhende Gemeinschaft ist, deren letzter Endzweck nicht in der sinnlichen, sondern der übersinnlichen Welt liegt. Diess erhellt vor allem aus dem ganzen Inhalt der Bergrede, die in dem ersten ihrer Makarismen die πτωχοὺς τῷ πνεύματι in die unmittelbarste Beziehung zu der βασιλεία τῶν οὐρανῶν setzt. Auch die folgenden Makarismen drücken den Gedanken aus, dass alles, was die βασιλεία τῶν οὐρανῶν gewähren sollte, nur denen zu Theil werden kann, welche in ihrer sittlich-religiösen Gesinnung die ihr entsprechende Empfänglichkeit haben. Ist, wie in der Bergrede weiter gesagt wird, die in der vollkommenen Gesetzeserfüllung bestehende Gerechtigkeit die wesentliche Bedingung des Eintritts in die βασιλεία τῶν οὐρανῶν, so ist diese selbst die Sphäre der vollendeten Gesetzeserfüllung, in welcher der Wille Gottes so verwirklicht ist, wie es der Idee des göttlichen Gesetzes gemäss ist. Am unmittelbarsten ist diess in dem Gebete Matth. 6, 9 f. ausgesprochen, in den Bitten: Es komme zu uns dein Reich, dein Wille geschehe

auf Erden, wie im Himmel. Im Himmel also ist der Wille Gottes
vollkommen erfüllt, und in dem vollkommen erfüllten Willen
Gottes ist das Reich Gottes selbst verwirklicht. Was im Himmel
geschieht, ist das Vorbild für das, was auf der Erde geschehen
soll. In demselben Verhältniss also, in welchem der Wille Gottes auch auf der Erde erfüllt wird, verwirklicht sich das Reich
Gottes auf der Erde, es kommt zu uns, entwickelt und ver-
breitet sich immer mehr in der Menschheit. Auch als βασιλεία
τῶν οὐρανῶν darf daher das Reich Gottes nicht blos als ein
jenseitiges gedacht werden. Das Diesseitige hängt von selbst
mit dem Jenseitigen, das Irdische mit dem Himmlischen, die
Gegenwart mit der Zukunft zusammen, es ist eine von einem
bestimmten Punkte ausgehende, durch die Realisirung derselben
Idee innerlich zusammenhängende, Erde und Himmel umfassende Entwicklung. In welchem Contrast dieser rein sittliche
Begriff vom Reich Gottes mit den gewöhnlichen Vorstellungen
der Juden und ihren Ansprüchen auf dasselbe stand, zeigt der
gegen die Jünger gerichtete Ausspruch Jesu Matth. 18, 3: Wenn
ihr nicht umkehret und werdet wie die Kinder, werdet ihr nicht
in das Himmelreich kommen. Nur der anspruchslose, unbe-
fangene Sinn der Kinder eignet sich für das Reich Gottes, das
erste Erforderniss ist also, dass man sich aller Ansprüche ent-
schlägt, die nicht auf sittlicher Würdigkeit beruhen, und in
seinem sittlichen Bewusstsein sich des Mangels an allen Ansprüchen und der Nothwendigkeit, sich von allem loszureissen,
was sich mit dem Reich Gottes nicht verträgt, bewusst wird,
vgl. V. 5 f. Dass es bei dem Reich Gottes vor allem auf die
sittliche Würdigkeit ankommt, stellt die Parabel vom Hochzeitmahl Matth. 22, 2 f. durch das Bild vom hochzeitlichen Kleid,
ohne das man nicht als Gast zugelassen werden kann, und durch
den Spruch am Schlusse dar, dass zwar Viele berufen, aber
Wenige erwählt sind. Und dass diese Würdigkeit hauptsächlich
in der Anspruchlosigkeit besteht, in einer solchen Gesinnung,

welche frei von Lohnsucht nicht darauf ausgeht, ein eigenes
Verdienst geltend zu machen, überhaupt nicht quantitativ nach
dem äussern Umfang der Werkthätigkeit, sondern nur qualitativ
zu beurtheilen ist, soll die Parabel von den Arbeitern im Wein-
berg Matth. 20, 1 f. anschaulich machen. Die Letzten sind so
viel als die Ersten und die Ersten so viel als die Letzten, weil
überhaupt alles im Reiche Gottes so sehr ein freies Geschenk
ist, dass man sich nur empfangend verhalten kann. Es fragt
sich jedoch bei diesen beiden Parabeln, ob sie sich nicht auf
das Verhältniss der Juden und Heiden beziehen, in welchem
Falle wir sie wohl nicht für ächte Parabeln Jesu halten könnten. Eine für die Lehre Jesu vom Reiche Gottes besonders
wichtige Wahrheit drückt die Parabel Matth. 18, 23 f. vom
Knechte, welchem der Herr seine Schuld erlässt, aus. Eine
Haupteigenschaft für das Reich Gottes ist die aus dem Bewusstsein des eigenen Bedürfnisses der Sündenvergebung fliessende
Bereitwilligkeit, Andern ihr Unrecht zu verzeihen. Sie ist die
Veranschaulichung des Spruchs Matth. 6, 15: Wenn ihr den
Menschen ihre Fehler nicht vergebet, wird euer Vater auch
euch eure Fehler nicht vergeben, und der Bitte im Gebet des
Herrn Matth. 6, 12. Zum Verlangen nach Sündenvergebung
gehört von selbst Reue und Busse. Wie schon der Täufer
mit der Ankündigung, dass die βασιλεία τῶν οὐρανῶν da sei,
den Aufruf zur μετάνοια verbunden hat, so macht auch Jesus
den Eintritt in das Reich Gottes von der Bedingung der
Busse abhängig. Diess ist der Sinn der Parabel von den
beiden Söhnen Matth. 21, 28 f. und des an sie geknüpften
Ausspruchs Jesu V. 31, dass die Zöllner und Huren, weil
sie auf die Predigt des Täufers Busse thaten, eher in das
Reich Gottes kommen, als die Pharisäer, die keine Busse thun.
Welchen Werth überhaupt Busse, Rückkehr von der Sünde,
Wiedergewinnung der Verlorenen für das Reich Gottes hat,
wie wesentlich es seiner Idee nach darauf beruht, ist in der

kurzen Parabel vom verlorenen Schaf Matth. 18, 12 ausgesprochen. Da das Reich Gottes durchaus sittlicher Natur ist, die
Theilnahme an ihm durch die sittliche Beschaffenheit der Menschen, ihre subjective Empfänglichkeit für dasselbe bedingt wird,
so kann es nicht anders sein, als dass das Verhalten der Menschen zum Reich Gottes ein sehr verschiedenes ist. Auch darauf bezieht sich der Inhalt so mancher Parabel Jesu. Es gehört
hieher die Parabel vom Sämann, dessen ausgestreuter Samen
auf sehr verschiedenartiges Land fällt, so dass er nur bei Wenigen Früchte trägt. Der Samen ist das Wort Gottes, und das
Wort Gottes und die Predigt desselben ist die Grundlage des
Reichs Gottes, Matth. 13, 3 f. Bei dieser Parabel wird vorausgesetzt, dass die, die das Wort Gottes nicht annehmen, auch
nicht zum Reich Gottes gehören. Wenn aber auch das Reich
Gottes seiner Idee nach nur aus würdigen Mitgliedern bestehen
kann, und die Aufnahme eines jeden nur durch seine sittlichen
Eigenschaften bedingt ist, so kann es doch der Natur der Sache
nach nicht anders sein, als dass in ihm, wie es in seiner zeitlichen Erscheinung und Entwicklung ist, eine Mischung ver-
schiedenartiger Subjecte stattfindet. Davon handelt die Parabel
von dem Unkraut auf dem Acker, Matth. 13, 24 f. Mitten unter
den guten Samen wird auch Unkraut gesät, vom Teufel. Beides
geht neben einander auf, und es bleibt nichts übrig, als beides
neben einander stehen zu lassen, zuletzt aber muss das Eine
von dem Andern geschieden werden. Es ist daher auch sonst
von einer am Ende erfolgenden Sichtung und Scheidung die
Rede, wie in der Parabel von dem Netz, in welchem gute und
faule Fische unter einander sind, Matth. 13, 48. Das Reich
Gottes wird vollendet durch die Scheidung der Guten und Bösen, seine Idee ist realisirt, wenn alle fremdartigen Elemente,
die noch mit ihm vermischt waren, ausgeschieden sind. Je geistiger, wie besonders aus diesen rein sittlichen Begriffen erhellt, das Reich Gottes aufgefasst wird, um so grösser ist auch

der Werth, welcher ihm zugeschrieben werden muss. Das Reich
Gottes ist es allein, das einen absoluten Werth hat. Darum
wird das Himmelreich mit einem in einem Acker verborgenen
Schatz verglichen, für welchen der, der ihn findet, alles, was
er hat, gibt, um den Acker zu kaufen, es ist die Eine kostbare
Perle, für welche alles gegeben wird, Matth. 13, 45 f. Als das,
was allein einen wahrhaft geistigen, absoluten Werth hat, ist
es eine Kraft, welche von ihrem innern Triebe heraus sich entwickelt, und in's Unendliche sich erstreckende Wirkungen her-
vorbringt. Es gleicht einem Sauerteig, welcher die ganze Masse
durchdringt, einem Senfkorn, das vom kleinsten Anfang aus
zum mächtigsten Baum emporwächst, Matth. 13, 31 f. Es ist
das der Menschheit eingepflanzte göttliche Princip, das als das
Substanzielle in ihr mit einer über alles übergreifenden Macht
in ihr wirkt. In allen diesen Beziehungen erscheint das Reich
Gottes von einer rein sittlichen Seite. In ihm ist der Mensch
in den Kreis einer Thätigkeit hineingestellt, in welchem er die
Aussagen seines sittlichen Bewusstseins als den an ihn erge-
henden göttlichen Ruf zu betrachten hat, dessen Befolgung oder
Nichtbefolgung von seiner Empfänglichkeit für das Göttliche
abhängt. Das Verhältniss des Menschen zum Reich Gottes ist
hier noch ein ganz einfaches und unbestimmtes, aber durchaus
freies, auf sittlicher Selbstbestimmung beruhendes; alles, wodurch es in der weitern Entwicklung der Lehre des Christenthums vermittelt wird, liegt noch ausserhalb dieses ursprünglichen Gesichtskreises. Was sonst dabei noch zur Sprache kommen könnte, wie namentlich die Frage, ob das Reich Gottes im
Sinne Jesu sich auch auf die Heiden erstrecken sollte, oder blos
auf die Juden, hängt mit der Lehre Jesu von seiner Person und
seiner messianischen Bestimmung zusammen. Indem wir nun
darauf übergehen, ist als Resultat aus dem Bisherigen festzuhalten, dass Jesus ebenso, wie er in der Bergrede als seine
Aufgabe die Vergeistigung des Gesetzes, die Erhöhung der sitt-

lichen Anforderungen an den Menschen und die Veredlung
seines innern und äussern Lebens aussprach, so auch in seinen
Gleichnissreden das Messiasreich niemals im jüdischen Sinne,
sondern immer nur als ein sittlich-religiöses Gemeinwesen
schildert.

Was nun die Lehre Jesu von seiner Person und Messianität
betrifft, so ist diess der schwierigste Punkt der neutestamentlichen Theologie. Welcher grosse Unterschied findet gerade in
dieser Beziehung zwischen dem johanneischen Evangelium und
den synoptischen Evangelien statt, welche ganz andere Christologie erhalten wir, wenn wir alles dasjenige, was Jesus bei
Johannes von sich und seiner höhern Würde behauptet, als die
ächte Lehre Jesu betrachten, und wenn wir uns blos an die
synoptischen Evangelien halten? Aber auch bei den synoptischen Evangelien selbst kommt alles darauf an, dass nichts zu
der ursprünglichen Lehre Jesu gerechnet wird, was nur der
Ansicht der Evangelisten angehört, wie sie sich erst nach dem
Tode Jesu gebildet hat. Wie leicht konnte geschehen, dass
nachdem einmal den Jüngern Jesu nach seinem Tode sein ganzes
Leben und Schicksal in einem höhern Licht erschien, und ihr
messianischer Glaube seine bestimmtere Ausbildung erhalten
hatte, auch die Evangelisten selbst in die Aussprüche Jesu
Manches übertrugen, was nur aus ihrer spätern Anschauungsweise genommen war. Es kommt daher hier alles zur Anwendung, was sich aus der Evangelienkritik theils über das Verhältniss des johanneischen Evangeliums zu den synoptischen
Evangelien, theils über die Entstehung der synoptischen Evangelien als Resultat ergibt.

Es kommen hier zuerst die beiden Ausdrücke zur Bezeichnung des Messias ὁ υἱὸς τοῦ ἀνθρώπου und ὁ υἱὸς τοῦ θεοῦ in
Betracht, und es fragt sich, in welchem Sinne Jesus dieselben
sich beilegte. Die gewöhnlichste Bezeichnung, die sich Jesus
in den Evangelien gibt, ist ὁ υἱὸς τοῦ ἀνθρώπου. Bei Matthäus

nennt sich Jesus zuerst 8, 20 so: Die Füchse haben Gruben,
und die Vögel des Himmels Wohnungen, des Menschen Sohn
aber hat nicht, wohin er sein Haupt legen soll. Es ist immer
nur Jesus selbst, welcher in seinen Reden sich so bezeichnet,
im neuen Testament kommt sonst dieser Ausdruck nur in der
Rede des Stephanus Apostelgesch. 7, 56 vor, wo Stephanus sagt:
Ich sehe den Himmel offen und des Menschen Sohn zur Rechten
Gottes stehend. Hier ist der zum Himmel erhobene Jesus als
Messias so bezeichnet. Über die Quelle, aus welcher dieser
Ausdruck abzuleiten ist, gibt den besten Aufschluss die Stelle
Matth. 24, 30., wo Jesus in seiner Weissagung über Jerusalem
und in seiner Verkündigung der Parusie sagt: Und dann wird
das Zeichen des Menschensohns am Himmel erscheinen, und alle
Geschlechter der Erde werden klagen, und sie werden den
Menschensohn kommen sehen auf den Wolken des Himmels mit
grosser Macht und Herrlichkeit. Ganz ebenso heisst es Matth.
26, 64., wo Jesus vor seinen Richtern sagt: Von jetzt an werdet
ihr sehen den Menschensohn sitzen zur Rechten der Macht und
kommen auf den Wolken des Himmels. Sehr deutlich weisen
diese Stellen auf Dan. 7, 13 f. zurück, wo der Prophet nach der
Beschreibung der vier Thiere sagt: ich sah und siehe mit den
Wolken des Himmels kam wie eines Menschen Sohn (כְּבַר אֱנָשׁ,
ὡς υἱὸς ἀνθρώπου LXX), und man brachte ihn vor den Alten der
Tage und ihm ward Herrlichkeit und Königreich gegeben. Die
vier Thiere bedeuten die vier grossen Weltreiche. Nach dem
Untergang des letzten, des macedonischen, zu welchem das
syrische gehört, soll das Reich auf ewige Zeiten dem Volke
Gottes gegeben werden. Der mit den Wolken des Himmels wie
eines Menschen Sohn Kommende kann daher nur der Messias
sein, der im Volke Gottes der Stifter eines neuen Reiches werden sollte. Der Hauptzug aber, mit welchem das von Daniel
beschriebene Wesen als ein messianisches bezeichnet wird, ist
nicht die Vergleichung mit einem Menschen oder eines Menschen

Sohn, sondern das Kommen in den Wolken des Himmels. Da
die dem messianischen Reich vorangehenden Weltreiche durch
Thiergestalten symbolisirt sind, so kann die Bezeichnung des
Messias als Menschensohns nur im Gegensatz gegen jene Thiere
genommen werden, sei es nun, dass dadurch der Gegensatz der
Humanität des zu erwartenden Reichs der Heiligen gegen die
durch Thiergestalten versinnlichte Inhumanität der früheren
Reiche, oder überhaupt nur der Vorzug, der in der edleren
Form bestehende specifische Unterschied des erstern vor den
letztern ausgedrückt werden soll [1]. Es lässt sich wohl annehmen, dass nach sonstiger Analogie ὁ υἱὸς τοῦ ἀνθρώπου eine
bei den Juden nicht ganz ungewöhnliche Bezeichnung des Messias war. Auch im Buch Henoch, dessen Ursprung nach den
neuesten Untersuchungen in die vorchristliche Zeit, in das zweite
Jahrhundert vor Christus zu setzen ist, ist diess eine sehr gewöhnliche Bezeichnung des Messias. Er heisst Menschensohn,
Sohn des Menschgeborenen, Sohn des Mannes, Sohn des Weibes,
durch welche Namen alle er als wahrhaftiger Mensch bezeichnet
werden soll [2]. Die Frage ist nur, ob gerade die diesen Messiasbegriff enthaltenden Stellen so entschieden als vorchristlich
anzunehmen sind, wie Ewald [3], Dillmann und auch Köstlin [4] annehmen. Dass der Ausdruck auf Daniel zurückzuführen

---

1) Hitzig, Proph. Daniel S. 116 f. versteht unter dem Menschensohn nicht den persönlichen Messias. Die Hoffnung des persönlichen
Messias tauche weder in den übrigen Apokryphen, noch in 1 Maccab.
auf, noch in den maccabäischen Psalmen. Schon dem Obadja und Ma-
leachi sei sie fremd, dagegen sei Ps. 89, 39. 84, 10 vielmehr das Volk
der Messias, der Gesalbte Gottes. Der Menschensohn sei das concrete
Bild des Reichs, das die Heiligen sind, das Reich, sofern es herrscht
über die Heiden. Dieses Reich kommt vom Himmel herab, die Heiden
dagegen stammen aus der Hölle.
2) Vgl. Dillmann, Buch Henoch, 1853. S. 157.
3) Geschichte Christus' (G. d. Volks Isr. V. 2. A.) S. 90 f.
4) J. Köstlin, Einheit und Mannigfaltigkeit der neutestamentl.
Lehre. Jahrb. für deutsch. Theol. Jahrg. III. 1858, S. 90 f.

ist, leidet keinen Zweifel; ob er aber zur Zeit Jesu eine so
gangbare Bezeichnung des Messias war, dass Jesus, wenn er
sich so nannte, sich damit unmittelbar als Messias bezeichnete
und annehmen musste, dass er auch von Andern dafür gehalten
werde, ist eine andere Frage. In jedem Fall kommt es vor
allem darauf an, zu wissen, in welchem Sinn der Ausdruck in
den betreffenden Stellen des neuen Testaments zu nehmen ist.
Je weniger sonst diese Bezeichnung bei den Juden geläufig gewesen zu sein scheint, um so mehr muss man fragen, warum
sie Jesus gerade vorzugsweise wählte und welchen Begriff er
mit ihr verband.

Der Ausdruck kann in jedem Fall nur so verstanden werden, dass in ihm auf das Menschliche seiner Person besonderes
Gewicht gelegt werden soll; aber in welchem Sinn, etwa so,
dass damit gesagt werden soll, ungeachtet seiner hohen, übermenschlichen, göttlichen Würde sei er dennoch Mensch? Diess
könnte nach den johanneischen Stellen, in welchen der Ausdruck
gebraucht wird, der Sinn zu sein scheinen. Wenn Jesus Joh.
1, 52 sagt: Von nun an werdet ihr den Himmel offen sehen,
und die Engel Gottes hinauf und herabsteigen auf des Menschen
Sohn, so ist hier des Menschen Sohn der Vermittler des Göttlichen und Menschlichen, derjenige, der in seiner Person beides
vereinigt. Dieselbe Einheit des Göttlichen und Menschlichen,
des Himmels und der Erde soll Joh. 3, 13 in dem υἱὸς τοῦ ἀνθρώπου angeschaut werden. Wenn Joh. 5, 27 gesagt wird, der
Vater habe dem Sohn die Macht gegeben, auch Gericht zu halten,
ὅτι υἱὸς ἀνθρώπου ἐστὶ, so kann diess nur so verstanden werden,
dass derselbe, welcher mit dem Vater so identisch ist, dass er
alles, was der Vater hat, mit ihm theilt, alles thut, was der
Vater thut, aber auch als Sohn die göttliche Thätigkeit vermittelt
und als Sohn das thut, was der Vater nicht unmittelbar thun
kann, auch eine den Menschen besonders nahe stehende Seite hat,
und so die Menschen richtet, weil er selbst Mensch, des Menschen

Sohn ist [1]). Auch Joh. 6, 53 kann der υἱὸς τοῦ ἀνθρώπου nur
in Beziehung auf das Göttliche, das er in seiner Person mit dem
Menschlichen vereinigt, genommen werden. Das φαγεῖν τὴν
σάρκα ist der prägnanteste concreteste Ausdruck für die Aufnahme des Göttlichen von Seiten des Menschen; wie ist aber
dieses φαγεῖν τὴν σάρκα möglich, wenn nicht der, dessen Fleisch
gegessen werden soll, als der mit dem Vater identische Sohn,
auch eine menschliche Seite an sich hat? Der υἱὸς τοῦ ἀνθρώπου
soll also hier die Möglichkeit des φαγεῖν τὴν σάρκα erklären. Im
Gegensatz gegen das Göttliche soll also in allen diesen Stellen
auch die andere menschliche Seite und die Einheit des Göttlichen
und Menschlichen festgehalten werden. Was berechtigt uns aber,
diese johanneische Christologie auch in den synoptischen Aussprüchen Jesu von seiner Person vorauszusetzen? Es wäre
gewiss eine sehr falsche Auffassung, wenn man den Ausdruck
υἱὸς τοῦ ἀνθρώπου bei den Synoptikern so verstehen wollte,
Jesus wolle mit ihm sagen, er sei, ungeachtet er an sich nicht
Mensch, sondern Gott sei, doch zugleich Mensch. Aber in
welchem Sinn will er denn ganz besonders Mensch sein? Ist
er als υἱὸς τοῦ ἀνθρώπου Mensch im höchsten Sinn, Urbild der
Menschheit, wie Neander meint [2]), er nenne sich so als den
der Menschheit Angehörenden, der in der menschlichen Natur
für dieselbe so Grosses gewirkt hat, durch den dieselbe verherrlicht wird, welcher in dem vorzüglichsten, dem der Idee
entsprechenden Sinne Mensch ist, der das Urbild der Menschheit
verwirklicht? Diese Idee könnte man höchstens in dem Ausspruch Matth. 12, 8 finden: des Menschen Sohn ist auch Herr

---

1) Sagt man, das Richteramt des Sohns solle motivirt werden durch
Hinweisung auf die Erscheinung des בַּר אֱנָשׁ beim Weltgericht im Buch
Daniel, so sollte man eher ὁ υἱὸς τοῦ ἀνθρώπου erwarten. Dass es schlecht-
hin υἱὸς ἀνθρώπου heisst, scheint auch blos an das Menschliche seiner
Erscheinung denken zu lassen.

2) Das Leben Jesu Christi, 1837. S. 130 f.

des Sabbaths; und zwar nach der Fassung bei Marc. 2, 27., wo
noch dabei steht: der Sabbath ist um des Menschen willen, nicht
der Mensch um des Sabbaths willen. Was vom Menschen überhaupt gilt, gilt um so mehr von dem idealen Menschen, dem
Messias. Sonst aber deutet nichts darauf hin, dass der υἱὸς
ἀνθρώπου gerade in diesem Sinne zu nehmen ist, und man kann
fragen, ob sich Jesus nicht eher im entgegengesetzten Sinne so
nennen wollte, um sich als den zu bezeichnen, der Mensch ist
und nur Mensch sein will, mit allem, was das menschliche Dasein Menschliches in sich begreift. In diesem Sinne bemerkt
de Wette zu Matth. 8, 19: Wir müssen annehmen, dass sich
Jesus den Menschensohn nannte, weil er in seiner menschlichen
unscheinbaren Individualität den Messias darstelle, gerade so
wie auch Daniel die menschliche Gestalt desselben bezeichnen
will und so wie Ezechiel sich Gott gegenüber als Menschensohn,
d. h. als schwachen Sterblichen darstellt, so dass der Ausdruck
für diejenigen, welche nicht an Dan. 7, 13 dachten, nichts
weiter hiess, als dieser Mensch = ich, in Beziehung auf jene
Stelle aber: ich dieser unscheinbare Mensch, der trotz seiner
Niedrigkeit dazu bestimmt ist, das zu sein, was der Prophet
geweissagt hat. Wenn man es aber so wendet, so hätte er sich
damit doch als Messias bezeichnet im Sinne Daniels. Um darüber
zu entscheiden, muss man die Stelle Matth. 16, 13 etwas genauer in's Auge fassen. Jesus fragt hier die Jünger: Wer sagen
die Leute, dass ich sei, ich der υἱὸς τοῦ ἀνθρώπου? Sie ant-
worteten: die Einen, Johannes der Täufer, Andere Elias, Andere
Jeremias, oder einer der Propheten. Darauf sagte er zu ihnen:
Wer aber sagt ihr, dass ich sei? Wie hätte Jesus so fragen
können, wenn er mit dem Ausdruck υἱὸς τοῦ ἀνθρώπου unmittelbar den Begriff des Messias verbunden hätte? Er lässt bei seiner
Frage eine zu grosse Weite für die Antwort offen, während er
doch, wenn er sich mit dem Ausdruck υἱὸς τοῦ ἀνθρώπου als
Messias bezeichnen wollte, nur fragen konnte nicht, für wen

sie ihn halten, sondern ob sie ihn für des Menschen Sohn halten.
Man kann daher seine Frage nur so nehmen: für wen sehet ihr
mich an, der ich mich durch den eigenthümlichen Ausdruck
ὁ υἱὸς τοῦ ἀνθρώπου zu bezeichnen pflege. Man muss daher auf
die Vermuthung kommen, dass Jesus den zwar aus Daniel genommenen, aber doch zur Bezeichnung des Messias nicht so
gewöhnlichen und gangbaren Ausdruck in der Absicht für sich
wählte, nicht um damit so direct zu sagen, er sei der Messias,
sondern vielmehr um im Gegensatz gegen die nur Glänzendes
vom Messias erwartenden jüdischen Vorstellungen sich schlechthin als Menschen zu bezeichnen, nicht als Menschen im idealen
Sinne, sondern als den, der alles Menschliche theilt, *qui nihil
humani a se alienum putat*. Dass dieses in υἱὸς ἀνθρώπου liegen
kann, sieht man aus Joh. 5, 27. Denn wenn es hier nicht wie
sonst immer ὁ υἱὸς ἀνθρώπου, sondern ohne Artikel blos υἱὸς
ἀνθρώπου heisst, so kann der Grund hievon nur sein, dass Jesus
hier nicht das Messianische seiner Person, sondern das ächt
Menschliche hervorheben will. Weil er als υἱὸς ἀνθρώπου Mensch
ist, hat ihm Gott das Gericht übergeben. In diesem Sinne also
hätte sich Jesus zunächst nur υἱὸς ἀνθρώπου genannt, ohne sich
so bestimmt als Messias zu bezeichnen, oder so verstanden zu
werden, da man nicht anzunehmen braucht, dass diess damals
schon eine so gewöhnliche und vulgäre Bezeichnung des Messias
war. Damit stimmt gut zusammen, dass Jesus in der ersten
Stelle, in welcher bei Matthäus dieser Ausdruck gebraucht ist,
8, 19., auf die Rede des Schriftgelehrten: Ich werde dir folgen,
wohin du auch gehst, die Antwort gibt: Die Füchse haben
Gruben u. s. w., des Menschen Sohn aber hat nicht, wohin er
sein Haupt legen kann. Zur Bestimmung des Menschensohns
gehört es also, alles niedrig Menschliche zu ertragen. Wenn
aber Jesus ursprünglich nur sagte υἱὸς ἀνθρώπου, so hatte er
auch nur gesagt: ein Menschenkind, wie ich, muss auch das
Niedrigste ertragen, was zum Loos eines Menschen gehört.

Weil einmal auch das menschlich Leidensvolle dazu gehört, so
wird besonders auch, wenn vom Leiden Jesu die Rede ist, dieser
Ausdruck gebraucht Matth. 17, 12. Nachdem aber einmal Jesus
diesen Ausdruck ursprünglich nur in diesem Sinne gebraucht
und zu einer gewöhnlichen Bezeichnung seiner Person gemacht
hatte, nahm man erst jenes andere Moment aus der Daniel'schen
Stelle noch auf, nach welchem jener Menschensohn der Messias,
ὁ υἱὸς τοῦ ἀνθρώπου, der in den Wolken des Himmels Kommende
ist. Es wurde diess daher das stehende Prädicat Jesu in der
Schilderung seiner Parusie, wie auch die Apokal. 1, 13; 14, 14
diesen Ausdruck mit deutlicher Hinweisung auf Daniel gebraucht [1]).

---

1) Weisse, die Evangelienfrage in ihrem gegenwärtigen Stadium,
1856, S. 101 f. und 210 f. bestreitet als einen grossen Irrthum die gewöhnliche, auch von Ewald vertheidigte, Meinung, dass das Wort
υἱὸς τοῦ ἀνθρώπου, angeblich aus Dan. 7, 13 abgeleitet, schon vor Christus
ein gestempelter Ausdruck für den jüdischen Messiasbegriff gewesen und
von ihm eben nur als ein solcher aufgenommen worden sei. Dieser
Irrthum werde schon durch den einfachen Hinblick auf Stellen wie Marc.
8, 29 und Joh. 12, 34 widerlegt. Bei Daniel bezeichnen die Worte:
„wie eines Menschen Sohn" nichts anderes als einfach nur die Menschen-
ähnlichkeit der Erscheinung, welche dort geschildert werden soll. Unter
dieser Erscheinung sei nicht der kommende Messias gemeint, sondern
Daniel theile mit den ältern Propheten nur das ganz Allgemeine der
Erwartung einer idealen Zukunft des israelitischen Volkes. Der Menschensohn Daniels müsste also erst nachträglich von den Juden auf den Messias gedeutet worden sein. Diess könne man aber nicht annehmen bei
der in den Evangelien so klar vor Augen liegenden Thatsache, dass
weder das Volk noch selbst die Jünger bis zu der Unterredung Marc.
8, 27 in dem Worte Menschensohn den Begriff des Messias geahnt haben.
Im Zusammenhang damit erklärt Weisse das Buch Henoch für ein un-
zweifelhaftes Erzeugniss der christlichen Zeit. Wenn auch diese letzteren
Behauptungen nicht ganz unberechtigt sind, so ist doch die Erklärung,
welche Weisse von dem Ausdruck υἱὸς τοῦ ἀνθρώπου gibt, so unnatürlich
und geschraubt, dass man ihr auch nicht die geringste Wahrscheinlichkeit
beilegen kann. Der Begriff des Menschensohns soll in Christus' Munde
das Nämliche sagen, wie der Begriff des λόγος σαρκωθείς im Munde des
Jüngers, der eben mit diesem Ausdruck sein richtiges Verständniss der

Einfacher ist die Bedeutung des parallelen Ausdrucks υἱὸς τοῦ θεοῦ. Im weitesten Sinne sind υἱοὶ τοῦ θεοῦ alle, die sich durch ihr sittliches Verhalten des göttlichen Wohlgefallens wür-

---

erhabenen Lehre des Meisters bewährt habe. Das τοῦ ἀνθρώπου könne auch eine blos adjectivische Bedeutung haben, und als Prädicat von υἱὸς genommen werden. Wenn Weisse zu Marc. 8, 27 bemerkt, schon die Frage, wofür ihn das Volk und wofür ihn die Jünger halten, wäre nicht zu begreifen, wenn Jesus sich schon zuvor einen dem Messiasnamen äquivalenten Namen beigelegt hätte, so ist ihm entgegenzuhalten, woher wissen wir denn, dass sich Jesus von Anfang an so genannt hat, es kann diess ja auch blos der Darstellung der Evangelien angehören, es lässt sich ja annehmen, dass Jesus erst von einem bestimmten Zeitpunkt an dem von ihm zuerst nur unbestimmt gebrauchten Ausdruck υἱὸς ἀν-θρώπου diese bestimmte messianische Bedeutung gegeben hat. Daher hat auch das Verbot V. 30 nichts so unbegreifliches. In der Stelle Joh 12, 34 meint Weisse die Worte τίς ἐστιν u. s. w. sollen nach der Absicht des Erzählers offenbar die Unbekanntschaft der Juden mit dem Sinne des Namens ausdrücken, es verrathe sich in ihnen das Bewusstsein, dass ja doch „Menschensohn" nicht von dem Volk ohne Weiteres als Ausdruck für den Begriff des Messias verstanden worden sei. Allein diese Erklärung ist nicht die richtige. Das Volk nimmt vielmehr Χριστὸς und υἱὸς ἀν-θρώπου als gleichbedeutend, es weiss, dass der υἱὸς τοῦ ἀνθρώπου der Messias ist, es wundert sich aber darüber, dass Jesus von dem als υἱὸς τοῦ ἀνθρώπου bezeichneten Messias etwas aussagt, was er bisher mit seinem Messiasbegriff nicht zu verbinden gewohnt war, dass er nämlich nicht μένει εἰς τὸν αἰῶνα, sondern sterben soll. Diese Stelle beweist also eher das Gegentheil von Weisse's Behauptung. Alle diese Bedenklich-keiten heben sich, wenn man annimmt, Jesus habe den zu seiner Zeit zur Bezeichnung des Messias noch nicht so gewöhnlichen und vulgären Ausdruck zuerst nur in einem noch unbestimmteren und allgemeineren Sinn gebraucht und erst später sei damit von ihm selbst und von den Jüngern der bestimmtere Begriff des Messias verbunden worden. Es ist also zur Erklärung des Ausdrucks zweierlei festzuhalten: 1) dass Jesus ihn zuerst nur in dem angegebenen unbestimmteren und allgemeineren Sinn gebrauchte, und 2) dass der Ausdruck auch bei den Juden selbst noch keine so gewöhnliche und vulgäre Bezeichnung des Messias war, dass man den Ausdruck nicht anders als vom Messias verstehen konnte. So kann man sich also nicht wundern, dass Jesus Matth. 16, 13 so fragt und die Jünger so antworten. [Man vgl. über diesen ganzen Abschnitt des Verfassers Abhandlung in Hilgenfeld's Zeitschr. für wissensch. Theol. Dritter Jahrg. 1860. S. 274—292.]

6 *

dig machen. So werden Matth. 5, 9 (vgl. 45) die Friedfertigen,
Luc. 6, 35 die, welche Gott in der Feindesliebe und Wohlthätig-
keit nachahmen, υἱοὶ θεοῦ, υἱοὶ ὑψίστου genannt. In speciellem
Sinne aber ist der υἱὸς τοῦ θεοῦ der Messias. Ausdruck und
Begriff stammt aus dem jüdisch-theokratischen Ideenkreise. Im
Alten Testament wird sowohl das Volk Israel als der König
desselben der Sohn und Erstgeborne Gottes genannt. Die classi-
sche Stelle für dieses Verhältniss des theokratischen Königs zu
Gott ist der Spruch des Propheten Nathan 2 Sam. 7, 14 f., wo Gott
zu David in Beziehung auf seinen Sohn und Nachfolger spricht:
Ich will ihm Vater sein und er soll mein Sohn sein, so dass,
wenn er sich vergehet, ich ihn züchtige mit Menschenruthen
und mit Schlägen der Menschenkinder, und meine Gnade soll
nicht weichen von ihm, und dein Thron soll fest sein auf ewig.
Der Name Sohn soll daher das besondere und unmittelbare Liebesverhältniss bezeichnen, in welchem Gott als väterlich leiten-
der und züchtigender Erzieher zu dem theokratischen König
steht. Zu vergleichen sind hiemit die Psalmstellen Ps. 2, wo
der König der Gesalbte Gottes genannt wird: Ich habe meinen
König gesalbt auf Zion, meinem heiligen Berg, und Gott zu dem
Könige sagt: Du bist mein Sohn, ich habe dich heute gezeuget,
und Ps. 110, wo der König als Mit- und Unterregent, als Statt-
halter Gottes geschildert wird. Wie sich die Messias-Idee überhaupt erst aus dieser theokratischen Anschauungsweise entwickelte, so lag es ganz in der Natur der Sache, dass mit der
weiteren Ausbildung derselben auch jener theokratische Begriff
und Name vorzugsweise auf den Messias übergieng. Er ist der
Sohn Gottes, welcher den Davidischen Königsthron herstellen
und zu seinem höchsten Glanz erheben sollte. Der υἱὸς θεοῦ ist
gleichbedeutend mit υἱὸς Δαβίδ, Χριστός oder Μεσσίας und Βασιλεὺς τοῦ Ἰσραήλ (Joh. 1, 50), und alle diese Namen waren zur
Zeit Jesu die gangbarsten Bezeichnungen des Messias.

Indem wir nun nach diesen einleitenden Bemerkungen zur

weiteren Untersuchung der Lehre Jesu von seiner Person fort-
gehen, so ist hier der eigentliche Fragepunkt, um welchen es
sich handelt, sehr genau festzustellen. Nach der evangelischen
Geschichte ist Jesus, sobald er durch seine Taufe feierlich als
Sohn Gottes oder Messias dargestellt war, mit der ihm eigenthümlichen Würde und Bestimmung aufgetreten, und alle seine
Reden und Handlungen und besonders die von ihm verrichteten
Wunder waren ebenso viele Beweise seiner höheren Sendung.
Es bedurfte von seiner Seite nicht erst einer bestimmten Erklärung über die Bedeutung seiner Person. Die Sache selbst,
seine ganze Erscheinung bezeugte auf's Unzweideutigste von
selbst, wer er war. Dieses Factische kommt jedoch hier für
uns nicht in Betracht, da es die Aufgabe der neutestamentlichen
Theologie nicht sein kann, eine kritische Geschichte des Lebens
Jesu zu geben. Es fragt sich daher nur, was Jesus selbst über
seine Person gelehrt hat, und da wir nach den Grundsätzen der
neuesten Kritik das johanneische Evangelium nicht mit den
synoptischen Evangelien zusammennehmen können, so beschränkt sich auch diese Frage auf die Aussprüche Jesu in den
synoptischen Evangelien. Aus ihnen ist daher zu erheben, was
Jesus von seiner Person lehrte, ob und in welchem Sinn er sich
als Messias betrachtete. Dabei dringt sich nun aber sogleich
die Frage als eine sehr schwierige auf, ob es möglich ist, die
darauf sich beziehenden Aussprüche Jesu von dem Factischen,
mit welchem sie verflochten sind, so zu trennen, dass dieselben Zweifel, welche das Factische betreffen, nicht auch
auf sie sich erstrecken. Es wird diess kaum möglich sein,
indess ist doch der Versuch zu machen, um zu sehen, welches
Resultat sich auf diesem Wege ergibt, und es sind daher hier
nach dem Evangelium des Matthäus die Aussprüche Jesu über
seine Person zusammenzustellen.

Die erste hieher gehörende Stelle ist schon in der Bergrede
Matth. 7, 21, wo Jesus sagt: Es wird nicht jeder, der zu mir

sagt, Herr, Herr, in das Himmelreich kommen, sondern wer
den Willen meines Vaters im Himmel thut. Es werden Viele an
jenem Tage zu mir sagen: Herr, Herr, haben wir nicht in
deinem Namen geweissagt? u. s. w. So konnte Jesus nur
sprechen, wenn er im Hinblick auf seine Parusie sich als den
Richter der Welt betrachtete. Aber welche Bürgschaft haben
wir dafür, dass Jesus diesen Ausspruch wirklich schon damals
gethan hat, da es bekanntlich sehr zweifelhaft ist, ob Jesus die
Bergrede als diese zusammenhängende Rede, wie sie Matthäus
gibt, gehalten hat, ob alle Aussprüche Jesu, die sie enthält,
schon in eine so frühe Zeit gesetzt werden können, und ob
nicht Manches erst von dem spätern Standpunkt des Evangelisten
aus diese bestimmte Form erhalten hat. Gerade bei diesem Ausspruch ist diese Annahme sehr leicht möglich. Der Zusammenhang wird nicht im Geringsten unterbrochen, wenn man sich
die Verse 21—23 aus demselben hinwegdenkt. Das so bestimmt
ausgesprochene Bewusstsein Jesu von seiner weltrichterlichen
Macht hat in der ganzen Rede nichts Analoges, nicht einmal
5, 17 schliesst ein solches Bewusstsein in sich. Auch das verdient beachtet zu werden, dass während Jesus in der ganzen
Rede seinen Zuhörern gegenüber von Gott als dem πατὴρ ὑμῶν
spricht, er ihn nur hier speciell seinen Vater nennt. Es findet
demnach zwischen diesem Ausspruch und dem übrigen Inhalt
der Bergrede der bedeutende Unterschied statt, dass Jesus sonst
nur als Gesetzesreformator und als ein mit dem Ernste der sittlichen Auctorität wirkender Volkslehrer auftritt, hier dagegen
er schon das specifische Prädicat des Messias in seinem ganzen
Umfang für sich in Anspruch nimmt. Lässt sich auch nicht bezweifeln, dass er diess gethan hat, und jener Ausspruch ein
ächtes Zeugniss seines messianischen Bewusstseins enthält, so
ist man doch zu der Annahme nicht berechtigt, dass er einer so
frühen Periode seiner öffentlichen Thätigkeit angehört. In der
Stelle Matth. 8, 20 konnte sich Jesus den Menschensohn nennen,

ohne, wie schon bemerkt worden ist, in diesen Ausdruck eine bestimmte messianische Bedeutung hineinzulegen.

Anders aber ist es Matth. 9, 1—8, wo Jesus als der υἱὸς τοῦ ἀνθρώπου die Macht zu haben behauptet, die Sünden zu vergeben. Dass er sich hiemit als Messias göttliche Macht und Würde beilegen wollte, beweist der ganze Hergang der Sache. Die Gegner nahmen sein Wort zu dem Kranken: Deine Sünden sind dir vergeben, als eine Gotteslästerung, da nur Gott die Macht hat, die Sünden zu vergeben. Da ihm aber der Vorwurf der Gotteslästerung oder der Gleichstellung seiner Person mit Gott nur gemacht werden konnte, wenn er eine göttliche Macht zu haben sich anmaasste, die er nicht wirklich hatte, oder etwas zu sein behauptete, was er nicht wirklich war, so erwiederte er seinen Gegnern: Ihr dürft nicht meinen, dass ich mir etwas angemaasst habe, was mir nicht wirklich zukommt. An sich ist freilich das Eine so leicht als das Andere. Ob ich sage: deine Sünden sind dir vergeben, oder: stehe auf und gehe umher, ist den Worten nach gleich viel, darauf aber kommt es an, dass man das, was man sagt, auch durch die That zu verwirklichen im Stande ist. Um euch nun aber zu zeigen, mit welchem reellen Grunde ich gesagt habe zu dem Kranken, deine Sünden sind dir vergeben, füge ich den factischen Beweis hinzu, indem ich ihn aufstehen und nach Hause gehen heisse. So gewiss ich also die göttliche Macht habe, den Kranken augenblicklich durch ein Wunder zu heilen, so gewiss habe ich auch das göttliche Recht und die göttliche Macht, die Sünden zn vergeben. So nahm daher auch das Volk das geschehene Wunder auf, indem es Gott darüber pries, dass er eine solche Macht dem Menschen gegeben habe, d. h. einen Menschen habe auftreten lassen, der als ein Mensch wie Andere, gleichwohl mit einer solchen wahrhaft göttlichen Macht ausgerüstet sei. So enthält demnach die Stelle die unzweideutigste und unmittelbarste Erklärung Jesu über seine messianische Würde und Bestimmung. Als υἱὸς τοῦ ἀν-

θρώπου ist er auch der Messias, und es hilft nichts, mit de Wette
zu sagen, der positive Begriff des Messias wäre hier unpassend,
der υἱὸς τοῦ ἀνθρώπου heisse im Gegensatz gegen Gott so viel
als: ich, dieser unscheinbare, aber zum Messias bestimmte
Mensch. Wie kann er zum Messias bestimmt sein, wenn er
nicht der Messias ist? Wenn aber hier Jesus mit derselben Gewissheit, mit welcher er den Kranken geheilt hat, die Macht
der Sündenvergebung zu haben behauptet, so ist klar, wie eng
die Realität seines Ausspruches mit der Realität des Factischen
zusammenhängt, und wir können daher nur in dem Falle voraussetzen, dass er sich über seine messianische Würde wirklich
so erklärt hat, wenn wir auch Ursache haben, anzunehmen,
dass es sich mit jener Wunderheilung wirklich so verhielt, wie
die Erzählung lautet. Welche Zweifel aber in dieser Beziehung
stattfinden, darf hier nicht weiter erörtert werden.

In der Instructionsrede Matth. 10, 5 f. spricht Jesus im
vollen Bewusstsein der geschichtlichen Bedeutung seiner Lehre
und der tief eingreifenden Wirkungen, die sie in der Welt her-
vorbringen werde; dieses Bewusstsein konnte er jedoch haben,
ohne es einzig nur auf die messianische Idee stützen zu müssen.
Es sind nur zwei Stellen in dieser Rede, die messianisch lauten.
V. 23 sagt er zu seinen Jüngern, sie werden allgemein gehasst
werden, wenn sie aber ihre Gegner in der einen Stadt verfolgen,
sollen sie in eine andere fliehen, denn er sage ihnen, sie werden den Weg durch die Städte Israels nicht vollenden, bevor
des Menschen Sohn komme. Es kann diess nur zum Trost der
Jünger gesagt sein. Sie werden dadurch getröstet, dass, ehe
sie noch auf der Flucht Judäa durchwandert haben werden, des
Menschen Sohn zu ihrem Heil und zu ihrer Hülfe erscheinen
werde. Welches ἔρχεσθαι des Menschensohns in so naher Zeit
könnte gemeint sein, als das zur Zerstörung Jerusalems? Wenn
aber Jesus Matth. 24 seine mit der Zerstörung Jerusalems erfolgende Parusie nicht so geweissagt haben kann, wie er sie

nach Matth. 24 geweissagt haben soll, so kann er auch hier
keinen solchen Ausspruch gethan haben. Die zweite Stelle,
welche ein messianisches Bewusstsein auszudrücken scheint, ist
V. 32, wo Jesus sagt, jeden, der ihn vor den Menschen
bekenne, wolle er vor seinem Vater im Himmel bekennen. Die
Stelle ist analog der 7, 21, aber doch nicht so messianisch wie
diese. Jesus spricht in ihr eigentlich nicht als Weltrichter, sondern, wenn er die ihn Bekennenden vor Gott bekennen und
die ihn Verläugnenden vor Gott verläugnen wird, so ist es der
Richterstuhl Gottes, vor welchem man sich ihn mit seinen wahren und falschen Anhängern stehend denken muss. In jedem
Fall hat auch dieser Ausspruch, wie der 7, 21, keine für den
Zusammenhang nothwendige Stelle.

　　Eine unmittelbare Aufforderung, sich über seine messianische Bestimmung zu erklären, erhielt Jesus durch die Frage
des Täufers Matth. 11, 2 f. Die Antwort, welche Jesus gibt,
schildert die damalige Zeit seiner erst begonnenen Wirksamkeit
mit messianischen Prädicaten, diese Schilderung selbst aber
kann nur von dem geistigen Charakter seiner auf dem Wege
einer sittlichen Reform das Heilsbedürfniss befriedigenden Wirksamkeit verstanden werden, und in Beziehung auf seine Person
liegt das Hauptmoment nur darin, dass man an ihm keinen Anstoss nehmen soll. In der weitern Rede Jesu wird sowohl die
Wirksamkeit des Täufers in ihrem tief sittlichen Ernste und in
ihrer Bedeutung für die bevorstehende grosse Epoche der βασιλεία τῶν οὐρανῶν, an deren Schwelle jedoch nur der Täufer stehe,
für die er aber denen, die ihn so nehmen wollen, als der verheissene messianische Vorläufer Elias gelten könne, anerkannt,
als auch die Unempfänglichkeit und der leichtfertige Sinn der
Zeitgenossen getadelt, welchen es weder der Täufer mit der
Strenge seiner Lebensweise noch der Menschensohn mit seiner
Humanität und seiner Liebe zu den Zöllnern und Sündern recht
machen könne. Man kann schon fragen, ob nicht auch hier,

wenn sich Jesus dem Täufer gegenüber, als dem μήτε ἐσθίων μήτε πίνων, υἱὸς ἀνθρώπου nennt, in dieser Bezeichnung der Begriff des Humanen und ächt Menschlichen liegt. Zuerst kam der Täufer, und dann kam der, welcher sich einen υἱὸς ἀνθρώπου nennt und als solcher isst und trinkt, wie andere Menschen. In jedem Falle gibt uns die ganze Rede von allem demjenigen, was Jesus als der υἱὸς τοῦ ἀνθρώπου, wie er sich hier dem Täufer gegenüber sehr bezeichnend nennt, für die βασιλεία τῶν οὐρανῶν wirken sollte, dieselbe geistige Vorstellung einer die sittliche Reform des Volks bezweckenden Wirksamkeit, die wir auch aus der Bergrede erhalten. Betrachtete er diess als die eigentliche Aufgabe seiner messianischen Bestimmung, so tritt wenigstens gegen diese rein sittliche Tendenz das persönlich Messianische, jeder Anspruch auf eine ihn als Messias auszeichnende höhere göttliche Würde sehr zurück.

Anders ist es dagegen nicht blos in dem Abschnitt 11, 25 — 30, auf welchen wir später zurückkommen, sondern auch in der Erzählung 12, 1—8, wo er sich als des Menschen Sohn auch den Herrn des Sabbaths nennt. Jesus widerlegt hier die Pharisäer, die das Ähren - Ausraufen der Jünger am Sabbath als eine Entheiligung des Sabbaths gerügt hatten, aus dem Gesetz. Können die Priester nach dem Gesetz am Sabbath ihre Opfergeschäfte im Tempel versehen, ohne sich einer Entheiligung des Sabbaths schuldig zu machen, so folgt daraus, dass die Sabbathsruhe überhaupt kein absolutes Gesetz ist, dass es auch sonst manche Fälle geben kann, in welchen man nicht daran gebunden ist. Hiemit waren die Pharisäer zurückgewiesen und der Zweck Jesu erreicht. Nun soll er aber das eigentliche Moment seiner Entgegnung in die Emphase gesetzt haben, mit welcher er sich ihnen als Herr des Sabbaths entgegenstellte. Es muss jedoch sehr bezweifelt werden, ob diess zum ursprünglich Thatsächlichen der Erzählung gehört; es passt nicht dazu. Wenn es V. 6 heisst: Ich sage euch aber ὅτι τοῦ

ἱεροῦ μεῖζον ἐστιν ὧδε, wie kann Jesus V. 7 unmittelbar so fort-
fahren: εἰ δὲ ἐγνώκειτε — ἀναιτίους? Es müsste in jedem Fall
V. 8 sich unmittelbar an V. 6 anschliessen, ohne den nicht in
diesen Zusammenhang passenden V. 7. Erklärt man V. 8 mit
de Wette so: denn auch darum sind meine Jünger unschuldig,
weil ich der Messias, der ich mit ihnen mein Werk vollbringe,
Herr über den Sabbath bin und sie von dessen Haltung losge-
sprochen habe, so steht auch so V. 7 höchst ungeschickt dazwischen und es muss sehr nachgeholfen werden, um eine er-
trägliche Gedankenverbindung herauszubringen. Bedenkt man
nun aber weiter, dass die richtige von den neuern Kritikern
nach überwiegenden Zeugnissen vorgezogene Lesart nicht μεῖζων, sondern μεῖζον ist, so verliert die Stelle schon dadurch
ihre unmittelbare persönliche Beziehung, und es wird der Gedanke sehr nahe gelegt, dass das μεῖζον, das Grössere, das
Jesus zum Vorhergehenden noch hinzusetzt, als ein weiteres
Moment seiner Argumentation, das V. 7 Gesagte ist. Die Argumentation Jesu hat ihren vollständigen Sinn, wenn er nach dem
aus dem Gesetz in Betreff des Tempeldienstes angeführten Moment hinzusetzt: Ich sage euch aber, es gibt noch etwas Grösseres als der Tempel ist: Hättet ihr erkannt, was es heisst, Barmherzigkeit verlange ich und nicht Opfer, so hättet ihr die Un-
schuldigen nicht verurtheilt. Das μεῖζον ist eben diess, dass Gott
nicht Opfer, sondern Barmherzigkeit verlangt und Jesus argumentirt demnach a minori ad majus so: Wenn es schon um des
Tempel- und Opfercultus willen nicht absolut nothwendig ist,
den Sabbath zu beobachten, es aber noch etwas Grösseres gibt,
als das ἱερόν oder die θυσία, so könnet ihr hieraus sehen, welche
höhere Rücksichten es gibt, um deren willen man an eine Beobachtung der Sabbathsruhe, wie ihr sie verlangt, nicht gebunden
ist. Indem man nun zuerst dem μεῖζον eine Beziehung auf die
Person des Messias gab, und dann auch μεῖζον in μεῖζων umän-
derte, erklärt sich hieraus von selbst, wie man der Rede Jesu

ihr Hauptmoment durch den zu seiner dialectischen Widerlegung
der Gegner gar nicht passenden Satz: κύριος γάρ ἐστι τοῦ σαββάτου ὁ υἱὸς τοῦ ἀνθρώπου geben zu müssen glaubte. Hätte Jesus
mit dieser Instanz die Gegner schlagen wollen, so hätte er jene
dialectische Argumentation gar nicht nöthig gehabt, in jedem
Fall aber hätte er, wenn er die Hauptinstanz dialectisch einleiten wollte, mit dieser selbst und somit durch seine ganze Argumentation nichts ausgerichtet, da er als κύριος τοῦ σαββάτου nur
denen gelten konnte, die ihn als Messias anerkannten; wie unmittelbar wäre er ihnen aber hier mit der Behauptung, dass er
der Messias sei, entgegengetreten?

Man muss diess um so mehr bezweifeln, da die Hauptstelle
über das Bekenntniss Jesu von seiner messianischen Würde,
Matth. 16, 13 gar zu deutlich für die entgegengesetzte Annahme
spricht. Wie hätte Jesus seine Jünger erst so fragen können,
ob sie ihn für den Messias halten, wenn er sich schon so offen
und unzweideutig dafür erklärt hätte, wie er nach der evangelischen Geschichte gethan haben soll; wie hätten die Leute
auch nur den geringsten Zweifel darüber haben können, wenn
er schon in einer Reihe von Wundern sich in der ganzen Grösse
seiner messianischen Macht und Würde gezeigt hätte; wie hätte
das Bekenntniss des Petrus, dass er der Sohn des lebendigen
Gottes sei, muss man mit Strauss, Leben Jesu II. S. 544, weiter fragen, auf Jesus einen so starken Eindruck machen können, dass er nach Matth. V. 17. den Petrus um desselben willen
selig pries, und seine Einsicht als eine ihm zu Theil gewordene
göttliche Offenbarung darstellte, nach den drei Synoptikern
aber den Jüngern, wie erschrocken, die weitere Ausbreitung
der von Petrus ausgesprochenen Überzeugung verbot, wenn
diese eine im Kreise seiner Jünger längst gehegte Ansicht und
nicht vielmehr ein neues, dem Petrus jetzt eben aufgegangenes
und dadurch erst den Übrigen zum Bewusstsein gebrachtes Licht
war? Es bestätigt diess das Resultat, das aus den bisher erör-

terten Stellen erhoben worden ist, dass Jesus bis auf jene Zeit
sich noch nicht entschieden als Messias ausgesprochen hat.
Ebenso wenig aber kann diese Stelle irgend einen Zweifel darüber lassen, dass er damals das volle Bewusstsein seines messianischen Berufs in sich hatte. Wie er hier das Bekenntniss
des Petrus annahm und bekräftigte, so legte er dasselbe Bekenntniss ab durch die bejahende Antwort, die er nach seiner
Gefangennehmung auf die Frage des Hohepriesters gab, ob er
Christus, der Sohn Gottes sei, Matth. 26, 64.

Behauptete Jesus demnach selbst von sich, der Messias oder
der Sohn Gottes zu sein, so kann die weitere Frage, die hier
in Betracht kommt, um zu bestimmen, was er selbst von seiner
Person gelehrt habe, nur die sein, in welchem Sinne er sich als
Messias betrachtet habe. Die Antwort darauf ist schon in dem
Bisherigen enthalten. Bestand seine Lehre aus allem demjenigen, was wir nach der Bergrede und nach den Parabeln als
wesentlichen Inhalt derselben anzusehen haben, so kann er seinen messianischen Beruf nur darin erkannt haben, die Idee der
βασιλεία τῶν οὐρανῶν in dem Sinne aller jener sittlichen Forderungen zu verwirklichen, die er an seine Bekenner machte.
So gewiss er also in dem mit seiner Person identificirten Begriff
des Messias sich in das religiöse Bewusstsein seiner Nation hin-
einstellte und ihren messianischen Glauben mit ihr theilte, so
gewiss trat er auf der andern Seite ihr dadurch entgegen, dass
er nur in dem geistigen Sinne, in welchem er die Messias-Idee
auffasste, der von der Nation erwartete Messias sein wollte.
Der nationale Messiasglaube war zwar der nothwendige Weg,
auf welchem er allein die Realisirung seiner geistigen Idee der
βασιλεία τῶν οὐρανῶν hoffen konnte, wenn aber die Reinheit der
Idee nicht in den sinnlichen Elementen der populären Messias-
Erwartungen untergehen sollte, so musste er sich in eine fortgehende Opposition zu denselben setzen.

Aus diesem Gegensatz ist es zu erklären, dass er nur all-

mälig und mit einer gewissen Zurückhaltung sein messianisches
Bewusstsein aussprach. Wie er nach dem Bekenntniss des
Petrus den Jüngern befahl, niemand zu sagen, dass er der
Messias sei, so wird noch sonst öfter dasselbe bemerkt. Nach
der Verklärungsscene untersagte er gleichfalls den Jüngern,
jemand zu sagen, was sie gesehen haben, Matth. 17, 9. Auch
bei Wunderheilungen verbot er wiederholt, die Sache weiter
auszubreiten. Nach der evangelischen Geschichte, welcher zufolge Jesus von Anfang an der erklärte Messias war, und seine
messianische Thätigkeit den Charakter der grössten Öffentlichkeit hatte, begreift man nun freilich nicht, wie Jesus ein als
so zwecklos erscheinendes Verbot geben konnte, und da Matthäus 12, 16 f. dasselbe durch das jesajanische Orakel vom ge-
räuschlos wirkenden Knecht Gottes Jesaj. 42, 1—4 motivirt, so
kann man denken, es gehöre auch diess nur der Darstellung
des Matthäus an, welcher das Interesse hatte, auch dieses messianische Kriterium an Jesu nachzuweisen. Sofern aber doch
auf der andern Seite anzunehmen ist, dass einem so charakteristischen Zug etwas geschichtlich Wahres zu Grunde liegt, kann
man daraus nur auf die Vorsicht und Zurückhaltung schliessen,
mit welcher er als Messias auftrat. Da er kein Messias im Sinne
des Volks sein wollte, so konnte er das in ihm selbst erst all-
mälig entwickelte messianische Bewusstsein erst dann entschie-
dener aussprechen, nachdem er durch seine ganze Thätigkeit
der reinern Messias-Idee, wie er sie auffasste, ihre nöthige
Begründung gegeben hatte. In demselben Verhältniss aber, in
welchem er die Messias-Idee nach Massgabe des sittlichen Begriffs, welchen er mit der βασιλεία τῶν οὐρανῶν verband, vergeistigte, musste er sich auch die Person des Messias mit ganz
andern Bestimmungen denken, als die des gewöhnlichen Messiasbegriffs waren. Je grösser der Widerstand war, welchen er
in der Ausführung seines messianischen Planes fand, um so
weniger konnte er sich verbergen, dass er selbst das Opfer sei-

ner messianischen Bestimmung sein werde. So wenig sich der
Jude seinen Messias als einen leidenden und sterbenden dachte,
so nothwendig musste sich diese Bestimmung des Messias dem
messianischen Bewusstsein Jesu aufdringen, und wir haben
weder die Voraussetzung von Zeitideen, die erweislich nicht
vorhanden waren, noch die Auctorität alttestamentlicher Stellen,
welchen diese Deutung erst hätte gegeben werden müssen, zu
der Erklärung der Thatsache nöthig, dass Jesus in dem weiteren Verlauf seiner messianischen Thätigkeit seinem Leiden und
Tod entgegensah. Es verdient in dieser Hinsicht bemerkt zu
werden, dass die evangelische Geschichte des Matthäus in demselben Zeitpunkt, in welchem Jesus durch seine Frage an Petrus
und die Erwiederung auf das Bekenntniss desselben keinen Zweifel über seine messianische Bestimmung lassen konnte, ihn zuerst über das ihm bevorstehende Schicksal sich bestimmter erklären lässt, Matth. 16, 21. Je bestimmter er also seines messianischen Berufs sich bewusst war, um so bestimmter musste
er voraus schon auf einen solchen Ausgang seines Wirkens sich
gefasst machen. So stellt demnach auch die evangelische Geschichte selbst den Gang der Sache dar.

So weit enthält die Lehre Jesu von seiner Person nichts,
was nicht der natürliche Entwicklungsgang seines religiösen
Bewusstseins von selbst mit sich brachte. Er trat als Religions-
stifter und sittlicher Gesetzesreformator auf, fasste aber die Aufgabe seines Wirkens auch aus dem Gesichtspunkt der nationalen Messias-Idee auf, weil er anders als auf diesem Wege keinen Eingang seiner Wirksamkeit finden konnte. Es war diess
die nothwendige Form für das, was er überhaupt wirken wollte.
Er konnte aber auch so nichts sein, was nicht von selbst in
dem Begriff der sittlichen Aufgabe seiner Wirksamkeit lag. Wie
verhält es sich aber mit allen jenen seine Person betreffenden
Aussprüchen, welchen zufolge er nicht blos sterben, sondern
wieder auferstehen sollte und alles, was sich darauf bezog, mit

den speciellsten Bestimmungen von ihm vorhergesehen und vorher verkündigt worden war? Sehen wir hier nicht eine übermenschliche Erscheinung vor uns, die über das bisher Entwickelte hinausgeht und uns nöthigt, auch in dem Bisherigen mehr vorauszusetzen als wir angenommen haben?

Nach der schon Matth. 9, 15 gegebenen mystischen Andeutung der Hinwegnahme des Bräutigams ist bei Matthäus die erste Stelle, in welcher Jesus seinen Tod und seine Auferstehung voraussagt, 12, 38 f., wo er das Verlangen der Schriftgelehrten und Pharisäer, ein σημεῖον von ihm zu sehen, durch die Erwiederung zurückgewiesen haben soll, dass einer so schlimmen γενεᾷ kein Zeichen gegeben werde, als das Zeichen des Propheten Jonas; wie nämlich Jonas drei Tage und drei Nächte ἐν τῇ κοιλίᾳ τοῦ κήτους gewesen sei, so werde auch des Menschen Sohn drei Tage und drei Nächte ἐν τῇ καρδίᾳ τῆς γῆς zubringen. Von demselben Zeichen des Propheten Jonas ist Matth. 16, 4 die Rede. Noch bestimmter lautet die Stelle 16, 21, wo Jesus nach dem Bekenntniss des Petrus anfieng, seinen Jüngern zu eröffnen, dass er müsse nach Jerusalem hinweggehen und vieles leiden von den Ältesten und Hohepriestern und Schriftgelehrten, und dass er werde getödtet und am dritten Tage auferweckt werden. Dieselben bestimmten Ankündigungen wiederholt er 17, 12. 22 f. 20, 17 f. In der letztern Stelle sagt Jesus auf dem Wege nach Jerusalem zu seinen Jüngern, indem er sie besonders nahm, des Menschen Sohn werde den Hohepriestern und Schriftgelehrten übergeben werden, und sie werden ihn zum Tode verurtheilen, und ihn den Heiden übergeben zur Verspottung, Geisselung und Kreuzigung, und am dritten Tage werde er auferstehen. Alle Umstände seiner Verurtheilung, wie sie nachher wirklich erfolgten, wären demnach schon damals von ihm auf's Bestimmteste vorausgesagt worden. Wäre nun diess wirklich so geschehen, wie erzählt wird, so würden wir schon aus diesem Grunde die Erklärungen, die er über seine Person gab, wenn er nicht nur sich selbst den υἱὸς τοῦ ἀνθρώπου nannte, sondern sich auch den υἱὸς τοῦ θεοῦ nennen liess, in einem höhern Sinne zu nehmen haben, als diess nach dem Bisherigen nothwendig ist. Allein hier stellen sich sehr bedeutende Zweifel entgegen. An sich schon ist die Annahme sehr natürlich, dass, wenn Jesus auch nur dunkle und unbestimmte Andeutungen über sein endliches Schicksal und die Zukunft seiner Sache gab, seinen Äusserungen in der Folge eine bestimmtere Bedeutung gegeben, und so Manches in sie hineingelegt wurde, was er in dieser bestimmten Form keineswegs gesagt hatte, was man ihn aber ohne Bedenken schon damals sagen lassen zu dürfen glaubte, weil das Allgemeine, das er voraussagte, die einzelnen Umstände, unter welchen es erfolgte, von selbst in sich zu schliessen schien. Auch war es der höheren Vorstellung von der Person Jesu, wie sie sich erst in der Folge bei den Jüngern ausbildete, ganz gemäss, dass er ihnen nichts erduldet zu haben schien, was er nicht auf's Bestimmteste vorauswusste. War alles, was an ihm geschah, sein Leiden, sein Tod, seine Auferstehung, nichts Zufälliges, sondern eine göttliche Bestimmung, war es als ein Vorherbestimmtes auch ein Vorhergesehenes, so musste auch er selbst alles, was geschah, voraus schon wissen; und wenn er es wusste, warum hätte er es nicht auf's Genaueste, wie es nachher wirklich geschah, voraussagen sollen? Dass diess an sich sehr wohl möglich ist, wird auch von denen zugegeben, die die Vorhersagungen Jesu, um ihre rein geschichtliche Wahrheit festzuhalten, aus einem übernatürlichen Wissen erklären. Selbst Neander gesteht, es sei möglich, dass durch die Überlieferung die genaue Form, in welcher Jesus die Andeutungen des Zukünftigen gegeben, nicht auf uns gekommen, dass man die von Jesus absichtlich auf eine unbestimmtere und leisere Weise gegebenen Andeutungen nach dem Eintreffen in bestimmtere Züge ausgeprägt habe. Gewiss ist, wenn irgendwo, hier die

traditionelle Gestaltung des ursprünglich Unbestimmten zu einer
bestimmten Form sehr begreiflich. Es ist jedoch nicht blos möglich und wahrscheinlich, dass es sich mit den Vorhersagungen
Jesu von seinem Leiden, seinem Tod, seiner Auferstehung auf
diese Weise verhält, es lässt sich sogar behaupten, dass sie von
ihm in der bestimmten Form, in welcher sie die Evangelien aus-
geben, gar nicht gemacht worden sein können. Hatte Jesus alles,
was an ihm geschehen sollte, in so klaren und bestimmten Worten, wie die Synoptiker erzählen, seinen Jüngern vorherge-
sagt, so ist ihr Benehmen nach dem Eintritt des Erfolgs, dass
sie nach seinem wirklich erfolgten Tod sogar den Glauben an
seine Messianität völlig verlieren konnten, nicht zu begreifen.
Man kann daher mit Recht das Dilemma stellen: entweder sind
die Angaben der Evangelisten von der Überraschung der Jünger bei dem Tode Jesu unhistorisch übertrieben, oder es sind
die bestimmten Aussprüche Jesu über den ihm bevorstehenden
Tod und seine darauf folgende Auferstehung erst *ex eventu*
gemacht. Da man nun keine Ursache hat, anzunehmen, dass
die Evangelisten den Gemüthszustand, in welchem sich die Jünger bei dem Tode Jesu befanden, nicht wirklich so sollen geschildert haben, wie er war, so bleibt nur die letztere Annahme
übrig. Hatte er ihnen blos allgemeinere Andeutungen über sein
Schicksal und den endlichen Sieg seiner Sache gegeben, so
kann man es sich gar wohl denken, wie sie bei seinem wirklich
erfolgten Tod alles für verloren hielten. Schwer aber ist zu begreifen, wie sie, wenn sie in seinem Tode alles so geschehen
sahen, wie er ihnen wiederholt vorausgesagt hatte, nicht auch
denselben Aussprüchen zufolge voraus schon die bestimmte Gewissheit seiner Auferstehung haben mussten. Wie hätten sie sie
nicht mit aller Bestimmtheit erwarten sollen, wenn sie doch unter
der grossen Zahl seiner Wunder auch schon drei durch ihn voll-
brachte Todtenerweckungen mit eigenen Augen gesehen hatten! Dass nach den Evangelien Jesus selbst bei seinen Leidens-

verkündigungen sich ausdrücklich auf das alte Testament berief, dessen Weissagungen auf ihn in allen Stücken erfüllt werden müssten, Matth. 26, 54. Luc. 18, 31. 22, 37. 24, 25 f., kann die Wahrscheinlichkeit, dass er alles Einzelne so bestimmt vorher gesagt habe, nicht erhöhen, da die meisten darauf bezogenen Stellen des alten Testaments einen solchen Sinn gar nicht enthalten, dass Jesus eine Vorandeutung der einzelnen Züge seines Leidens in ihnen hätte finden können. Je gewaltsamer die Deutung dieser Stellen ist, um so deutlicher ist daraus zu sehen, dass sie erst in der Folge zu Hülfe genommen wurden, um das den sonstigen Vorstellungen vom Messias so sehr widerstreitende Schicksal Jesu durch die Vermittlung des alten Testaments für das religiöse Bewusstsein zurechtzulegen.

Wenn wir uns demnach die Frage zu beantworten suchen, was Jesus selbst über seine Person gelehrt habe, so bieten uns die in den Evangelien berichteten Vorherverkündigungen seines Leidens und Todes und seiner Auferstehung kein besonderes Moment dar, so dass wir aus ihnen auf ein höheres übernatürliches Wissen und vermöge desselben auf eine höhere über die Grenzen der menschlichen Natur hinausgehende Bedeutung seiner Person, die er hiemit sich selbst beigelegt hätte, schliessen müssten. Führen wir sie nach den Grundsätzen der Kritik, nach welchen überhaupt die evangelische Geschichte zu beurtheilen ist, auf ihren wahren und ursprünglichen Gehalt zurück, so enthalten sie nichts, was nicht die Beschaffenheit der Verhältnisse, in welchen Jesus sich befand, von selbst hätte wahrscheinlich machen müssen, wie ja überhaupt das Schicksal, mit welchem seine einem solchen Zwecke gewidmete öffentliche Wirksamkeit endigte, für die geschichtliche Betrachtung nichts Unbegreifliches haben kann. Unter den gleichen Gesichtspunkt haben wir auch die Äusserungen zu stellen, welche Jesus selbst nach den Synoptikern über den Zweck und die Wirkungen seines Leidens und Todes gethan haben soll. Es fragt sich auch hier,

ob nicht erst in der Folge mehr in sie hineingelegt worden ist,
als sie ursprünglich enthielten. Diess möchte bei der zunächst
hieher gehörenden Stelle Matth. 20, 28 sich kaum verkennen
lassen. Aus Veranlassung der Bitte der Mutter der Söhne des
Zebedäus und dieser selbst um die ersten Stellen in seinem
Reich gibt Jesus seinen Jüngern die Ermahnung: Ihr wisset,
dass die Regenten der Völker über sie herrschen, und die
Grossen Gewalt über sie haben. Nicht so wird es bei euch sein,
sondern wer unter euch gross werden will, werde euer Diener,
und wer unter euch der Erste sein will, werde euer Knecht,
wie des Menschen Sohn nicht gekommen ist, sich bedienen zu
lassen, sondern zu dienen und zu geben sein Leben als Lösegeld für Viele. Der Ausdruck δοῦναι τὴν ψυχὴν λύτρον ἀντὶ
πολλῶν kann nur von einem Austausch verstanden werden, wie
diess die Bedeutung der Präposition ἀντὶ ist, vgl. Hebr. 12, 16.
Matth. 17, 27. Man gibt etwas, um für das, was man gibt,
etwas Anderes zu erhalten. Es liegt also dabei die Vorstellung
zu Grunde, Jesus gebe sein Leben für Viele, d. h. für Alle,
welche diese Wohlthat sich aneignen wollen, somit überhaupt
für die Menschen gleichsam als den Preis, um welchen sie losgekauft werden, um sie, wie Gefangene aus einer Gefangen-
schaft, die nur die der Sünde und des Todes sein kann, zu befreien. Wie passt nun aber, muss man fragen, zu der vorangehenden einfachen Ermahnung zur Demuth und einem durch
Übernahme von Leiden und Aufopferungen sich erprobenden
Sinn eine solche dogmatische, schon einer bestimmten Erlösungs-
und Versöhnungstheorie angehörende Vorstellung? Wo hat
denn Jesus sonst, abgesehen von der Stelle Matth. 26, 28, von
welcher nachher die Rede sein wird, seinem Tode eine solche
Bedeutung eines Lösegelds gegeben, wo findet sich in seinen
Reden auch nur eine Andeutung darüber, dass die Strafen der
Sünden nicht ohne ein für sie gegebenes Äquivalent aufgehoben
werden können? Welche andere der sonstigen Lehre Jesu ganz

fremdartige Begriffe müssten dabei vorausgesetzt werden? Entweder hat also Jesus den Ausspruch 20, 28 nicht gethan, oder in einer andern Form. Die vorangehende Ermahnung Jesu hat ihren vollständigen Sinn auch ohne einen weitern Zusatz. Hat er aber seine Ermahnung noch durch die Hinweisung auf das Beispiel des υἱὸς τοῦ ἀνθρώπου motivirt, so kann er nur gesagt haben, des Menschen Sohn sei nicht gekommen, um zu herrschen, sondern um zu dienen, und aus Liebe zu den Menschen alle Leiden zu übernehmen, die mit seinem Berufe verbunden sind. Diess ist aber etwas ganz Anderes als ein Tod, der ein λύτρον ἀντὶ πολλῶν sein soll. Wenn er auch, wie mit Recht anzunehmen ist, in den Worten V. 22 δύνασθε πιεῖν τὸ ποτήριον, ὃ ἐγὼ μέλλω πίνειν, die Ahnung des ihm bevorstehenden Todes ausdrücken wollte, so sieht man doch nicht, wie er in diesem Gedankenzusammenhang von einer Bedeutung seines Todes sprechen konnte, welche in dem Inhalt seiner Lehre keinen weitern Anknüpfungspunkt hat.

Eine andere Stelle dieser Art ist Matth. 26, 28, wo Jesus bei der Einsetzung des Abendmahls von dem Kelche sagt, er sei sein αἷμα, τὸ τῆς καινῆς διαθήκης, τὸ περὶ πολλῶν ἐκχυνόμενον εἰς ἄφεσιν ἁμαρτιῶν. Hier ist demnach der Tod Jesu sehr bestimmt als Bundes- und Sühnopfer bezeichnet. Da nur Matthäus die Worte εἰς ἄφεσιν ἁμαρτιῶν hat, so kann man sie für einen spätern Zusatz halten, die Vorstellung bleibt aber dieselbe, da auch schon in dem αἷμα περὶ πολλῶν ἐκχυνόμενον und in dem σῶμα τὸ ὑπὲρ ὑμῶν κλώμενον bei dem Apostel Paulus 1 Cor. 11, 24 die Idee der Versöhnung liegt. Man streitet gewöhnlich nur darüber, ob Jesus jene eigenthümlich bedeutsame Brod- und Weinaustheilung nur als einen Act des Abschieds von seinen Jüngern, oder ob er sie in der Absicht vorgenommen habe, dass sie auch nach seinem Hingang von seinen Anhängern zum Andenken an ihn gefeiert werden solle. Für die letztere Annahme scheint zwar der Zu-

satz bei Paulus und Lucas entscheidend: τοῦτο ποιεῖτε εἰς τὴν
ἐμὴν ἀνάμνησιν, welchem zufolge Jesus offenbar die Absicht
hatte, ein Gedächtnissmahl zu stiften, das nach Paulus die
Christen feiern sollten, ἄχρις οὗ ἂν ἔλθῃ. Da nun aber die beiden
ersten Evangelisten diese Zusätze nicht haben, so stützt man
darauf die Vermuthung, sie möchten nicht ursprünglich Worte
Jesu gewesen sein, sondern bei der Abendmahlsfeier in der
ersten Gemeinde möge der austheilende Vorsteher die Gemeinde-
glieder aufgefordert haben, dieses Mahl auch ferner zum Andenken Christi zu wiederholen und aus diesem ursprünglichen
Ritual seien dann die Worte zu der Rede Jesu geschlagen worden. Lässt sich gegen diese Vermuthung nichts einwenden, da
ja Paulus seinen Bericht über die Einsetzung des Abendmahls
nur aus der Tradition genommen hat, in welcher schon damals
die ursprünglichen Worte eine Modification erlitten haben können,
so muss auch die weitere Vermuthung erlaubt sein, ob wohl
Jesus von der versöhnenden Kraft seines Todes selbst schon so
gesprochen hat, wie die Evangelisten ihn davon sprechen lassen,
ob nicht die dem Leib und Blut Jesu in dem περὶ πολλῶν und
ὑπὲρ ὑμῶν gegebene Beziehung eine von einem spätern Gesichtspunkt aus den Worten Jesu gegebene Modification ist. Je leichter
jene Worte als blosse Zusätze genommen werden können, um
so mehr kann man auf den Gedanken kommen, dass sie ursprünglich nicht zu der Sache selbst gehören. Die Handlung
Jesu hat auch ohne die Beziehung auf die Versöhnungsidee ihren
einfachen natürlichen Sinn, wenn wir annehmen, in der ihm
sich aufdringenden Ahnung seines nahen Todes habe er seinen
Leib, welcher gewaltsam getödtet werden sollte, und sein zu
vergiessendes Blut mit dem Brod, das er bei dem Mahle brach,
und mit dem Wein, welchen er in den Kelch goss, verglichen.
Nun steht freilich noch dabei: das Blut sei das Blut der καινὴ
διαθήκη. Wie der alte mosaische Bund durch Opferblut bestätigt
wurde (2 Mos. 24, 6 f.), so soll nun ein neuer Bund gleich-

falls durch Blut geschlossen werden. Wenn man nun aber fragt,
worin das Neue dieser καινὴ διαθήκη bestehe, so kann es nur
darin erkannt werden, dass der Tod Jesu nicht blos Bundesopfer, sondern auch Sühnopfer ist, dass durch seinen Tod eine
Versöhnung gestiftet worden ist, wie unter dem alten Bund nicht
stattfand, dass man also nur durch diesen Versöhnungstod selig
werden kann, nicht aber durch das, was der alte Bund enthielt,
auch nicht durch die Erfüllung des Gesetzes. Allein, wie stimmt
diess zu der Bergrede? Wie kann Jesus in der Bergrede mit
der ausdrücklichen Erklärung auftreten, er sei nicht gekommen,
um die alte Religionsverfassung, das Gesetz, auch nur im Geringsten aufzuheben, wenn er doch schon damals das Bewusstsein in sich haben musste, dass er eigentlich dazu gekommen sei,
durch seinen Tod der Stifter einer neuen διαθήκη zu werden,
eines neuen Bundes, durch welchen als einem vom alten wesentlich verschiedenen der alte nothwendig aufgehoben werden
musste? Sollte man ferner nicht erwarten, dass Jesus, wenn
er seiner eigentlichen Bestimmung nach nicht Gesetzesreformator, sondern Versöhner der Menschen mit Gott durch seinen
Tod und insofern Stifter einer neuen διαθήκη war, eben diese
wesentliche Idee, dass der Mensch nicht auf dem Wege des
Gesetzes, sondern nur durch die gläubige Annahme des ihm
von Gott im Tode Jesu dargebotenen Versöhnungsmittels selig
werden könne, zum Gegenstand seiner Lehrvorträge machte?
Im johanneischen Evangelium thut er diess zwar, aber wir haben
uns hier nur an das Matthäusevangelium zu halten. In dem
letztern findet sich nicht nur hierüber nichts, sondern vielmehr
das gerade Gegentheil. Denn wenn hier die in der Gesetzes-
Erfüllung bestehende Gerechtigkeit als der Weg aufgestellt wird,
auf welchem man zur βασιλεία τῶν οὐρανῶν gelangen kann, wenn
alles nur darauf ankommt, dass man der Einladung zur βασιλεία
τῶν οὐρανῶν folgt, die rechte Empfänglichkeit für das, was sie
anbietet, hat, das Wort Gottes in sich aufnimmt und befolgt,

so muss vorausgesetzt werden, dass man auch wirklich schon
auf diesem Wege zur βασιλεία τῶν οὐρανῶν gelangt. Das Bedürfniss der Vergebung der Sünden wird dadurch keineswegs
ausgeschlossen; je einfacher aber in den Reden Jesu darauf
hingewiesen wird, um so weniger ist anzunehmen, dass sie
nach dem wahren Sinn der Lehre Jesu durch einen Versöhnungs-
act bedingt ist, wie der Tod Jesu als Lösegeld gewesen wäre.
Es wird einfach vorausgesetzt, dass alle, welche ihre Sünden
erkennen und mit wahrer Demuth des Herzens sie bereuen, unmittelbar der Vergebung derselben versichert sein dürfen, und
wie könnte Jesus den wiederholt geltend gemachten Ausspruch
des Propheten: ἔλεον θέλω καὶ οὐ θυσίαν, Matth. 9, 13. 12, 8,
als einen allgemeinen Grundsatz aufstellen, nach welchem das
religiöse Verhältniss des Menschen zu Gott zu beurtheilen ist,
wenn das Hauptmoment, an welchem alles hängt, in letzter
Beziehung doch wieder in einer von der Gesinnung unabhängigen
Versöhnungsanstalt läge? Wie man auch die Sache nehmen
mag, als ein λύτρον ἀντὶ πολλῶν, als αἷμα ἐκχυνόμενον ὑπὲρ πολλῶν würde sein Tod doch auch wieder unter den Gesichtspunkt
einer θυσία gehören. Es lässt sich demnach nicht wohl läugnen,
dass die bisher erörterten Stellen des Matthäusevangeliums Andeutungen einer Versöhnungstheorie enthalten, welche zur
eigentlichen Lehre Jesu, zu den rein sittlichen Forderungen,
die ihren wesentlichen Inhalt ausmachen, nicht recht passen.
Es ist schon ein anderer Standpunkt, von welchem aus die auf
der versöhnenden Kraft des Todes Jesu beruhende Religionsanstalt als καινὴ διαθήκη der alten gegenübergestellt wird. Diese
Auffassung des Todes Jesu ist bei dem Apostel Paulus und in
dem paulinisirenden Lucasevangelium ganz an ihrer Stelle, in
den beiden ersten Evangelien aber scheint auch die Unsicherheit
der Lesart, die sich hier zeigt, anzudeuten, dass man hier
etwas Fremdartiges vermuthet hat. Es ist auffallend, dass nach
den neuesten Kritikern Matth. 26, 28 blos αἷμά μου τῆς διαθήκης

zu lesen ist. Noch mehr ist die Auslassung von καινῆς Marc.
14, 24 bezeugt. Auch de Wette bemerkt, καινῆς scheine paulinisch zu sein. Der Sinn bleibt zwar auch ohne καινῆς derselbe,
denn wenn sein Blut ein αἷμα τῆς διαθήκης sein soll, so kann
die durch sein Blut gestiftete διαθήκη nur eine neue sein; scheint
aber nicht der Anstoss, welchen man an der διαθήκη als einer
neuen nahm, darauf hinzuweisen, dass die ganze Stelle, soweit
sie die διαθήκη betrifft, für das Matthäusevangelium nicht recht
passt? Hat Paulus zuerst die Überlieferung vom letzten Mahle
Jesu im Sinne seiner Versöhnungs-Idee aufgefasst, so ist sie in
dieser Form auch in die Evangelien übergegangen. Ist somit
das, was Jesus bei seinem letzten Mahle that, wenn auch als
eine Stiftung zum Andenken an seinen Tod, doch ursprünglich
nicht im Sinne der Versöhnungsidee aufzufassen, so kann es
nur als eine symbolische Handlung genommen werden, durch
welche er seinen Jüngern das ihm bevorstehende Schicksal vor
Augen stellen und unter dieser Anschauung ihr Andenken an
ihn um so lebendiger erhalten wollte. Es liegt daher auch in
dieser Handlung nichts, was eine nähere Beziehung auf die
Lehre von seiner Person hätte. Man kann nur fragen, wie man
sich ihre symbolische Bedeutung zu denken hat [1]).

    Eine eigene Classe der die Lehre von der Person Jesu be-
treffenden Aussprüche bilden diejenigen, in welchen er sich als
den vom Himmel kommenden Weltrichter angekündigt haben
soll. Und zwar sollte er nicht in der fernen Zukunft, sondern
schon in der nächsten Zeit zum Weltgericht und zur Vollendung
aller Dinge kommen. Schon Matth. 16, 27 f. versichert Jesus,
der Menschensohn werde kommen in der Herrlichkeit seines
Vaters mit seinen Engeln, und dann werde er jedem nach seiner
Handlungsweise vergelten. Unter denen, die hier stehen, seien
einige, welche den Tod nicht schmecken werden, bis sie des

---

1) Hierüber vgl. man die theol. Jahrb. 1857. S. 538 f.

Menschen Sohn in seinem Reich, d. h. zur Verwirklichung seines
Reichs kommen sehen. Dieselbe Generation also, wenn auch
gleich nur in den wenigen zuletzt noch lebenden Genossen
derselben, sollte seine Parusie noch erleben. Noch bestimmter und ausführlicher lässt Matthäus Jesum in den Reden
K. 24 und 25 hierüber sich aussprechen, welchen zufolge
seine Wiederkunft und das Ende der gegenwärtigen Weltperiode
unmittelbar nach der Zerstörung des Tempels in Jerusalem erfolgen sollte. Er spricht von den Vorzeichen dieser grossen
Katastrophe: Kriege und Kriegsgerüchte, Kämpfe von Völkern
und Reichen gegen einander, Hungersnoth, Pest und Erdbeben
da und dort seien nur die ersten Anfänge des Elends, welches
der Ankunft des Messias vorangehen werde. Auch sie selbst,
seine Anhänger werden zuvor noch Hass und Verfolgung und
Mord über sich ergehen lassen müssen; Treulosigkeit, Verrath,
Täuschung durch falsche Propheten, Lieblosigkeit und allgemeines Sittenverderben werde unter den Menschen einreissen;
zugleich aber müsse die Botschaft vom Messiasreich noch vorher
in der ganzen Welt verkündigt werden. Nach allem diesem erst
könne das Ende der jetzigen Weltperiode eintreten, auf welches
mit Standhaftigkeit harren müsse, wer an dem Glücke der künftigen Antheil bekommen wolle. Ein näheres Vorzeichen schon
von dieser Katastrophe sei die Erfüllung des Daniel'schen Orakels
von dem an heiliger Stätte aufzustellenden Verwüstungsgräuel.
Um diese Zeit werden falsche Propheten und Messias durch
Wunder und Zeichen zu täuschen suchen und da oder dort den
Messias zu zeigen versprechen, da doch ein Messias, der irgendwo verborgen wäre und aufgesucht werden müsste, kein wahrer
sein könne, indem dessen Ankunft, wie das Leuchten des
Blitzes, eine plötzliche überall hin dringende Offenbarung sei,
deren Mittelpunkt Jerusalem bilde, das durch seine Schuld die
Strafe über sich herbeiziehe. Unmittelbar nach dieser Drang-
salszeit werde sich nun durch Verfinsterung von Sonne und

Mond, durch Herabfallen der Sterne und Erschütterung aller
Kräfte des Himmels die Erscheinung des Messias einleiten, welcher
sofort zum Schrecken der Erdenbewohner mit grosser Herrlichkeit in den Wolken des Himmels daherkommen und alsbald
durch Engel mit Trompetenschall seine Erwählten von allen
Enden der Erde zusammenrufen lassen werde. An den vorge-
nannten Zeichen sei die Nähe der angegebenen Katastrophe so
sicher, wie an dem Ausschlagen des Feigenbaums die Nähe des
Sommers zu erkennen; noch das gegenwärtige Zeitalter werde
bei allem, was sicher sei, alles das erleben, obgleich der genauere Termin nur Gott allein bekannt sei. Wie aber die
Menschen seien, so werden sie auch die Ankunft des Messias,
wie einst die der Sündfluth, mit leichtsinniger Sicherheit heran-
rücken lassen, und doch werde es ein äusserst kritischer Zeitpunkt sein, der diejenigen, welche in den nächsten Verhält-
nissen gestanden, ganz entgegengesetztem Loose überantworten
werde. Darum sei Wachsamkeit noth, wie immer, wenn vor
einem entscheidenden Erfolg der Zeitpunkt seines Eintreffens
unbekannt sei, was sofort durch das Bild vom Hausherrn und
Dieb, vom Knecht, dem der verreisende Herr die Aufsicht über
das Hauswesen anvertraut, ferner von den klugen und thörichten
Jungfrauen, endlich von den Talenten veranschaulicht wird.
Hierauf folgt eine Beschreibung des feierlichen Gerichts, welches
der Messias über alle Völker halten und in welchem er nach der
Rücksicht, ob einer die Pflichten der Menschenliebe beobachtet
oder hintangesetzt habe, Seligkeit oder Verdammniss zuerkennen
werde.

Die orthodoxen Erklärer kommen hier in grosse Noth, um
der Voraussetzung zu begegnen, Jesus habe als unmittelbare
Folge der Zerstörung Jerusalems ein Ereigniss angekündigt, das
auch seitdem noch nicht eingetreten; die nichtorthodoxen dagegen nehmen ohne Bedenken an, dass sich Jesus entweder zu
jüdischen Vorstellungen accommodirt oder in seinen Erwartun-

gen und Ankündigungen getäuscht habe. In diesem Sinne sagt
Strauss, das Allgemeine der Erwartung, irgend einmal in den
Wolken des Himmels zu erscheinen, um die Todten zu erwecken,
Gericht zu halten und ein ewiges Reich zu begründen, sei Jesu
ebenso bald gegeben gewesen als er sich für den Messias hielt,
mit Bezug auf Daniel, wo jenes Kommen dem υἱὸς τοῦ ἀνθρώπου
zugeschrieben sei; in Betreff der Zeit aber ergebe es sich als
natürlich, dass er zwischen seiner ersten messianischen Ankunft
in der Niedrigkeit und der zweiten in der Herrlichkeit keine
allzu lange Zwischenzeit hineingedacht haben werde. Während
die erstere Ansicht den Worten Jesu einen ganz andern ihnen
offenbar widerstreitenden Sinn aufdringen muss, lässt ihn die
letztere in einer jüdischen Anschauungsweise befangen sein, bei
welcher mit Recht die Frage entstehen muss, ob es nothwendig
ist, diess anzunehmen. Hätte Jesus über seine Parusie zum
Gericht und Weltende ganz in der Form sich ausgesprochen, in
welcher er es bei Matthäus gethan haben soll, so hätte er sich
als Messias mit dem Messias der jüdischen Vorstellung auf eine
Weise identificirt, die mit dem Charakter seiner Lehre und
Wirksamkeit nicht ganz zusammenstimmt. Auf dem jetzigen
Standpunkt der Evangelienkritik muss man vor allem fragen, ob
es wahrscheinlich ist, dass Jesus alle diese Reden ganz so gehalten hat, wie sie ihm zugeschrieben werden. Diese Frage
muss aus mehreren Gründen verneint werden. Der Hauptpunkt
dieser Reden ist die Zerstörung Jerusalems. Dass Jesus dieselbe nicht vorausgesagt hat, sehen wir ganz klar aus der Apokalypse, deren Verfasser von einer Zerstörung Jerusalems nichts
weiss, vielmehr ausdrücklich sagt, Jerusalem werde mit ge-
ringer Ausnahme unversehrt erhalten werden. Ist der Verfasser
der Apokalypse, wie wir annehmen müssen, der Apostel Johannes, so konnte ihm doch, wenn Jesus wirklich die Zerstörung Jerusalems geweissagt hat, diess unmöglich unbekannt
sein. Sind nun die Reden Jesu in diesem Hauptpunkt unhisto-

risch, so verliert auch das Übrige, was damit zusammenhängt, seinen historischen Haltpunkt. Dürften wir annehmen, dass wir hier eine von Jesus selbst gegebene Weissagung haben, so wäre freilich der Erfolg mit der Voraussagung ganz zusammengetroffen, allein so specielle Züge, wie diese Reden enthalten, geben ihnen auch gar zu sehr das Aussehen eines *raticinium post eventum*. Bei näherer Betrachtung zeigt sich übrigens auch noch, dass Matth. K. 24 nicht einmal auf die Zerstörung Jerusalems geht, sondern nur auf die Ereignisse des zweiten jüdischen Kriegs unter dem Kaiser Hadrian passt, woraus deutlich zu sehen ist, wie solche Weissagungen, da die erwartete Parusie immer wieder nicht erfolgte, nach der Verschiedenheit der Zeiten eine verschiedene Gestalt erhielten. Endlich ist hier der Einfluss der jüdischen Zeitvorstellungen so deutlich wahrzunehmen, dass man auch aus diesem Grunde Bedenken tragen muss, die Lehre von einer Parusie, wie sie hier geschildert wird, Jesu zuzuschreiben. Das so lebhafte Interesse, mit welchem die Apostel und ältesten Christen einer schon in der nächsten Zeit erfolgenden Parusie entgegensahen, lässt sich nur daraus erklären, dass nachdem Jesus alle jene Erwartungen unerfüllt gelassen hatte, die man vom Messias hegte, nun um so gewisser seine baldige Wiederkunft alles verwirklichen sollte, was man bisher vergeblich von ihm gehofft hatte, und doch vom Begriffe des Messias nicht trennen konnte.

Es kommt auch hier darauf an, den ursprünglichen substanziellen Gehalt der Lehre Jesu von seiner Person von den Modificationen zu unterscheiden, die ihr erst in der jüdischen Anschauungsweise seiner Jünger gegeben worden sind. Dass Jesus sich selbst als den künftigen Richter betrachtete und ankündigte, lässt sich auch nach dem Evangelium Matthäus nicht in Zweifel ziehen. Fasst man die Lehre und Wirksamkeit Jesu auch nur nach dem sittlichen Gesichtspunkt auf, unter welchen sie der Bergrede und den Parabeln zufolge zu stellen ist, so

gehört dazu wesentlich auch die Bestimmung, dass sie der absolute Maasstab zur Beurtheilung des sittlichen Werthes des
Thuns und Verhaltens der Menschen ist. Nach dem so verschiedenen Verhalten der Menschen zu der Lehre Jesu, als dem
Grundgesetz der βασιλεία τῶν οὐρανῶν theilen sie sich in zwei
wesentlich verschiedene Classen, deren sittlicher Werth, auf
seinen absoluten Ausdruck gebracht, durch den Gegensatz der
ewigen Seligkeit und der ewigen Verdammniss ausgesprochen
ist. Was aber zunächst von seiner Lehre gilt, gilt auch wieder
von seiner Person, sofern er der Urheber und Verkündiger derselben ist. Mit seiner Lehre gehört seine Person wesentlich und
unzertrennlich zusammen, er ist selbst die concrete Anschauung
der in alle Ewigkeit sich erstreckenden Bedeutung der absoluten
Wahrheit seiner Lehre. Ist es seine Lehre, nach welcher der
sittliche Werth der Menschen für alle Ewigkeit zu beurtheilen
ist, so ist er selbst derjenige, welcher dieses Urtheil spricht,
als der künftige Richter der Menschen. In diesem rein sittlichen
Sinne ist die Idee eines künftigen Gerichts in den Reden und
Parabeln Jesu wiederholt ausgesprochen, Matth. 13, 37—43.
49 f. 16, 27, besonders in der Rede Matth. 25, 31—46, in
welcher die ganze Darstellung so gehalten ist, dass man nicht
weiss, ob sie als Lehrvortrag oder als Parabel zu nehmen ist,
ob sich Jesus nicht blos in dem bildlichen Sinne einer Parabel
als den künftigen Richter der Menschen, als den βασιλεὺς der
βασιλεία τῶν οὐρανῶν darstellt. Es kann diess nur in bildlichem
Sinne genommen werden, wenn er sich hier als den bezeichnet, an
dessen Person das sittliche Thun der Menschen in seinem Werth
sich erprobt, und mit allen denen, an welchen das sittliche
Verhalten in der Form der Menschenliebe das Object seiner
Thätigkeit hat, sich so identificirt, dass man das, was man an
jenen thut, eigentlich an ihm selbst thut, womit nur die Wahrheit ausgedrückt sein kann, dass das sittliche Verhalten der
Menschen seinen höchsten Werth erst dadurch erhält, wenn es

durch die reine Idee des Guten bestimmt wird. Was man an ihm selbst thut, ist die höchste sittliche That; die höchste sittliche That kann aber nur die sein, die um der reinen Idee des Guten willen geschieht. Darum ist ein wesentlicher Zug der Darstellung Matth. 25, 31 f., dass die, die als die Gesegneten des Vaters wegen der Handlungen gepriesen werden, die sie ihm erwiesen haben, nicht wissen, dass er es war, welchem sie alles diess thaten. Hätten sie es mit dem Bewusstsein gethan, dass er es ist, welchem sie alles diess thun, so hätte das Motiv ihres Thun's auch nur ein persönliches und subjectives sein können, thaten sie es aber, ohne zu wissen, wem sie es thun, ohne alle Rücksicht auf die Person, so konnten sie es nur als das an sich Gute thun, um der reinen Idee des Guten willen. Wie nun hier Jesus das an sich Gute an seiner Person darstellt, sich selbst zur concreten Anschauung des absoluten sittlichen Werths der menschlichen Handlungen macht, so konnte er auch seine Person zur Trägerin der absoluten sittlichen Norm machen, die in seiner Lehre enthalten ist. In demselben Bewusstsein, in welchem er sich der absoluten Wahrheit seiner Lehre bewusst war, als der Norm, nach welcher das Verhalten der Menschen zu richten ist, wusste er sich als den Richter der Welt, als den, der über das sittliche Thun und Verhalten das für alle Ewigkeit gültige Urtheil sprechen wird. Er ist der Richter der Menschen, weil die Lehre, nach deren Norm die Menschen gerichtet werden, seine Lehre ist.

Ob nun aber Jesus diesem weltrichterlichen Bewusstsein, das er in sich hatte, durch Aneignung der damals gangbaren populären Messiasvorstellungen auch den concreten sinnlichen Ausdruck gegeben hat, mit welchem es in der Darstellung des Matthäus erscheint, ist eine ganz andere Frage, die wir nach allem Bisherigen nicht bejahen können. Unmöglich können solche Reden, wie die Matth. 19, 28, wo er seinen Jüngern verheisst, dass sie in der παλιγγενεσία, wenn des Menschen

Sohn seinen herrlichen Thron bestiegen haben werde, selbst
auch auf zwölf Stühlen sitzen und die zwölf Stämme Israels
richten werden, oder wenn er von einem Essen und Trinken
im Reiche Gottes spricht, was Luc. 22, 30 mit dem Sitzen auf
den Stühlen verbindet, wovon aber auch bei der Einsetzung des
Abendmahls die Rede ist, Matth. 26, 29, im Munde Jesu anders
als bildlich genommen, oder auch nur für ächte Äusserungen
desselben gehalten werden. Wir sehen vielmehr gerade aus
solchen Stellen, wie Vieles überhaupt in diesem eschatologischen
Vorstellungskreise nur bildlich genommen werden kann. Weit
treuer drückt unstreitig den wahren Sinn Jesu die Erzählung
Matth. 20, 20 f. aus, wo er den Söhnen Zebedäi auf ihre Bitte,
sie in seinem Reiche die ersten Sitze einnehmen zu lassen, er-
wiedert, sie wissen nicht, um was sie bitten, und ihnen die
Frage entgegenhält, ob sie im Stande seien, den Kelch zu
trinken, welchen er trinken werde; seinen Kelch sollen sie
trinken, was aber das Sitzen zu seiner Rechten und Linken
betreffe, so sei es nicht seine Sache es zu geben, sondern es
werde nur denen verliehen, welchen es bereitet sei von seinem
Vater. Man hat es auffallend gefunden, dass er sich diese
Macht hier abspricht, da er sich ja sonst als Weltrichter darstelle. Hätte er aber damit, wie de Wette meint, nur sagen
wollen, dass er zwar über allgemeine Verhältnisse im voraus
entscheiden könne, dass aber das, um was die Söhne des Zebedäus bitten, in das Besondere und Individuelle gehöre, dessen
Bestimmung das Ergebniss der unter Gottes Leitung stehenden
Entwicklung der Dinge sei, so wäre damit weit mehr zugegeben,
als mit der Entschiedenheit zusammenstimmt, mit welcher die
Bitte abgewiesen wird. Der Sinn seiner Worte kann nur sein,
es sei nicht seine Sache, weil überhaupt so sinnliche Bitten
nicht im Reich Gottes erfüllt werden können, und das, was als
Höchstes gegeben wird, nicht solchen gegeben wird, wie sie
sind, sondern nur denen, welchen es von Gott bestimmt ist.

Wenn Jesus auch nur in dem Sinne die jüdischen Messias-
prädicate sich beilegte, in welchem wir diess nach dem Resultat
der bisherigen Untersuchung anzunehmen haben, so ist doch
die Frage immer noch nicht beantwortet, in welchem bestimmteren Sinne er sich als Messias und Sohn Gottes betrachtet wissen
wollte. Wenn er auch gewöhnlich und vorzugsweise sich des
Menschen Sohn nannte, so lehnte er doch auch den Namen
Sohn Gottes nicht ab, und es leidet keinen Zweifel, dass er der
Sohn Gottes zu sein behauptete. Die bestimmteste und wichtigste
Stelle, in welcher Jesus sein Sohnesbewusstsein ausspricht, ist
Matth. 11, 25—30, wo er den Vater, den Herrn des Himmels
und der Erde darüber preist, dass was freilich den Weisen und
Verständigen verborgen bleibe, den Unmündigen geoffenbart sei,
d. h. Gott dafür dankt, dass unter so Vielen, welchen in ihrer
weltlichen Richtung der Sinn für das Geistige völlig verschlossen
ist, es doch nicht an Solchen fehlt, welche in ihrem einfachen
kindlichen Sinn die rechte Empfänglichkeit für seine Belehrungen über die βασιλεία τῶν οὐρανῶν haben. Die Rede Jesu schildert einen Moment, in welchem sich ihm nach der gemachten
freudigen Erfahrung, dass er nicht umsonst wirke, der erhebende
Gedanke an seine universelle, weltgeschichtliche Bestimmung
in seiner ganzen Grösse aufdrang. Von diesem Gesichtspunkt
aus ist auch das Folgende zu verstehen. Wenn er sagt, alles
sei ihm von seinem Vater übergeben, so kann er nur alles das
meinen, was sich auf die Realisirung der Idee der βασιλεία τῶν
·οὐρανῶν bezieht, und er spricht hiemit nur das Bewusstsein aus,
dass er der Stifter derselben in dem Sinne sei, in welchem er
diess hauptsächlich in der Bergrede erklärt hat. In diesem Bewusstsein weiss er sich mit dem Vater Eins, niemand erkennt
den Sohn als der Vater, und niemand erkennt den Vater, als
der Sohn und wem es der Sohn offenbaren will. Vom Sohn geht
alles aus, was eine neue Offenbarung Gottes in der Menschheit
begründet, er ist der höchste unmittelbare Gesandte Gottes,

durch welchen alles vermittelt wird. Der Vater erkennt den
Sohn und der Sohn den Vater, weil zwischen Beiden, dem
Sendenden und dem Gesendeten eine solche Einheit des Bewusstseins ist, dass der Sendende nur den Gesendeten als den
Offenbarer seines Willens erkennt und nur der Gesendete weiss,
von wem er gesendet ist. Die Einheit des Vaters und Sohns ist
hier vollständig erklärt, wenn wir sie von dem in Jesu sich
aussprechenden Bewusstsein eines unmittelbaren göttlichen Ge-
sandten verstehen, welcher hier mit derselben Auctorität auftritt, wie in der Bergrede, in welcher, wenn auch die Person
gegen die Sache zurücksteht, doch der ganze Inhalt der Rede
von dem Bewusstsein getragen wird, dass in dem Redenden
eine neue Quelle unmittelbarer göttlicher Offenbarung eröffnet
ist. Wer so spricht, wie Jesus in der Bergrede, wenn er zwar
nur auf den Boden der alttestamentlichen Gesetzgebung sich
stellt und über denselben nicht hinausgehen will, aber doch
durch alle Belehrungen, die er hier gibt, erst den wahren Sinn
der alttestamentlichen Gesetzgebung aufschliesst, muss auch das
Bewusstsein in sich haben, dass er nur als Gesandter Gottes so
sprechen kann. Dasselbe Bewusstsein spricht sich hier, Matth.
11, 25 f. aus, nur unmittelbarer und persönlicher. Darum
stimmt dieser Abschnitt mit der Bergrede auch darin ganz überein, dass der Inhalt der Lehre, zu deren Verkündigung er als
der vom Vater Gesendete gekommen ist, derselbe ist, wie in
der Bergrede. In dem erhebenden Bewusstsein seiner göttlichen
Sendung oder seiner Einheit mit Gott ruft er alle zu sich, um
sie das bei sich finden zu lassen, was sie in der pharisäischen
Gesetzesgerechtigkeit nicht finden können, dieselbe Ruhe und
Befriedigung, die er in den Makarismen der Bergrede denen
verheisst, welche die rechte Empfänglichkeit für seine Einladung zum Reich Gottes haben. Kommet her zu mir, ruft er,
alle, die ihr mühselig und beladen seid, d. h. als die πτωχοὶ τῷ
πνεύματι das Bewusstsein dessen habt, was euch fehlt, ich will

euch erquicken, nehmet auf euch mein Joch u. s. w.; denn mein
Joch ist sanft und meine Last ist leicht. Sanft ist sein Joch, weil
er von dem Druck der pharisäischen Satzungen befreit, und an
die Stelle des äussern Gesetzesdienstes den innern Werth der
sittlichen Gesinnung setzt. In der Erweckung dieses rein sittlichen Bewusstseins besteht die göttliche Sendung, in welcher
er als Sohn mit dem Vater sich eins weiss. Wie er in keiner
andern Stelle sich so unmittelbar als Sohn dem Vater gegenüberstellt, so gibt auch keine andere einen so klaren Aufschluss
über den Begriff, welchen er mit dem Ausdruck υἱός verband.
War es zuvor schon gewöhnlich, den Messias Sohn Gottes zu
nennen, so wollte auch er mit dieser Bezeichnung seiner Person das Prädicat des Messias, aber nur in dem Sinn, in welchem
er die messianische Bestimmung auffasste, sich zueignen.

Wie er aber das Sohnesverhältniss sich dachte, lässt sich
erst aus der Bedeutung erkennen, welche für ihn die Idee Gottes als des Vaters hatte. Diese Idee darf mit Recht als der eigentliche Mittelpunkt der Lehre Jesu betrachtet werden, als das
von ihm aufgestellte neue Princip des religiösen Bewusstseins.
Dass Gott in dem Verhältniss eines Vaters zu den Menschen
steht, ist erst durch Jesus zum vollen Bewusstsein der Menschheit geworden. Vater wird Gott zwar auch schon im alten Testament genannt, aber nur selten, wie Jesaj. 63, 16. Ps. 103,
13; die Vateridee ist noch nicht die wesentliche Bestimmtheit
des religiösen Bewusstseins. Bei Jesus ist es die stehende Bezeichnung Gottes, dass er der Vater der Menschen ist; „euer
Vater, euer Vater im Himmel" ist das immer wiederkehrende
Prädicat Gottes in der Bergrede, mit diesem Namen wird
er ganz besonders in dem Mustergebet Jesu angerufen. Vater nennt Jesus Gott, um mit diesem Namen die Unmittelbarkeit des Verhältnisses auszudrücken, in welchem der Mensch
zu Gott steht. So innig und vertrauensvoll das Verhältniss ist,
in welchem das Kind zu dem Vater steht, so findet dasselbe

8 *

zwischen Gott und den Menschen statt; es ist von Seiten Gottes
ein Verhältniss der Liebe und Güte, aus welchem den Menschen
nur Gutes kommen kann, Matth. 7, 9 f., von Seiten der Menschen
ein solches des Vertrauens und einer freien auf dem Bewusstsein des Bedürfnisses beruhenden Abhängigkeit. So unmittelbar
aber dieses Verhältniss ist, so allgemein ist es auch. Die Vateridee hat den weitesten Umfang, keiner, wer er auch sei, ist von
dem Verhältniss ausgeschlossen, das durch diesen Namen bezeichnet wird; er setzt keine Schranke im Bewusstsein, wie wenn
Gott nur als der Gott Abraham's, Isaak's und Jakob's angerufen
wird, sein eigenthümlichster Begriff ist, dass er jede Schranke
aufhebt, wie er intensiv dem religiösen Bewusstsein die grösste
Innigkeit und Stärke gibt, so auch dasselbe in's Unendliche
erweitert. Als Vater ist Gott der allgemeine Vater aller, der
seine Sonne aufgehen lässt über Böse und Gute und regnen lässt
über Gerechte und Ungerechte. Matth. 5, 45. Wie Jesus hier
aus der Vateridee Gottes, aus der Allgemeinheit des Verhältnisses, in welchem Gott als Vater zu den Menschen steht, die
sittliche Folgerung zieht, dass man auch die Feinde lieben, denen
wohlthun soll, die uns hassen, sofern ja auch Gott alle Menschen, Gute und Böse, Gerechte und Ungerechte auf gleiche
Weise behandle, so ist überhaupt dieses sittliche den Menschen
mit Gott verknüpfende Band ein weiteres Moment der Vateridee
Gottes im Sinne Jesu. Ist Gott Vater der Menschen, so sind die
Menschen Kinder, Söhne Gottes. Zur Natur dieses Verhältnisses
gehört es aber, dass der Sohn sich nach dem Vater richtet, dasselbe, was der Vater ist, zu werden sucht. In der Vateridee
Gottes liegt daher von selbst die sittliche Verpflichtung, dass
der Mensch Gott in allen sittlichen Vollkommenheiten, die überhaupt Gegenstand eines sittlichen Strebens sind, ähnlich zu
werden sucht. In dem Gebot Jesu Matth. 5, 48, vollkommen zu
sein, wie der Vater im Himmel vollkommen ist, ist die höchste
Aufgabe des sittlich-religiösen Bewusstseins ausgesprochen.

Kann sich der Mensch Gott nur als die höchste sittliche Vollkommenheit denken, so muss er nach der Vateridee Gottes in
jeder sittlichen Vollkommenheit auch ein Ideal seines sittlichen
Strebens erblicken. Es kommt daher nur darauf an, sich der
absoluten Vollkommenheit Gottes in ihrem ganzen Umfang bewusst zu werden. Welche Bedeutung aber in dieser Beziehung
die Vateridee Gottes hat, um das Absolute der Gottesidee sich
zum vollen Bewusstsein zu bringen, zeigt Jesus am Gebot der
Nächstenliebe. Es widerstreitet der Idee Gottes, als des Vaters
aller Menschen, es so zu beschränken, wie die Pharisäer thaten,
welche aus dem Gebot der Nächstenliebe das Gebot des Feindeshasses folgerten. So schliesst überhaupt die Vateridee Gottes,
je reiner sie entwickelt wird, für das religiöse und sittliche Bewusstsein der Menschen, alles Particularistische und willkürlich
Beschränkende aus, und das ganze Verhältniss des Menschen
zu Gott wird unter den Gesichtspunkt einer sittlichen Aufgabe
gestellt, die nur dadurch gelöst werden kann, dass der Mensch
in der Ähnlichkeit mit Gott die göttliche Vollkommenheit in
sich selbst darstellt. Durch die Idee des Sittlichen wird erst die
absolute Idee Gottes auf ihren bestimmten Begriff und ihren
adäquaten Ausdruck gebracht. In den guten Werken, in welchen sich die Idee des sittlich Guten verwirklicht, reflectirt sich
in jedem Einzelnen als einem sittlichen Subject die absolute
Vollkommenheit Gottes. Vgl. Matth. 5, 16. Da in der Idee des
Sittlichen zweierlei enthalten ist, sowohl die Idee an sich als
die Realisirung derselben auf dem Wege des sittlichen Strebens,
so erhält durch die Idee des Sittlichen, wenn die Idee Gottes
unter ihren Gesichtspunkt gestellt wird, auch das Verhältniss
des Vaters und Sohnes seine nähere Bestimmung. Ist der Vater
die sittliche Idee an sich, oder das sittliche Ideal, so kann der
Sohn nur als die sich realisirende Idee aufgefasst werden und je
vollkommener die Idee sich realisirt, um so vollkommener stellt
sich die Einheit des Sohnes mit dem Vater dar. In diesem rein

sittlichen Sinne nimmt Jesus selbst in der Bergrede den Begriff
des Sohns oder der υἱοὶ θεοῦ. Die Friedfertigen werden V. 9
selig gepriesen, weil sie υἱοὶ θεοῦ genannt werden. Sie werden so genannt, weil sie dieselbe sittliche Eigenschaft in
sich darstellen, die als eine wesentliche Bestimmung der Idee
Gottes betrachtet werden muss; die, welche auch die Feinde
lieben, werden υἱοὶ des Vaters im Himmel werden V. 45. Ebenso
werden Luc. 6, 35 die, welche in der Feindesliebe und Wohlthätigkeit Gott nachahmen, als Söhne des Höchsten bezeichnet.
Wenn nun Jesus selbst sich vorzugsweise als den Sohn Gottes
betrachtete und bezeichnete, so kann er selbst dieses Verhältniss aus keinem andern als dem sittlichen Gesichtspunkt
aufgefasst haben. In der Tiefe seines sittlichen Bewusstseins erkannte er sich als den Sohn Gottes, sofern sich ihm in seinem
Bewusstsein die Idee des sittlich Guten in der Reinheit darstellte,
in welcher er sie besonders in der Bergrede entwickelte, und
sofern er sich selbst der vollkommensten Realisirung dieser Idee
durch sein sittliches Streben bewusst war. Dieser rein sittliche
Begriff des Gottessohns ist sowohl von dem metaphysischen des
johanneischen Evangeliums als dem nationalen des jüdischen
υἱός τοῦ θεοῦ wohl zu unterscheiden, und es ist demnach auch
schon in dem Namen des Sohns, mit welchem Jesus den höchsten Begriff seiner göttlichen Sendung ausdrückte, dieselbe Vergeistigung des Messiasbegriffs durch die sittliche Idee der βασιλεία τῶν οὐρανῶν ausgesprochen, welche wir überhaupt als
den wesentlichen und ursprünglichen Charakter der messianischen Bestimmung Jesu anzusehen haben.

Je weniger sich bezweifeln lässt, dass die Aussprüche Jesu
sowohl über seine Person als über seine messianische Bestimmung überhaupt aus dem bisher entwickelten sittlich religiösen
Gesichtspunkt aufzufassen sind, um so weniger wird anzunehmen sein, dass er selbst seinem messianischen Plan eine national
particularistische Beschränkung gegeben habe. Auch diese Frage

ist hier noch zu berühren, da sich hierüber besonders bei Matthäus Aussprüche finden, die sich zu widersprechen scheinen. Auf der einen Seite versagt Jesus die Hülfe, um welche er im Glauben an ihn gebeten wird, auch Heiden nicht, wie er dem Hauptmann von Capernaum die Bitte um die Heilung seines Sohns aus dem Grunde gewährt, weil er selbst in Israel solchen Glauben nicht gefunden habe, ja er erklärt sogar aus dieser Veranlassung, dass Viele, die in diesem Zusammenhang nur Heiden sein können, vom Aufgang und Niedergang mit Abraham, Isaak und Jakob zu Tische liegen oder Freude und Seligkeit geniessen werden im Himmelreich, während die Söhne des Reichs d. h. die Juden, die die nächsten Ansprüche darauf haben oder zu haben meinen, in die äusserste Finsterniss werden hinausgestossen werden Matth. 8, 5 f. Dieselbe Erklärung gibt er am Schlusse der Parabel von den Weingärtnern. Ich sage euch, hält er seinen Volksgenossen entgegen, darum, weil ihr den Eckstein verworfen habt, wird von euch das Reich Gottes genommen und einem Volke gegeben werden, das die desselben würdige Früchte bringt, d. h. dem hauptsächlich aus Heiden bestehenden christlichen Volk Matth. 21, 43. Dass das messianische Heil schon nach dem Sinne Jesu auch den Heiden, den ἔθνη bestimmt ist, scheint ferner nicht blos aus der Allgemeinheit des Taufbefehls Matth. 28, 19, sondern auch aus der Erklärung Matth. 24, 14 zu erhellen, dass das Ende nicht kommen werde, ehe das Evangelium des Reichs in der ganzen Welt zum Zeugniss für alle Völker verkündigt sein werde.

Wie reimt es sich nun aber mit dem in diesen Stellen ausgesprochenen Universalismus, dass Jesus Matth. 10, 5 seinen Jüngern bei ihrer Aussendung verbietet, auf den Weg der Heiden zu gehen und sie vielmehr zu den verlornen Schaafen des Hauses Israels sich wenden heisst, und dass er selbst ganz in Gemässheit der den Jüngern gegebenen Instruction der kananäischen Frau ihre Bitte um Heilung ihrer kranken Tochter aus dem Grunde nicht gewähren wollte, weil er nur zu den verlornen Schaafen des Hauses Israel gesandt sei Matth. 15, 24? Man hat sich hauptsächlich auch auf diese so widersprechend lautenden Stellen für die Behauptung berufen, dass wir im Matthäusevangelium offenbar nicht ein einheitliches schriftstellerisches Erzeugniss, sondern eine Sammlung heterogener geschichtlicher Bruchstücke, successiver Entwicklungsformationen der evangelischen Geschichte vor uns haben. In jedem Fall hat man Ursache zu fragen, ob Jesus den Taufbefehl in dieser Form gegeben und von der allgemeinen Verkündigung seines Evangeliums so bestimmt gesprochen hat, da wenigstens die Weissagung Matth. K. 24 nicht von ihm gegeben worden sein kann. Auch in der so bestimmt lautenden Androhung der Strafe für die Verwerfung des Ecksteins, Matth. 21, 43, scheint das spätere Verhalten der Juden durchzublicken. Wenn wir aber auch annehmen, dass Jesus selbst sich so universalistisch ausgesprochen habe, wie jene Stellen lauten, so kann doch aus jenen andern keine gegründete Einwendung dagegen erhoben werden. Auch wenn er nicht die Absicht hatte, die Heiden von seinem Plane auszuschliessen, konnte er es doch als seine eigentliche Aufgabe betrachten, die verlorenen Schaafe des Hauses Israel zum Gegenstand seiner persönlichen Thätigkeit zu machen. Sie bedurften zuerst seiner Sorge, und wenn er ihr Vertrauen gewinnen wollte, musste er sich auch zuerst allein an sie wenden. Die Härte Jesu gegen die kananäische Frau, besonders in den Worten: man muss das Brod nicht den Kindern nehmen, und es den Hunden hinwerfen, kann auch blos den Zweck gehabt haben, den Glauben der Frau zu erproben. Wenn er endlich doch mit den Worten: Weib, dein Glaube ist gross, es geschehe dir, wie du wünschest, ihre Bitte gewährte, so lag darin die Erklärung, dass auch die Heiden, wofern nur ihr Glaube gross genug ist, von der Theilnahme am messianischen Reich nicht ausgeschlossen sein sollen. Das dem Glauben der Frau ertheilte

Lob hat dieselbe Bedeutung wie bei dem Hauptmann von Capernaum, welchem Jesus in einer ähnlichen Noth seine Hülfe
ohne Weigerung ertheilte.   Wenn er nun auch bei jener Frau
zurückhaltender verfuhr, so sollte doch auf den Glauben dasselbe Gewicht gelegt werden, und je beschämender die heidnische Glaubensprobe für die Juden ausfiel, eine um so günstigere
Meinung musste dadurch von der Empfänglichkeit der Heiden
für die Theilnahme am messianischen Reich begründet werden.
Wenn es sich auch zunächst nur um einen speciellen Fall leib-
licher Hülfe handelte, so gab ihm doch Jesus selbst schon durch
seine Worte 15, 24 eine allgemeinere messianische Beziehung.
Es kann demnach, wenn wir alles zusammennehmen, nichts zu
der Voraussetzung berechtigen, dass es in der Absicht Jesu lag,
seinen messianischen Plan auf die Juden zu beschränken.   Hatten schon die alten Propheten sich zu der Hoffnung erhoben,
dass in der messianischen Zeit auch die Heiden zur wahren Religion sich bekehren werden (Jes. 2, 2. Jerem. 3, 17. Amos 9,
12. Mal. 2, 11.), hatte schon der Täufer sich über die jüdische
Abstammung so hinweggesetzt, dass er das anspruchsvolle Vorurtheil seiner Volksgenossen mit den Worten niederschlug, Gott
könne selbst aus den Steinen am Jordan dem Abraham Kinder
erwecken, wie wenigstens Matth. 3, 9 ihn sprechen lässt, so
lässt sich von Jesus unmöglich annehmen, dass er sich auf den
Standpunkt des Particularismus gestellt habe.   In welcher Weise
er nun aber den jüdischen Particularismus zum christlichen Universalismus erweitert wissen wollte, lässt sich nicht näher bestimmen, da die Stelle über die Taufe Matth. 28, 19. es zweifelhaft lässt, ob in ihr nicht der an die Stelle der jüdischen
Beschneidung tretende christliche Ritus als Befehl Jesu anticipirt worden ist.

Zwelter Abschnltt.

Die Lehre der Apostel.

Erste Periode.

Die Lehrbegriffe des Apostels Paulus und des Apokalyptikers.

Übergang.

Die erste Periode, die der Lehre Jesu, ist eigentlich die Urperiode, die noch über die Sphäre der geschichtlichen Entwicklung hinausliegt. Man hat hier noch nichts Unmittelbares vor sich, alles ist durch eine Darstellung vermittelt, von welcher man nicht weiss, welchen Einfluss sie auf die Sache selbst gehabt hat, wie Vieles durch sie hinzu oder hinweggekommen ist. Auf so manchen Punkten kann man sich nur an das Allgemeine halten, weil das Speciellere und Individuellere schon die Farbe einer spätern Zeit an sich zu tragen scheint. Die Lehre Jesu steht daher in einer geschichtlichen Ferne vor uns, in welcher sie sich der Schärfe der geschichtlichen Betrachtung entzieht, und mehr nur das Ganze als das Einzelne in's Auge gefasst werden kann. Schon die Beschaffenheit der Quellen macht es nicht möglich, eine specieller durchgeführte Darstellung der Lehre Jesu zu geben. Aber auch die Natur der Sache brachte es von selbst mit sich, dass die ursprüngliche Form, in welcher das Christenthum als eine neue Religion hervortrat, wenn sie auch in ihrer principiellen Bedeutung sich deutlich genug zu erkennen gab, doch von einem dogmatisch entwickelten Lehrbegriff noch sehr verschieden war. Dazu gehörte der

ganze geschichtliche Entwicklungsgang, welchen das Christenthum erst mit dem Tode Jesu nahm.

Wenn wir mit der Lehre Jesu die Lehre des Apostels Paulus
zusammenhalten, so fällt sogleich der grosse Unterschied in die
Augen, welcher hier stattfindet zwischen einer noch in der
Form eines allgemeinen Princips sich aussprechenden Lehre und
einem schon zur Bestimmtheit des Dogma's gestalteten Lehrbegriff; aber wie vieles liegt auch dazwischen, was die nothwendige Voraussetzung ist, ohne welche dieser Fortschritt nicht
möglich gewesen wäre. Es ist vor allem der Tod Jesu mit allem,
was mit ihm zusammengehört, das wichtigste Moment des Entwicklungsprocesses, durch welchen das Christenthum eine von
seiner ursprünglichen Form wesentlich verschiedene Gestalt erhielt. Durch ihn erst gewann die Person Jesu die hohe Bedeutung, die sie für das christliche Bewusstsein hat. Wenn auch
auf dem Standpunkt der Lehre Jesu alles, was er lehrte, seine
bestimmte Bedeutung erst dadurch erhielt, dass er es war, der
es lehrte, so machte er doch, wenigstens nach der Auffassung
der evangelischen Geschichte, von welcher wir hier ausgehen
müssen, nie seine Person zum unmittelbaren Gegenstand seiner
Lehre, es ist nicht sowohl die Bedeutung seiner Person als vielmehr die Wahrheit seiner Lehre, woran alles hängt. Er ist
nur dazu gekommen, um durch die sittlichen Forderungen, die
er an die Menschen machte, die βασιλεία τῶν οὐρανῶν einzuleiten,
sie zum Eintritt in dieselbe einzuladen, und dadurch sie selbst
zu eröffnen. Das εὐαγγέλιον als solches, die Ankündigung der
βασιλεία τῶν οὐρανῶν als einer auf der Lehre Jesu beruhenden
sittlich religiösen Gemeinschaft macht hier noch alles aus. Auf
dem Standpunkt der Apostel dagegen fällt der eigentliche
Schwerpunkt des christlichen Bewusstseins, der substanzielle
Mittelpunkt, auf welchem alles beruht, nicht in die Lehre Jesu,
sondern in seine Person, alles wird in die absolute Bedeutung
seiner Person gelegt; die Hauptfrage ist nicht, was Jesus gelehrt

hat, um durch seine Lehre die Menschen zur Seligkeit zu führen,
sondern was er gethan und gelitten hat, um ihr Erlöser zu
werden.   Dadurch ist nun erst der einfache sittlich religiöse
Inhalt der Lehre Jesu zu einem theologisch gestalteten und aus-
gebildeten Lehrbegriff geworden.   Die Hauptthatsachen der Geschichte Jesu, sein Tod, seine Auferstehung, seine Erhöhung
und überirdische Wirksamkeit sind der Inhalt ebenso vieler
Dogmen, an welche als die substanziellen Elemente alles Übrige
sich angeschlossen hat.   In allen diesen Dogmen ist die absolute
Bedeutung seiner Person in ihrem bestimmten Begriff fixirt und
ausgesprochen, und wie sie der objective Inhalt des christlichen
Bewusstseins ist, so steht ihr auf der andern subjectiven Seite
der Glaube an seine Person gegenüber, welcher nicht mehr, wie
in den synoptischen Evangelien, der Glaube an die Wahrheit
seiner Lehre mit der Willigkeit ihrer Befolgung ist, sondern
unmittelbar seine Person selbst, als das absolute Princip alles
Heils, zu seinem Gegenstand hat.

Die Frage ist nun aber, ob wir auch alle diese Dogmen,
welche erst durch die Apostel zu der ursprünglichen Lehre Jesu
hinzugekommen sind, demungeachtet als einen gleich wesentlichen Bestandtheil derselben anzusehen haben, ob der Standpunkt, auf welchen uns die Apostel stellen, mit dem Standpunkt
Jesu selbst so sehr identisch ist, dass die Lehre Beider nur die
Einheit eines und desselben Ganzen ist.   Es ist hier der Punkt,
auf welchem zwei völlig divergirende Ansichten sich von einander trennen, und die neutestamentliche Theologie hat in die
Untersuchung dieser Frage wenigstens so weit einzugehen, dass
sie sie in ihrer vollen Wichtigkeit in's Auge fasst.   Nach der
einen dieser beiden Ansichten sind alle jene Dogmen schon in
der Lehre Jesu an sich so enthalten, dass wir sie nur als die
natürliche Entwicklung derselben betrachten können.   Sie treten
nur darum in der Lehre Jesu selbst noch nicht in ihrer bestimmten Gestalt hervor, weil die Thatsachen, auf welche sie sich

beziehen, noch nicht zur geschichtlichen Wirklichkeit geworden
waren. Sobald daher der Tod Jesu, seine Auferstehung und
Erhöhung als vollendete Thatsachen vor dem christlichen Bewusstsein standen, konnte es nicht anders sein, als dass sie so,
wie von den Aposteln geschah, aufgefasst und in das in jenen
Dogmen ausgesprochene Verhältniss zu der Lehre Jesu gesetzt
wurden. Sie enthalten demnach nichts, was nicht ideell, an
sich, schon in der Lehre Jesu selbst enthalten war. So gewiss
alle jene Thatsachen nur die wesentlichen Momente des ganzen
geschichtlichen Verlaufs sind, welcher sich uns in der Person
Jesu darstellt, so gewiss sind auch die auf sie sich beziehenden
Dogmen nur der explicirte Inhalt der ursprünglichen Lehre
Jesu, die von Anfang an in seinem Geiste nicht ohne diese Bestimmungen gedacht werden konnte. Aber eben diess ist nun
die Frage, um welche es sich hier handelt, ob die Lehre Jesu
nicht auch ohne jene erst durch die Lehre der Apostel hinzuge-
kommenen Bestimmungen für sich schon eine solche Einheit ist,
dass sie einer solchen Ergänzung nicht erst bedarf, ob das Thatsächliche, worauf die Lehre der Apostel beruht, für sich so
feststeht, dass es nicht anders als von den Aposteln geschehen
ist, aufgefasst werden kann, oder ob wir nicht Ursache haben,
das objectiv Thatsächliche, wie es an sich ist, von der subjectiven Bedeutung, welche es erst im Bewusstsein der Apostel
und in der ihnen eigenthümlichen Anschauungsweise erhalten
hat, genau zu unterscheiden. Der Tod Jesu steht als geschichtliche Thatsache fest; wenn aber Jesus selbst über die Bedeutung
seines Todes sich nicht näher und bestimmter, oder im Grunde
gar nicht erklärt hat, wenn der seligmachende Eintritt in die
βασιλεία τῶν οὐρανῶν, und die Möglichkeit der Erfüllung der
sittlichen Forderungen, die er an den Menschen macht, nach
seiner Lehre nicht bedingt ist durch den Glauben an die versöhnende Kraft seines Todes, woher wissen wir, welche religiöse und dogmatische Bedeutung sein Tod hat, als eben nur

durch die Apostel, und zwar vorzugsweise denjenigen Apostel,
der nicht einmal sein unmittelbarer Jünger war, und dessen
Lehrbegriff selbst nur eine bestimmte individuelle Form der
Lehre der Apostel ist?

Noch schwieriger ist bei der Auferstehung Jesu die Frage
zu beantworten, was das objectiv Thatsächliche und das blos
subjectiv Vorgestellte ist. Alle, welche an kein wirkliches materielles Wunder glauben, können nur annehmen, dass der
Glaube an die Auferstehung aus dem ganzen geistigen Process
hervorgegangen ist, welcher nach dem Tode Jesu im Geiste der
Jünger erfolgte. Nach dem ganzen Eindruck, welchen das
Leben Jesu und seine letzten Schicksale auf sie gemacht hatten,
war es für sie eine schlechthinige Unmöglichkeit zu denken,
dass alles, was im Glauben an Jesus nun schon als absolute
Wahrheit für ihr Bewusstsein feststand, in seinem Tode mit
Einem Male zu Grabe gegangen sei. Auch in seinem Tode
konnten sie sich ihn nur als den Lebenden denken: er musste
als der Gestorbene leben, weil an ihm, an seiner Person alles
für sie hieng, was sie glaubten und hofften. Wie die Jünger
nach dem Tode Jesu in die Nothwendigkeit seiner Auferstehung
sich hineindachten, sehen wir aus der Art und Weise, wie sie
durch Anwendung alttestamentlicher Stellen sein ganzes Schicksal für ihr religiöses Bewusstsein sich zurechtzulegen suchten.
Er musste sterben, aber er musste auch auferstehen, weil der
Tod keine Gewalt über ihn haben konnte. Vgl. Apg. 2, 24.
Gott hat ihn auferweckt, indem er die Schmerzen des Todes
löste, weil es nicht möglich war, dass er von ihm überwältigt
werde. Vgl. Luc. 24, 26. Überzeugte man sich aus dem alten
Testament, dass es Christus vorausbestimmt war, zu leiden und
zu sterben, so war in der Nothwendigkeit seines Todes auch
die innere Nothwendigkeit seiner Auferstehung enthalten. Stellt
man sich nun vor, wie diese innere Nothwendigkeit in ihrer
ganzen Bedeutung vor dem Geiste der Jünger stand, und be-

denkt man noch dazu, wie überhaupt das religiöse Bewusstsein
jener Urperiode des Christenthums sehr ekstatischer Art war,
wer könnte es für psychologisch unmöglich halten, dass die
Gedanken, mit welchen sich die Jünger in ihrem Geiste so lebhaft beschäftigten, sich ihnen zu Visionen gestalteten, die ihnen
als Erscheinungen des Auferstandenen galten? Was auf diese
Weise in dem Glauben an den Auferstandenen dem Bewusstsein
der Jünger sich aufdrang, ist die an der Person Jesu in der
Form einer gegebenen Anschauung ihnen sich darstellende Gewissheit, dass die Sache der Wahrheit, als die Sache Gottes,
nicht unterliegen könne. Man kann daher sagen, wenn Christus
nicht leiblich auferstand, so musste er geistig auferstehen in
dem Glauben der Jünger, in welchem der Gedanke an seine Erhabenheit über den Tod und die über alles siegende Macht der
Wahrheit, für die er gestorben war, durch die innere Nothwendigkeit der Sache selbst zur Gewissheit der thatsächlichen
Wirklichkeit seiner Auferstehung werden musste. Welche Ansicht man nun aber auch von der Auferstehung Jesu haben mag,
der feste Punkt, welchen die neutestamentliche Theologie in
ihrem Übergang von der Lehre Jesu zu der Lehre der Apostel
vor allem zu fixiren hat, ist die absolute Bedeutung, zu welcher
die Person Jesu in dem Glauben der Jünger an seine Auferstehung
erhoben worden ist. Wie ohne diesen Glauben und die Vorstellung von der Person Jesu, auf welcher er beruht, das Christenthum zu seiner geschichtlichen Bedeutung nicht hätte gelangen
können, so ist er auch die absolute Voraussetzung, von welcher
aus das System der neutestamentlichen Theologie in den verschiedenen Lehrbegriffen, die zu unterscheiden sind, sich entwickelte. Die Lehre von der Person Jesu ist das Grunddogma,
auf welchem alles beruht, und von welchem aus nun auch der
principielle Unterschied des Christenthums vom alten Testament,
welcher in der Lehre Jesu noch zurücktritt, in seinem ganzen
Umfang sich herausstellt.

1. Der Lehrbegriff des Apostels Paulus.

Der paulinische Lehrbegriff ist das bedeutendste Moment in der Entwicklungsgeschichte des Urchristenthums. Stellt sich uns in der ursprünglichen Lehre Jesu, wie sie in dem ihren wesentlichen Geist und Inhalt bezeichnenden Ausspruch Jesu enthalten ist, dass er nicht gekommen sei, das Gesetz und die Propheten aufzuheben, sondern zu erfüllen, der innere Zusammenhang und die wesentliche Identität des Christenthums mit der alttestamentlichen Religion dar, so ist dagegen der Paulinismus der entschiedenste Bruch des christlichen Bewusstseins mit dem Gesetz und dem ganzen auf dem alten Testament beruhenden Judenthum. In dem Apostel Paulus war zuerst der wesentliche Unterschied des Christenthums vom Judenthum, die Unmöglichkeit, auf der Grundlage des Judenthums das von Christus erworbene Heil sich zuzueignen, zum bestimmten Bewusstsein gekommen. Dass daher für den im Glauben an Christus seines christlichen Heils sich bewusst gewordenen Christen das Judenthum mit allem, was zu ihm gehört, seine Bedeutung völlig verloren habe, ist die in allen Briefen des Apostels ausgesprochene Überzeugung. Ist nun das Christenthum das, was es seinem wahren Wesen nach ist, erst im Unterschied vom Judenthum, in dem bestimmten Bewusstsein seines vom Judenthum verschiedenen Princips, so ist es erst durch den Apostel Paulus zu dieser selbstständigen absoluten Bedeutung erhoben worden; nur hat er blos für das Bewusstsein ausgesprochen, was an sich, principiell und thatsächlich, oder *implicite* schon in der Lehre Jesu enthalten war. Wie man sich nun auch das Verhältniss des Paulinismus zur ursprünglichen Lehre Jesu näher erklären mag, gewiss ist in jedem Fall, wenn man den Apostel Paulus in seinem Verhältniss zu den ältern Aposteln betrachtet, dass nur er es war, der sich auf diesen Standpunkt erhob, während die ältern Apostel ihm noch sehr fern blieben. Aus den Berichten der

Apostelgeschichte sehen wir wenigstens so viel, dass sie sich fortgehend als Glieder der jüdischen Religionsgemeinschaft betrachteten, sich an den jüdischen Religionscultus hielten, und überhaupt noch keine Ahnung davon hatten, welcher Keim eines tiefgehenden Zwiespalts mit dem Judenthum in ihrem Glauben an Christus verborgen lag. Den deutlichsten Beweis ihrer zähen Anhänglichkeit an das Judenthum gibt uns jedoch der Galaterbrief. Der Hauptpunkt, an welchem die Frage über das Verhältniss des Christenthums zum Judenthum in ihrer ganzen Schärfe zur Sprache kommen musste, war die Beschneidung. Sobald man sein volles Heilvertrauen auf Christus setzte, konnte man nicht zugleich die Beschneidung als die nothwendige Bedingung der Seligkeit geltend machen. Diess war dem Apostel Paulus zur entschiedensten Gewissheit geworden; den ältern Aposteln aber war diess noch so wenig klar, dass sie selbst vierzehn Jahre nach der Bekehrung des Apostels Paulus den Grundsatz der Nothwendigkeit der Beschneidung nur so weit fallen liessen, als es nach Maassgabe der damaligen Verhältnisse nicht anders sein konnte. Das Judenthum behauptete für sie noch sein absolutes Recht, sie konnten sich von dem Grundsatz noch nicht trennen, dass man nur durch das Judenthum selig werde. Wie in dem Apostel Paulus die entgegengesetzte Ansicht, der principielle Gegensatz des Christenthums zum Judenthum zu einer Thatsache seines Bewusstseins wurde, können wir nicht weiter geschichtlich verfolgen. Das aber verdient beachtet zu werden, dass so rasch seine Bekehrung erfolgte, so radical auch sein Bruch mit dem Judenthum war. Die absolute Bedeutung des Judenthums, für die er kaum noch als Christenverfolger aufgetreten war, war für ihn mit Einem Male erloschen.

Das bedeutendste Moment, in welchem der ebenso plötzliche als tiefgehende Umschwung seines religiösen Bewusstseins erfolgte, war ohne Zweifel der Tod Jesu. War für ihn bisher nach seiner jüdischen Messiasvorstellung der Tod Jesu der

Gegenstand des grössten Anstosses, der augenscheinlichste Beweis dafür, dass Jesus nicht der Messias sein könne, so kam ihm nun mit Einem Male der Gedanke: wie, wenn doch beides zusammen bestehen könnte, wie, wenn es doch die Bestimmung des Messias wäre, zu sterben, und sein Tod als eine von Gott getroffene Veranstaltung auch eine ganz besondere religiöse Bedeutung hätte! Welche andere Bedeutung konnte er aber haben, als diese, ein Opfertod für die Sünden der Menschen zu sein? Sobald aber der Tod Jesu aus dem Gesichtspunkt eines Opfertodes betrachtet wurde, so schloss diess die Voraussetzung in sich, dass durch ihn erst bewirkt werden sollte, was die ganze alttestamentliche Religionsanstalt nicht bewirkt hatte, und nicht bewirken konnte. Je mehr so die ganze Bedeutung der Messianität Jesu nur in seinen Tod gelegt werden konnte, um so mehr musste dieser neuen Veranstaltung Gottes gegenüber die ganze alttestamentliche Religionsanstalt in ihrer Unvollkommenheit und Unzulänglichkeit zur Sündenvergebung, zur Rechtfertigung und Beseligung des Menschen erscheinen, und es kam nun darauf an, dieses Verhältniss des Todes Jesu zum alten Testament oder zum Gesetz, als dem wesentlichen Charakter des alten Testaments, in dem Zusammenhang seiner Momente dialektisch so zu entwickeln, dass es sich als ein auf der innern Nothwendigkeit der Sache selbst beruhendes darstellte.

Dass diess im Allgemeinen der innere geistige Process war, in welchem dem Apostel seine eigenthümliche Ansicht sich bildete und der principielle Gegensatz zum Gesetz der Mittelpunkt seines religiösen Bewusstseins wurde, lässt sich wenigstens durch zwei unter diesen Gesichtspunkt gehörende Momente begründen. Wenn der Apostel 2 Cor. 5, 16 im Zusammenhang einer Stelle, in welcher er von der Bedeutung des Todes Christi spricht, sagt, dass er, seitdem er dem für ihn, wie für alle, gestorbenen und auferstandenen Christus zu leben angefangen habe, von keinem Christus κατὰ σάρκα mehr wisse, wenn er auch zuvor von einem solchen gewusst habe, so lässt er uns hiemit in diesen Umschwung seines religiösen Bewusstseins hineinsehen. Der Wendepunkt war das οὐκέτι κατὰ σάρκα Χριστὸν γινώσκειν. Κατὰ σάρκα erkannte er Christus, solange er nur die nationaljüdische Vorstellung vom Messias hatte, und das Wesentliche dieser Vorstellung war, dass der Messias keines solchen Todes sterben sollte, wie der Tod Jesu war. Die Meinung, dass der Messias keines solchen Todes sterben dürfe, war ihm ein κατὰ σάρκα Χριστὸν γινώσκειν, der jüdische Messias war ihm selbst nur ein fleischlicher Messias, weil er als ein nicht durch den Tod hindurchgegangener Messias noch alles Fleischliche an sich hatte, was erst der Tod als die Vernichtung des Fleisches aufheben kann. In dem Tode Jesu erkannte er daher die Läuterung der Messiasidee von allen ihr im Judenthum anhängenden sinnlichen Elementen, ihre Erhebung in das wahrhaft geistige Bewusstsein. Mit dem Tode Jesu war dem Apostel alles aufgehoben, was der Messias als jüdischer Messias war, durch seinen Tod war Jesus selbst als Messias dem Judenthum abgestorben, aus seinem nationalen Zusammenhang in eine freiere, universelle, rein geistige Sphäre hinausgerückt, in welcher die bis dahin geltende absolute Bedeutung des Judenthums mit Einem Male erloschen war. Damit hängt auf's engste zusammen, was hier noch als ein zweites Moment zu bemerken ist, dass der Apostel unmittelbar mit seiner Bekehrung sich zum Heidenapostel berufen glaubte. Dass es Gott gefiel, wie er Gal. 1, 16 sagt, ἀποκαλύψαι τὸν υἱὸν αὐτοῦ in ihm, geschah dazu, ἵνα εὐαγγελίζωμαι αὐτὸν ἐν τοῖς ἔθνεσι. Es ist diess eine vom Apostel selbst bezeugte Thatsache, die wir uns nur aus dem in seinem religiösen Bewusstsein geschehenen Umschwung erklären können. Nur im Gegensatz gegen das Judenthum konnte der Apostel der absoluten Bedeutung des Christenthums sich bewusst sein. Alles Particuläre des Judenthums verschwand ihm im Universalismus des Christenthums. Daher konnte er sich

Juden und Heiden nur in dem gleichen Verhältniss zu der grossen
Thatsache des Todes Jesu denken, durch welche überhaupt der
Menschheit ein ganz neues Bewusstsein über ihr Verhältniss zu
Gott aufgieng.

War diess der Gang der Sache, durch welchen der Apostel
auf seinen eigenthümlichen christlichen Standpunkt gestellt
wurde, so kann es nicht anders sein, als dass das wesentliche
Element seines Lehrbegriffs die Antithese gegen das Judenthum
ist, die Ausführung und Begründung des Satzes, dass was das
Judenthum nicht zu leisten im Stande sei, erst vom Christenthum
geleistet werde, das Judenthum demnach in einem durchaus
negativen Verhältniss zum Christenthum stehe.

Wenn Judenthum und Christenthum in dieser abstracten
Weise einander gegenübergestellt werden, so ist der höhere
Begriff, unter welchen beide zu stellen sind, die Idee der Religion. Es würde sich daher vor allem fragen, wie der Apostel
das Wesen der Religion bestimmt. Nur wenn man weiss, was
er überhaupt unter Religion versteht, lässt sich begreifen, wie
er beide in ein solches Verhältniss zu einander setzt, dass, was
auf der einen Seite nicht stattfindet, um so gewisser auf der
andern sich zu erkennen gibt. Der allgemeinste Begriff, mit
welchem der Apostel die Aufgabe und Bestimmung der Religion
bezeichnet, ist die δικαιοσύνη. Alle auf diesen Begriff sich beziehenden Ausdrücke, wenn von einer δικαιοσύνη θεοῦ die Rede
ist, von einer δικαιοσύνη ἐξ ἔργων, ἐκ πίστεως, oder in demselben
Sinne von einem δικαιοῦσθαι, setzen die δικαιοσύνη als den Grundbegriff des Verhältnisses voraus, in welchem der Mensch zu
Gott stehen soll. Ist nun Gerechtigkeit, wenn von der Beziehung
der Menschen zu einander die Rede ist, ein Verhältniss, in
welchem jeder dem Andern das wirklich zu Theil werden lässt,
was er als das ihm an sich Zukommende anzusehen hat, so dass
demnach, wenn der Eine dem Andern gegenübersteht, beide in
dem der Natur der Sache entsprechenden Verhältniss zu einander

stehen, so kann, was das Verhältniss des Menschen zu Gott
betrifft, der Grundbegriff der δικαιοσύνη nichts anderes sein, als
das sittlich Adäquate dieses Verhältnisses. Der Mensch ist
δίκαιος Gott gegenüber, wenn er so ist, wie er sein soll, oder wie
Gott will, dass er ist, also in dem dem Willen Gottes adäquaten,
somit harmonischen Verhältniss zu ihm steht. Die δικαιοσύνη ist
daher für jede Religion der höchste Begriff, da sie die nothwendige Voraussetzung ist, unter welcher allein der Mensch
wahrhaft mit Gott Eins sein kann. Nur wenn der Mensch so ist,
wie Gott will, dass er ist, kann zwischen Gott und dem Menschen
ein Verhältniss der Einheit bestehen. Da aber die δικαιοσύνη
nicht das an sich schon Seiende ist, sondern erst durch die
Religion realisirt werden soll, so ist die eigentliche Aufgabe
der Religion das δικαιοῦσθαι, der Mensch muss erst δίκαιος werden, zu dem adäquaten Verhältniss zu Gott, das der Begriff der
δικαιοσύνη ist, gelangen; das, wodurch er dazu gelangt, ist das
δικαιοῦσθαι. Da jede Religion die Aufgabe hat, den Menschen
zur Einheit mit Gott zu bringen, was nur durch das δικαιοῦσθαι
geschehen kann, so ist diess der Begriff, in welchem auch
Judenthum und Christenthum noch ganz auf demselben Boden
mit einander stehen. Sofern das δικαιοῦσθαι etwas erst Werdendes ist, ist es noch ganz das Gemeinsame des Judenthums und
Christenthums. Um so mehr aber fragt sich, auf welchem Wege
beide zu dem Ziele des δικαιοῦσθαι, zu der δικαιοσύνη führen,
wie die beiden hier sogleich auseinandergehenden und in das
δικαιοῦσθαι ἐξ ἔργων νόμου und das δικαιοῦσθαι ἐκ πίστεως sich
trennenden Wege sich zu einander verhalten, welcher Art die
Vermittlung ist, die auf der einen Seite durch die ἔργα, auf der
andern durch die πίστις stattfinden soll. Die bestimmte Behauptung des Apostels ist es nun, dass der Mensch οὐ δικαιοῦται ἐξ
ἔργων νόμου, dass es auf diesem Wege nicht möglich ist, zu dem
zu gelangen, was das Ziel und Object des δικαιοῦσθαι ist, zu der
δικαιοσύνη. Gibt es also eine den Menschen in das adäquate

Verhältniss zu Gott setzende δικαιοσύνη, so ist sie nicht im Judenthum sondern nur im Christenthum zu finden, sie ist nicht
eine δικαιοσύνη ἐξ ἔργων, sondern nur die δικαιοσύνη ἐκ πίστεως,
oder, wie der Apostel sie nennt, die δικαιοσύνη θεοῦ. Vgl. Röm.
1, 17; 3, 21. 22; 10, 3. 2 Cor. 5, 21. Den Genitiv θεοῦ könnte
man als Genitiv des Objects nehmen, die δικαιοσύνη θεοῦ wäre
so die im Wesen Gottes objectiv begründete δικαιοσύνη, oder
die vor Gott geltende, wie ja auch der Apostel von einem
δικαιοῦσθαι ἐνώπιον θεοῦ, παρὰ θεῷ spricht, Röm. 3, 20. 2, 13.
Gal. 3, 11, sofern vor Gott nichts gelten kann, was nicht seinen
objectiven Grund im Wesen Gottes selbst hat. Das Richtige ist
jedoch, θεοῦ als den Genitiv des Subjects zu nehmen. Da die
δικαιοσύνη ἐξ ἔργων als wirkliche δικαιοσύνη gar nicht existirt,
bei der δικαιοσύνη ἐκ πίστεως aber das thätige Subject nicht der
Mensch, sondern Gott ist, so fällt auf dem nach Röm. 1, 17
von Gott geoffenbarten Wege alles Positive sosehr nur der
absoluten Causalität Gottes zu, dass dieser Hauptbegriff am
natürlichsten auch durch δικαιοσύνη θεοῦ ausgedrückt ist. Man
kann daher die δικαιοσύνη θεοῦ nicht als den Judenthum und
Christenthum umfassenden Gattungsbegriff nehmen, so dass
sich derselbe in die δικαιοσύνη ἐξ ἔργων und die ἐκ πίστεως
theilt, sondern der Mensch verhält sich nur negativ zu Gott,
und der δικαιοσύνη θεοῦ, der Gerechtigkeit Gottes steht nur
die Ungerechtigkeit der Menschen gegenüber. Gerechtigkeit
Gottes aber ist in diesem Zusammenhang die von Gott als der
Ursache ausgehende oder durch Gott bewirkte Gerechtigkeit,
d. h. die Art und Weise, wie Gott den Menschen in das adäquate Verhältniss zu sich setzt, der hiezu von Gott eröffnete
Weg, oder eigentlich die neue von Gott aufgestellte Rechtfertigungstheorie.

Es kommt somit auf den Beweis des Satzes an, dass der
Mensch οὐ δικαιοῦται ἐξ ἔργων νόμου. Wie beweist der Apostel
seine Behauptung als Antithese gegen die These des Judenthums?

Er beweist sie auf dreifache Weise: 1) rein empirisch, 2) religionsgeschichtlich, 3) anthropologisch.

Der empirische Beweis besteht darin, dass der Apostel die Ungerechtigkeit der Menschen als notorische geschichtliche Thatsache nachweist. Es gehören hieher die beiden ersten Kapitel des Römerbriefs, in welchen der Apostel das unter Heiden und Juden herrschende sittliche Verderben schildert. Man darf diess aber nicht so nehmen, wie wenn der Apostel hier nur überhaupt die allgemeine menschliche Sündhaftigkeit auseinandersetzen und als dogmatische Behauptung aufstellen wollte. Da es sich um den Beweis seines negativen Hauptsatzes handelt, dass der Mensch οὐ δικαιοῦται ἐξ ἔργων νόμου, so hat er hier durchaus vorzugsweise das Judenthum im Auge und es zielt alles auf die Widerlegung der ihm gegenüberstehenden These des Judenthums hin, dass der Mensch οὐ δικαιοῦται ἐξ ἔργων νόμου. Er geht daher zwar von der Gottlosigkeit und Unsittlichkeit der Heiden aus, stellt die Abgötterei und den ganzen Sündengräuel der heidnischen Welt in den stärksten Zügen vor Augen, aber nur um an der von selbst sich verstehenden allgemein, auch von Juden anerkannten Thatsache den Juden ihre eigene Strafwürdigkeit um so evidenter vor Augen zu stellen, an der Ungerechtigkeit der Heiden ihre eigene ihnen um so unabweislicher zum Bewusstsein zu bringen. Daher setzt er das Strafwürdige der von ihm geschilderten heidnischen Sünden und Laster nicht sowohl in das Materielle solcher Handlungen, als vielmehr das Formelle, dass die Heiden trotz des bessern Wissens eben das thun, wovon sie wissen, dass sie es nicht thun können, ohne sich des Todes würdig zu machen. Er fasst 1, 32 die zuvor gegebene sittliche Charakteristik der Heiden in dem allgemeinen Moment zusammen, dass sie alle diese Sünden und Laster als solche begangen haben, die wohl wissen, welche Strafe nach dem gerechten Urtheil Gottes die zu erwarten haben, die solches thun. In derselben Beziehung hat er auch zuvor schon das

Hauptgewicht darauf gelegt, dass es auch den Heiden nicht an
der Offenbarung Gottes und der Erkenntniss gefehlt habe, die
die nothwendige Voraussetzung der sittlichen Zurechnungsfähig-
keit ist. Auch bei ihnen war das Unentschuldbare, das eigentlich Strafbare ihrer unsittlichen Handlungen, dass sie sie wider
ihr eigenes besseres Wissen und Gewissen begiengen. So strafbar sie aber so betrachtet sind, so ist doch das, was die Heiden
so strafbar macht, ganz dasselbe, was auch bei den Juden stattfindet, sie selbst sind um nichts besser, indem ja auch sie so
Vieles thun, wovon sie selbst wissen, dass sie es nicht thun
können, ohne dem göttlichen Gericht anheimzufallen. Findet
ein Unterschied statt, so kann er nur in dem Grade des Bewusstseins liegen, mit welchem man das thut, was man nicht
thun sollte, oder darin, ob man ἀνόμως oder ἐν νόμῳ sündigt,
aber auch dieser Unterschied fällt nur zum Nachtheil der Juden
aus. Schlechthin ohne Gesetz sind zwar auch die Heiden nicht,
auch sie haben ein Gesetz, das Gesetz ihres Gewissens, das
ihnen sagt, was sie thun und nicht thun sollen, und das auch
der Maasstab sein wird, nach welchem auch bei ihnen Gott am
Tage des Gerichts das Verborgene an's Licht bringen wird. Besteht aber der höchste Vorzug des Gesetzes darin, dass man den
göttlichen Willen kennt, und durch die Belehrung, die man
aus dem Gesetz erhält, das prüft, was recht oder unrecht ist,
so ist der Jude nur um so strafwürdiger, je klarer und voll-
ständiger er aus dem Gesetze weiss, was er zu thun hat, und
dem ungeachtet das gerade Gegentheil thut. Indem also der
wahre sittliche Werth des Menschen nur im Thun besteht, darin,
dass man das thut, wovon man das Bewusstsein hat, dass man
es thun soll, hebt sich in diesem Einen der Unterschied des
Heidenthums und Judenthums auf, Vorhaut ist wie Beschneidung
und Beschneidung wie Vorhaut, es kommt nicht auf das an,
was der Jude äusserlich ist, sondern nur auf das, was er innerlich, im Herzen vor Gott ist. Der Jude hat vor dem Heiden

nichts voraus, es bleibt bei der erhobenen Anklage, dass Juden und Heiden unter der Sünde sind, wie diess ja auch die Schrift selbst bezeugt, und da die Schrift oder das Gesetz das, was er sagt, zu denen sagt, die unter dem Gesetze stehen, so gelten alle das Verderben der Menschen beklagende Stellen der Schrift vorzugsweise den Juden, und es geht somit aus allem hervor, dass durch Werke des Gesetzes niemand vor Gott gerecht werden kann; das Gesetz macht so wenig gerecht, dass man vielmehr durch dasselbe nur zur Erkenntniss der Sünde kommt. Röm. 1, 18—3, 20.

Es ist hiemit nur das nach der allgemeinen Erfahrung und dem Zeugniss der Schrift thatsächlich Bestehende ausgesprochen. Der Apostel geht aber weiter und behauptet

2. dass es auch vom religionsgeschichtlichen Standpunkt aus betrachtet nicht anders sein könne. Die Entwicklungsgeschichte der Menschheit ist von Adam an darauf angelegt, in Sünde und Tod auszulaufen, so dass sich als Resultat der ganzen Periode der Gesetzesherrschaft nichts anderes herausstellt, als eben der Satz, dass der Mensch οὐ δικαιοῦται ἐξ ἔργων νόμου. Diess ist der Inhalt der classischen Stelle über die Lehre von der Sünde Röm. 5, 12 f. Der Hauptgedanke ist die Gegenüberstellung von Adam und Christus. Daher sollte dem ὥσπερ δι' ἑνὸς ἀνθρώπου ἡ ἁμαρτία u. s. w. in dem Nachsatz am Schlusse V. 14 entsprechen: οὕτω καὶ δι' ἑνὸς ἀνθρώπου ἡ δικαιοσύνη καὶ διὰ τῆς δικαιοσύνης ἡ ζωή; dafür ist die V. 12 mit ὥσπερ angefangene Construction zu einem Anakoluthon geworden, indem das, was im Nachsatz hätte gesagt werden sollen, nur in dem an Ἀδὰμ V. 14 angeknüpften Satz: ὅς ἐστι τύπος τοῦ μέλλοντος enthalten ist. Für die richtige Auffassung der Stelle kommt es vor allem auf die Bestimmung des Satzes: ἐφ' ᾧ πάντες ἥμαρτον an. Es scheint sehr nahe zu liegen, an die Sünde im subjectiven Sinn zu denken, allein es ist nicht zu übersehen, dass der Apostel zwischen ἁμαρτία und παράβασις unterscheidet; wenn

er V. 14. von einem μὴ ἁμαρτάνειν ἐπὶ τῷ ὁμοιώματι τῆς παρα-
βάσεως Ἀδὰμ spricht, so gibt es eine ἁμαρτία, die keine παράβασις ist. Da παράβασις als Übertretung eines positiven Gebots
nur die bewusste Thatsünde sein kann, so ist zwischen ἁμαρτία
und παράβασις wie zwischen Sünde im objectiven und subjectiven Sinn zu unterscheiden. Der Zusammenhang erfordert daher, ἥμαρτον V. 12 von der objectiven Sünde, dem in Allen
herrschenden Princip der ἁμαρτία zu verstehen. Der Sinn der
ganzen Stelle ist: Durch Einen Menschen ist die Sünde in die
Welt gekommen und durch die Sünde der Tod und so, d. h. in
diesem Zusammenhang beider ist der Tod zu allen Menschen
hindurch gedrungen, auf Grund dessen, dass alle Sünder sind,
darauf hin, dass, wenn sie nicht Sünder wären, der Tod auch
nicht zu ihnen hätte hindurchdringen können, der Tod also die
ἁμαρτία zu seiner Voraussetzung hat. Sünde und Tod sind so
correlate Begriffe, dass aus dem Dasein des Einen auf das Dasein des Andern geschlossen werden kann. So allgemein also
der Tod ist, so allgemein ist die Sünde.

Man könnte gegen die Behauptung der Allgemeinheit der
Sünde einwenden, dass es in der Periode von Adam bis Moses
noch keine zuzurechnende Sünde, oder noch keine παραβάσεις
gab, weil es noch kein Gesetz gab, dass also Sünde nur da
sein kann, wo auch ein Gesetz als Gegenstand der Übertretung
ist; allein auch in dieser Periode herrschte ja der Tod, somit
war, da, wo der Tod ist, auch die Sünde, die Voraussetzung
des Todes, nicht fehlen kann, auch schon vor dem Gesetz Sünde
in der Welt. Was in der Periode von Adam bis Christus die
ἁμαρτία und der θάνατος sind, sind in der mit Christus beginnenden die δικαιοσύνη und die ζωή. Der Apostel setzt aber
auch der παρακοή des Einen die ὑπακοή des Andern und dem
κατάκριμα auf der einen, das δικαίωμα auf der andern Seite
entgegen. Wenn auch Adam an sich schon in seiner Natur das
Princip der Sünde hatte, so trat sie doch erst durch seine Über-

tretung in die Wirklichkeit ein. Da er sich gegen ein bestimmtes positives Gebot verfehlte, es übertrat, so war seine Sünde eine παράβασις oder ein παράπτωμα. Ein solches Gebot hatten die Menschen nach ihm bis zum Gesetz nicht, da aber auch in dieser Periode der Tod herrschte, so erhellt hieraus, dass in der Übertretung Adam's ein über der einzelnen Thatsünde stehendes, nicht erst durch sie bestimmtes, sondern vielmehr sie selbst bestimmendes allgemeines Princip nur zu seiner Äusserung kam, und seitdem als geschichtliche Erscheinung zu einer in der Menschheit herrschenden Macht wurde. Das Allgemeine steht so zwar über dem Besondern und Einzelnen, da es aber in diesem erst zur concreten Wirklichkeit wird, so ist der Punkt, in welchem diess geschieht, der principielle Anfang, und es hängt somit wie in Christus so auch in Adam alles an einem eine ganze Reihe von Erscheinungen bestimmenden Einheitspunkt, so dass, was von dem ersten Gliede dieser Reihe gilt, auch von allen mit ihm zusammengehörenden gilt. Es liegt hierin nicht blos die Allgemeinheit, sondern auch die Objectivität des Princips der Sünde. Sünde und Tod sind so sehr die allgemein herrschenden Mächte, dass die Vermittlung mit dem Allgemeinen durch die eigene Subjectivität des Einzelnen im Grunde gar nicht mehr in Betracht kommt. Auch abgesehen von allem, was der Einzelne ist oder thut, sind alle demselben Princip der Sünde und des Todes unterworfen. Das sittliche Urtheil über die ganze Periode von Adam bis Christus ist daher in dem Satze ausgesprochen: διὰ τῆς παρακοῆς τοῦ ἑνὸς ἀνθρώπου ἁμαρτωλοὶ κατεστάθησαν οἱ πολλοὶ V. 19, und dieser Satz selbst gibt nur den Beweis für den Hauptsatz des Apostels, dass es unmöglich ist, durch Werke des Gesetzes gerechtfertigt zu werden.

Die Wahrheit dieses Satzes wird durch die ganze Periode von Adam bis Christus bestätigt, auch das Gesetz macht in dieser Periode keinen Unterschied, die Sünde herrscht nach dem

Gesetz wie vor demselben, ja das Gesetz hat so wenig das zur
Folge gehabt, was wesentlich zum δικαιοῦσθαι gehört, die Aufhebung der Sünde und die Befreiung des Menschen von der
Macht derselben, dass vielmehr durch das Gesetz der Sünde nur
noch mehr wurde. Diess ist die ausdrückliche Behauptung des
Apostels 5, 20: νόμος παρεισῆλθεν, ἵνα πλεονάσῃ τὸ παράπτωμα,
das Gesetz trat ein, kam neben der Sünde hinzu, damit viel werde
die Übertretung. Übertretungen kann es erst da geben, wo
ein Gesetz ist, das nicht übertreten, sondern befolgt werden
soll. Mit dem Gesetz kam also erst die Übertretung, und je
grösser die Zahl der Vorschriften und Gebote ist, die das Gesetz enthält und je genauer seine Bestimmungen sind, um so
grösser musste auch die Zahl der Gesetzes-Übertretungen sein.
Auch Gal. 3, 19 sagt der Apostel, dass das Gesetz τῶν παραβάσεων χάριν προσετέθη. Der nächste, natürlichste Sinn dieser Worte
scheint zwar zu sein, das Gesetz soll den überhand nehmenden
Übertretungen wehren, eine Schranke, ein Zaum für die Sünde
sein, oder man könnte die Worte auch so nehmen, durch das
Gesetz, als die Norm des Handelns, sollen die Übertretungen
als das, was sie sind, erkannt und ebendadurch verhütet werden; allein die parallele Stelle Röm. 5, 20 ist dagegen, auch
nach dem Zusammenhang der Stelle Gal. 3, 19 selbst kann sie
nur das Gegentheil sagen, dass die παραβάσεις durch das Gesetz
nicht vermindert, sondern vermehrt werden sollen. Das Gesetz
ist um der παραβάσεις willen da, gleichsam zu Gunsten derselben, damit sie zu ihrem Recht kommen, damit, da es ohne
Gesetz auch keine Übertretung gibt, am Gesetz die Übertretungen in ihrem ganzen Umfang hervortreten, und in ihnen die
Sünde zu ihrer vollen Erscheinung komme. Ehe es eine Vergebung der Sünde gibt, muss zuvor die Sünde zu ihrer thatsächlichen Existenz und Realität kommen in der ganzen Menge
ihrer einzelnen Fälle. Dazu ist das Gesetz nothwendig. Hiemit
soll nicht die Nothwendigkeit der Sünde behauptet, sondern

nur gesagt werden, dass, weil einmal die Sünde da ist, sie sich auch in ihrem ganzen Umfang verwirklichen muss. Daher darf man sich auch an dem teleologischen ἵνα Röm. 5, 20 so wenig als an dem χάριν Gal. 3, 19 stossen. Gott ist nicht unmittelbarer Urheber der Sünde, sondern seine Absicht ist nur, die einmal vorhandene Sünde so ihren Verlauf nehmen zu lassen, dass sie als überwundenes Moment der Gnade gegenübergestellt werden kann. Das Gesetz ist nicht die Ursache der Sünde, sondern nur ein sollicitirendes Moment, es reizt die Sünde gleichsam aus sich herauszugehen, um sich am Gesetz in ihrem wahren Wesen zu zeigen. Schon in dieser quantitativen Hinsicht hat das Gesetz das Gegentheil des διχαιοῦσθαι zur Folge, es mehrt nur die Sünde; dieselbe Wirkung hat es aber auch qualitativ, die Sünde erhält erst durch das Gesetz ihre intensive Bedeutung. Der prägnanteste Ausdruck für diese Behauptung des Apostels ist der Satz: ἡ δύναμις τῆς ἁμαρτίας ὁ νόμος 1 Cor. 15, 56. Was der Sünde ihre Bedeutung und Realität gibt, was sie selbst wesentlich zu dem macht, was sie ist, was sie also selbst erst zur Sünde macht, ist das Gesetz. Dieser Satz kann hier nicht weiter entwickelt werden, ohne dass sich hier sogleich

3. der anthropologische Beweis anschliesst, welchen der Apostel für seinen Hauptsatz führt.

Die auch unter den Juden, wie unter den Heiden, herrschende Sündhaftigkeit, die nicht abzuläugnende Thatsache, dass man das thut, wovon man selbst das Bewusstsein hat, dass man es nicht thun solle, die durch die Schrift bezeugte und aus ihr zu erkennende Allgemeinheit der Sünde beweist vor allem, dass das Judenthum durch seine Werke des Gesetzes den Menschen nicht in das Verhältniss zu Gott setzt, in das er durch das διχαιοῦσθαι kommen soll. Denselben Beweis gibt sodann die religionsgeschichtliche Betrachtung, welche in der ganzen Periode von Adam bis Moses und von Moses bis Christus

die Herrschaft der Sünde und des Todes vor Augen stellt und
zeigt, dass eben das Gesetz, durch dessen Werke der Mensch
gerechtfertigt werden soll, nicht die Aufhebung, sondern nur
die Vermehrung der Sünde zur Folge gehabt, und dem Princip
derselben seine volle sowohl extensive als intensive Bedeutung
gegeben hat. So gewiss ist es also, dass der Mensch οὐ δικαιοῦται ἐξ ἔργων νόμου. Um aber die schon durch das bishe-
rige nachgewiesene und bestätigte Wahrheit dieses Satzes in
ihrem tiefern Grunde zu erkennen, muss man auf die Natur des
Menschen selbst zurückgehen und sie darauf ansehen, wie sie
sich nach der Beschaffenheit ihrer verschiedenen Bestandtheile
zu der Möglichkeit verhält, ἐξ ἔργων νόμου δικαιοῦσθαι.

Der Mensch ist schon nach dem Bisherigen als Sünder zu
betrachten, die Frage kann daher nur sein, wie realisirt sich
in ihm das Princip der Sünde, wie entwickelt sie sich, welchen
Ursprung und Sitz hat sie in ihm selbst? Die Antwort darauf
liegt in dem paulinischen Begriff der σάρξ. Wie ist aber dieser
selbst zu bestimmen? Darüber ist man noch immer sehr im
Unklaren. Man kann nicht läugnen, dass der Apostel in mehreren Stellen unter der σάρξ den Leib versteht, und doch glaubt
man sich in andern und in den meisten unter der σάρξ nur die
menschliche Natur überhaupt nach ihrer sinnlichen Seite denken
zu können. Wie sehr man hierüber noch immer schwankt, kann
man aus der neuesten Auflage des Tholuck'schen Commen-
tars über den Römerbrief sehen. Tholuck selbst gesteht zu
Röm. 6, 6, dass er in den verschiedenen Auflagen seines Com-
mentars seine Ansicht mehr als einmal geändert habe, und
nun in der fünften, vom Jahr 1856, beziehungsweise zu seiner
ursprünglichen zurückkehre. Es sollte, meint Tholuck, bei
der σάρξ anerkannt werden, dass der Apostel, indem er von
der menschlichen Schwachheit spricht, bald mehr das Moment
der Weltliebe, bald das der Selbstsucht, bald das der sinnlichen Trägheit oder der Affekte, bald alles dieses zusammen

im Auge haben könne, dass bald die Begriffe μέλη, σῶμα und σὰρξ sich decken können, dass häufig aber noch der letztere über den erstern hinausgehe. Was nicht zugegeben werden könne, sei der ausschliessliche Gebrauch von σὰρξ in dem mit σῶμα identischen Sinn. In der Stelle Röm. 6, 6 aber könne man sich dem Zugeständniss nicht entziehen, dass σῶμα von dem Apostel als Sitz oder auch als Quelle, vorzugsweise jedoch als Organ der Sünde angesehen werde.

Alles diess mag von der σὰρξ gesagt werden können, aber es fragt sich, was die Grundanschauung ist. Sagt man, σὰρξ ist wesentlich die menschliche Schwachheit, so muss man auch wissen, was im Menschen das eigentliche Subject desselben ist, ob der Geist oder der Leib. Ist es der Geist, so muss auch erklärt werden, warum der Apostel das geistige Princip mit einem auf den Leib sich beziehenden Ausdruck bezeichnet, ist es der Leib, so weiss man nicht, wie von dem Leib so Vieles ausgesagt wird, was nur einem geistigen Subject beigelegt werden kann. Und da der Apostel nicht blos von der σὰρξ spricht, sondern auch die gleichbedeutenden Ausdrücke μέλη und σῶμα gebraucht, so muss man doch den Leib in genauere Erwägung ziehen, und es kann auch das nicht so unbestimmt bleiben, ob der Leib Sitz und Quelle oder blosses Organ der Sünde ist. Ist er blosses Organ, so ist er auch nicht das eigentliche Subject, ist er Sitz und Quelle, so ist er es; aber die Frage ist dann eben, wie er es ist? Es muss also erst der Begriff festgestellt werden. Diesen hat man aber nur, wenn man als die Grundanschauung der Anthropologie des Apostels festhält, dass σὰρξ der materielle Leib ist. Nur in diesem Begriff schliessen sich die verschiedenen die σὰρξ betreffenden Bestimmungen zur Einheit zusammen. Der Leib macht also, sofern der Mensch σὰρξ ist, das eigentliche substanzielle Wesen des Menschen aus. Wenn man sich nun hauptsächlich daran stosst, dass die σὰρξ der Leib sein soll, obgleich der Apostel von der σὰρξ als einem

geistigen Subject spricht, so ist diess sehr natürlich daraus zu
erklären, dass ihm, was eben das Charakteristische seines Begriffs von der σὰρξ ist, der Leib keine todte Masse, sondern ein
belebtes und beseeltes Wesen ist. Es kann diess auch nicht
befremden, da der Apostel auch hierin nur auf dem Boden der
alterthümlichen Anschauungsweise steht. Auch die Alten haben
sich ja die Materie nicht als etwas Todtes und Lebloses, sondern als einen Inbegriff lebendig wirkender, in einer bestimmten Richtung sich bewegender Kräfte gedacht. Man denke in
dieser Beziehung nur an den platonischen und aristotelischen
Begriff von der Materie. An den Grundbegriff der σὰρξ, als des
materiellen Leibs, schliessen sich unmittelbar die Bestimmungen an, in welchen alles, was das Menschliche in seinem Unterschied und Gegensatz zum Göttlichen ist, als σὰρξ bezeichnet
wird. Was der Mensch als schwaches, sterbliches, endliches
Wesen ist, mit seinem eigenen rein natürlichen Wollen und
Streben, das als solches nur ein dem Göttlichen entgegengesetz-
tes sein kann, hat darin seinen Grund, dass er σὰρξ ist, d. h.
ein sinnliches, materielles, leibliches Wesen mit den dem materiellen Leib inwohnenden Trieben und Kräften. Σὰρξ und
ἄνθρωπος sind in so manchen ganz gewöhnlichen Ausdrücken,
wie z. B. wenn κατὰ σάρκα so viel ist als κατὰ ἄνθρωπον, geradezu identische Begriffe.

Wie schon dabei vorausgesetzt werden muss, dass der
Mensch, sofern er schlechthin als σὰρξ bezeichnet oder der Leib
als die eigentliche Substanz seines Wesens betrachtet wird,
nicht blos ein materielles, sondern auch ein geistig belebtes
und beseeltes Wesen ist, so wird nun auch ausdrücklich dem
Menschen nicht nur eine ψυχή zugeschrieben, sondern auch
diese ψυχή mit der σὰρξ in derselben Einheit der Substanz so
zusammenbegriffen, dass ψυχικός und σαρκικός gleichbedeutende
Begriffe sind. Vgl. 1 Cor. 2, 14 und 3, 1. Wie die ψυχή, je
näher sie mit der σὰρξ zusammengehört, um so mehr auch die

Triebe und Willensregungen mit ihr theilt, so geht aus der ψυχὴ selbst, aus ihrem geistigen Element der νοῦς hervor, der sich von der ψυχὴ als ein rein theoretisches Vermögen unterscheidet und in höherem Grade, als diess bei der ψυχὴ möglich ist, von dem materiellen Naturgrunde der σὰρξ sich ablöst. Der νοῦς ist das Princip des Denkens und Wissens, des klaren verständigen Denkens, des immanenten Selbstbewusstseins, in welchem der Mensch den geistigen Schwerpunkt seines Wesens hat. Dass mit dem Worte νοῦς von Paulus ganz besonders das Verständige, Selbstbewusste bezeichnet wird, ist am deutlichsten aus dem Gegensatz des λαλεῖν διὰ τοῦ νοὸς und des λαλεῖν ἐν γλώσσῃ oder πνεύματι 1 Cor. 14, 14 zu sehen. Im νοῦς ist also der Mensch der denkende selbstbewusste Geist, der νοῦς ist selbst der ἔσω ἄνθρωπος, Röm. 7, 22, der innere, in seinem denkenden Selbstbewusstsein existirende Mensch. Da das Bewusstsein alles Mögliche zu seinem Inhalt haben kann, sofern es sich zu seinem Object rein theoretisch verhält, als eine blosse Form erst durch den Inhalt, welchen es in sich aufnimmt, zum bestimmten concreten Bewusstsein wird, so ist in dem νοῦς noch kein bestimmter Gegensatz zu der σὰρξ enthalten; allein das geistige Element hat sich von seinem materiellen Naturgrund schon so weit abgelöst, dass das in dem νοῦς seiner geistigen Kraft sich bewusst gewordene Ich sich mit den Trieben und Neigungen des materiellen leiblichen Lebens nicht mehr eins wissen kann. Der Apostel selbst hat Röm. 7, 15—24 die Natur seines νοῦς so genau analysirt, dass wir ganz in den Zwiespalt des Bewusstseins hineinsehen, in welchem der νοῦς sich ebenso von der σὰρξ abhängig als im Widerspruch mit ihr begriffen weiss. Wie kann beides enger in einander eingreifen, als in den Worten des Apostels geschieht, wenn er als der, der ein anderes Gesetz in seinen Gliedern und ein anderes in seinem Geiste hat, im Bewusstsein seiner Einheit mit der σὰρξ von sich sagt, er wisse, dass in ihm nichts Gutes wohne, in demselben

Moment aber das hiemit von sich Gesagte nur von seiner σάρξ
gesagt wissen will, womit er demnach sich selbst von seiner
σάρξ so unterscheidet, dass er ihr sein eigenes besseres Ich
entgegensetzt? Der νοῦς weiss sich also nicht mehr mit der
σάρξ eins, sie ist seiner geistigen Natur zu materiell. Wie er
sich aber mit ihr nicht eins wissen kann, sich im Unterschied
von ihr einer Dualität von Principien bewusst wird, so ist auch
sein Wollen ein von ihr verschiedenes, ihr reagirendes, V. 18.
Er ist daher nicht blos der denkende und wissende, sondern
auch der wollende, in Gemässheit seiner Natur sich practisch
bestimmende Geist; aber diese practische Seite des νοῦς steht in
einem sehr ungleichen Verhältniss zu der theoretischen. Der
νοῦς will zwar das Gute; aber es fehlt seinem Wollen an aller
Energie und Realität, es ist nur ein unkräftiges inhaltsleeres
Wollen, welches das, was es will, nie durch die That realisiren
kann, was nur darin seinen Grund hat, dass die σάρξ auch dem
νοῦς gegenüber das über alles übergreifende, die ganze Richtung
des Menschen bestimmende Princip ist. Trotz aller Versuche,
die der νοῦς macht, mit seinen Willensregungen die Macht der
σάρξ zu brechen, sich aus ihrer Knechtschaft zu emancipiren,
kann er doch das Band dieser Abhängigkeit nie völlig lösen,
und bleibt somit in letzter Beziehung doch nur ein Accidens an
der Substanz der σάρξ.

Da der νοῦς, so geistig er im Übrigen seiner Natur nach
ist, es doch nicht weiter zu bringen vermag, als zu solchen
immer wieder in sich selbst zurückgehenden Velleitäten, wie
sie der Apostel V. 18—21 beschreibt, so ist in ihm schon der
höchste Punkt der paulinischen Anthropologie erreicht, und der
principielle Gegensatz zu der materiellen σάρξ liegt überhaupt
nicht mehr in der Sphäre des Menschlichen, sondern nur in dem
göttlichen πνεῦμα, das sich auch zu dem νοῦς schlechthin trans-
cendent verhält. Dadurch erst erhält der Mensch die Fähigkeit,
der Macht der σάρξ zu widerstehen, und alles, was von ihr

ausgeht, zu überwinden. Psychisches und Pneumatisches setzt
daher der Apostel 1 Cor. 15, 45 f. so entschieden einander entgegen, dass schon daraus erhellt, wie wenig er der menschlichen Natur ein ihr an sich immanentes pneumatisches Princip
zuschreiben kann. Wenn er auch von einem menschlichen
πνεῦμα spricht, so hat diess keine weitere Bedeutung für seinen
eigentlichen Begriff vom πνεῦμα. Dass er dem Menschen auch
ein zu seiner Natur gehörendes πνεῦμα zuschrieb, ist klar, wenn
er 1 Cor. 2, 4 ausdrücklich von dem πνεῦμα ἀνθρώπου spricht.
Aber er nennt es ja auch nur das Princip des Wissens und
Selbstbewusstseins, es ist somit dasselbe, was er sonst νοῦς
nennt, hier aber πνεῦμα, um das πνεῦμα θεοῦ mit dem πνεῦμα
τοῦ ἀνθρώπου zu parallelisiren. Wenn auch der Apostel das zur
Natur des Menschen gehörende geistige Princip nicht blos ψυχή
und νοῦς, sondern auch πνεῦμα nennt, so schreibt er doch dem
letztern keine der Wirkungen zu, als deren Quelle er nur das
göttliche πνεῦμα betrachtet. Diess ist auch Gal. 5, 17 nicht der
Fall, wo es so nahe zu liegen scheint, den Widerstreit von
Geist und Fleisch als einen der Natur des Menschen an sich immanenten Antagonismus aufzufassen. Statt den dem Fleisch
widerstrebenden Geist in den Menschen selbst zu versetzen,
betrachtet der Apostel vielmehr Fleisch und Geist als zwei über
dem Menschen stehende Mächte, die an ihm in Conflict mit einander gerathen und in ihrem Widerstreit nur darin eins sind,
den zwischen sie getheilten Menschen das, was er will, nicht
thun zu lassen, indem immer die eine der andern so entgegen-
wirkt, dass der Mensch in der Mitte zwischen beiden bei jedem
Willensact auf einen Widerstand stösst, durch welchen sein
Wollen und Thun völlig neutralisirt wird.

Die richtige Bestimmung des Begriffs, welchen der Apostel
mit dem νοῦς verbindet, ist nicht blos für seine Anthropologie
überhaupt, sondern auch für die Beantwortung der Frage sehr
wichtig, ob ihm die augustinisch-kirchliche Lehre von dem

völligen Unvermögen des Menschen zum Guten zugeschrieben werden darf. Es erhellt, wie aus Anderem, so auch aus seiner Lehre von der σὰρξ und dem νοῦς, dass er den Menschen nicht für sündhaft im augustinischen Sinne halten konnte. Wenn nicht blos die σὰρξ, sondern auch der νοῦς zur Natur des Menschen selbst gehört, und die Thätigkeit des νοῦς auch nur soweit auf das Gute geht, als der Apostel es ihm zuschreibt, so ist diess eine wesentlich andere Anschauung als die augustinische. Wollte man die augustinische Lehre von der Sünde auf die Auctorität des Apostels zurückführen, so müsste man vor allem was er Röm. 7, 14 f. vom νοῦς sagt, so verstehen, wie wenn es vom πνεῦμα gesagt wäre. So nehmen daher theologische Interpreten, wie die alten lutherischen Dogmatiker und neuerdings Philippi (*Commentar zum Römerbrief* 1848—52) die Stelle Röm. 7, 14 f. Sie können sich bei der alten Streitfrage, ob die Stelle vom *status irregenitorum* oder *regenitorum* zu verstehen sei, nur auf die Seite der letztern stellen, weil sie nicht zugeben können, dass ein Unwiedergeborener so viel Gutes habe, als der Apostel ihm zuschreibt, während doch noch weit unbegreiflicher ist, wie in dem Wiedergeborenen die Sünde noch mit solcher Macht herrschen soll, dass alles, was der Apostel V. 17—20 von sich sagt, von ihm gesagt werden kann. Der Wiedergeborene wäre ja so auch der Unwiedergeborene. Wie viele unnöthige Erörterungen hätte man sich über Röm. 7, 14 f. ersparen können, wenn man den Unterschied genauer beachtet hätte, welchen der Apostel zwischen νοῦς und πνεῦμα macht. Es ist gewiss mit gutem Bedacht geschehen, dass er in dem ganzen Abschnitt nicht von dem πνεῦμα, sondern nur von dem νοῦς oder dem ἔσω ἄνθρωπος spricht. Auch V. 25, wo allein die Identificirung des νοῦς mit dem πνεῦμα einen Anhaltspunkt haben könnte, darf man sich dadurch nicht irre machen lassen. Der Apostel kann den Wunsch nach Erlösung V. 24 nicht aussprechen, ohne auch der schon ertheilten Wohlthat der Erlösung mit lebhaftem Dank zu

gedenken, er spricht aber diesen Dank nur aus, um im Bewusstsein desselben mit ἄρα οὖν auf den zuvor geschilderten Zustand
noch einmal zurückzublicken.

Wenn nun aber auch der Apostel dem Menschen kein völ-
liges Unvermögen zum Guten zuschreibt, so geht doch schon
aus dem Bisherigen klar hervor, dass für den Menschen, wie
er seiner Natur nach zu betrachten ist, das δικαιοῦσθαι ἐξ ἔργων
νόμου eine reine Unmöglichkeit ist. Ἔργα νόμου können nur
solche Werke sein, durch welche das an sich Gute geschieht,
in der σὰρξ aber wohnt, wie der Apostel Röm. 7, 18 sagt, nichts
Gutes, und wenn die höchste geistige Kraft, die der Mensch in
dem νοῦς hat, so wenig im Stande ist, der σὰρξ zu widerstehen
und das Übergewicht über sie zu gewinnen, so kann es auch
nie zu etwas an sich Gutem, somit auch zu keinen ἔργα νόμου
kommen. Es gibt kein δικαιοῦσθαι ἐξ ἔργων νόμου, weil es überhaupt keine ἔργα νόμου gibt, sondern wo ἔργα νόμου sein sollten,
gibt es nur ἔργα σαρκός. Welcher Art aber die ἔργα der σὰρξ
sind, sagt der Apostel Gal. 5, 19 f. Allein es handelt sich ja
um ἔργα νόμου, um Werke, deren bestimmendes Princip das
Gesetz ist. Wie verhält sich also der νόμος zu der σὰρξ? Ist es
nicht der νόμος, welcher auf die σὰρξ so bestimmend einwirkt,
dass durch ihn die ἔργα σαρκός zu ἔργα νόμου werden? Diess ist
aber nach der Lehre des Apostels so wenig der Fall, dass durch
die ganze Dialektik, die sich zwischen der σὰρξ und dem νόμος
entspinnt, die Unmöglichkeit des δικαιοῦσθαι ἐξ ἔργων νόμου nur
um so klarer herausstellt; statt der δικαιοσύνη, die das δικαιοῦσθαι
ἐξ ἔργων νόμου zu seinem Resultat haben sollte, kommt nur das
Gegentheil derselben, die ἁμαρτία zum Vorschein, ja das Gesetz
selbst wirkt am meisten dazu mit, der νόμος ist ja, wie der
Apostel 1 Cor. 15, 56 sagt, die δύναμις τῆς ἁμαρτίας. Wie ist
diess möglich? An sich sollte man erwarten, dass das Gesetz
als die wirkende Ursache der δικαιοσύνη sie auch wirklich her-
vorbringt. Εἰ γὰρ, sagt ja der Apostel Gal. 3, 21, ἐδόθη νόμος

ὁ δυνάμενος ζωοποιῆσαι, ὄντως ἂν ἐκ νόμου ἦν ἡ δικαιοσύνη. Wenn im mosaischen Gesetz ein solches Gesetz gegeben wäre, das im Stande ist, lebendig oder selig zu machen, so käme wirklich aus dem Gesetz die Gerechtigkeit. Hierin liegt das Doppelte, dass es an sich möglich ist, auf dem Wege des Gesetzes, durch Werke des Gesetzes gerechtfertigt zu werden, dass aber in der Wirklichkeit diess keineswegs der Fall ist. Das Gesetz ist nicht δυνάμενος ζωοποιῆσαι; liegt aber die Ursache dieses Unvermögens in ihm selbst oder ausser ihm? In ihm selbst kann sie nicht liegen, wenn, wie der Apostel selbst sagt, das Gesetz an sich geistig und gut ist. Οἴδαμεν γὰρ, ὅτι ὁ νόμος πνευματικός ἐστι, Röm. 7, 14. vgl. V. 12: ὥστε ὁ μὲν νόμος ἅγιος u. s. w. Ist also die Ursache jenes Unvermögens nur ausserhalb des Gesetzes zu suchen, so kann sie nur in dem inadäquaten Verhältniss liegen, in welchem die Geistigkeit des Gesetzes zu der Natur des Menschen steht. Dem νόμος πνευματικός steht die σὰρξ des Menschen gegenüber. Daher nun, wie der Apostel 8, 3 sagt, τὸ ἀδύνατον τοῦ νόμου, ἐν ᾧ ἠσθένει διὰ τῆς σαρκός. Die für das Gesetz stattfindende Unmöglichkeit, das zu bewirken, was es an sich bewirken könnte, hatte darin ihren Grund, dass das Fleisch es unkräftig machte, an dem Widerstand des Fleisches brach sich die Kraft des Gesetzes, es konnte an ihm nur in seiner Schwäche und Unmacht sich zeigen.

So unwirksam ist aber das Gesetz doch nicht in seiner Beziehung zu der σὰρξ, es hat auch seine reelle Wirkung, nur wirkt es das nicht, was für das δικαιοῦσθαι gewirkt werden sollte, die δικαιοσύνη, sondern vielmehr die ἁμαρτία, es macht erst die Sünde zu dem, was sie ist, indem man erst durch das Gesetz weiss, was Sünde ist, das Bewusstsein der Sünde kommt erst aus dem Gesetz, wo aber kein Bewusstsein der Sünde ist, ist eigentlich auch keine Sünde, da ja, wie der Apostel 5, 13 sagt, ἁμαρτία οὐκ ἐλλογεῖται μὴ ὄντος νόμου, vgl. 3, 20 διὰ νόμου ἐπίγνωσις ἁμαρτίας. Wie diess geschieht, entwickelt der Apostel

Röm. 7, 5 f., wo er zuerst sagt: „Solange wir noch das vom
Fleisch beherrschte Leben führten, waren die zu Sünden führenden Leidenschaften, als durch das Gesetz aufgeregt, in unsern
Gliedern wirksam, um für den Tod Frucht zu tragen“, und dann
V. 7 die Frage aufwirft: „Was sage ich, ist das Gesetz Sünde?
Gewiss nicht, aber die Sünde kannte ich nicht, ausser durch
das Gesetz, und von der Begierde wusste ich nichts, wenn nicht
das Gesetz gesagt hätte, du sollst nicht begehren. Indem aber
die Sünde davon Anlass nahm, bewirkte sie durch das Gebot in
mir die ganze Begierde, denn ohne das Gesetz ist die Sünde
todt. Ich lebte einst ohne das Gesetz, als aber das Gebot kam,
lebte die Sünde auf, ich fiel dem Tod anheim und das zum Leben
gegebene Gebot wurde als zum Tode führend erfunden. Denn
die Sünde hat nach dem genommenen Anlass durch das Gebot
mich verführt, und durch dasselbe getödtet. Das Gesetz zwar
ist heilig und das Gebot ist heilig, gerecht und gut. Ist nun
das Gute mir zum Tode geworden? Nein, sondern die Sünde,
damit es sich zeige, dass die Sünde mir durch das Gute den Tod
bewirkt, damit die Sünde durch das Gebot so sündhaft als möglich werde“ (7—13). Todt also oder schlummernd im Bewusstsein ist die Sünde, solange noch nichts geboten und verboten
ist, weil ohne das Bewusstsein, dass man etwas Verbotenes
thut, keine Übertretung möglich ist. Sobald man aber weiss,
was man thun oder nicht thun darf, regt sich alsbald auch die
Sünde, sie wacht gleichsam aus ihrem Schlummer auf, man
wird sich der Möglichkeit bewusst, etwas zu thun, was man
nicht thun soll, und mit dem Bewusstsein kommt auch der Reiz,
das Verbotene zu thun; ist aber einmal die Sünde geschehen, so
kann auch das Bewusstsein nicht ausbleiben, dass man durch sie
dem Tode verfallen ist, welchen das Gesetz auf die Sünde folgen
lässt.

    Zu diesen beiden Momenten, dass man 1) durch das Gesetz
überhaupt erst weiss, was Sünde ist, und 2) am Gesetz die Sünde

durch das *nitimur in vetitum* zur wirklichen That wird, kommt
aber 3) noch hinzu, dass sich am Gesetz der Widerstreit zwischen
dem, was man sein soll und dem was man wirklich ist, herausstellt. Das Gesetz ist die Norm für das sittliche Verhalten, der
absolute Maasstab, an welchem jeder bemessen kann, wie weit
er der Idee entspricht, deren Verwirklichung das Ziel seines
sittlichen Strebens sein soll. Bleibt es nun in so vielen Fällen
auch bei dem besten Willen bei dem blossen Wollen, bei einem
Wollen, das nie zur wirklichen That wird, so kann man sich
nur der Schwäche und Unkräftigkeit seines Willens, oder, da
die Ursache dieses Unvermögens im Fleische liegt, seiner Abhängigkeit vom Fleisch bewusst werden. Aber auch wenn das
sittliche Wollen und Thun der Norm des Gesetzes entspricht, ist
diese Übereinstimmung immer nur eine sehr relative, und es
wird immer der Fälle weit mehrere geben, in welchen sie nicht
stattfindet. Da nun, wie der Apostel Gal. 3, 10 mit der Stelle
5 Mos. 27, 26 sagt: „Verflucht ist, wer nicht bleibt in allem, was
geschrieben ist im Buche des Gesetzes, so dass er es thut", bei
dem Gesetze alles darauf ankommt, dass es in allen seinen Bestimmungen befolgt wird, alles und jedes durch die That geschieht, was es befiehlt und vorschreibt, so erhellt schon daraus,
dass, wie der Apostel in derselben Stelle sagt, alle welche ἐξ
ἔργων νόμου sind, von den ἔργα νόμου ausgehen, sie zum Maasstab ihres sittlichen Verhaltens machen, unter dem Fluche sind.
Es gibt bei jedem, der sein sittliches Verhalten mit der Norm
des Gesetzes zusammenhält und vergleicht, so Vieles, worin es
so weit unter derselben zurückbleibt; noch weit drückender
aber als dieses quantitative Missverhältniss muss, weil ja doch
nach der allgemeinen Erfahrung niemand auf absolute Weise so
sein kann, wie das Gesetz es verlangt, für jeden der Gedanke
sein, dass selbst im besten Fall immer noch ein nie getilgter
Rest bleibt, eine unausfüllbare Kluft zwischen dem, was jeder
nach der Norm des Gesetzes sein soll, und dem, was er wirk-

lich ist. Je lebhafter der Mensch dieses unauflöslichen Wider-
streits nicht blos zwischen Sollen und Sein, sondern auch
zwischen Sollen und Können sich bewusst wird, um so mehr
kann er auch nur, in dem Zustand eines entzweiten unglück-
seligen Bewusstseins mit dem Apostel Röm. 7, 24 ausrufen: „Ich
unglückseliger Mensch, wer wird mich erlösen aus dem Leibe
dieses Todes", d. h. aus einem Leibe, der als σάρξ die Ursache
des Todes ist, als σάρξ ἁμαρτίας auch den Tod in sich schliesst.
Es ist diess der Punkt, in welchem Judenthum und Christenthum
sich am nächsten und unmittelbarsten berühren, aber auch der
äusserste Punkt, über welchen das religiöse Ich des Judenthums
nicht hinauskommen kann. Daher ergibt sich aus allem zusammen nur das Resultat, das der Apostel Röm. 3, 20 und Gal. 2, 16
mit denselben Worten ausspricht: διότι ἐξ ἔργων νόμου οὐ δικαιω-
θήσεται πᾶσα σάρξ. Die σάρξ ist die Ursache, dass zwischen den
ἔργα νόμου und der δικαιοσύνη, die durch das δικαιοῦσθαι erreicht
werden soll, ein ewiges Missverhältniss bleibt, und das zwischen
dem Menschen und der δικαιοσύνη stehende Gesetz ist nur die
Form, in welcher der Mensch dieses Missverhältnisses sich bewusst wird.

Gibt es also ein nicht zum Tode, sondern zum Leben füh-
rendes δικαιοῦσθαι, so kann es nur das δικαιοῦσθαι ἐκ πίστεως
sein; dass es bei dem δικαιοῦσθαι einzig auf den Glauben ankommt, kann der Apostel nicht stark genug aussprechen. Im
Evangelium Christi, sagt er Röm. 1, 16, wird die δικαιοσύνη
θεοῦ offenbar ἐκ πίστεως εἰς πίστιν, d. h. als eine solche, die vom
Glauben zum Glauben geht, am Anfang wie am Ende auf dem
Glauben beruht, durch und durch Glaube ist. Vgl. Röm. 3, 22.
Die πίστις, die das Element und Princip des δικαιοῦσθαι ist, ist
die πίστις Ἰησοῦ Χριστοῦ, Gal. 2, 16, πίστις ἐν Χριστῷ Ἰησοῦ,
Gal. 3, 26, oder bestimmter πίστις ἐν τῷ αἵματι αὐτοῦ, Röm.
3, 25, was der Apostel 4, 24. 25 noch genauer explicirt als ein
πιστεύειν u. s. w. Was die ἔργα νόμου nicht bewirken können,

soll der Glaube bewirken, der Glaube muss also etwas in sich haben, was die Werke nicht haben, er hat es aber nicht von sich, sondern nur von dem, was er zu seinem Object hat. Was ist aber der Glaube selbst?

Das Wort πίστις hat bei Paulus verschiedene Bedeutungen. Nach der allgemeinsten etymologischen Bedeutung ist πίστις, von πείθειν abgeleitet, 1) Fürwahrhalten, Überzeugung überhaupt. In dieser allgemeinen Bedeutung kommt das Wort bei Paulus nie vor. Wenn aber Gal. 3, 2 von der πίστις gesagt wird, sie komme ἐξ ἀκοῆς, so liegt darin, dass die πίστις etwas äusserlich Gegebenes zu ihrer Voraussetzung hat. Indem das Subject sich dazu receptiv verhält, ist das Erste, das bei der πίστις statt-finden muss, dass dieses Gegebene und Vernommene für wahr gehalten wird. Auf diesem Wege der Entstehung der πίστις kann ihr Erstes nur das Fürwahrhalten sein, und das Wort muss daher auch diese der Etymologie zunächst entsprechende Bedeutung haben. 2) Specieller ist πίστις eine nicht durch An-schauung erhaltene Überzeugung, die Überzeugung von etwas Übersinnlichem, das kein Gegenstand der unmittelbaren An-schauung ist. In diesem Sinne ist 2 Cor. 5, 7 διὰ εἴδους περι-πατεῖν der Gegensatz zu διὰ πίστεως περιπατεῖν. Daran knüpft sich 3) die πίστις als religiöse Überzeugung 1 Cor. 2, 5. 2 Cor. 1, 24 und sonst sehr oft. Die religiöse Überzeugung hat nach dem Apostel ihren Grund in dem Vertrauen auf die Wahrheit der göttlichen Offenbarungen und Verheissungen. Daher 4) die πίστις als Gottvertrauen, wie Röm. 4, 17—21. Da dem neuen Testament als wirklicher Glaube nur der christliche Glaube gilt, so ist eine der häufigsten Bedeutungen von πίστις 5) der christ-liche Glaube, Religion in subjectivem und objectivem Sinne, wie Röm. 3, 22. 1 Cor. 15, 14. Gal. 1, 23. Das Unterscheidende der christlichen Religion ist aber nach paulinischer Lehre das Vertrauen auf die Gnade Gottes in Christus. Diess ist daher 6) die eigenthümlich paulinische Bedeutung der πίστις, wie das

Wort immer genommen werden muss, wenn von der Rechtfertigung die Rede ist. Als Gegenstand des Glaubens in diesem
Sinne wird die Gnade Gottes im Allgemeinen bezeichnet, Gal.
2, 16. 3, 22, der Tod Jesu Röm. 3, 26. Gal. 2, 20, oder auch
seine Auferstehung Röm. 4, 24. 10, 9. Eine specielle Anwendung ist es, wenn Röm. 14, 1. 22 f. πίστις gebraucht wird, um
die aus dem christlichen Gottvertrauen, dem Besitz des rechtfertigenden Glaubens hervorgehende Freiheit und Sicherheit des
religiösen Bewusstseins zu bezeichnen.

Schon aus diesen zum Begriff der πίστις und ihrer Wort-
bedeutung gehörenden Bestimmungen geht hervor, in welchen
entschiedenen Gegensatz sich der Apostel zum Judenthum setzt.
Dem Judenthum ist sein religiöser Werth genommen, wenn
seine ἔργα νόμου nichts mehr gelten, und sein νόμος alle, die ἐξ
ἔργων νόμου sind, in's Verderben bringt. Es kommt daher nicht
auf das an, was der Mensch thut, sondern nur auf das, was er
glaubt und worauf er vertraut, nicht auf das, was als sein Werk
ihm zugerechnet wird, sondern nur auf das, was er als ein
reines Geschenk der Gnade erhält. Im Glauben verhält er sich
nur soweit selbstthätig, als er das ihm Dargebotene in sich aufnimmt und festhält. So entschieden aber der Apostel in seinem
Glaubensprincip mit dem Judenthum als der Gesetzesreligion
gebrochen und sich auf einen ganz entgegengesetzten Standpunkt gestellt hat, so ist doch dieser Bruch kein so radicaler,
dass nicht die Grundanschauung, auf welcher die neue Rechtfertigungstheorie des Apostels beruht, eine wesentlich jüdische
wäre. Nicht nur ist Jesus, als der im alten Testament verheissene und in der jüdischen Nation erschienene Messias das
Object des Glaubens, der γενόμενος ἐκ σπέρματος Δαυὶδ κατὰ
σάρκα Röm. 1, 2, das σπέρμα Abrahams Gal. 3, 16, der zweite
Adam, sondern es hat auch die Bedeutung, welche die Theorie
des Apostels dem Tode Jesu gibt, ihren Grund in einem von
dem Judenthum als der Gesetzesreligion genommenen Begriff.

Es sind aber auch bei der Hauptthese des Apostels, dass der
Mensch δικαιοῦται ἐκ πίστεως, mehrere Gesichtspunkte zu unterscheiden: 1) der thatsächliche, 2) der anthropologische und
3) der religionsgeschichtliche.

1) Der thatsächliche Gesichtspunkt betrifft den Tod Jesu
als die Thatsache, von welcher der Apostel ausgeht. An dem
Tode Jesu hängt dem Apostel alles, er ist die Grundanschauung,
die den Inhalt seines christlichen Bewusstseins bildet, die Thatsache, die bei allem Andern vorausgesetzt werden muss. Einen
grössern Beweis der Liebe Gottes gibt es ja nicht, als dass
Christus für uns gestorben ist, Röm. 5, 8. Um diesen thatsächlichen Charakter des Christenthums recht anschaulich und con-
cret zu bezeichnen, nennt der Apostel das Christenthum geradezu
den σταυρός τοῦ Χριστοῦ, oder den λόγος τοῦ σταυροῦ, 1 Cor.
1, 17 f. Er kann sich, wie er selbst sagt 1 Cor. 2, 2, Christus
nicht anders denken, als unter der Anschauung seines Kreuzes,
will von ihm nur wissen, als dem ἐσταυρωμένος. Das Unmittelbarste, was dem Tode Jesu diese hohe Bedeutung gibt, ist, dass
durch ihn gerade das bewirkt wurde, was das Gesetz nicht bewirken konnte. Sind alle, welche ἐξ ἔργων νόμου sind, unter
dem Fluch, so ist es Christus, welcher uns von dem Fluch des
Gesetzes losgekauft hat, indem er für uns zum Fluch wurde.
Gal. 3, 10 f. Es ist hier der Punkt, wo die beiden einander
gegenüberstehenden Standpunkte und Theorien am unmittelbarsten in einander eingreifen. Die eine ist der Gegensatz der
andern und doch treffen beide in demselben Begriff zusammen.
Warum hat Christus uns vom Gesetz losgekauft, warum den
Fluch auf sich genommen, mit welchem das Gesetz alle belegt,
die nicht alles und jedes thun, was es verlangt? Warum ist das,
was Gott den Menschen zu theil werden lassen wollte, Sündenvergebung und Leben, ihnen nicht frei und unmittelbar ertheilt
worden? Offenbar, weil das Gesetz in seinem Rechte war, seine
Forderung nicht unbeachtet bleiben durfte, dem Begriff der Ge-

rechtigkeit, auf welchem das Gesetz beruht, Genüge geschehen musste. Es musste also doch geschehen, was auch bei den ἔργα νόμου hätte geschehen müssen, nur geschah es auf andere Weise. Der Fluch des Gesetzes wurde nicht an denen selbst vollzogen, die ihn verdient, sondern an ihrer Stelle an Jesus. Sein Tod war gleichsam der Kaufpreis, um welchen sie freigegeben wurden, ein Äquivalent, bei welchem, wie bei einem Opfer, das Eine für das Andere gegeben wird; es findet beides zugleich statt, Gnade und Gerechtigkeit, Gnade, weil nicht die Schuldigen selbst gestraft werden, und Gerechtigkeit, weil die Sünde auch so nicht ungestraft bleibt. In diesem Sinne nennt der Apostel den Tod Jesu ein ἱλαστήριον Röm. 3, 21 f., ein Sühnopfer, und zwar zum Erweis seiner Gerechtigkeit, welche auf die Schuld der Sünde auch die Strafe der Sünde folgen lässt. Dieser Gerechtigkeit Gottes musste dadurch Genüge geschehen, dass die Strafe der Sünde auch wirklich gebüsst wurde. Der Tod ist daher eine zur Versöhnung Gottes geschehene Genugthuung. Doch ist diess nicht so zu verstehen, wie wenn Gott an sich hätte versöhnt werden müssen. Wenn auch das, was in Beziehung auf die Gerechtigkeit Gottes durch den Tod Christi geschehen musste, eine Aufhebung des Zornes Gottes ist, Röm. 5, 9, und insofern eine Versöhnung Gottes mit den Menschen genannt werden kann, so ist dabei doch immer diess festzuhalten, dass nur Gott der Versöhnende, die Versöhnung mit sich durch Christus bewirkende ist, θεὸς ἐν Χριστῷ κόσμον καταλλάσσων ἑαυτῷ 2 Cor. 5, 19. Wir haben die Versöhnung empfangen, sagt der Apostel Röm. 5, 10. 11, sind versöhnt worden mit Gott durch den Tod seines Sohns als ἐχθροὶ ὄντες, was nicht von der Feindschaft Gottes gegen die Menschen, sondern der Feindschaft der Menschen gegen Gott zu verstehen ist. Die gnädige Gesinnung Gottes gegen die Menschen ist die Voraussetzung, unter welcher sie allein in ein anderes Verhältniss zu Gott gesetzt werden können, so dass es demnach nur noch Sache der Menschen ist, von ihrer Feindschaft gegen Gott abzustehen, und die Gesinnung, welche Gott auch in seinem Zorn über die Sünden der Menschen immer gegen sie hatte, und durch den Tod Christi thatsächlich beurkundet hatte, in die ihrige übergehen zu lassen, oder nachdem Gott vermöge seiner gnädigen Gesinnung die Welt mit sich in Christus versöhnt hat, sich auch wirklich mit ihm versöhnen zu lassen. 2 Cor. 5, 20.

Wie der Tod Christi in Beziehung auf Gott genugthuend ist, so ist er in Beziehung auf die Menschen stellvertretend. Dass Christus ὑπὲρ ἡμῶν gestorben ist, ist der gewöhnlichste Ausdruck, mit welchem die Bedeutung seines Todes für die Menschen bezeichnet wird. Aus der Präposition ὑπὲρ kann zwar für sich der Begriff der Stellvertretung nicht abgeleitet werden, aber ebensowenig ist er davon auszuschliessen. Beide Begriffe, das für die Menschen und das an ihrer Stelle Geschehene gehen in einander über. Unter so vielen Stellen, in welchen von Christus gesagt wird, er sei διὰ τὰ παραπτώματα ἡμῶν gestorben, oder περὶ τῶν ἁμαρτιῶν ἡμῶν, oder ὑπὲρ τῶν ἁμαρτιῶν ἡμῶν, Röm. 4, 25. 5, 6. 8, 3. Gal. 1, 4. 1 Cor. 15, 3, enthält 2 Cor. 5, 15 am deutlichsten den Begriff der Stellvertretung. Der Apostel zieht aus dem Satz: εἷς ὑπὲρ πάντων ἀπέθανεν, die unmittelbare Folgerung: ἄρα οἱ πάντες ἀπέθανον. Er ist nicht blos für sie gestorben, sondern auch an ihrer Stelle, als der Eine an der Stelle Vieler, welche ebendarum, weil er für sie starb, ihre Stelle vertrat, nicht selbst wirklich gestorben sind, sondern in ihm, ihrem Stellvertreter, nur als gestorben betrachtet werden. Was an Christus geschehen ist, ist objectiv an allen geschehen. Die Idee der Stelle ist eine durch das Princip der Liebe V. 14 vermittelte Einheit Christi mit uns, vermöge welcher das, was er für uns gethan hat, ebensoviel ist, wie wenn wir es selbst gethan hätten; wie er in seinem Tode sich mit uns identificirt und als für uns sterbend sich an unsere Stelle gesetzt hat, so müssen auch wir uns an seine Stelle denken und als mit ihm gestorben betrachten. Diese Einheit des Ineinanderseins, in welchem der Eine in dem Andern lebt, wir mit Christus gekreuzigt sind, weil er für uns gekreuzigt ist, wir in ihm leben, weil er in uns lebt, Gal. 2, 20, ist der ächt paulinische Begriff der Stellvertretung. Diess ist daher auch die richtige Bedeutung der Präposition ὑπέρ. Es ist nicht das vage allgemeine Für, das bei allem Möglichen stehen kann, sondern der Ausdruck des innigsten unmittelbaren Eingehens in den Andern und des sich Versetzens in seine Stelle [1]).

Im Begriff der Stellvertretung liegt zweierlei, dass der Eine, welcher die Stelle Anderer vertreten soll, dasselbe ist, was sie sind, aber auch mehr als sie, etwas hat, was sie nicht haben, was aber ihn fähig macht, ihre Stelle zu vertreten. Ist Christus für die Sünden der Menschen gestorben, so muss er selbst ohne Sünde gewesen sein, damit sein Tod, der für ihn selbst kein Opfer sein konnte, für die Strafe der Sünden Anderer gelten konnte. Es ist daher nur die Entwicklung des Begriffs der Stellvertretung, wenn der Apostel V. 21 sagt, Gott habe den, der von keiner Sünde wusste als seiner eigenen That, für uns zur Sünde gemacht, d. h. zu einem mit der Sünde behafteten Subject, und somit auch zu einem solchen, an welchem die Sünde zu bestrafen ist. Um aber auf diese Weise die Sünden der Menschen in sich zu repräsentiren, musste er selbst ein Mensch sein, wie die, deren Stelle er vertreten sollte, nur konnte er in dem Einen ihnen nicht gleich sein, das für sie alle das Gemeinsame war, in der Sünde. Wenn er also auch eine σὰρξ hatte, so konnte sie doch keine σὰρξ ἁμαρτίας sein, sondern nur ein ὁμοίωμα σαρκὸς ἁμαρτίας. Indem Christus wurde, wie die Menschen waren, eine ἁμαρτία, ein Subject der Sünde, wurden sie durch ihn von der ἁμαρτία frei, der Strafe der Sünde, was die negative Bedingung der δικαιοσύνη θεοῦ war. So machte

1) Vgl. Zeitschr. für wiss. Theol. 2. Bd. 1859. S. 225.

ihn Gott zur ἀμαρτία, damit wir würden δικαιοσύνη θεοῦ ἐν αὐτῷ,
Subjecte dieser δικαιοσύνη. Diess ist also das Thatsächliche,
worauf das δικαιοῦσθαι ἐκ πίστεως beruht. Um des Todes Christi
willen werden die Sünden nicht zugerechnet. Das μὴ λογίζεσθαι
ist die ἄφεσις ἁμαρτιῶν, als ἀσεβής wird der Mensch ein δίκαιος,
so angesehen und behandelt, wie wenn er ohne Sünde wäre.
Die Bedingung dieses δικαιοῦν τὸν ἀσεβῆ ist auf der Seite des
Menschen der Glaube, dem Glaubenden λογίζεται ἡ πίστις αὐτοῦ
εἰς δικαιοσύνην. Im Glauben nimmt der Mensch das Object des
Glaubens in sich auf, wird mit ihm eins, was also Christus ist,
wird in seinem Theil auch er. Vgl. 2 Cor. 5, 19. Röm. 4, 5.

2) Bei dem anthropologischen Gesichtspunkt ist der Hauptbegriff wieder die σάρξ. In Stellen, in welchen der Apostel, wie
namentlich Röm. 6, 6 f. 8, 3, die practischen Folgerungen aus
der Thatsache des Todes Jesu zieht, liegt der Nerv seiner Argumentation darin, dass Christus um der Sünde willen ἐν σαρκὶ
gestorben sei. Die σάρξ und die ἁμαρτία werden in einem
solchen Verhältniss zu einander gedacht, dass was von der einen
gilt, auch von der andern gelten muss. Ist also in dem Tode
Jesu die σάρξ vernichtet, so ist in der σάρξ auch der Sünde die
Wurzel ihrer Existenz abgeschnitten, ihr die Basis ihres Daseins
genommen. Dabei kommt es aber ganz darauf an, in σάρξ die
Grundbedeutung des Leibs festzuhalten, ohne sie ist es nicht
möglich, sich die Anschauung des Apostels klar zu machen.
Tholuck erklärt Röm. 8, 3 so: er vollzog in derjenigen Sphäre,
aus welcher die Schwächung des Gesetzes hervorgieng, in der
sündlichen Menschennatur auch das Verdammungsurtheil. Unter
σάρξ sei die sündliche Menschennatur zu verstehen, welche
Christus auch, obwohl nur καθ' ὁμοίωμα besass; in derselben
Menschennatur, welche der Sünde diente, habe auch die Sünden-
herrschaft gebrochen werden sollen. Wie soll man sich aber
diess denken, wenn nicht für den vagen Ausdruck „die sündliche
Menschennatur“ sogleich der klare und bestimmte Begriff des

Leibes gesetzt wird? Daraus ergibt sich unmittelbar, dass unter κατέκρινε nichts anderes verstanden werden kann, als die Tödtung des Leibs. In dem Tode Christi widerfuhr dem Leib, was er als Sitz und Princip der Sünde verdiente, die Vernichtung durch den Tod, ebendamit ist aber auch, da der Leib das Princip der Sünde ist, die Sünde selbst in dem Tode Christi principiell vernichtet worden. Daher heisst es auch Röm. 8, 3 κατέκρινε τὴν ἁμαρτίαν, nicht ἐν τῇ σαρκὶ αὐτοῦ, sondern schlechthin und allgemein ἐν τῇ σαρκί.

Das auf diese Weise an dem Leib, als dem Princip der Sünde, in dem Tode Christi schlechthin und allgemein oder principiell Geschehene ist für den Apostel die Voraussetzung aller Argumentationen, in welchen er das ethische Sollen in Hinsicht der Sünde, der Pflicht, ihr abzusterben, als ein factisches Gestorbensein und ebendamit als Sache der unabweisbaren Nothwendigkeit darstellt. Das factisch Geschehene wird sodann von dem Apostel unter den Gesichtspunkt eines rechtlichen Verhältnisses gestellt. So lange die σάρξ lebt, hat sie das Recht, von allen, auf die sich ihre Herrschaft erstreckt, zu verlangen, dass sie das thun, was der natürliche Gegenstand ihres Strebens ist, dass sie der Sünde dienen. Da nun aber die σάρξ in dem Tode Christi vernichtet worden ist, so ist mit ihrem Tode auch das Recht der mit ihr wesentlich identischen Sünde erloschen. Ὁ γὰρ ἀποθανὼν δεδικαίωται ἀπὸ τῆς ἁμαρτίας, 6, 7. Denn wenn einer einmal gestorben ist, so kann die Sünde keinen Rechtsanspruch mehr an ihn machen. Einen solchen kann sie nur machen, so lange die σάρξ, mit welcher sie selbst wesentlich eins ist, existirt. Ist aber in dem Tode Christi die σάρξ so ertödtet, dass sie zu sein aufgehört hat, und sind in diesem Tode alle, die an Christus glauben, als mit ihm gestorben anzusehen, so haben alle diese als ἀποθανόντες mit der Sünde schlechthin nichts zu thun. Mit der σάρξ ist für sie jede Beziehung zur Sünde principiell aufgehoben, sie geht sie schlechthin nichts mehr an. Was

ist also klarer, als die Forderung μηκέτι δουλεύειν ἡμᾶς τῇ ἁμαρ-
τίᾳ? Röm. 6, 6. Und auf was anderem beruht diess unmittelbarer,
als auf dem καταργηθῆναι τὸ σῶμα τῆς ἁμαρτίας, und dieses selbst,
was kann es anders zu seiner Voraussetzung haben, als das 6, 6
in derselben streng logischen Gedankenfolge stehende συνεσταυ-
ρώθη? Wie die, die an Christus glauben, mit ihm eins sind,
so sind sie auch mit ihm gestorben, und wie er selbst das κατα-
κρίνειν τὴν ἁμαρτίαν ἐν τῇ σαρκὶ nur dadurch vollziehen konnte,
dass er leiblich starb, so sind somit auch die an ihn Glaubenden
leiblich gestorben und haben in dem Tode des Leibs die Sünde
principiell in sich aufgehoben oder den alten Menschen, den
psychischen, sarkischen, mit ihm gekreuzigt. Mit Tholuck sich
hier die Sünde als einen Gläubiger vorzustellen, der an den alten
Menschen gewisse Forderungen macht, von welchen der neue
befreit ist, ist nicht der richtige Gesichtspunkt. Die einfache
Anschauung ist das Recht der σάρξ, so lange der mit ihr identische
Leib lebt, der Sitz und das Princip der Sünde zu sein. Dabei
fragt sich freilich noch, wie dieses Recht der ἁμαρτία auf die
σάρξ in der σάρξ Christi aufgehoben sein kann, wenn doch die
σάρξ Christi selbst keine σάρξ ἁμαρτίας war? In jedem Fall hat
diese anthropologische Anschauung dieselbe Bedeutung, wie die
auf den juridischen Begriff der Stellvertretung gegründete, und
wenn diess bisher nicht ebenso beachtet worden ist, so hat es
nur in der Unbestimmtheit der Vorstellung seinen Grund, die man
sich gewöhnlich von der σάρξ im paulinischen Sinne macht. Nach
der einen Anschauung wie nach der andern ist der Mensch durch
die Vermittlung des Glaubens mit dem gestorbenen Christus so sehr
eins, dass das ihn mit der Sünde verknüpfende Band als gelöst,
somit er selbst als δίκαιος anzusehen ist.

Dem Tode Christi als der objectiven Thatsache, auf welcher
die Rechtfertigung beruht, setzt der Apostel auch die Auferstehung
Christi zur Seite Röm. 4, 25. Was sonst dem Tode Christi für
sich zugeschrieben wird, ist zwischen Tod und Auferstehung so

getheilt, dass dem Tod nur das Negative zukommt, die Hinweg-
räumung der Sündenschuld, der Auferstehung die auf dem
Grunde derselben geschehene Gerechterklärung, oder der Tod
Christi bezieht sich auf das Thatsächliche, die Aufhebung der
Schuld, und die Auferstehung auf das darüber ausgesprochene
Urtheil Gottes. Tod und Auferstehung gehören so zusammen,
dass die durch den Tod bewirkte δικαίωσις durch die Auferstehung
vollendet ist, sofern Gott Christus nicht auferweckt haben könnte,
wenn er nicht durch die Auferstehung hätte erklären wollen,
dass die δικαίωσις durch den Tod geschehen sei. Unbestimmt
werden 2 Cor. 5, 15 Tod und Auferstehung zusammengenannt.
Wenn dagegen Röm. 6, 4 gesagt wird, wie Christus von den
Todten erweckt ist, sollen auch wir in einem neuen Leben wandeln, so erhellt aus dem Folgenden, dass sich der Apostel dieses
neue Leben durch das Hineinleben in die Auferstehung Christi,
das σύμφυτον γεγονέναι τῆς ἀναστάσεως, vermittelt dachte. Ähnlich verhält es sich Röm. 6, 8 mit dem Zusammenhang der Auferstehung Christi mit der einstigen unsern. Aus Röm. 8, 1 f.
ist zu sehen, dass der uns inwohnende Lebensgeist des Auferstandenen unsere Auferstehung vermitteln soll. Nehmen wir
hiezu die Stellen Röm. 5, 10. 8, 34. 1 Cor. 15, 12—22. 2 Cor.
4, 14, so ergibt sich als die paulinische Lehre: Durch die Auferstehung Christi ist nicht blos seine göttliche Sendung beglau-
bigt, sondern auch Christus selbst befähigt worden, mittelst
seiner Vertretung bei Gott unsere Rechtfertigung und mittelst
der Aussendung seines Geistes unser neues Leben zu bewirken. Diess hängt jedoch schon mit einer andern Ideenreihe
zusammen.

3) Der Apostel stellt sich auch hier wieder auf den religionsgeschichtlichen Standpunkt. In dem ganzen Gang der Entwicklung
der Menschheit ist es objectiv begründet, dass der Weg des
Heils nicht das δικαιοῦσθαι ἐξ ἔργων νόμου, sondern das δικαιοῦσθαι
ἐκ πίστεως ist. Er will nicht blos der These des Judenthums seine

Antithese gegenüberstellen, sondern auch die Wahrheit seiner Behauptung auf eine dem religiösen Bewusstsein des Juden selbst einleuchtende Weise darthun. Diess kann nur dadurch geschehen, dass er auf das alte Testament zurückgeht, um an der dem Juden im alten Testament objectiv gegebenen Geschichtsanschauung nachzuweisen, dass das Gesetz und alles, was mit ihm zusammen- hängt, nicht die absolute Bedeutung hat, die ihm der Jude gibt, sofern es zwar eines der Momente ist, durch die sich der allge- meine Gang der Entwicklung hindurchbewegt, diese aber ihre untergeordnete, secundäre Bedeutung nur so lange haben, bis sie selbst wieder durch die höhere, nach ihnen kommende Ordnung negirt und aufgehoben werden. So schroff daher der Gegensatz des Apostels zum Gesetz und Judenthum ist, so will er es doch keineswegs blos schlechthin negiren, sondern vielmehr nur als das, was es wesentlich ist, begreifen. Begreift man, was das Gesetz im Zusammenhang der alttestamentlichen Offenbarung ist, so ist ebendamit der von dem Apostel verkündigte Heilsweg für das religiöse Bewusstsein der Juden zurechtgelegt, und als ein Resultat der geschichtlichen Entwicklung aufgefasst, das in der religiösen Weltanschauung des Juden durch die innere Nothwen- digkeit der Sache selbst begründet ist. Für diesen Zweck weist der Apostel Röm. 4, 1 f. auf Abraham zurück. Was sollen wir sagen, dass Abraham unser Vater erlangt habe nach dem Fleisch, d. h. durch das äussere an seinem Leibe geschehene Werk der Beschneidung? Denn wenn Abraham durch Werke gerecht geworden wäre, so hätte er etwas, dessen er sich rühmen kann, allein so verhält er sich nicht zu Gott, die Schrift sagt ja: Abra- ham glaubte Gott und es wurde ihm zur Gerechtigkeit gerechnet. Indem dem Abraham sein Glaube zugerechnet wurde, und zwar solange er noch unbeschnitten war, wurde er ein Vater aller, die in der Vorhaut glauben, so dass auch ihnen die Gerechtigkeit zugerechnet wird. Wir sehen also schon in Abraham den Glau- ben über dem Gesetz stehen.

Noch mehr aber zeigt sich die untergeordnete Bedeutung
des Gesetzes an demjenigen, was der Glaube zu seinem Object
hat. Das Object des Glaubens ist die göttliche Verheissung.
Abraham glaubte an die ihm gegebene Verheissung. Ihm oder
seinen Nachkommen wurde der Besitz der Welt verheissen.
Diesen Besitz sollten sie aber nicht durch das Gesetz, sondern
die Glaubensgerechtigkeit erhalten, wie es der Natur der Sache
nach nicht anders sein konnte; denn wenn sie ihn auf dem
Wege des Gesetzes durch Beobachtung desselben hätten erlangen sollen, so hätten ja Glaube und Verheissung gar keine
Bedeutung gehabt, der Glaube wäre leer gewesen, er hätte
nichts zu seinem Inhalt und Object gehabt, und die Verheissung
wäre aufgehoben worden. Denn das Gesetz bewirkt Zorn, d. h.
das Gegentheil der Gesinnung, aus welcher die Verheissung hervorgeht, weil Gesetz und Sünde correlate Begriffe sind, so dass,
wo kein Gesetz auch keine Übertretung ist, und wo Gesetz auch
Sünde und Strafe, das strafende Missfallen Gottes. Weil also
das Gesetz hier nichts zu thun hat, sollen sie den Besitz nicht
auf dem Wege des Gesetzes, sondern des Glaubens erlangen,
damit sie ihn in Gemässheit der Gnade erlangen, auf dass die
Verheissung ihre Gültigkeit hätte für alle Nachkommen, nicht
blos für die aus dem Gesetz, sondern auch für die aus dem Glauben Abrahams, welcher der Vater ist von uns allen, wie geschrieben steht: ich habe dich zum Vater vieler Völker gemacht, vor
Gott, welchem er glaubte als dem, der die Todten lebendig
macht, und was nicht ist, in's Dasein ruft. Das Gesetz kommt
also bei allem diesem gar nicht in Betracht.

Dass es mit dem Gesetz sich so verhält, dass es im Zusammenhang der alttestamentlichen Religionsverfassung nur eine
untergeordnete secundäre Stellung hat, in welcher es ebenso
tief unter dem Christenthum steht, als unter der dem Abraham
gegebenen Verheissung, in welcher ja nur voraus schon ausgesprochen ist, was im Christenthum zu seiner vollen Realität

kommen sollte, diess zeigt der Apostel Gal. 3, 6 f. in einer Argumentation, in welcher der Apostel auch wieder ausgehend von
der Glaubensgerechtigkeit Abrahams und seiner Verheissung als
allgemein anerkannte Wahrheit den Grundsatz voranstellt, dass
niemand das Recht habe, eine rechtskräftige Willensbestimmung
aufzuheben, oder etwas zu ihr hinzuzuthun. Gilt diess von einer
menschlichen, so muss es noch mehr von einer göttlichen gelten.
Dem Abraham nun aber sind als ein Gotteswort die Verheissungen
gesagt und seinem Samen, und zwar so bestimmt τῷ σπέρματι
αὐτοῦ, dass sie nur auf Christus gehen können. Diese in Beziehung auf Christus gegebene Willensbestimmung kann daher
nicht durch das erst nachher gegebene Gesetz ungültig gemacht
werden, so dass die Verheissung aufgehoben würde. Aufgehoben
wäre nämlich die Verheissung; denn obgleich auch das Gesetz Segen
verheisst, so dass die, welche das Gesetz halten, ein Erbtheil zu
erwarten haben, so ist doch diese κληρονομία oder Seligkeit formell eine ganz andere. Kommt die κληρονομία aus dem Gesetz,
so ist sie durch die Beobachtung des Gesetzes bedingt, kann also
immer nur soweit zu Theil werden, als das Gesetz wirklich gehalten wird, und da das Gesetz immer nur so mangelhaft gehalten
wird, so ist die κληρονομία ἐκ νόμου so gut wie keine, während
dagegen die Seligkeit in Folge der Verheissung auch eine völlig
freie, an keine Bedingung gebundene ist, sie ist nur Sache der
Gnade. Als eine Seligkeit in diesem Sinne wollte aber Gott dem
Abraham die ihm verheissene ertheilen, ebendesswegen weil sie
δι' ἐπαγγελίας κεχάρισται V. 18.

Aber was soll denn, diese Frage dringt sich hier auf, das
Gesetz, so betrachtet, noch sein? Neben der Verheissung kommt
es ja gar nicht in Betracht, steht sogar in Widerstreit mit ihr.
Die Hauptantwort, die der Apostel darauf gibt, ist in dem Satze
V. 19 enthalten: τῶν παραβάσεων χάριν ἐτέθη, die in Übertretungen sich äussernde Sünde habe erst am Gesetz ihren Verlauf
nehmen müssen. Da diess kein absoluter Zweck sein kann, so

ist schon hiemit gesagt, dass das Gesetz nur eine relative, für
eine bestimmte Periode geltende, blos vermittelnde Bedeutung
hat. Mit dieser steht es zwischen der Verheissung und der Erfüllung mitten inne, und was es in dieser Stellung wesentlich ist,
wird nun durch die Begriffe des μεσίτης und des παιδαγωγός
näher bestimmt. Dass das Gesetz von Hause aus einen rein vermittelnden Charakter hat, weist der Apostel an der Art und
Weise nach, wie es gegeben wurde, nicht unmittelbar von Gott,
sondern durch Engel als untergeordnete Mittelwesen und durch
Moses, von welchem Lev. 26, 46. Deut. 5, 5 gesagt wird, dass
er bei der Gesetzgebung mitten inne stand zwischen Gott und
den Kindern Israel. In diesem Sinne war also Moses ein μεσίτης;
zum Begriff eines solchen μεσίτης aber gehört es, dass er zwischen
zwei gleichsam getheilt keine über den Gegensätzen stehende
Einheit ist. Denselben Charakter eines μεσίτης trägt nun auch
das Gesetz an sich, sofern es nach der einen Seite der Verheissung, nach der andern der Erfüllung gegenübersteht und so in
seiner nach zwei Seiten hin getheilten und auseinandergehenden
Stellung nur dazu da ist, Verheissung und Erfüllung auseinanderzuhalten. Aber nur auf dem untergeordneten Standpunkt des
Gesetzes treten so Verheissung und Erfüllung in der ganzen Weite
ihres Unterschieds auseinander, in Gott ist dieser Unterschied
nicht, er ist selbst die Einheit der Verheissung und Erfüllung,
sofern es für ihn, den stets sich selbst gleichen und mit sich
identischen keines solchen Verheissung und Erfüllung erst durch
den Unterschied vermittelnden Moments bedarf, wie das Gesetz
für die Menschen ist. Wenn nun das Gesetz zwischen Verheissung und Erfüllung so dazwischen tritt, wie wenn es nur dazu
da wäre, beide auseinanderzuhalten, so muss man fragen, verhält
es sich so negativ zu den Verheissungen, dass es sogar im Widerspruch zu ihnen steht, und die Heilszwecke Gottes, statt sie
zu befördern, vielmehr hintertreibt? In Widerspruch käme das
Gesetz mit den Verheissungen, wenn die Seligkeit, die als

Gegenstand der Verheissungen auch nur eine Folge derselben sein soll, durch das Gesetz gegeben würde. Dann könnte man sagen: wozu die Verheissungen, wenn man das, was sie verheissen, auch ohne sie erhalten kann? Wozu eine δικαιοσύνη ἐκ πίστεως, wenn es eine δικαιοσύνη ἐξ ἔργων νόμου gibt. Allein ein solcher Widerspruch findet nicht statt, weil es keine δικαιοσύνη ἐκ νόμου gibt, und eine solche gibt es nicht, weil kein Gesetz gegeben ist, das die Kraft hat, selig zu machen.

Eine δικαιοσύνη ἐκ νόμου gibt es so wenig, dass vielmehr die Schrift schlechthin alles als Sünde zusammenfasst, unter diesen Begriff stellt und darüber nicht hinausgehen lässt, d. h. aus der Schrift ist zu sehen, dass in der ganzen Periode der Herrschaft des Gesetzes unter Juden und Heiden ohne Ausnahme und Unterschied nur die Sünde herrschte, und zwar ist diess geschehen, damit die Verheissung aus dem Glauben Jesu Christi gegeben würde den Glaubenden. Kann durch den Gegensatz, in welchem das Gesetz zu der Verheissung steht, diese selbst nicht aufgehoben werden, erscheint nicht die Verheissung neben dem Gesetz, sondern nur das Gesetz neben der Verheissung als das Überflüssige, so muss man um so mehr fragen, was das Gesetz ist und wozu es überhaupt da ist. Da unter dem Gesetz nur die Herrschaft der Sünde ist, so kann das Wesen des Gesetzes nur aus seiner Beziehung zur Sünde erklärt werden, und da der höchste Endzweck Gottes nur dahin geht, die Verheissung in dem Glauben an Christus in Erfüllung zu bringen, so kann auch das Gesetz, wenn es geschichtlich begriffen werden soll, in seiner Beziehung zur Sünde nur dazu dienen, diesen Übergang von der Verheissung zur Erfüllung zu vermitteln. Nach der Absicht Gottes sollte die Verheissung durch den Glauben in Erfüllung gehen, aber es geschieht diess nicht unmittelbar, dem Glauben gehen das Gesetz und die Sünde voran, ehe der Glaube kam, würden wir unter dem Gesetz wie in einem Gefängniss zusammen eingeschlossen gehalten auf den Glauben hin, welcher erst in

der Zukunft offenbar werden sollte. So ist nun das Gesetz unser
Zuchtmeister gewesen bis auf Christus, damit wir durch den
Glauben gerechtfertigt werden. Alles also, was das Gesetz in
seiner Stellung zwischen Verheissung und Erfüllung ist, ist es
als νόμος παιδαγωγός, und da es in dieser Stellung als ein in
diese Entwicklungsreihe gehörendes Glied selbst nur die Bedeutung eines vermittelnden Moments haben kann, so muss es eben
in dieser Beziehung der νόμος παιδαγωγὸς sein.

Gewöhnlich denkt man sich die Aufgabe des Gesetzes als
eines Erziehers in dem Sinne, wie wenn das Gesetz durch die
Erweckung des innern Bedürfnisses der Erlösung auf Christus
hätte hinführen sollen. Wenn aber der νόμος ein παιδαγωγὸς εἰς
Χριστὸν genannt wird, so soll durch εἰς nur die bis auf Christus
dauernde pädagogische Bestimmung des Gesetzes ausgedrückt
werden; worin aber diese besteht, ist damit noch nicht gesagt.
Auch davon kann man sie nicht verstehen, dass das Gesetz in
dieser Zwischenzeit von Übertretungen zurückhalten und ihnen
eine Schranke setzen sollte. Diess wäre nur unter der Voraussetzung möglich, dass auch die Worte V. 19 τῶν παραβάσεων
χάριν προσετέθη in diesem Sinne zu nehmen sind. Da aber diess
nicht der Fall ist, so kann auch dem νόμος παιδαγωγὸς nur eine
jenen Worten entsprechende Bedeutung gegeben werden. Das
Zuchtmeisteramt des Gesetzes kann nur darin bestehen, dass es
dem Menschen die Sünde vorhält und zum Bewusstsein bringt,
jedoch nicht um durch das Sündenbewusstsein das Bedürfniss der
Erlösung zu wecken, sondern nur um den Menschen in die volle
Wirklichkeit der Sünde hineinzustellen, und ihn von ihrer Macht
so umschlossen und gefangen gehalten werden zu lassen, dass
er wie gebannt aus dem vom Gesetz um ihn gezogenen Kreis
nicht herauskommen kann. Wenn man nun auch es sich nicht
anders denken kann, als dass dem Menschen in diesem Zustand
das Gefühl der Erlösungsbedürftigkeit erwacht, so schreibt doch
der Apostel diess nicht der Wirksamkeit des Gesetzes zu. Unter

dem Gesetze befindet sich der Mensch nur im Zustand der Ge-
fangenschaft und der Unfreiheit, er fühlt sich durch das Gesetz
beengt und gedrückt, wie der Knabe durch die Disciplin und den
Ernst des Pädagogen. Dieser pädagogische Zustand unter dem
Gesetz hört erst auf, wenn der Glaube als neues Moment in
diese Entwicklungsreihe eintritt. Da nun in dem Glauben sich
nur verwirklicht, was an sich schon in der Verheissung enthalten
ist, der Glaube nur die erfüllte, die realisirte Verheissung ist,
so ist das zwischen beiden stehende, sie auseinander haltende
und vermittelnde Gesetz eines dieser drei Momente, so stellen
sich die drei: Verheissung, Gesetz und Glaube von selbst in ihrem
Verhältniss zu einander unter den Gesichtspunkt eines in seinen
bestimmten Momenten verlaufenden Entwicklungsprocesses. Das
Gesetz muss zuvor dazwischen treten, weil die Zeit noch nicht
da ist, in welcher die ἐπαγγελία in der πίστις in Erfüllung geht,
und die Zeit hiezu ist desswegen nicht da, weil auch in der religiösen Entwicklung der Menschheit im Grossen, wie im Leben
des einzelnen Menschen alles seine bestimmte Zeit hat. Diese
Ansicht liegt schon der Vergleichung des Gesetzes mit einem
Pädagogen zu Grunde. Wie der Pädagog dem Knaben dazu bei-
gegeben ist, um ihm in der Periode seiner Unmündigkeit und
Unselbstständigkeit das vorzuhalten, was er thun oder lassen
soll, so ist auch die Gesetzesperiode diejenige, in welcher die
Menschheit in ihrer Abhängigkeit vom Gesetz sich gleichsam
noch im Zustand des Knabenalters befindet. Abhängigkeit ist so
viel als Unfreiheit und Knechtschaft. Gesetz und Glaube verhalten sich zu einander, wie Knechtschaft und Freiheit, oder
wie sich der Sklave zum Sohn und Erben des Hauses verhält.

Auch dieses Verhältniss sieht der Apostel in Abraham vor-
gebildet, in seinen beiden Söhnen Ismael und Isaak. Jener, der
Sohn der Sklavin, der geborene Sklave, stellt das Gesetz in sich
dar, weil das Gesetz den Menschen nur in ein unfreies Verhältniss zu Gott setzen kann. Isaak, der von der freien Sara und

noch überdiess in Folge einer besondern göttlichen Verheissung
Geborene ist der Typus der Christen als der τέκνα τῆς ἐπαγγελίας.
Der Eine ist Sohn im eigentlichen äussern Sinn, der andere im
uneigentlichen, höhern geistigen, und die Mütter dieser beiden
Söhne repräsentiren die beiden Religionsverfassungen, die Hagar
das jetzige Jerusalem, die Sara das obere himmlische. Dieses
obere Jerusalem ist als das freie unsere Mutter, sofern wir als
Christen uns in unserm christlichen Bewusstsein frei vom Gesetz
wissen. In Beziehung auf die Galater, die zuvor Heiden waren,
hebt der Apostel noch besonders hervor, dass auch ein Erbe
nicht sogleich im vollen Sinne Erbe sei, sondern solange er noch
unmündig, auch nur wie ein Sklave, und noch unter Aufsehern
und Verwaltern steht. Analog ist das Gesetz die der Unmündig-
keitsperiode der Menschheit angehörende Religionsform.

In demselben Sinne rechnet der Apostel das Judenthum als
Gesetzesreligion zu den στοιχεῖα τοῦ κόσμου. Er bezeichnet mit
diesem Ausdruck Gal. 4, 3, wo er von den Galatern sagt, sie
seien, solange sie in ihrem vorchristlichen Zustand noch unmündig waren, unter die στοιχεῖα τοῦ κόσμου geknechtet gewesen,
zunächst die heidnische Religion, aber auch das Judenthum
rechnet er dazu, wenn er V. 9 sich darüber wundert, wie die
Galater im Begriff, vom Christenthum zum Judenthum abzufallen,
sich zu den ἀσθενῆ καὶ πτωχὰ στοιχεῖα zurückwenden können.
Die στοιχεῖα τοῦ κόσμου sind die physischen Elemente und Substanzen, als Grundlage der heidnischen Naturreligion; so sind
die στοιχεῖα namentlich die Gestirne. Auch die jüdische Religion
hat in so Vielem, in ihren Symbolen und Ceremonien, in ihren
Festgebräuchen und Speisegesetzen, in so manchen Satzungen,
wie auch in ihrer Beschneidung, denselben Naturcharakter. Der
Apostel konnte sie nicht tiefer degradiren als durch diese Gleichstellung mit der heidnischen. Das Natürliche, Materielle, Sinnliche ist in beiden so sehr die Grundanschauung und das Princip
des religiösen Bewusstseins, dass der Mensch darin noch ganz

in seinem unfreien Verhältniss zu Gott sich darstellt. Er hat
noch kein geistiges Gottesbewusstsein, kennt Gott noch nicht als
das, was er wahrhaft ist, als Geist. Da der Apostel diesen Zustand der Unfreiheit auch die Periode der Unmündigkeit nennt,
Gal. 4, 3, so spricht er hiemit selbst die Ansicht aus, der Gang
der religiösen Entwicklung der Menschheit bringe es so mit sich,
dass der Mensch sich zuerst in dem Zustand der Abhängigkeit
theils von der äussern materiellen Natur, theils von einer solchen
Macht, wie das Gesetz ist, befindet, und erst von der Natur zum
Geist, von der Knechtschaft zur Freiheit sich erhebt. Das Gesetz
ist selbst ein Moment dieses Entwicklungsgangs, als solches
steht es nicht sowohl hemmend als vermittelnd zwischen der
Verheissung und dem Glauben. Dieselbe Periode des Gesetzes
ist es, in welcher Sünde und Tod die in der Menschheit herrschenden Mächte sind, es ist die von Adam repräsentirte Seite
der Menschheit. Von dieser aber sagt der Apostel 1 Cor. 15, 46,
dass nicht zuerst das Geistige, sondern das Psychische das in der
Menschheit wirkende Princip sei.

   Der Apostel unterscheidet somit überhaupt zwei grosse
Entwicklungsperioden der Menschheit, deren Verhältniss zu einander auf dem allgemeinen Gegensatz der Principien beruht, die
in der menschlichen Natur zu unterscheiden sind. Das Gesetz
gehört seinem ganzen Charakter nach der ersten Periode an, in
welcher der Mensch noch in der Sphäre des materiellen sinnlichen
Lebens, auf der Stufe der Abhängigkeit und Knechtschaft sich
befindet. Erst nachdem diese Periode ihren Verlauf genommen
hatte, konnte das Christenthum zu der ihm bestimmten Zeit in
die Weltgeschichte eintreten. Als das πλήρωμα der Zeit gekommen war, sagt der Apostel Gal. 4, 4, sandte Gott seinen Sohn.
Durch den Sohn Gottes werden auch wir Söhne Gottes, und in
Beziehung darauf, dass wir Söhne sind, hat Gott den Geist seines
Sohns in unsere Herzen gesandt. In dem Bewusstsein also, dass
wir Söhne Gottes sind, nicht Knechte und Unmündige, wie unter

dem Gesetz, ist erst ein wahrhaft geistiges Verhältniss zwischen Gott und dem Menschen entstanden. Obgleich der Apostel im Christenthum nur etwas Übernatürliches, eine unmittelbare Veranstaltung Gottes sieht, so bestrebt er sich doch recht sichtbar, es geschichtlich zu begreifen. Alle jene Gegensätze, aus deren Gesichtspunkt der Apostel das Christenthum betrachtet, wie zwischen Knechtschaft und Freiheit, Unmündigkeit und Mündigkeit, Sünde und Gnade, Tod und Leben, Fleisch und Geist, dem ersten und zweiten Adam, schliessen auch die Idee eines geschichtlichen Entwicklungsgangs in sich.

Ebendarauf bezieht sich, was der Apostel Gal. 4, 4 sagt, Gott habe, als die Erfüllung der Zeit gekommen, seinen Sohn gesandt, geboren von einem Weibe, geboren unter dem Gesetz, d. h. er stellte ihn ganz in die geschichtliche Entwicklung hinein, in welcher die eine Periode in die andere übergieng. Daher trug er auch noch den Charakter der ersten Periode an sich. Geboren wie ein Mensch, stand er unter dem Gesetz; auch an ihn machte das Gesetz dieselbe Forderung, wie an alle Menschen, er wurde sogar zum Fluch des Gesetzes, aber nur um die Menschen als frei vom Gesetz zu Söhnen Gottes zu machen. Wie es also im Wesen der menschlichen Natur liegt, dass der Mensch vom unmündigen Knaben und Jüngling zum selbstständigen reifen Mann, vom Unfreien zum Freien, vom Knecht zum Sohn wird, so ist Christus in der dazu bestimmten Zeit, d. h. in der Zeit, in welcher die Menschheit dazu reif geworden war, als Sohn in sie eingetreten. So betrachtet ist das Christenthum nicht blos etwas äusserlich in die Menschheit Hereingekommenes, sondern eine Stufe der religiösen Entwicklung, welche aus einem innern, der Menschheit immanenten Princip hervorgegangen ist, der Fortschritt des Geistes zur Freiheit des Selbstbewusstseins, in deren Periode er erst, wenn er die Unfreiheit und Knechtschaft überwunden hat, eintreten kann.

Aus dem Gesichtspunkt desselben Gegensatzes, in welchem

die beiden hier charakterisirten Perioden der Entwicklungsgeschichte der Menschheit einander gegenüberstehen, sind nun auch die beiden das δικαιοῦσθαι betreffenden Sätze zu betrachten. So tief die erste Periode unter der zweiten steht, so negativ sie sich zu ihr verhält, in demselben Verhältniss steht das δικαιοῦσθαι ἐξ ἔργων νόμου zu dem δικαιοῦσθαι ἐκ πίστεως. Wer auf der Stufe des christlichen Bewusstseins steht, ist über die ἔργα νόμου, als einen überwundenen Standpunkt, weit hinweg, die Thatsache des Todes Christi hat ihn von den Anforderungen des Gesetzes frei gemacht, und im Glauben an diesen Tod ist das Princip der Sünde, die am Gesetz erst zu ihrer vollen Realität gekommen ist, so ertödtet, dass er sich zu Gesetz, Fleisch und Sünde völlig frei verhält.

Dass der Mensch durch Glauben nicht durch Werke gerechtfertigt wird, ist demnach der aus der bisherigen Entwicklung sich ergebende Hauptsatz des Apostels. Dieser Satz ist nun zwar in seiner thatsächlichen, anthropologischen und religionsgeschichtlichen Begründung dargelegt und als die auf diesem dreifachen Grunde beruhende Antithese der These des Judenthums gegenüber gestellt. Es bedarf aber gleichwohl noch einer genauern Bestimmung, um das Verhältniss der πίστις zu dem δικαιοῦσθαι und zu den ἔργα im Sinne des Apostels richtig aufzufassen.

Geht man davon aus, dass das δικαιοῦσθαι ἐκ πίστεως auf dem Punkt, welcher zunächst zu fixiren ist, wenn man den Process desselben nach seinen einzelnen Momenten betrachtet, ein λογίζεσθαι ist, sofern dem Glaubenden λογίζεται ἡ πίστις αὐτοῦ εἰς δικαιοσύνην, eine Zurechnung, bei welcher der Mensch nur so angesehen wird, wie wenn er etwas hätte, was er nicht wirklich hat, so bleibt zwischen dem Subject, von welchem die δικαιοσύνη prädicirt wird, und dem Prädicat, das ihm gegeben wird, noch ein Missverhältniss zurück, über das sich das sittlich religiöse Bewusstsein noch verständigen muss. Wenn von

dem δικαιοῦσθαι ἐξ ἔργων νόμου die Rede ist, so wird vorausgesetzt, dass die ἔργα νόμου in einem adäquaten Verhältniss zu
der δικαιοσύνη stehen, beide wie Ursache und Wirkung sich zu
einander verhalten, was der Apostel Röm. 4, 4. als den μισθός
des ἐργάζεσθαι und als das οὐ λογίζεσθαι κατὰ χάριν, sondern
κατὰ ὀφείλημα bezeichnet. Bei dem δικαιοῦσθαι ἐκ πίστεως ist
diess nicht ebenso, und doch kann auch dabei die sittliche Idee,
die dem δικαιοῦσθαι ἐξ ἔργ. νόμου zu Grunde liegt, nicht aufge-
geben werden. Es ist dem Apostel sehr darum zu thun, die
Idee des Sittlichen auch für seine Rechtfertigungstheorie festzuhalten und ihr selbst den Begriff des νόμος zu vindiciren. Der
höchste Ausdruck für den paulinischen Begriff der Rechtfertigung ist daher der νόμος τοῦ πνεύματος τῆς ζωῆς, Röm. 8, 2.
Das Gesetz des Geistes, d. h. der Geist als das die ganze Richtung des Menschen bestimmende Princip, das Princip des christlichen Bewusstseins als das Lebensprincip für die, die im Glauben an Christus nur in ihm das Princip ihres geistigen Lebens
haben können, hat mich, sagt der Apostel, von dem Gesetz der
Sünde und des Todes befreit. In dem πνεῦμα wird erst die πίστις,
die zwar die nothwendige Voraussetzung des πνεῦμα ist, sofern
man das πνεῦμα ἐξ ἀκοῆς πίστεως erhält, Gal. 3, 2, die aber zu
ihm im Grunde sich nur verhält, wie die Form zum Inhalt, zur
lebendigen Wirklichkeit des mit seinem positiven Inhalt erfüllten
christlichen Bewusstseins. In ihm vollendet sich daher erst der
ganze Rechtfertigungsprocess. Das wahrhaft christliche δικαιοῦσθαι ist nun nicht mehr ein δικαιοῦσθαι ἐκ πίστεως in dem Sinn, in
welchem dem πιστεύων ἐπὶ τὸν δικαιοῦντα τὸν ἀσεβῆ seine πίστις
nur λογίζεται εἰς δικαιοσύνην, wobei das Verhältniss des Gerechtfertigten zu Gott immer noch auf einer blos vorgestellten δικαιοσύνη beruht, sofern er als ein ἀσεβής, wie er an sich ist, von dem
δικαιῶν nur als ein δίκαιος angesehen und dafür erklärt wird,
sondern es ist ein wahrhaft reelles δικαιοῦσθαι, weil er in dem
νόμος τοῦ πνεύματος, in dem πνεῦμα als dem in ihm wirkenden

Princip in der That und Wahrheit in das der sittlichen Idee entsprechende Verhältniss zu Gott gesezt ist. Was in dem als Gerechtigkeit angerechneten Glauben blos noch ein äusseres Verhältniss ist, ist durch die Vermittlung des πνεῦμα, in welchem Gott seinen Geist den Menschen mittheilt, in welchem als dem Geiste Christi er in dem Menschen wohnt, Röm. 8, 9, ein wahrhaft inneres geworden, ein Verhältniss des Geistes zum Geist, in welchem der Geist, als das Princip des subjectiven Bewusstseins, mit seinem objectiven Grunde, dem Geiste Gottes, als dem Geiste Christi sich zur Einheit zusammenschliesst. Das δικαίωμα τοῦ νόμου, der sittliche Gehalt des Gesetzes als die sittliche That des Menschen, ist dadurch erfüllt und realisirt, dass die Gerechtfertigten nicht nach dem Fleisch, sondern nach dem Geist wandeln, welches Wandeln nach dem Geist kein ἐμμένειν ἐν πᾶσι τοῖς γεγραμμένοις u. s. w. Gal. 3, 10 ist, was auch so eine stets unmögliche sittliche Forderung bleibt; aber an die Stelle dieser blos quantitativen Gesetzeserfüllung ist die qualitative getreten, welche in dem Geist als dem Princip der Gesetzeserfüllung oder des sittlichen Verhaltens, in der Totalität der Gesinnung auch die Totalität des Gesetzes, das δικαίωμα τοῦ νόμου in diesem Sinne hat. Das auf diese Weise erfüllte δικαίωμα τοῦ νόμου ist die in dem Menschen realisirte δικαιοσύνη θεοῦ, welche als die δικαιοσύνη auch die ζωή ist, und das δίκαιος ἐκ πίστεως ζήσεται, worin der Apostel den ganzen Inhalt seiner Rechtfertigungslehre zusammenfasst, ist schon jetzt zur Wahrheit und Wirklichkeit geworden. Röm. 8, 9 — 17.

Der Geist ist also das Band, in welchem in der Rechtfertigung Gott und Mensch eins werden; die Voraussetzung aber, unter welcher allein dieses Band geknüpft werden kann, ist der Glaube. Der Glaube ist daher selbst dieses Band und was vom Geist gilt, gilt auch vom Glauben. Der Glaube ist das Band einer Lebensgemeinschaft mit Christus, in welcher Christus so in uns lebt, dass alles, was an uns nur endlich ist, nur unserem

selbstischen Ich angehört, von uns abgethan ist, wir nicht mehr
uns, sondern nur ihm leben, Gal. 2, 20. Das Leben im Glauben
ist sowohl ein Leben im Fleisch als das Leben Christi in uns, der
Glaube als das Band der Einheit mit Christus ist das Vermittelnde
zwischen dem Einen und dem Andern. Was dem Glauben diese
Kraft der Einigung mit Christus gibt, ist die Liebe, mit welcher
er für uns gestorben ist, 2 Cor. 5, 14. Alles Particuläre, Individuelle, Selbstische, ist in Christus aufgehoben zur Allgemeinheit eines geistigen Princips in dem Gedanken an seine aufopfernde hingebende Liebe. Wie diese Liebe Christi selbst ausgeht von der Liebe Gottes, der ihn für uns sterben liess, Röm.
5, 5, so kann sie auch in uns nur Liebe wecken, so bald sie
durch den Glauben in uns aufgenommen ist; der Glaube selbst
aber geht in Liebe über als die πίστις δι' ἀγάπης ἐνεργουμένη,
Gal. 5, 6. In der Liebe, deren Element der Glaube von Anfang
an in sich hat, hat er auch ein ächt praktisches Princip in sich.
Was er als Glaube an sich ist, muss er auch praktisch werden
in der Liebe, sie ist der praktische Glaube selbst. Die Liebe ist
in ihrem Zusammenhang mit dem Glauben auch darum ein wichtiges Moment des paulinischen Lehrbegriffs, weil in ihr das
durch den Tod Christi aufgehobene Gesetz nur in höherer Bedeutung wieder aufgenommen wird. Die Liebe ist ja der ganze
Inbegriff des Gesetzes, in ihr wird das Gesetz zum Gesetz Christi
selbst. Gal. 5, 14. 6, 2. vgl. 1 Cor. 9, 21.

Es erhellt schon hieraus, dass der paulinische Begriff des
Glaubens nicht zu abstract gefasst werden darf, wenn er mit
dem ganzen Zusammenhang, in welchem der Apostel seine Lehre
als den Inhalt seines christlichen Bewusstseins entwickelt hat,
in Übereinstimmung gebracht werden soll. Es ist diess für eine
Frage festzuhalten, die hier weiter in Betracht kommt. Wenn
der Apostel den Werken alle rechtfertigende Kraft abspricht,
und die Rechtfertigung allein auf den Glauben gegründet wissen
will, wie kann er zugleich ganz allgemein den Satz aufstellen,

dass Gott jedem nach seinen Werken vergelten will Röm. 2, 6?
Werden hier nicht die Werke zu dem Glauben und zur Recht-
fertigung in ein ganz anderes Verhältniss gesetzt, als nach dem
Bisherigen stattzufinden scheint? Man nimmt es gewöhnlich mit
der Beantwortung dieser Frage sehr leicht und oberflächlich.
Philippi in dem Commentar zu d. St. glaubt die Lehre von der
Glaubensgerechtigkeit mit der Lehre von dem Lohn der guten
Werke einfach so vereinigen zu können. „Der Glaube macht die
Person des Sünders gerecht, die gerechte Person kann aber nur
gerechte Werke vollbringen.   Denn was den Werken der durch
die Rechtfertigung Wiedergeborenen noch Mangelhaftes und
Sündliches anhaftet, das ist durch die rechtfertigende Gnade be-
deckt und vergeben." Sind aber die Werke so mangelhaft, dass
das Fehlende erst durch die Gnade oder den Glauben ergänzt
werden muss, so ist klar, dass das rechtfertigende Moment
nicht in den Werken, sondern nur im Glauben liegt.   Und wie
die, die gute Werke haben, um des hinzukommenden Glaubens
willen beseligt werden, so werden die, die böse Werke haben,
nicht um dieser Werke willen, sondern wegen des ihnen fehlenden Glaubens willen verdammt. Auf dasselbe kommt auch die
Antwort Tholuck's hinaus.

Die richtige Antwort kann nur dadurch gegeben werden,
dass man sich auf den Standpunkt des Gegensatzes stellt, von
welchem der Apostel bei seiner Rechtfertigungstheorie ausgeht.
Die Rechtfertigung durch den Glauben und die durch die Werke
stehen ihm nicht wie zwei verschiedene Auffassungen des Christenthums einander gegenüber, sondern wie Christenthum und
Judenthum.   Das δικαιοῦσθαι ἐξ ἔργων νόμου ist für das Judenthum ebenso charakteristisch wie das δικαιοῦσθαι ἐκ πίστεως für
das Christenthum.   Es stehen so zwei Rechtfertigungstheorien
einander gegenüber, von welchen die eine die andere geradezu
ausschliesst. Da nun an diesem Gegensatz das Verhältniss des
Christenthums zum Judenthum bestimmt werden soll, so fasst

er das Judenthum in seiner abstractesten Spitze als Gesetz auf.
Ist das Judenthum schlechthin Gesetz, so ist ihm nach der Be-
griffsbestimmung des Apostels Gal. 3, 10. die Befähigung abgesprochen, die Menschen in ein beseligendes Verhältniss zu Gott
zu setzen. Ist aber diess nicht ein zu abstracter Begriff und eine
zu einseitige Auffassung des Wesens der alttestamentlichen Religion? Das alte Testament besteht ja nicht blos aus gesetzlichen
Geboten und Vorschriften, es nimmt selbst darauf Rücksicht,
dass die Gesetzesgerechtigkeit des Menschen nur eine unvollkommene ist, dass der Mensch ebendesswegen auch einer Ergänzung des ihm Fehlenden, einer Ausgleichung dieses Missverhältnisses durch die göttliche Gnade und Vergebung bedarf. Sieht
der Apostel auch in diesem Theil der alttestamentlichen Reli-
gions-Verfassung, den Opfern und Versöhnungsanstalten, nur
Forderungen des Gesetzes, Leistungen, die der Mensch selbst
durch sein eigenes Thun nach der Vorschrift des Gesetzes zu
vollbringen hat, so kann man freilich das sittliche Thun nur in
die Befolgung des äusserlich Gebotenen setzen. Auf dieser nie-
drigen Stufe steht ja aber das alte Testament nicht, es weiss
selbst recht gut von der Aeusserlichkeit des gesetzlichen Thuns
die Gesinnung als das Innere zu unterscheiden, das allein dem
Menschen seinen wahren sittlichen Werth vor Gott gibt und über
das Mangelhafte der Gesetzeswerke hinwegsehen lässt. Schon
dadurch wird das schroffe Verhältniss, in das der Apostel das
Judenthum als Gesetz zum Christenthum setzt, gemildert, der
Gegensatz ist nur noch ein relativer, es gibt nicht blos ἔργα
νόμου, bei welchen das beigesetzte νόμου nur an das inadäquate
Verhältniss zum δικαιοῦσθαι erinnern soll, sondern auch ἔργα,
welchen nach der Gesinnung, aus welcher sie hervorgehen, der
innere sittliche Werth nicht schlechthin abgesprochen werden
kann. Geht doch der Apostel selbst über das Judenthum als
blosse Gesetzesreligion hinaus, wenn er schon in Abraham das
Vorbild der Glaubensgerechtigkeit sieht. Wie einseitig ist es

daher, die alttestamentliche Religion auf den Begriff des Gesetzes
so einzuschränken, dass die Sittlichkeit der ἔργα νόμου nichts
anderes sein kann, als der Widerstreit des sittlichen Bewusstseins mit den Forderungen des Gesetzes! Dem Gesetz bleibt so
freilich nur das Amt, die Sünde zu strafen und zu verdammen;
wer wollte aber läugnen, dass es auch im alten Testament möglich war, trotz der Mangelhaftigkeit der Gesetzes-Erfüllung,
im Vertrauen auf die auch im alten Testament nicht fehlende Versicherung der göttlichen Gnade, nicht blos das Verdammungsurtheil des Gesetzes, sondern auch den Frieden eines mit Gott
versöhnten Gemüths in sich zu haben. Die ἔργα νόμου sind daher ein rein theoretisch aus dem alten Testament abstrahirter
Begriff, welchem in der Wirklichkeit insofern nichts entspricht,
als das alte Testament selbst keine Berechtigung dazu gibt, das
Gesetz als solches von allem Andern, das mit ihm zusammengehört, in dieser schroffen abstracten Weise zu trennen. Auf
ähnliche Weise verhält es sich mit der πίστις. Im strengen Gegensatz zu den ἔργα νόμου muss in dem Begriff der πίστις alles
negirt werden, was als ein eigener selbstthätiger Act des Menschen anzusehen wäre. Die πίστις ist schlechthin nur Glaube,
eine blosse Form, die für sich selbst nichts ist, sondern alles,
was sie ist, nur von dem Object hat, auf das sie sich bezieht.
Und doch ist auch der Glaube ein subjectives Verhalten, ein
Thun auf der Seite des Menschen, und gehört insofern, sei es
auch nur als ἔργον πίστεως, unter den Begriff der ἔργα.

So gleicht sich der Gegensatz der ἔργα νόμου und der πίστις
von beiden Seiten her aus, beide, die ἔργα νόμου wie die πίστις,
sind die subjective sittliche Bedingung, ohne welche das δικαιοῦσθαι nicht möglich ist. Wie es nur die Abstraction des Begriffs ist, welche bei den ἔργα νόμου die thatsächliche Erfüllung
der Gebote des Gesetzes so fixirt, dass dabei die Gesinnung so
gut wie nicht in Betracht kommt, so ist auch der Glaube nicht
so abstract und inhaltsleer zu denken, dass er nicht als die den

Menschen beseelende innere Gesinnung das vor allem wäre, wodurch der sittliche Werth des Menschen bestimmt wird. Und da
die Gesinnung, wenn sie eine lebendige sein soll, sich durch
Werke bethätigen muss, so können auch die Werke als der
Maasstab betrachtet werden, nach welchem Gott das entscheidende Urtheil über die Menschen fällt, wie diess der Apostel
Röm. 2, 6. thut, und auch sonst, wie 1 Cor. 3, 13. 14. 9, 17.
2 Cor. 5, 10. 9, 6. Gal. 6, 7. f., wo er von den Werken als der
Norm des göttlichen Gerichts so unbefangen spricht, wie wenn
an eine Collision mit seiner Lehre vom Glauben auch nicht entfernt zu denken wäre. Er denkt nicht daran, weil sich seine
Rechtfertigungslehre durchaus nur auf das Verhältniss des Christenthums zum Judenthum bezieht, auf einen abstract gedachten
allgemeinen principiellen Gegensatz, welcher, sobald er auf die
concreten Verhältnisse des wirklichen Lebens angewandt werden soll, von selbst zu einem blos relativen wird. Werke und
Glaube, oder Aeusseres und Inneres sind im Leben des Einzelnen nicht so getrennt, dass, wo das Eine ist, nicht immer auch
etwas von dem andern wäre; nur beide zusammen, in ihrem
Verhältniss zu einander, machen das Wesen der Frömmigkeit,
die Gesinnung, die sittliche Qualität aus, ohne welche der
Mensch vor Gott nicht gerechtfertigt werden kann. Christ werden und gerechtfertigt werden, ist zwar für den Apostel eines
und dasselbe, wer in das Reich des Messias aufgenommen ist,
ist ebendamit für einen Gerechten, Gottgefälligen, zur Seligkeit
Bestimmten erklärt, aber es ist diess nur eine abstracte Wahrheit, eine ideale Anschauung, aus welcher keineswegs folgt,
dass auch in der concreten Wirklichkeit des praktischen Lebens
jeder, der Christ ist, auch ein wahrhaft Gerechtfertigter ist.
Und so wenig von den Christen ein δικαιοῦσθαι ἐκ πίστεως in diesem Sinne gilt, so wenig sind die in die Kategorie des δικαιοῦσθαι ἐξ ἔργων νόμου gehörenden Juden auch in der Wirklichkeit
dem darauf ruhenden Verdammungsurtheil verfallen. Können nun

zwei sich ausschliessende Sätze, sobald es sich um die concrete
Wirklichkeit handelt, nicht in ihrer abstracten Allgemeinheit
festgehalten werden, müssen sie, um praktisch zu werden, sich
ausgleichen, so kann diess hier nur durch die einfache, dem
sittlichen Bewusstsein einleuchtende Wahrheit geschehen, wie
sie der Apostel in den genannten Stellen ausspricht. Die Werke
sind dann nicht die ἔργα νόμου, sondern das sittliche Verhalten
überhaupt, und an die Stelle der absoluten Bedeutung der πίστις
tritt die relative, welcher zufolge der Glaube die die Empfänglichkeit für das Heil bedingende sittliche Gesinnung ist, wie sie
in dem Grundsatz ausgesprochen ist, welchen der paulinisch
gesinnte Verfasser der Apostelgeschichte 10, 35 dem Apostel
Petrus in den Mund legt, dass in jedem Volk ὁ ἐργαζόμενος δικαιοσύνην Gott angenehm ist.

   Zur paulinischen Lehre vom Glauben gehört auch noch die
Frage, wie sich der Glaube zur Freiheit des Menschen und der
Vorherbestimmung Gottes verhält. Da der Apostel die Ertheil-
lung des πνεῦμα erst auf die πίστις folgen, die πίστις somit nicht
selbst durch das πνεῦμα bewirkt werden lässt, so scheint sich
von selbst zu verstehen, dass er den Glauben ganz als freie
Sache des Menschen betrachtet. Anders ist es auch nicht, und
man wäre darüber nicht im Zweifel, würde nur der Apostel
nicht im neunten Kapitel des Römerbriefs der Lehre von einem
unbedingten Vorsatz Gottes so das Wort zu reden scheinen, dass
die theologischen Erklärer, die an einem solchen Absolutismus
Anstoss nehmen, wie namentlich die lutherischen, auch die
neuesten, Tholuck und Philippi, sich alle Mühe geben müssen,
den Apostel etwas Anderes sagen zu lassen, als er wirklich sagt.
Es ist diess völlig vergeblich. Der Sinn des Apostels kann nur
sein, dass Gott ohne alle Rücksicht auf menschliches Thun, nur
nach dem reinen Vorsatz der Erwählung den Jakob vorgezogen
und den Esau nachgesetzt und den Pharao dazu bestimmt hat,
an ihm einen Beweis seiner Macht zu geben. Wie man auch das

καλεῖν V. 11, ἀγαπᾶν und μισεῖν V. 13 nehmen mag, das Argument ist, dass wie Gott überhaupt zu allem, was ihn von aussen
her bestimmen könnte, sich völlig frei und unabhängig verhält,
er auch bei der Ertheilung der δικαιοσύνη und σωτηρία an keine
in die Subjectivität des Menschen gestellte Bedingung gebunden
ist. Der Hauptgedanke des Apostels ist nicht, was Gott überhaupt vermöge seiner Macht thun kann, sondern, was er abgesehen von allem, was der Mensch wollen und thun mag, aus
dem Menschen selbst macht, dass er, wie er des Einen sich er-
barmt, so den Andern verhärtet, den Einen erwählt, den Andern verwirft. Wie matt und unpassend wäre die Anführung
Pharao's, wenn damit nur gesagt würde, auch an einem solchen,
wie Pharao, könne Gott seine Macht beweisen? Der Zusammenhang fordert vielmehr den Sinn: was einer in der einen oder
andern Weise ist, als Erwählter oder Verhärteter, ist er nicht
durch sich selbst, durch die Rücksicht auf irgend etwas, was er
im Guten oder Bösen ist, sondern schlechthin durch Gott. Nur
so schliessen sich die V. 19 folgenden, so absolutistisch lautenden Sätze passend an das Vorhergehende an, wenn der Widerspruch hervorgehoben wird, dass Gott von dem Menschen verlangt, anders zu sein, als er ist, während doch die Möglichkeit
gar nicht vorhanden ist, dass er anders ist, als ihn Gott selbst
gemacht hat. Der Widerspruch lässt sich nicht läugnen, aber
selbst der Gedanke eines solchen Widerspruchs, sagt der Apostel V. 20, darf in dem Menschen nicht aufkommen, im Bewusstsein seiner schlechthinigen Abhängigkeit von Gott. Die Anwendung, die der Apostel V. 22 f. von den aufgestellten Sätzen
macht, kann nur diese sein: Wenn Gott, wie er ja das unbedingte Recht hat, aus dem Menschen das Eine oder Andere zu
machen, aus den ungläubigen Juden Gefässe des Zorns, aus
den Gläubigen aber, die nicht blos aus Juden, sondern auch aus
Heiden bestehen, Gefässe der Erbarmung gemacht hat, mit welchem Anspruch kann der geborene Jude dagegen auftreten? er

hat es vielmehr nur als einen Beweis der göttlichen Langmuth anzusehen, dass Gott ihn, den zum Verderben Bereiteten, so lange getragen hat, wobei Gott auch die Absicht hatte, während seiner grossen Langmuth den Reichthum seiner Herrlichkeit an den Berufenen kund zu thun. Diess ist der einfache und natürliche Sinn der Worte des Apostels.

Demungeachtet würde man ihn falsch verstehen, wenn man ihm die Behauptung eines absoluten Decrets zuschreiben würde. So entschieden er eine schlechthinige, jede Rücksicht auf menschliches Thun und die Subjectivität des Menschen ausschliessende Abhängigkeit von Gott behauptet, so entschieden macht er C. 10 alles, was dem Menschen von den Segnungen des messianischen Reichs zu Theil wird, einzig und allein vom Glauben abhängig, und zwar nicht so, wie wenn der Glaube selbst nur denen zu Theil würde, die in Gemässheit des göttlichen Rathschlusses dazu erwählt sind, sondern der Glaube ist ihm schlechthin das Erste, wobei nichts Anderes vorausgesetzt wird, als dass man die Predigt des Worts hört, Röm. 10, 8 f. Gal. 3, 2. Die Frage ist daher nicht, ob er das Eine oder das Andere behauptet, sondern nur, wie er beides zugleich behaupten kann, sowohl die schlechthinige Abhängigkeit des Menschen von Gott, als auch die durch den Glauben bedingte. Darauf kann man nur vom Standpunkt des Apostels aus antworten mit Rücksicht auf das practische Interesse, um das es ihm zu thun ist. Nicht um den Locus de praedestinatione dogmatisch zu behandeln, und in der Streitfrage über Determinismus und Indeterminismus eine bestimmte Theorie aufzustellen, kommt der Apostel auf die C. 9 aufgestellte Behauptung, sondern um dem jüdischen Particularismus die letzte Wurzel seiner Berechtigung abzuschneiden. Es ist also nicht sowohl das Verhältniss des einzelnen Menschen zu Gott, wovon der Apostel spricht, als vielmehr das Verhältniss, in welchem die Juden als Nation in ihrem Unterschied von den Heiden zu Gott stehen. Die objectiv vor Augen liegende geschichtliche Thatsache, dass die Juden das Heil nicht erlangten, ungeachtet sie das Gesetz hatten und nach der im Gesetz aufgestellten Norm durch ἔργα νόμου die Rechtfertigung zu erlangen suchten, die sie aber freilich auf diesem Wege nicht erlangen konnten, während dagegen die Heiden ohne Gesetz und Streben nach Gesetzesgerechtigkeit die Rechtfertigung erlangten, steht im Widerstreit mit der Meinung, welche bisher die Juden von sich als dem von Gott erwählten Volk hatten; sie findet aber ihre einfache Erklärung darin, dass die Bedingung des messianischen Heils einzig und allein der Glaube ist. Auf den Glauben kommt aber der Apostel erst C. 10 und gerade diess ist der Hauptpunkt. Er theilt die Hauptfrage, wie die für das nationale Bewusstsein der Juden so anstössige Thatsache zu erklären und mit der Idee Gottes zu vereinigen ist, in zwei Seiten der Betrachtung, indem er auf der einen Seite alles Gewicht auf den Glauben legt, auf der andern noch vom Glauben abstrahirt und vor allem die Frage untersucht, ob abgesehen vom Glauben, an welchem freilich in letzter Beziehung alles hängt, jene Thatsache etwas so Auffallendes hat, dass sich die Juden wie über ein ihnen widerfahrenes Unrecht zu beschweren Ursache haben. Was haben sie aufzuweisen und gegen Gott geltend zu machen, haben sie einen Rechtsanspruch darauf, das erwählte Volk Gottes zu sein, ist nicht nach dem alten Testament selbst die Handlungsweise Gottes eine so freie, unabhängige, durch keine äussere Rücksichten gebundene, dass er aus dem Menschen machen kann, was er will? Die national-jüdische Frage verallgemeinert sich so erst dem Apostel, um ihr eine schärfere Spitze zu geben, zu der abstracten Form, in welcher er sie C. 9 behandelt, wie wenn das in Frage stehende Subject der Mensch überhaupt wäre in seinem Verhältniss zu Gott, nicht das Volk Israel, sofern man es nach dem Rechtsanspruche fragt, welchen es, abgesehen vom Glauben, gegen Gott geltend zu machen hat. Der Gesichtspunkt, aus welchem der Apostel die Frage aufstellt, bleibt auch so der-

selbe, und man würde ihn völlig missverstehen, wenn man
meinte, er wolle durch alles, was er C. 9 über die Unbedingtheit des göttlichen Willens sagt, auch nur im Geringsten demjenigen vorgreifen, was er über den Glauben als die nothwendige
Bedingung des Heils nachfolgen lassen und zum Hauptmoment
seiner Argumentation machen wollte. Der Glaube war also für
Israel der Stein des Anstosses, 9, 32. Als die neue Periode des
Glaubens kam (vgl. das ἐλθεῖν τὴν πίστιν Gal. 3, 23), hat Israel
es versäumt, sie zu seinem Heil zu benützen. Welche Ansprüche
kann es daher auf die frühere Zeit gründen? wie wenn der
Mensch in seiner Abhängigkeit von Gott Gott darüber zur Frage
zu stellen hätte und es nicht schlechthin in die Hand Gottes gestellt lassen müsste, ob er von ihm zu einem Gefäss des Zorns
oder zu einem Gefäss der Erbarmung gemacht ist. Hat also
Israel das messianische Heil verloren, die Zeit vor dem Glauben
gibt ihm keinen Grund, sich darüber zu beschweren. Mit Christus
hat alles Gesetzesleben ein Ende (τέλος νόμου Χριστός Röm. 10, 4),
es gilt seitdem nur der Glaube als der Weg, auf welchem Gerechtigkeit zu erlangen ist.

Auf dem Glauben beruht alles, was die bisher entwickelte
Lehre des Apostels enthält. Da aber der Glaube das, was er ist,
nicht für sich ist, sondern nur durch das Object, auf das er sich
bezieht, so schliesst hier die weitere Frage an, was der Apostel
von Christus selbst lehrt. Die Ansicht von der Person Christi
ist immer bedingt durch die Ansicht von seinem Werke. Christus
kann für die Menschen nichts gethan und ihnen mitgetheilt haben,
was nicht in ihm selbst auf principielle Weise war. Auf die
Person Christi werden daher immer alle Bestimmungen übergetragen, die die nothwendige Voraussetzung zu sein scheinen,
um ihn zum Erlöser zu befähigen. Man kann daher schon aus
dem Bisherigen, aus der Lehre des Apostels von der Rechtfertigung durch den Glauben auf seine Lehre von der Person Christi
schliessen. Hat er durch seinen Tod die Menschen von der Sünde

befreit, so muss er selbst ohne Sünde gewesen sein. Dass er von keiner Sünde wusste, wird daher auch ausdrücklich von ihm in diesem Zusammenhang gesagt, 2 Cor. 5, 21. Hat er den Menschen das πνεῦμα als geistiges Princip mitgetheilt, so muss er selbst geistiger Natur sein. Ist überhaupt durch ihn das Gegentheil von allem demjenigen, was durch Adam in die Welt kam, den Menschen zu Theil geworden, so muss er, wenn er auch Mensch war, wie Adam, doch ein Mensch ganz anderer Art gewesen sein. Gegenüber dem Einen Menschen, durch welchen die Sünde und der Tod in die Welt kam, ist er der Eine Mensch Jesus Christus, in welchem die Gnade Gottes den Vielen geschenkt worden ist, Röm. 5, 15. Wie durch einen Menschen der Tod, so ist durch einen Menschen die Auferstehung der Todten, 1 Cor. 15, 21. Wie Adam der erste irdische Mensch war, so ist er der zweite Mensch vom Himmel, 1 Cor. 15, 47, wo nach den neuesten kritischen Auctoritäten zu lesen ist: ὁ δεύτερος ἄνθρωπος (ohne ὁ κύριος) ἐξ οὐρανοῦ. Wesentlich Mensch also ist er, wie Adam, aber Mensch in höherem Sinn. Da ihm als dem himmlischen Menschen das Pneumatische ebenso zukommen muss, wie Adam als dem ἄνθρωπος ἐκ γῆς χοϊκός das Psychische, so ist er demnach der pneumatische Mensch. Wenn auch er Mensch ist, wie Adam, der zweite Adam nach dem ersten, so sind das Psychische und das Pneumatische gleich wesentliche Bestandtheile der menschlichen Natur, das Pneumatische ist aber in ihm ebenso das Principielle, wie in Adam, dem irdischen Menschen, das Psychische. Πνεῦμα, Geist, wird daher auch Christus geradezu genannt, ὁ κύριος τὸ πνεῦμά ἐστιν, sagt der Apostel 2 Cor. 3, 17 schlechthin. Wo Geist ist, da ist alles licht und hell, es liegt keine Decke auf dem Angesicht, wie bei Moses, es ist alles vor dem Bewusstsein des Geistes enthüllt und aufgeschlossen. Das Wesen des Geistes scheint sich der Apostel, wie aus demselben Abschnitt 2 Cor. 3, 7 f. zu sehen ist, unter der Anschauung einer Lichtsubstanz gedacht zu haben. Um zu er-

klären, was der Herr als Geist ist, sagt er, dass wir alle, die
wir mit enthülltem Angesicht die Klarheit des Herrn, wie in
einem Spiegel, anschauen, in dasselbe Bild von einer Klarheit
zur andern verwandelt werden, wie es ja auch nicht anders sein
könne, da der Herr der Geist sei. Klarheit, Glanz, δόξα, in
demselben Sinne, in welchem er von dem vom Angesicht des
Moses strahlenden Lichtglanz spricht, macht das Wesen des
Geistes, somit auch das Wesen Christi aus. In diesem geistigen
Lichtglanze Christi spiegelt sich das ewige Lichtwesen Gottes
selbst ab. Daher lässt der Apostel 2 Cor. 4, 6 Gott als Schöpfer
des Lichts in unsere Herzen leuchten, πρὸς φωτισμὸν τῆς γνώσεως
τῆς δόξης τοῦ θεοῦ ἐν προσώπῳ Ἰησοῦ Χριστοῦ, d. h. um hell zu
machen die Erkenntniss des vom Angesicht Jesu Christi, wie einst
vom Angesicht des Moses, widerstrahlenden Lichtglanzes. Christus ist selbst das Bild Gottes, und wie in ihm der Lichtglanz
Gottes sich abspiegelt, so spiegelt sich dieser Lichtglanz wieder
ab in seinem Evangelium, dem εὐαγγέλιον τῆς δόξης τοῦ Χριστοῦ,
dessen Erkenntniss sodann auch in dem, der es in sich aufnimmt,
einen hellen Glanz bewirkt, 2 Cor. 4, 4.

Hieraus ist wohl deutlich zu sehen, dass das ganze Verhältniss Christi zu Gott darauf beruht, dass Christus wesentlich
Geist ist, weil es an sich zur geistigen Lichtnatur Gottes gehört,
sich in einem Lichtabglanz zu reflectiren, und Christus ist daher,
wie er τὸ πνεῦμα ist, so auch der κύριος τῆς δόξης, wesentlich
Geist und Licht, nicht erst in Folge seiner Erhöhung, sondern
an sich schon, da durch seine Erhöhung nur zu seiner vollen
Realität gekommen ist, was er an sich schon war, und was damals, als er von den ἄρχοντες τοῦ αἰῶνος (1 Cor. 2, 8) gekreuzigt
wurde, in ihm nur noch nicht sichtbar geworden war. Und wie
er selbst der Lichtreflex Gottes ist, so soll dasselbe Licht von
ihm aus sich über die ganze Menschheit verbreiten. Was er als
Geist, als Herr der Herrlichkeit, als Bild Gottes, als der himmlische Mensch ist, ist dann vollkommen realisirt, wenn die ganze

Menschheit nach seinem Bilde gestaltet ist, weil Gott alle, die durch den Geist Gottes oder den Geist Christi Kinder Gottes werden, προώρισε συμμόρφους τῆς εἰκόνος τοῦ υἱοῦ αὐτοῦ, εἰς τὸ εἶναι πρωτότοκον ἐν πολλοῖς ἀδελφοῖς, Röm. 8, 29. Ist er nach der Grundanschauung seines Wesens Geist und nicht blos πνεῦμα, sondern τὸ πνεῦμα 2 Cor. 3, 17, so können es nur bestimmte Beziehungen desselben πνεῦμα sein, wenn ihm sowohl ein πνεῦμα ἁγιωσύνης, als ein πνεῦμα ζωοποιοῦν beigelegt wird. In Gemässheit des πνεῦμα ἁγιωσύνης ist er Röm. 1, 4 als Sohn Gottes kräftig erwiesen durch die Auferstehung der Todten. Das πνεῦμα ἁγιωσύνης kann nur das die Messianität Christi constituirende Princip sein, es wird das πνεῦμα ἁγιωσύνης genannt, in demselben Sinn, in welchem Christus der ἅγιος ist und auch die Christen die ἅγιοι sind. Was er als Davids Sohn leiblich ist, ist er durch die Auferstehung geistig, sofern sie erst den thatsächlichen Beweis davon gab, dass der Geist, der ihn allein zum Messias macht, auch wirklich in ihm war. Was das πνεῦμα ἁγιωσύνης für die Person Christi ist, ist das πνεῦμα ζωοποιοῦν für die Menschheit überhaupt, als das in ihr wirkende, Sünde und Tod in ihr aufhebende, die sterbliche σὰρξ zum Bild des himmlischen Menschen verklärende Lebensprincip.

Ist Christus beides gleich wesentlich, sowohl Geist als Mensch, so kann er nur als die geistige Lichtgestalt des himmlischen Menschen, als der urbildliche Mensch gedacht werden; ist er aber Mensch und als Mensch erschienen, so muss er auch die menschliche σὰρξ an sich haben, wie kann er sie aber haben, wenn die σὰρξ als solche der Sitz der ἁμαρτία ist? Es fällt von selbst in die Augen, dass der Apostel aus diesem Grunde von einem blossen ὁμοίωμα σαρκὸς ἁμαρτίας spricht. Was soll man sich unter diesem eigenen Ausdruck denken? Soll er nur heissen, wie z. B. Philippi meint, er habe unsere Sünde auf sich genommen und sei gleichsam selbst sündig geworden, so hatte er keine σὰρξ ἁμαρτίας und konnte demnach auch die σὰρξ ἁμαρτίας nicht an sich verdammen. Auch nahm er ja unsere Sünde erst in seinem Tode auf sich, der Apostel aber sagt klar, Gott habe seinen Sohn ἐν ὁμοιώματι σαρκὸς gesandt. War er, ungeachtet er eine σὰρξ hatte, doch ohne ἁμαρτία, so wird vorausgesetzt, dass die σὰρξ auch ohne ἁμαρτία sein könne. Auf der andern Seite gibt man zwar zu, dass die Anthropologie des Apostels keine σὰρξ kenne, die nicht eine σὰρξ ἁμαρτίας sei, behauptet aber, dass die Sündlosigkeit des Messias dadurch nicht aufgehoben werde, man müsse nur ächt paulinisch zwischen ἁμαρτία und παράβασις unterscheiden. Christus habe zwar die σὰρξ und mit derselben das objective Princip der ἁμαρτία angenommen, aber das Objective sei in ihm weder zum subjectiven Bewusstsein, noch zur subjectiven That geworden. Warum sagt aber der Apostel, wenn diess seine Ansicht von der σὰρξ Christi war, nicht geradezu, wie er hätte sagen sollen, Gott habe seinen Sohn gesandt ἐν σαρκὶ ἁμαρτίας, warum sagt er ἐν ὁμοιώματι σαρκὸς ἁμαρτίας? Man sagt, ὁμοίωμα sei Abbild eines Dings durch sichtbare Darstellung desselben: wie passt aber diess? Wie kann die σὰρξ ἁμαρτίας, wenn das Bild nur wieder die Sache selbst sein soll, anders abgebildet sein, als durch eine wirkliche σὰρξ ἁμαρτίας? wozu dann aber der Ausdruck ὁμοίωμα σαρκὸς ἁμαρτίας? Das Wort ὁμοίωμα bedeutet doch immer nur Bild und Ähnlichkeit, nicht die Sache selbst. Hat Christus nur ein ὁμοίωμα σαρκὸς ἁμαρτίας gehabt, so hatte er nicht die σὰρξ ἁμαρτίας selbst. Und wie soll man sich die Sache selbst denken? Hat Christus in seiner σὰρξ ἁμαρτίας das objective Princip der Sünde in sich gehabt, die σὰρξ mit ihrem φρόνημα τῆς σαρκὸς, ihrem ἐπιθυμεῖν κατὰ τοῦ πνεύματος, wie schwer ist es, die Grenzlinie zwischen Sündlosigkeit und Sünde so zu ziehen, dass er als ein μὴ γνοὺς ἁμαρτίαν, um für die sündigen Menschen zu sterben, erst zur ἁμαρτία gemacht werden musste. Hat seine pneumatische Persönlichkeit es verhindert, dass die zum Wesen der σὰρξ gehörende ἁμαρτία in ihm auch nur zum subjectiven Bewusstsein wurde, wie hart müssen die beiden einander entgegengesetzten Principien πνεῦμα und σὰρξ in ihm aufeinander gestossen sein. Eben hier liegt ja der Punkt, von welchem aus die Gnostiker auf ihre doketische Ansicht von dem Leibe Christi kamen. Der Ausdruck ὁμοίωμα verdeckt nur die nicht gelöste Antinomie, dass Christus in seinem Leibe die σὰρξ ἁμαρτίας getödtet haben soll und doch keine wahre und wirkliche σὰρξ ἁμαρτίας gehabt haben kann.

War die σὰρξ von Anfang an eine σὰρξ ἁμαρτίας, so kann sie demnach auch nicht erst durch den Ungehorsam Adams dazu geworden sein, und es gibt uns daher die Christologie des Apostels in dem von der σὰρξ Christi gebrauchten Ausdruck auch eine Bestätigung unserer Auffassung seiner Anthropologie. Von einer Erbsünde im augustinischen Sinne und einem Sündenfall als der Ursache derselben weiss der Apostel nichts, sondern die παρακοή und παράβασις Adams kann nur davon verstanden werden, dass das von Anfang an der σὰρξ immanente Princip der Sünde durch Adam actuell hervortrat. Hiemit stimmt ganz zusammen, wie der Apostel in der Hauptstelle seiner Anthropologie 1 Cor. 15, 45 das Psychische dem Pneumatischen so voranstellt, dass Adam von Anfang an keine andere als eine rein psychische, nicht aber eine rein pneumatische Natur gehabt haben kann, wesswegen er auch als der erste Mensch dem zweiten, als der χοϊκὸς dem pneumatischen, dem ἄνθρωπος ἐξ οὐρανοῦ gegenübergestellt wird. Dem Bedenken, wie Gott eine ursprüngliche σὰρξ ἁμαρτίας geschaffen haben kann, ist die Frage entgegenzuhalten, was hier als das Erste und Ursprüngliche anzusehen ist, der irdische oder der himmlische Mensch? Wenn auch Adam von Anfang an nur ἐκ γῆς χοϊκὸς war, und sich nie in einem andern Zustand befand, so kann doch schon sein irdisches Dasein selbst als ein secundäres betrachtet werden, sofern er nur das geschaffene irdische Abbild des himmlischen urbildlichen Menschen war. Wenn auch beide als Elemente einer und derselben Natur zusammengehören, so ist es doch nur das Irdische, das an der

Spitze der zeitlichen Entwicklung steht. Es kommt hier auch die
analoge Anschauung in Betracht, welche der Apostel von der
Natur überhaupt hatte, wenn er Röm. 8, 19 f. von einer ματαιότης
spricht, welcher die κτίσις οὐχ ἑκοῦσα ὑπετάγη, von einer δουλεία
τῆς φθορᾶς, und der Natur ein ὠδίνειν zuschreibt, sofern sie den
schmerzlichen Drang in sich hat, ihr inneres Wesen an's Licht
zu bringen. Gleichzeitig mit den Kindern Gottes, wenn die
ἐλευθερία ihrer δόξα offenbar wird, wird auch die Natur von der
Vergänglichkeit, die als schwerer Druck auf ihr liegt, befreit
werden. Es ist derselbe Druck, welchen der Mensch in der σὰρξ
ἁμαρτίας empfindet, wenn er ruft: τίς με ῥύσεται u. s. w. Röm. 7, 24.
Das Gemeinsame dieser Anschauung ist die Materialität der zeitlichen Existenz, dass die Natur als eine geschaffene ebenso nur
eine materielle, dem Zug und der Schwerkraft der Materie folgende sein kann, wie die σὰρξ als solche nur eine σὰρξ ἁμαρτίας
ist. Wie die materielle Natur auf einem ideellen, immateriellen
Grunde ruht, so hat auch der irdische, psychische Mensch den
himmlischen pneumatischen zu seiner Voraussetzung, und hier
wie dort ist das geistige Princip als das ursprüngliche das übergreifende, alles materielle und fleischliche Sein durchdringende
und in sich verklärende.

. Je enger und unmittelbarer das Verhältniss ist, in welchem
Christus schon als das, was er wesentlich ist, als Mensch und
zwar als himmlischer Mensch zu der menschlichen Natur und der
Menschheit steht, um so mehr muss man fragen, welche Vorstellung der Apostel von Christus in seinem präexistirenden Sein
hatte. Als der ἄνθρωπος ἐξ οὐρανοῦ ist er ein überweltliches,
präexistirendes Wesen, aber es ist hier der Punkt, auf welchem
die Christologie des Apostels noch am wenigsten zu einer festen
und bestimmten Vorstellung ausgebildet war, wie überhaupt der
christologische Blick des Apostels weit mehr auf das von der
Auferstehung aus sich entwickelnde Sein Christi sich richtete als
auf das rückwärts liegende. Wenn es daher auch einige Stellen

gibt, welche die Idee der Präexistenz und der Weltschöpfung zu enthalten scheinen, so lässt sich doch aus ihnen nichts Sicheres erheben. Es sind diess hauptsächlich die Stellen 1 Cor. 10, 4. 2 Cor. 8, 9. 1 Cor. 8, 6. In der ersten Stelle nennt der Apostel Christus eine πέτρα πνευματική nur sofern er in dem den Israeliten nachfolgenden Felsen nach der allegorischen Deutung, die er ihm gab, einen auf Christus sich beziehenden Typus sah. Diess setzt nicht voraus, dass Christus schon damals existirte. Er bezieht den Felsen symbolisch auf Christus, wie er auch dem Manna und der Wasserspende in der Wüste eine symbolische Beziehung auf das Abendmahl gab. Die zweite Stelle würde die Idee der Präexistenz nur dann enthalten, wenn ἐπτώχευσε nothwendig heissen müsste: er wurde arm, es kann aber ebenso gut heissen, er war arm: obgleich an sich, seinem Rechte nach reich, lebte er arm. In der Stelle 1 Cor. 8, 6 glaubt man δι' οὗ τὰ πάντα ebenso wie ἐξ οὗ τὰ πάντα auf die Weltschöpfung beziehen zu müssen. Es ist möglich, dass sich der Apostel das πνεῦμα in Christus auch als das weltschöpferische Princip dachte, wie soll man sich aber den ἄνθρωπος ἐξ οὐρανοῦ als den Weltschöpfer denken? Aber kann man denn τὰ πάντα nicht auch in einem engern Sinne nehmen? Alles, was Christus zur Erlösung und Versöhnung der Menschen gethan hat, betrachtet der Apostel als das von Gott durch Christus Geschehene. Vgl. 2 Cor. 5, 17. 18. Diese πάντα διὰ Ἰησοῦ Χριστοῦ sind τὰ πάντα ἐκ τοῦ θεοῦ. Ist nun aber auch 1 Cor. 8, 6 bei den Worten ἐξ οὗ τὰ πάντα — εἰς αὐτὸν nicht blos an die Weltschöpfung, sondern auch an alles, was sich auf die Erlösung bezieht, zu denken, welches Bedenken könnte man haben, die unmittelbar daran sich anschliessenden Worte δι' οὗ u. s. w. nur in demselben Umfang zu nehmen, in welchem 2 Cor. 5, 18 τὰ πάντα, d. h. alles, was sich auf die Erlösung und Versöhnung bezieht, von Gott διὰ Ἰησοῦ Χριστοῦ gewirkt wird? Die Stelle wäre die einzige, in welcher der Apostel Christus die Weltschöpfung zuschreiben würde. So

wenig sich diess genauer bestimmen lässt, so entschieden ist
dagegen zu behaupten, dass er Christus nie Gott im absoluten
Sinne nennt. Noch immer wollen zwar Viele die Doxologie Röm.
9, 5 nicht auf Gott, sondern auf Christus beziehen. Wie sollte
aber der Apostel, der sonst immer die absolute Erhabenheit
Gottes über alles so stark hervorhebt, der Christus so bestimmt
Gott unterordnet und ihn ausdrücklich Mensch nennt, ihn hier
auf diese doxologische Weise prädicirt haben? Man kann nicht
sagen, im Gegensatz zu κατὰ σάρκα müsse hier auch eine höhere
Aussage von Christus stehen; der Apostel will hier nur von der
nationalen Abstammung des Messias reden. Erwägt man, wie
der Apostel hier alle den Israeliten gewordenen göttlichen Wohlthaten und Vorzüge zusammenfasst, so muss man es sehr natürlich finden, dass er bei dem Höchsten, das noch hinzukam, dem
Messias, als dem Nachkommen der Väter, sein lobpreisendes
Dankgefühl ausdrückt, er sieht darin einen Beweis der göttlichen
Gnade, der für die Israeliten nie aufhören könne, Gegenstand
dankbarer Lobpreisung zu sein. Überhaupt erscheint das Verhältniss, in das der Apostel Christus zu Gott setzt, durchaus als
ein Verhältniss der Unterordnung, wie diess ja auch 1 Cor. 10, 3
ausgesprochen ist, wo man nicht zwischen einer göttlichen und
menschlichen Natur unterscheiden kann, da der Apostel von dem
ganzen Christus mit dem vollen Begriff seiner Persönlichkeit spricht.

Die Christologie hat so zwar in der Darstellung des Apostels
noch nicht den Punkt erreicht, auf welchen sie erst in der Folge
noch erhoben worden ist, Christus ist noch wesentlich Mensch,
nicht Gott; aus der bisherigen Entwicklung ergibt sich aber nicht
nur, welche hohe Vorstellung er von der Person Christi hat,
sondern auch, in welchem entsprechenden Verhältniss beides zu
einander steht, das, was er ist und das was er gethan hat, wie
er nur als der, der er ist, das vollbringen konnte, was durch
ihn zur Rechtfertigung des Menschen und seiner Versöhnung mit
Gott geschehen ist. Der Apostel war es zuerst, welcher das

Christenthum als ein neues, weit über die Grenzen der alttestamentlichen Offenbarung hinausgehendes Princip auffasste und
seine Bedeutung darin erkannte, nicht nur der Menschheit den
allein möglichen Weg des Heils in der Rechtfertigung durch den
Glauben zu eröffnen, sondern sie auch auf die Stufe des geistigen
Seins zu erheben, zu welcher sie durch die göttliche Weltordnung bestimmt ist. In derselben Stelle, in welcher er von
Christus sagt, dass er der Geist sei, nennt er das Christenthum
die καινὴ διαθήκη und alle Gegensätze, durch die er den Unterschied der neuen διαθήκη von der alten bestimmt, zwischen dem
tödtenden Buchstaben und dem lebendig machenden Geist, dem
θάνατος und der κατάκρισις auf der einen und der δικαιοσύνη ἐν
δόξῃ auf der andern Seite, dem verhüllenden Schleier, der auf
der alten liegt und der lichten Klarheit der neuen, vereinigen
sich in dem Satze, dass der Herr der Geist ist und wo der Geist
des Herrn ist, auch Freiheit ist. Es ist die Freiheit des Geistes,
vor dessen Bewusstsein nichts dunkel und verhüllt bleiben kann,
sondern alles aufgehellt und aufgeschlossen werden muss.

Je höher die Vorstellung des Apostels von der Person Christi
ist, um so mehr hängt an ihr seine ganze Auffassung des Christenthums. Wie er überhaupt das Christenthum unter den Gesichtspunkt der religionsgeschichtlichen Betrachtung stellt, so fasst er
auch die Entwicklung des christlichen Princips nicht blos im
Leben des Einzelnen in's Auge, sondern ganz besonders auch
im grossen Gange der Entwicklungsgeschichte der Menschheit,
die in seiner Anschauung nichts anderes ist als die Geschichte der
Person Christi selbst nach der Reihe der einzelnen Momente, die
sich in ihr von seiner irdischen Geburt an bis zur höchsten Spitze
seines übersinnlichen Seins unterscheiden lassen. Daher hängt
alles, was noch zur Lehre des Apostels gehört, mit bestimmten
Thatsachen der Geschichte Christi zusammen.

Nachdem der von den Propheten vorher verkündigte Sohn
Gottes als γενόμενος ἐκ σπέρματος Δαβίδ, und als γενόμενος ἐκ

13 *

γυναικός, und γενόμενος ὑπὸ νόμον zu der dazu bestimmten Zeit
(ὅτε ἦλθε τὸ πλήρωμα τοῦ χρόνου, Gal. 4, 4) in die Weltgeschichte
eingetreten war, und nachdem er durch seinen Tod das vollbracht hatte, was vor allem zur Erlösung der Menschen von dem
Fluch des Gesetzes geschehen musste, war es die grosse Thatsache seiner Auferstehung vom Tode, durch welche die neue
mit ihm beginnende Weltperiode eröffnet wurde. Sie ist der
Wendepunkt, in welchem die beiden Perioden, in welche der
ganze Weltverlauf sich theilt, sich von einander scheiden. Auf
die Feststellung und Beglaubigung dieser Thatsache durch die
urkundlichsten Zeugnisse legt der Apostel das grösste Gewicht,
da auf ihr die ganze Predigt des Evangeliums, der Glaube der
Christen und die Realität alles dessen beruht, was zum Inhalt des
christlichen Bewusstseins gehört, 1 Cor. 15, 1 f. Wie Christus
nicht hätte auferstehen können, wenn eine Auferstehung der
Todten nicht an sich möglich wäre, so ist auch durch die Auferstehung Christi erst für die Menschheit die Auferstehung
zur thatsächlichen Wahrheit geworden, in ihr hat zuerst das
durch Christus in die Menschheit eingetretene Lebensprincip
in seinen auf die ganze Menschheit sich erstreckenden Wirkungen sich zu äussern angefangen. Nachdem durch einen
Menschen der Tod gekommen, so kommt durch einen Menschen
auch die Auferstehung, wie in Adam alle sterben, so werden in
Christus alle auferstehen. Obgleich, so betrachtet, die Auferstehung dem Apostel nur eine Thatsache der christlichen Offenbarung ist, so lässt er es sich doch sehr angelegen sein, sie als
eine dem natürlichen Bewusstsein einleuchtende Wahrheit darzustellen, und sie mit der allgemeinen Anschauungsweise in
Einklang zu bringen. Indem er ihre Möglichkeit zu zeigen sucht,
1 Cor. 15, 35 f., stützt er sich auf folgende Gründe: 1) Die
Natur zeigt uns ganz analoge Erscheinungen, Veränderungen,
bei welchen Tod und Verwesung nur ein Accidens des sich gleich
bleibenden, nur mit einem neuen Leibe sich bekleidenden sub-

stanziellen Lebens sind. Das Samenkorn, wie es sowohl stirbt als wieder auflebt, ist das natürliche Bild der Auferstehung, V. 36—38. 2) Die Natur zeigt uns eine so grosse Mannigfaltigkeit und Verschiedenheit von Körpern oder Wesen, sowohl minder vollkommenen als solchen, die einen weit höhern Grad von Vollkommenheit haben, dass daraus zu schliessen ist, auch der Mensch könne nicht blos eine sterbliche, sondern auch eine unsterbliche Natur haben, V. 39—43. 3) Wie die beiden Elemente des menschlichen Wesens ψυχή und πνεῦμα sind, die ψυχή in dem Sinne, in welchem sie auch die σάρξ in sich begreift, so dass Adam und Christus der erste und zweite, der irdische und himmlische Mensch die beiden Principien, deren Gegensatz im Menschen als Einheit ist, in sich darstellen, so kann das Verhältniss des gegenwärtigen Lebens zum künftigen nur als der Fortgang vom psychischen Leben zum pneumatischen gedacht werden, V. 45 f. Bei diesem letztern Argument besonders fällt von selbst in die Augen, dass es mehr beweist, als bewiesen werden soll. Verhalten sich Adam und Christus wie ψυχή und πνεῦμα, warum soll das pneumatische Princip, das durch Christus in die Menschheit gekommen ist, erst mit der künftigen Auferstehung des Leibes in seine Herrschaft eintreten, dann erst seine Wirksamkeit äussern? man sieht nicht, warum das durch Christus der Menschheit mitgetheilte höhere geistige Leben nur auf den Leib bezogen wird. Der Gegensatz ist ja: wie die Menschheit in ihrer ersten Periode die psychische, sinnliche, fleischliche, der Sünde unterliegende Seite ihres Wesens an sich darstellt, so ist dagegen in der zweiten das geistige Princip das vorherrschende, das das ganze Denken, Wollen und Thun des Menschen bestimmende. Wenn der pneumatische Charakter des Christenthums schlechthin in die Auferstehung Christi gesetzt wird, so ist es freilich consequent, auch bei den Christen die Auferstehung des Leibs aus demselben Gesichtspunkt zu betrachten. Aber die Auferstehung kann nur die Vollendung und die am Leibe sich

manifestirende Wirkung dessen sein, was zuvor schon durch
das christliche Princip in's Leben getreten ist. In der Auferstehung
ist nur der Punkt fixirt, in welchem das durch Christus geweckte
geistige Leben zu seinem realsten Ausdruck kommt und in der
concretesten Anschauung sich darstellt. Der Leib ist der Träger,
die Anschauungsform für die ganze Persönlichkeit des Menschen,
und Tod und Auferstehung sind die beiden Seiten des menschlichen Wesens, die, so verschieden auch ihr Verhältniss ist, nie
von einander getrennt werden können und daher auch zeitlich
nicht so geschieden sind, wie der Apostel es darstellt. Wie die
Menschen nicht blos von Adam bis Christus starben, sondern
auch jetzt noch sterben, wie es ja auch V. 22 nicht ἀπέθανον
heisst, sondern ἀποθνήσκουσι, so ist auch das ζωοποιεῖσθαι ἐν
Χριστῷ nicht blos etwas Zukünftiges, sondern Gegenwärtiges,
sie stehen auf in dem geistigen Leben, dessen Princip Christus
ist. Wie soll man sich auch die Wahrheit des Satzes denken,
dass ἐν τῷ Χριστῷ πάντες ζωοποιηθήσονται, wenn diess nur von
der leiblichen Auferstehung zu verstehen wäre? Gibt es auch
eine Auferstehung der Unglaubigen und Gottlosen, wie kann von
ihnen gesagt werden, dass sie ἐν Χριστῷ ζωοποιηθήσονται? Man
kann dabei nur an das durch Christus der Menschheit mitgetheilte
neue geistige Leben denken, sofern in ihm ein allgemeines Princip,
das für alle die gleiche Bedeutung hat, in das Bewusstsein der
Menschheit eingetreten ist.

Als der vom Tode Auferweckte ist Christus zur Rechten
Gottes, Röm. 8, 34, in der unmittelbarsten Gemeinschaft mit
Gott haben wir uns ihn in seinem überirdischen Sein zu denken,
aber er bleibt daselbst nicht auf immer, sondern nur bis zu einer
bestimmten Epoche, ἄχρις οὗ ἔλθῃ 1 Cor. 11, 26. Es ist also
von einem Kommen die Rede, das erst noch bevorsteht und als
seine παρουσία bezeichnet wird, 1 Cor. 15, 23. Mag diese Parusie früher oder später erfolgen, es kann auch in der Zwischenzeit das Verhältniss Christi zu den Seinen kein unlebendiges sein.

Ἐντυγχάνει ὑπὲρ ἡμῶν, sagt der Apostel Röm. 8, 34 von Christus in seinem überirdischen Zustand. Er setzt das auf der Erde voll- brachte Werk im Himmel dadurch fort, dass er als unser Für- sprecher und Vermittler bei Gott sich dafür verwendet, den Segen seiner Erlösung uns auch wirklich zu Theil werden zu lassen. Denselben Ausdruck gebraucht der Apostel Röm. 8, 26 vom Geist. Er vertritt uns, indem er das, was still und unbewusst in uns ist, ohne dass wir selbst im Stande sind, es auszusprechen, dem die Herzen prüfenden Gott als Ausdruck eines gottgefälligen Sinnes zu vernehmen gibt. Christus und der Geist sind somit fort und fort dazu thätig, die Gemeinschaft zwischen Gott und den Menschen so zu vermitteln, dass alles Hemmende beseitigt wird. Diess ist jedoch nur die rein überirdische Seite seiner Thätigkeit.

Wie erweist er sich aber an den Seinen auch in ihrem irdi- schen Sein, da sie durch den Glauben in einer solchen Beziehung zu ihm stehen, dass er auch in seinem überirdischen Zustand einer lebendigen Gemeinschaft mit ihnen nicht entrückt sein kann? Es gehört hieher die dem Apostel besonders eigenthümliche Idee, dass die Christen Glieder des Leibes Christi sind. Dass sie, was sie als Christen sind und sein sollen, nur in der Einheit mit Christus sein können, in ihm allein das substanzielle Princip ihres Seins und Lebens haben, soll dadurch ausgedrückt werden. Sie alle zusammen bilden einen geistigen Leib, der den objectiven Grund seines Seins und Bestehens in Christus hat, sie sind in diesem Sinn ein σῶμα Χριστοῦ, 1 Cor. 12, 27, oder wie der Genitiv Χριστοῦ auch genommen werden kann, ein Leib, der Christus ist, der eben das ist, was Christus ist. Denn, sagt der Apostel 1 Cor. 12, 12, wie der Leib Eins ist und viele Glieder hat, alle Glieder des Leibes aber, so viele es sind, Ein Leib sind, so verhält es sich auch mit Christus, d. h. mit der christ- lichen Gemeinde, die gleichsam der persönliche Christus selbst ist. Es ist eine Einheit in der Vielheit und das die Vielheit zur Einheit verknüpfende Band ist der Geist. Denn in Einem Geist

sind wir alle zu Einem Leibe getauft worden, seien wir Juden
oder Hellenen, Knechte oder Freie, und alle sind wir mit Einem
Geiste getränkt worden. Alle also, welche die christliche Taufe
empfangen haben, so verschieden sie auch nach ihrer nationalen
Abkunft und ihren sonstigen Lebensverhältnissen sein mögen,
bilden eine und dieselbe Gemeinschaft, und derselbe in der Taufe
mitgetheilte Geist dient allen zur Nahrung und Förderung ihres
geistigen Lebens. Wie man nach 1 Cor. 12, 12 durch die Taufe
einem Leibe einverleibt wird, der Christus ist, so sagt der Apostel
Gal. 3, 27, dass die, die auf Christus getauft werden, Christus
anziehen und in ihm alle Eins seien, wer sie auch seien, Juden
oder Hellenen, Knechte oder Freie, Männer oder Weiber.
Christum anziehen heisst wesentlich eins mit ihm werden, wie
man aber mit ihm eins wird, sagt der Apostel Röm. 6, 3 f., die
auf Christus getauft werden, werden auf seinen Tod getauft. Sie
werden mit ihm begraben durch die Taufe auf den Tod, damit
wie Christus auferweckt worden ist von den Todten durch die
Herrlichkeit des Vaters, so auch sie in einer neuen Beschaffenheit des Lebens wandeln; denn wie sie der Ähnlichkeit nach mit
seinem Tode zusammengewachsen sind, so werden sie es auch
mit seiner Auferstehung sein. Die Taufe stellt als Untertauchung
Beides in sich dar, Tod und Auferstehung. Es muss also in
jedem, der in lebendiger Gemeinschaft mit Christus stehen will,
derselbe Process des Todes und Lebens, der sich uns in der
Person Christi darstellt, sich wiederholen, er muss sterben und
auferstehen, der Sünde absterben und der Gerechtigkeit leben.

Mit der Taufe nennt der Apostel 1 Cor. 10, 1 f. das Abendmahl zusammen. Beide sind gleich wesentliche Elemente der
christlichen Gemeinschaft, beide begreifen auf gleiche Weise das
in sich, was zum eigenthümlichen Charakter und Vorzug derselben gehört, beide haben daher auch ihr Vorbild schon in der
alttestamentlichen Offenbarungsgeschichte. Eine geistige Speise
assen die Israeliten und einen geistigen Trank tranken sie, so-

fern die darauf sich beziehenden alttestamentlichen Begebenheiten durch die allegorische Schrifterklärung diese geistige oder typische, symbolische Bedeutung erhalten. Man kann daher aus dem Ausdruck πνευματικός, der hier ebenso zu nehmen ist, wie Apok. 11, 8, nicht mit Rückert schliessen, der Apostel habe sich im Abendmahl einen verklärten Leib Christi gedacht. Wie die Taufe jeden in eine gleichsam persönliche Beziehung und Lebensgemeinschaft zu Christus setzt, so betrachtet der Apostel auch das Abendmahl aus demselben Gesichtspunkte. Er nennt 1 Cor. 10, 16 den Kelch eine Gemeinschaft des Blutes Christi und das Brod eine Gemeinschaft seines Leibes. Durch den Genuss von Brod und Wein nimmt man Theil am Leib und Blut Christi; heisst diess aber, man esse in dem Brode den wirklichen Leib Christi und trinke im Wein sein wirkliches Blut? Diess ist so wenig der Fall, dass der Apostel unter σῶμα Χριστοῦ nicht einmal den wirklichen Leib Christi selbst zu verstehen scheint. Denn, wenn der Apostel zur Erklärung der κοινωνία τοῦ σώματος Χριστοῦ sagt: weil es Ein Brod ist, sind wir, obgleich wir viele sind, Ein Leib, denn wir alle nehmen ja an dem Einen Brode Theil, so ist der Leib, dessen Einheit in der Einheit des Brodes sich darstellt, die Gemeinde, und wenn man, sofern man an dem Einen Brode Theil nimmt, auch an der Einheit des Leibs Theil hat, so ist die durch das Brod vermittelte κοινωνία τοῦ σώματος Χριστοῦ die Gemeinschaft, die jeder, der das Brod bricht, mit der Gemeinde, als dem σῶμα Χριστοῦ hat. Die Bedeutung des Abendmahls bestände demnach, so betrachtet, darin, dass man sich in ihm bewusst wird, dem in der Gemeinde der Gläubigen bestehenden Leibe Christi als Glied desselben anzugehören. Schon insofern ist das Abendmahl eine Vergegenwärtigung Christi, man sieht in seiner Gemeinde, als dem Leibe Christi, ihn selbst vor sich. Es ist, wie wenn der Apostel, indem er das σῶμα Χριστοῦ in diesem Sinne nimmt, sich dadurch erklären wollte, wie Jesus in den Einsetzungsworten von dem Brod als seinem Leibe habe reden

können. Sprach er aber einmal, auch nur in diesem Sinne, von
seinem Leibe, so musste sich mit seinem Leib auch die Vorstellung des Todes verknüpfen. Wie Jesus in den Einsetzungsworten
nicht blos von seinem Leibe, sondern auch seinem Blute sprach,
so ist die κοινωνία τοῦ σώματος auch eine κοινωνία τοῦ αἵματος.
Man kann in seiner Gemeinde seinen Leib nicht anschauen, ohne
auch daran zu denken, dass er für sie gestorben ist. Daher ist
die Feier des Abendmahls, wie es ja auch im Momente seines
Todes gestiftet ist, eine Verkündigung seines Todes. Wie schon
dadurch bei jeder Feier das Andenken an ihn erneuert wird, so
sollte das Abendmahl selbst für den Zweck der ἀνάμνησις gestiftet
worden sein, und die Bedeutung dieser ἀνάμνησις wird näher dadurch bestimmt, dass man durch das Essen des Brodes und das
Trinken des Kelchs den Tod des Herrn solange verkündigen
sollte, bis er komme. Man feierte also das Abendmahl mit dem
Gedanken an die Parusie, die Wiederkunft des Herrn, verkündigte nicht blos den Tod, durch welchen er aus einem Gegenwärtigen ein Abwesender geworden war, sondern dachte sich
ihn auch als den einst wieder Kommenden und Gegenwärtigen,
und das Abendmahl hatte so seine unmittelbarste und reellste
Bedeutung für diese Zwischenzeit zwischen dem Tod und der
Parusie, man hatte in dem Brod als seinem Leib und dem Wein
als seinem Blut einen Ersatz für seine Abwesenheit, sah ihn
selbst leiblich und sichtbar vor sich, es war als ἀνάμνησις nicht
blos eine Erinnerung an den Abwesenden, sondern auch eine
Vergegenwärtigung desselben, ein sichtbares Unterpfand seines
Wiederkommens.

Christus kommt also wieder, aber wann? Der Apostel
scheint ganz den Glauben der ältesten Christen an die Nähe der
Parusie Christi zu theilen. Wie er das Hauptmoment der Erscheinung Christi in seine Auferstehung setzt und in den zur
Thatsache gewordenen Sieg des Lebens über den Tod, so muss
sich dasselbe Princip, das in ihm zuerst in seiner vollen Energie

hervorgetreten ist, auch an denen bethätigen, die mit ihm zu derselben Gemeinschaft gehören. Die Parusie ist daher der Zeitpunkt der Auferstehung 1 Cor. 15, 23. Damit verbindet der Apostel die eigene Vorstellung, dass die, die diese Katastrophe erleben, werden verwandelt werden, 1 Cor. 15, 51. Sie müssen verwandelt werden, weil auch in ihnen der Tod überwunden und das Sterbliche zum Unsterblichen aufgehoben werden muss, wenn sie dasselbe Leben, zu welchem die Auferweckten durch die Auferstehung eingehen, mit ihnen theilen sollen. Er nennt diess ein μυστήριον, etwas sehr Bedeutungsvolles, woran man bisher noch nicht gedacht habe, es ist jedoch nur die natürliche Folgerung aus dem zuvor Gesagten. Dass er die Parusie als ein Ereigniss betrachtet, welche er mit seinen damals lebenden Zeitgenossen noch selbst erleben werde, sagt er deutlich genug, wenn er im Unterschied von denen, welche gestorben sind, sagt: ἡμεῖς ἀλλαγησόμεθα.

Mit der Parusie Christi ist der Punkt gegeben, von welchem aus die Eschatologie in der Reihe ihrer Momente sich entwickelt. Wie sie auf die Auferstehung Christi folgt, und ihre wesentlichste Bedeutung in der Auferstehung der gläubigen Christen hat, so folgt auf sie noch das Ende, an welchem die mit der Auferstehung Christi beginnende Negation des Todes vollendet ist. Am Ende des ganzen gegenwärtigen Weltlaufs übergibt sodann Christus die Herrschaft Gott dem Vater, und unterwirft sich dem, der ihm alles unterworfen hat, damit Gott sei alles in allem, 1 Cor. 15, 24—28. Die ganze Welt- und Menschengeschichte wird als der Antagonismus zweier Principien aufgefasst, von welchen das eine zuerst zu seiner Herrschaft gelangt, bis es von dem andern bekämpft, überwunden und völlig aufgehoben ist. Das erste dieser Principien ist der Tod, mit ihm beginnt die Weltgeschichte, und ihr Ende hat sie, wenn der Tod und mit ihm der ganze Gegensatz, dessen Entwicklung der Verlauf der Weltgeschichte ist, aus ihr wieder verschwunden ist.

Um die Macht des Princips des Todes zu brechen, erschien
Christus zu der ihm bestimmten Zeit, als der Sohn Gottes. Gott
hat ihn aus sich herausgestellt, er geht in ihm gleichsam selbst
in den Process der Weltgeschichte ein, und unterwirft sich in
ihm der Endlichkeit der von dem Princip des Todes beherrschten
Welt, damit in dem Endlichen das Princip der Unendlichkeit auf-
gehe, aus der Welt des Todes die Welt des Lebens hervorbreche.
Gebrochen ist zwar die Macht des Princips des Todes schon
durch die Auferstehung Christi, solange aber die Weltgeschichte
noch ihren Verlauf hat, ist das Princip des Lebens noch nicht zu
seiner Herrschaft hindurchgedrungen. Es geschieht diess erst in
der künftigen Welt, in welcher in dem vollendeten Sieg des
Lebens über den Tod aller Kampf ausgekämpft, aller Gegensatz
verschwunden ist, und der über allen stehende absolute Gott aus
dem geschichtlichen Process, in welchem er die von ihm geschaffene Welt sich gegenübergestellt hat, alles, was ihm angehört, in sich selbst zurücknimmt, um es in der ewigen Einheit
seines Wesens mit sich zusammenzuschliessen. Ist der Gegensatz der beiden Principien, des Todes und des Lebens zur Einheit
aufgehoben, so kann auch der mit dem Princip des Lebens
identische Christus nicht mehr ausser Gott, sondern nur in Gott
sein. Hat der Gegensatz zwischen Gott und der Welt sein Ende
erreicht, so ist kein Vermittler mehr nöthig. Das Vergängliche
hat angezogen die Unvergänglichkeit, das Sterbliche die Un-
sterblichkeit. Zuletzt ist Gott alles in allem. Wie ist aber diess
zu verstehen, begreift es auch das endliche Aufhören des Bösen
durch die Bekehrung der Gottlosen und des Teufels in sich? Der
Inhalt und Ausdruck der Stelle, wie namentlich auch das Bild
τιθέναι ἐπὶ τοὺς πόδας scheint mehr auf eine äussere Entwaffnung
als auf innere Überwindung des Bösen hinzudeuten. Aber welcher
Unterschied ist es, ob die bösen Mächte noch fortexistiren, aber
bis zur völligen Unmacht entkräftet, oder ob sie zuletzt selbst
von der alles durchdringenden Macht des Guten angezogen wer-

den? Ist dem Tode der letzte Stachel genommen, so sollte
man meinen, dass es keine ewige Verdammniss geben kann.

Von selbst schliesst sich hier noch die Lehre des Apostels
von Gott an. Wie das Resultat der ganzen Weltentwicklung
darin besteht, dass Gott alles in allem ist, so ist dem Apostel
eben diess auch der leitende Gesichtspunkt, unter welchen er
alles stellt. Alles, was er zum Gegenstand seiner Betrachtung
macht, hat für ihn immer wieder eine wesentliche Beziehung
auf Gott, und je mehr er sich bemüht, eine Sache nach ihren
verschiedenen Seiten aufzufassen und in dem ganzen Zusammenhang ihrer Momente darzulegen, desto mehr drängt es ihn, in
letzter Beziehung zur absoluten Idee Gottes aufzusteigen, und
seine Betrachtung in ihr als ihrer Spitze abzuschliessen. Wie
von Gott alles ausgeht, so ist auf ihn alles zurückzuführen. Der
Eine Gott ist der Vater, ἐξ οὗ τὰ πάντα καὶ ἡμεῖς εἰς αὐτὸν 1 Cor.
8, 6, oder, wie er Röm. 11, 36 noch umfassender sagt, ἐξ
αὐτοῦ, καὶ δι᾽ αὐτοῦ, καὶ εἰς αὐτὸν τὰ πάντα, alles geht von ihm
aus, alles wird durch ihn realisirt, alles hat in ihm seinen höchsten Endzweck. In dieser Richtung auf die Eine alles bedingende
Causalität Gottes ist es das Bestreben des Apostels, die Idee Gottes in ihrer reinen Absolutheit aufzufassen und alles Particularistische, Beschränkte und Endliche von ihr auszuschliessen. Auf
dieser Auffassung der Idee Gottes beruht der Universalismus des
Apostels, wie er diess in dem Satz ausspricht, dass Gott sowohl
der Heiden als der Juden Gott sei. Röm. 2, 11. 3, 29. 10, 12.
Das Christenthum ist selbst nichts anderes, als die Aufhebung
alles Particularistischen, damit die reine absolute Gottes-Idee
in der Menschheit sich verwirkliche, oder in ihr zum Bewusstsein komme. In die allgemeine Verbreitung der wahren Erkenntniss Gottes setzt daher der Apostel die Aufgabe des Christenthums selbst. 2 Cor. 2, 14. Wie die Rechtfertigung durch
den Glauben darauf beruht, dass Gott nicht blos der Juden, sondern auch der Heiden Gott, also Gott im absoluten Sinn ist, so

hat sich Gott auch schon von Anfang an den Heiden geoffenbart,
es gehört also überhaupt zum Wesen Gottes, sich zu offenbaren;
aber das an sich unsichtbare Wesen Gottes wird nicht unmittelbar offenbar, sondern nur mittelbar, nur auf dem Wege der
denkenden Betrachtung erkennt man Gott aus den Werken der
Natur, Röm. 1, 19. Die Haupteigenschaft Gottes ist die Allmacht, als die Eigenschaft, durch welche Gott das Nichtseiende
in's Dasein ruft, Röm. 4, 17. Ein Werk seiner Allmacht ist
auch das Christenthum, als geistige Schöpfung, es ist auch eine
Lichtschöpfung wie die Schöpfung der Welt, 2 Cor. 4, 6. Die
wichtigste Thatsache, auf welcher das ganze Christenthum beruht, die Auferweckung Jesu, ist ein gleicher Akt seiner Allmacht, Röm. 4, 17. Der Allmacht Gottes steht zunächst seine
Liebe, denn nur die Liebe kann die letzte und höchste Ursache
sein, auf welche das ganze von Gott beschlossene und veran-
staltete Werk der Erlösung zurückzuführen ist, Röm. 5, 8. 8,
39. 2 Cor. 13, 13. Die Liebe aber kann sich nicht äussern, ohne
dass auch der Gerechtigkeit Gottes Genüge geschieht, als der
Eigenschaft, durch welche zwischen Gott und den Menschen
das der Idee Gottes adäquate Verhältniss bewirkt werden muss.
Das Christenthum ist selbst eine Offenbarung der Gerechtigkeit
Gottes, Röm. 1, 17. Ist der Gerechtigkeit Gottes Genüge ge-
schen, so wird seine Liebe in der Vergebung der Sünden zur
Gnade. Den höchsten Inhalt des christlichen Gottesbewusstseins
legt der Apostel in die Bezeichnung Gottes als des Vaters Jesu
Christi. Die beiden Begriffe Vater und Sohn beziehen sich bei
dem Apostel nicht auf ein inneres Verhältniss im Wesen Gottes
selbst. Sohn Gottes heisst Jesus nur in Beziehung auf das Werk
der Erlösung. Gott, Christus und der heilige Geist bilden zwar
eine Trias, 2 Cor. 13, 13, aber keine abstract metaphysische,
sondern nur für das concrete christliche Bewusstsein. Die Gnade
steht voran, weil das Hauptmoment des christlichen Bewusstseins die durch Christus erworbene Sündenvergebung ist, das

Princip der Gnade ist die Liebe, und das Princip, das die, welchen die Gnade Christi und die Liebe Gottes zu Theil geworden
ist, zur Gemeinschaft verbindet, ist der heil. Geist. In Beziehung auf das Wesen Gottes selbst spricht der Apostel nicht vom
heiligen Geist, sondern vom Geist Gottes 1 Cor. 2, 10. Er unterscheidet von Gott und dem Wesen Gottes an sich den Geist Gottes als das Princip des Selbstbewusstseins und der Persönlichkeit
Gottes. Wie der Geist des Menschen ist der Geist Gottes das
Princip des Wissens.

2. Der Lehrbegriff der Apokalypse.

Wie der paulinische Lehrbegriff sich am weitesten vom Judenthum entfernt und sogar in bestimmtem Gegensatz zu demselben steht, so schliesst sich dagegen der der Apokalypse um
so näher und unmittelbarer an das Judenthum an. Nur ist es
nicht das gesetzliche mosaische Judenthum, sondern das selbst
schon geistigere Elemente enthaltende prophetische, das hier
in einer eigenthümlichen Verbindung mit dem Christenthum erscheint.

Wie die Propheten des alten Testaments ganz in der Anschauung des kommenden Messias lebten und mit begeistertem
Blick dieses Ziel der Theokratie vor sich sahen, so bewegt sich
auch bei dem Apokalyptiker alles um die Zukunft des Messias,
in den Gedanken der schon in der nächsten Zeit erfolgenden
Parusie Christi geht sein ganzes christliches Bewusstsein auf.
Dass der Herr kommt, dass er in kürzester Frist kommt, dass
schon jetzt in der Gegenwart alles zur Vollendung der letzten
Dinge sich anschickt, ist das prophetische Wort, das durch die
ganze Apokalypse hindurch erschallt. Alle wahre Christen sind
dem Apokalyptiker als solche auch Propheten. Wahre Christen
sind die, welche die μαρτυρία τοῦ Ἰησοῦ haben. Diese selbst
aber besteht darin, dass man mit seinem ganzen Denken und
Wollen auf die Parusie Christi gerichtet ist. In demselben Ver-

hältniss, in welchem das Bewusstsein des Christen im Gedanken
an die Parusie von der Zukunft erfüllt ist, hat er auch den Geist
der Prophetie in sich, Apok. 19, 10. Die dogmatische Grundanschauung der Apokalypse ist das Reich Christi, wie es durch
die ganze mit der Parusie verbundene Katastrophe in dem himmlischen Jerusalem sich verwirklicht. Die Zeit der Erndte ist da,
Apok. 14, 15, sobald die Zahl der vollendeten Heiligen voll geworden ist, 6, 11. 14, 3. 15, 2. Nach einer Reihe von Plagen,
welche das Judenthum zu seinem Heil 11, 13, das Heidenthum
aber zu seinem Verderben getroffen und insbesondere die grosse
Hure Babylon, d. h. Rom, als den Mittelpunkt des abgöttischen
Heidenthums von der Erde vertilgt haben, öffnet sich der Himmel, der λόγος τοῦ θεοῦ kommt mit einem Schwert im Munde
herab, 19, 11 f. Er führt Krieg mit dem Antichrist und seinem
Propheten, lässt beide lebendig in den Schwefelpfuhl werfen
und vernichtet ihre Anbeter, die Vögel des Himmels werden zu
dem grossen Mahle Gottes berufen, 19, 17 und verzehren das
Fleisch der getödteten Verfolger, der Satan aber wird auf tausend Jahre in der Hölle gefangen gesetzt, während die Märtyrer
auferstehen, 20, 4 f., das Hochzeitmahl des Lammes und der
Braut beginnt, 19, 7. und jene mit Christus tausend Jahre in
Jerusalem herrschen, 20, 5 f. vgl. 11, 1. Nach Ablauf dieser
Zeit erfolgt ein zweiter Angriff des wieder frei gewordenen
Satans, der aber mit dessen Sturz in den Schwefelpfuhl endigt,
und nun beginnt Gott das allgemeine Weltgericht, in das wahrscheinlich die der ersten Auferstehung Gewürdigten nicht kommen. Nachdem jeder streng nach seinen Werken gerichtet und
mit den Bösen auch die letzten Feinde Tod und Hades in's ewige
Verderben hinabgestossen sind, nehmen Himmel und Erde eine
neue Gestalt an, 21, 1 f. Die heilige Stadt, das neue Jerusalem steigt vom Himmel herab, zubereitet wie eine für ihren
Bräutigam geschmückte Braut. Die Grösse und Herrlichkeit dieser Gottesstadt wird mit der sinnlichsten Anschaulichkeit geschil-

dert. Gold, Perlen und Edelsteine sind das Material, aus welchem sie erbaut ist. Ein Tempel jedoch ist nicht in ihr, denn Gott der Herr, der Allmächtige, ist ihr Tempel und das Lamm. Und die Stadt bedarf nicht der Sonne, noch des Mondes, dass sie ihr scheinen, denn die Herrlichkeit Gottes hat sie erleuchtet, und ihre Leuchte ist das Lamm. Ihre Bewohner sind nur die, die aufgeschrieben sind im Lebensbuche des Lammes. Ein Strom von Lebenswasser geht vom Throne Gottes und des Lammes aus und auf beiden Seiten des Stroms steht der Baum des Lebens.

Es fragt sich, wie wir diese Schilderung der künftigen Seligkeit und der Vollendung des Reichs Christi zu nehmen haben? Es lässt sich nicht läugnen, dass das apokalyptische Reich Christi tief unter der von Jesu aufgestellten sittlichen Idee der βασιλεία τῶν οὐρανῶν steht. Der Apokalyptiker lehrt nicht nur chiliastisch ein irdisches Reich Christi, auch der auf dieses Reich folgende Zustand der Vollendung und Seligkeit ist nur ein irdisch-himmlischer. Eine Vollendung im Himmel kennt der Apokalyptiker nicht, das Himmlische ist ihm immer zugleich ein Irdisches, das Jenseitige ein Disseitiges. Auf das tausendjährige Reich, das nur eine vermittelnde Bedeutung haben kann und nur den Übergang macht, kann nichts Anderes folgen als das Letzte. Wozu würde ein neuer Himmel und eine neue Erde geschaffen werden, wenn auch sie wieder verschwinden und nur für eine Zwischenperiode bestimmt sein sollten? Auch die letzte Vollendung und der in alle Ewigkeit dauernde Zustand der Seligkeit kann in der Anschauung der Apokalypse nur auf dem materiellen Boden der endlichen, wenn auch himmlisch verklärten Erde stattfinden. Es kann daher nicht anders sein, als dass das Absolute der Idee sich in inadäquate sich selbst widersprechende Vorstellungen auflöst. Wie der Apokalyptiker die Seligkeit seines neuen Jerusalems nur mit alttestamentlichen aus den Schriften der Propheten entlehnten Bildern schildern kann, in welchen an die Stelle des neuen Jerusalems immer wieder das alte tritt,

so kann sich er auch da, wo er sich auf den höchsten Standpunkt
erhebt, nie seines alttestamentlichen Particularismus entschlagen. Vgl. 21, 24. 22, 2.

Man hat die Apokalypse schon oft wegen ihrer sinnlichen
Vorstellungsweise zu vertheidigen gesucht. Was hilft es aber,
wenn z. B. Storr, Neue Apologie der Off. Joh. S. 408, sagt: So
wenig Christus einen irdischen, erst zur Unverweslichkeit rei-
fenden Leib hat, so wenig ist man berechtigt, den Märtyrern,
die mit ihm leben, einen solchen Leib zuzuschreiben. So wenig
die Gläubigen, die in dem neuen Jerusalem Gott und Christo als
Priester dienen, und mit ihm in Ewigkeit herrschen, ein irdisches Leben führen, so wenig darf man den auferstandenen
Märtyrern, die tausend Jahre früher mit Christo regieren, ein
irdisches Leben aufdringen, oder sie auf diese Erde herabsetzen,
die während der tausend Jahre noch irdische, verführbare, sterbliche Bewohner hat. Wer wollte die Märtyrer mit ihren verklärten Leibern, und Christus selbst, mit dem sie regieren sollen,
während der tausend Jahre auf die Erde versetzen? Freilich
bringe es der ganze Plan des Buchs mit sich, dass während der
tausend Jahre Gott und Christus die Erde beherrscht, wie er sie
zuvor nicht beherrscht hat, dass sein Einfluss auf die Welt sichtbarer sei, als zuvor. Aber herrscht Christus gegenwärtig nicht
über die Erde, weil er sich nicht sichtbar bei uns aufhält? Kann
sein Einfluss nicht allgemeiner und offenbarer werden, ohne dass
er selbst auf dieser Erde mit Augen gesehen wird? Soll sich
denn auch Gott in den tausend Jahren sichtbar auf der Erde auf-
halten? Die Apokalypse sagt kein Wort davon, dass Christus und die Märtyrer sichtbar auf der Erde wohnen und nach
Art der Könige dieser Welt irdischen Glanz und irdische Hoheit
zeigen werden u. s. w.

Alles diess ist eine ganz vergebliche Apologie. Wie lässt
sich denn gegen den klaren Sinn dieser Darstellung läugnen,
dass die Erde der Schauplatz der künftigen Seligkeit und Herr-

lichkeit ist? Man könnte nur sagen, da so viele Züge offenbar einen bildlichen Sinn haben, so könne die ganze Darstellung nur als eine bildliche genommen werden. Welche abstracte Vorstellung bliebe aber am Ende zurück, wenn alles Concrete nur zur bildlichen Darstellung zu rechnen wäre! Weit richtiger fragt man, ob denn die Apokalypse, wenn wir sie mit den übrigen neutestamentlichen Schriften vergleichen, mit ihrer sinnlichen Vorstellungsweise so allein steht. Welcher grosse Unterschied ist es, ob ein solcher transcendenter Zustand, wie der Zustand der Seligen überhaupt nach der Lehre des neuen Testaments ist, in den Himmel oder auf die himmlisch verklärte Erde versetzt wird? Hält man auch den Begriff der leiblichen Auferstehung fest, wie kann man sich die Leiber der Auferstandenen denken, ohne eine denselben entsprechende materielle Umgebung? Es ist demnach kein specifischer, sondern nur ein gradueller Unterschied zwischen der Apokalypse und den übrigen Schriften des neuen Testaments und sie hat nur das Eigene, dass sie die Vorstellung der künftigen Dinge mit der concretesten Anschaulichkeit ausgemalt hat. Auch der Apostel Paulus spricht ja von einem obern oder himmlischen Jerusalem als der Mutter der Glaubigen, auch er erwartet die Parusie schon in der nächsten Zeit, auch er lässt der letzten Katastrophe einen Kampf mit den feindlichen Mächten vorangehen, die von Christus erst bezwungen werden müssen, damit sein Reich zu seiner Vollendung kommen kann. Wie hätte sich auch auf dem Standpunkt des christlichen Bewusstseins in einer so transcendenten Region die jüdische Anschauungsweise verläugnen können? Die Phantasie, die hier allein dazwischen treten kann, konnte ihre Anschauungen nur aus dem gewohnten Bilder- und Ideenkreise nehmen.

Der Gegensatz, in welchem der Apokalyptiker zu dem paulinischen Lehrbegriff steht, tritt erst da hervor, wo man nach den Subjecten fragen muss, aus welchen die erwählte Gemeinde

des neuen Jerusalems besteht. Dem paulinischen Universalismus
stellt sich der Particularismus des Apokalyptikers gegenüber.
Die Universalität des Christenthums wird zwar so weit anerkannt, dass er die Christen als Gott geweihte Könige und Priester erkauft werden lässt aus allen Völkern und Nationen, 5, 9.
7, 9, dass er aber die Heiden als ebenbürtige und gleichberech-
tigte Bürger des neuen Jerusalems betrachtet habe, kann nicht
behauptet werden. K. 7, 4 gibt er die Zahl der versiegelten
Diener Gottes zu hundert vier und vierzigtausend an, es sind
je zwölftausend aus jedem der zwölf Stämme Israels. Wenn
nun auch hier Juden und Heidenchristen zusammenbegriffen
sind, und der grosse unzählbare Haufe aus allen Völkern und
Nationen, von welchen V. 9 die Rede ist, von den zuvor genannten Subjecten nicht verschieden ist, sondern mit ihnen zusammengehört, so ist doch hier deutlich zu sehen, wie die Heiden
nur sofern sie in die israelitische Stammgemeinschaft aufgenommen werden, zur christlichen Gemeinschaft gehören. Hat die
Zwölfzahl der Stämme ihre alte Bedeutung auch für das messianische Reich, können die Heiden nur unter diesem Namen Genossen und Bürger desselben werden, so hat das jüdische Volk
noch immer das absolute Vorrecht, das Volk Gottes zu sein,
und die Heiden stehen nur in einem secundären Verhältniss zu
demselben. Das messianische Heil muss für sie erst durch das
Judenthum vermittelt werden. Daher sind 21, 12 an den zwölf
Thoren des neuen Jerusalems die Namen der zwölf Stämme der
Söhne Israels geschrieben. Von der Zwölfzahl der Stämme
Israels geht die ganze Grundanschauung aus, das Volk Israel
ist der Kern und Stamm der ganzen theokratischen Gemeinde.
Zwar gibt es auch Juden, welche das, was sie dem Namen
nach sind, nicht wirklich sind, so wenig, dass sie vielmehr
eine Synagoge Satans sind, 2, 9. 3, 9, und Jerusalem kann der
Strafe für die Kreuzigung des Herrn nicht entgehen. Als die
Stadt, in welcher der Herr gekreuzigt worden ist, wird sie gei-

stig Sodom und Aegypten genannt, welche beide durch ihre
Sünden und Gräuel, ihre Gottlosigkeit und Feindschaft gegen
Gott gleich berüchtigt sind. Aber auch diese so grosse Sünden-
schuld betrachtet der Apokalyptiker aus einem so milden Ge-
sichtspunkt, dass selbst dadurch der Anspruch der Juden, das
Volk Gottes zu sein, auf keine Weise beeinträchtigt wird. So
schonend ist in Vergleichung mit den sonstigen Strafen der Apokalypse das Strafgericht über Jerusalem, dass nicht der dritte
oder vierte, sondern nur der zehnte Theil der Stadt durch ein
Erdbeben zerstört wird, und nur siebentausend umkommen, die
Übrigen aber bekehren sich, wenn auch aus Furcht, doch unter
Anerkennung der Gerechtigkeit des göttlichen Gerichts und der
Wahrheit des Evangeliums, 11, 13, während dagegen in der
heidnischen Welt die weit vernichtender wirkenden Strafen immer nur die Folge haben, dass die Menschen sich nicht bekehren, und nur noch mehr in ihrem gotteslästerlichen Sinne beharren. Hiemit gibt der Apokalyptiker deutlich zu verstehen,
dass es nach seiner Ansicht dem Heidenthum an sich an einem
für das Göttliche empfänglichen Sinne fehlt, das Heidenthum
bildet einen in dem allgemeinen Gegensatz der Prinzicien begründeten Gegensatz zum Volk Gottes, darum kommt auch der
Antichrist aus der heidnischen Welt und in ihr hat der Satan
den eigentlichen Schauplatz seiner gottfeindlichen Wirksamkeit.
Wenn auch alles diess den Apokalyptiker nicht hindert, auch
die Heiden in das messianische Reich und in das neue Jerusalem
zuzulassen, so liegt doch eine völlige Gleichstellung der Heiden
und Juden ausserhalb seines Gesichtskreises. Die Heiden stehen
immer nur in der zweiten Ordnung und man weiss nicht, ob,
da doch in das neue Jerusalem nur die kommen können, deren
Namen im Buche des Lebens geschrieben sind, diese Kategorie
auch auf Heiden ihre volle Anwendung findet. Vgl. 21, 24—27.
Die altjüdische Vorstellung, nach welcher das Heidenthum, als
der Sitz der Abgötterei, das Unreine und Profane ist, das auf

alles, das mit ihm in Berührung kommt, nur einen verunreinigenden Einfluss haben kann, blickt durch seine Anschauungsweise immer durch. Daher gibt es für den Christen, welcher sich jeder heidnischen Befleckung enthalten soll, keinen verabscheuungswürdigern Gräuel, als den Genuss von Götzenopferfleisch. Vgl. 2, 14. 20. Vergleicht man damit, wie ganz anders der Apostel Paulus hierüber urtheilte, so zeigt sich hier die Differenz der beiden Standpunkte in ihrer ganzen Weite. In der Ansicht des Apokalyptikers bilden Judenthum und Heidenthum einen zu schroffen Gegensatz, als dass er das εἰδωλόθυτα φαγεῖν auch nur in dem beschränkten Sinn, in welchem der Apostel Paulus es zuliess, für christlich erlaubt hätte halten können. Mit Recht muss man daher fragen, ob auch der Apostel Paulus unter die Apostel gerechnet ist, wenn an die Grundsteine des neuen Jerusalems nur die Namen von zwölf Aposteln geschrieben sind, 21, 14, und ob er einen Apostel, welcher von dem εἰδωλόθυτα φαγεῖν eine so milde Ansicht hatte und es nicht schlechthin verdammte, für einen wahren und ächten Apostel halten konnte.

Je grossartiger die Erwartung der mit der Parusie Christi eintretenden Katastrophe ist, um so höher muss auch die Vorstellung von der Person dessen sein, der durch seine Parusie alles diess herbeiführt. An dem Kommen des Herrn hängt ja alles diess, wer ist also der Kommende? Er ist die Wurzel und das Geschlecht Davids, 22, 16. 5, 5, der hellleuchtende Morgenstern 22, 16, der Löwe aus dem Stamme Juda 5, 5, der, der alle Völker mit eisernem Stabe weidet, 2, 27. 12, 5. 19, 15, lauter alttestamentliche Prädikate zur Bezeichnung des Messias; er ist aber auch der treue Zeuge, der Erstgeborne der Todten, der Beherrscher der Könige der Erde, der uns geliebt, und uns in seinem Blute von unsern Sünden gewaschen hat, der, der lebt, ob er gleich todt war, und als der in alle Ewigkeit Lebende die Schlüssel des Todes und der Unterwelt hat, 1, 5. 18, der Richter des Verborgenen, 2, 23, der Herr der Herren und der

König der Könige, 17, 14. 19, 16. 1, 5, der Treue und Wahr-
haftige, der in Gerechtigkeit richtet und Kriege führt, 19, 11,
der Mächtige, der mit eiserner Kraft die Widerspenstigen nie-
derschlägt und den Zorn Gottes ausrichtet, 19, 15. Er wird ferner nicht nur in der unmittelbaren Nähe Gottes, als σύνθρονος
desselben, wie die σοφία im Buche der Weisheit, aufgeführt,
21, 22 f. 7, 17. 22, 1, und in ähnlicher Weise, wie Gott selbst
verehrt, 5, 11 f. 7, 10 f., sondern er erhält auch Prädikate,
welche sich von dem Jehovahnamen nur wie das Abgeleitete von
dem Ursprünglichen unterscheiden, wenn er wiederholt 1, 17 f.
2, 8. 22, 13, vgl. 21, 6, das A und das O, der Erste und der
Letzte genannt wird, ja er ist nicht nur der ἔχων τὰ ἑπτὰ πνεύματα τοῦ θεοῦ, 3, 1, sondern auch die ἀρχὴ τῆς κτίσεως τοῦ
θεοῦ, und der λόγος τοῦ θεοῦ, 3, 14. 19, 13.

Dass die Apokalypse dem Messias den Jehovahnamen beilegt, lässt die Stelle 22, 13 nicht bezweifeln. Er ist hier, wie
aus V. 12 und 19 zu sehen, der Sprechende. Von sich sagt er
also: Ich bin das A und das O, der Erste und der Letzte, der
Anfang und das Ende. Alle diese Prädikate sind nur ein anderer
Ausdruck für die sonstige Umschreibung des Jehovahnamens
durch ὁ ὢν καὶ ὁ ἦν καὶ ὁ ἐρχόμενος. In demselben Sinne, in
welchem Gott der Allherrscher so genannt wird, heisst er auch
das A und das O, der Anfang und das Ende, 1, 8. 21, 6. Der
neue Name, welcher dem Messias 3, 12 gegeben wird, derselbe Name, von welchem 19, 12 gesagt wird, es kenne ihn
niemand, als er selbst, ist der unaussprechliche Jehovahname,
von dessen Wirkung nicht nur die spätere rabbinische Theologie,
sondern auch schon das Buch Henoch c. 68, 20 f. so viel Wun-
derbares zu erzählen weiss. Dafür spricht auch die eigenthümliche Verbindung, in welche 3, 12 der Name des Messias mit
dem Namen der Auserwählten und des neuen Jerusalems gebracht ist. Eine alte talmudische Tradition lehrt, dass drei Dinge
mit dem Gottesnamen benannt werden, die Gerechten, der Mes-

sias, und Jerusalem. Von den Gerechten wird diess bewiesen
aus Jesaj. 43, 7: bringe her zu mir jeglichen, der sich nennt mit
meinem Namen, den ich schuf zu meiner Ehre; vom Messias aus
Jerem. 23, 6: diess ist der Name, mit dem man ihn nennen wird:
Jehova unser Heil; vom neuen Jerusalem aus Ezech. 48, 35:
der Name der Stadt soll von nun an sein: Jehova daselbst. Auf
diese Tradition bezieht sich auch der Apokalyptiker, wenn er
3, 12 sagt, die Erwählten haben den Namen Gottes und den des
neuen Jerusalems und den neuen Namen des Messias an der
Stirne. Es ist ein und derselbe Name, wie diess auch die Vergleichung der Stelle 14, 1 zeigt, wo nur der Name Gottes und
des Messias genannt ist, und 2, 17, wo dem Überwinder ein
Name verheissen wird, den keiner kennt, als der Empfänger,
offenbar derselbe Geheimname, den nach 19, 12 auch der Messias trägt. Jehovah, oder Gott im höchsten Sinn wird also der
Messias genannt, aber er wird auch nur so genannt, ohne dass
aus dem Namen geschlossen werden darf, es werde ihm auch
eine wahrhaft göttliche Natur zugeschrieben. Denn wenn dem
Messias der Jehovahname nur auf dieselbe Weise zukommt, wie
derselbe Name auch den Gerechten und der Stadt Jerusalem gegeben wird, so erhellt hieraus deutlich, welche äusserliche Beziehung der Name ausdrückt.

Hiemit ist ohne Zweifel auch schon erklärt, in welchem
Sinne der Messias in der Apokalypse ὁ λόγος τοῦ θεοῦ genannt
wird. Man kann dieses Prädikat als die bekannte in den Tar-
gumim so oft vorkommende Umschreibung des Jehovahnamens
nehmen, und der Messias wird demnach nur in demselben Sinne
ὁ λόγος τοῦ θεοῦ genannt, in welchem ihm auch der Jehovahname beigelegt wird. In keinem Fall darf man aus der Bezeichnung des Messias als des λόγος τοῦ θεοῦ auf eine ihm an sich zukommende höhere göttliche Natur schliessen. Der Apokalyptiker betrachtet die ganze Erscheinung Jesu aus dem Gesichtspunkt
des λόγος τοῦ θεοῦ, sofern das Wort Gottes durch ihn sowohl ent-

hüllt als erfüllt wird. Das Christenthum ist selbst der λόγος τοῦ
θεοῦ 1, 9, alles, was den Inhalt dieser Visionen ausmacht, sind
die λόγοι ἀληθινοὶ τοῦ θεοῦ 19, 9. Jesus ist es, der den Rathschluss Gottes offenbart, und der ihn auch erfüllt. Was einmal
als Rathschluss Gottes ausgesprochen ist, muss auch realisirt
werden. Auch in dieser Beziehung ist Jesus der λόγος τοῦ θεοῦ.
Es bezieht sich darauf die Vergleichung der Wirksamkeit Jesu
mit einem aus seinem Munde ausgehenden scharfen Schwert,
19, 15. Dass dieses Schwert aus seinem Munde ausgeht, weist
deutlich darauf hin, dass das, was mit dem Schwert verglichen
wird, eigentlich das aus dem Munde ausgehende Wort ist, der
λόγος τοῦ θεοῦ, welchen er offenbart. Ein scharfes Schwert aber
ist er, sofern durch ihn der ganze Rathschluss Gottes als strenges Strafgericht mit unwiderstehlicher Macht vollzogen wird.
Schon hieraus ist zu sehen, dass wir hier nicht an den Logos
des johanneischen Evangeliums denken dürfen. Schon diess,
dass er nicht schlechthin λόγος, sondern ὁ λόγος τοῦ θεοῦ genannt
wird, beweist, dass er keine selbstständig Gott gegenüberstehende Hypostase ist. Besonders aber verdient auch diess beachtet
zu werden, dass er erst an dieser Stelle der Apokalypse und
zwar sofern er als strafender Richter vom Himmel auf die Erde
herabkommt, diesen Namen erhält. Der Grundbegriff ist offenbar
das Wort Gottes, oder der in der Strenge des göttlichen Straf-
gerichts sich vollziehende Wille und Rathschluss Gottes. Da
demnach der Ausdruck keinen metaphysischen Begriff enthält
und nichts über ein Verhältniss aussagt, das an sich zur Natur
des in Frage stehenden Subjects gehörte, so ergibt sich hieraus
von selbst auch der Sinn, in welchem das weitere noch besonders bemerkenswerthe Prädikat zu nehmen ist, das die Apokalypse Jesu gibt, wenn sie ihn 3, 14. als die ἀρχὴ τῆς κτίσεως
τοῦ θεοῦ bezeichnet. Wenn er auch als der Anfang der Schöpfung nur der zuerst Geschaffene ist, so scheint doch dieser
Ausdruck klar genug den Begriff der Präexistenz zu enthalten.

Erwägt man aber auf der andern Seite, dass unmittelbar vorher, 3, 12, der himmlische Name des Messias ein neuer Name heisst, dass auch sonst nirgends in der ganzen Schrift die Präexistenz des Messias mit klaren Worten ausgesprochen ist, so wird sehr wahrscheinlich, dass jene Bezeichnung keine dogmatische Bestimmung, sondern ein blosser Ehrentitel seyn soll. Gleichfalls uneigentlich steht der Ausdruck Prov. 8, 22, welche Stelle der Apokalyptiker ohne Zweifel im Auge hatte. Es kommt dabei weiter in Betracht, dass auch die rabbinische Theologie mit dem Prädikat »vor der Welt geschaffen« sehr freigebig ist. Unter den sieben Dingen, welche vor der Welt erschaffen sein sollen, wird ausdrücklich auch der Name des Messias genannt. Sie zählt ferner zehn Dinge auf, die mit der Welt erschaffen sein sollen, woraus wenigstens so viel zu sehen ist, dass ihr die Präexistenz eine Eigenschaft ist, die sie allen möglichen Dingen ohne irgend welche tiefere Bedeutung beilegt, die aber dann auch um so leichter in ein blosses ehrendes Prädikat übergehen konnte. Es ist demnach nicht bloss das sehr ungewiss, ob die Apokalypse den Messias selbst oder nur den Namen des Messias als vorweltlich geschaffen bezeichnen will, sondern ebenso auch das Weitere, ob sie dieses Prädikat im dogmatischen Sinne nimmt, oder nur als gesteigerten Ausdruck für den Gedanken gebraucht, dass der Messias das höchste Geschöpf sei, dasjenige, auf welches bei der Schöpfung von Anfang an Rücksicht genommen wurde.

Nehmen wir alles diess zusammen, so hat die Christologie der Apokalypse das Eigene, dass sie zwar Jesu als dem Messias die höchsten Prädikate beilegt, aber alle diese Prädikate nur äusserlich auf ihn übertragene Namen sind, welche mit seiner Person noch zu keiner innern Einheit des Wesens verknüpft sind, es fehlt noch an der innern Vermittlung zwischen den göttlichen Prädikaten und dem geschichtlichen Individuum, das der Träger derselben sein soll. So bemerkenswerth es daher ist, wie das christliche Bewusstsein auch auf diesem Punkte den Drang in sich hat, die Person Jesu so hoch zu stellen, so wenig darf dabei übersehen werden, wie der ganze Inbegriff dieser Prädikate noch eine transcendente Form ist, welcher es an dem concreten in der Persönlichkeit Jesu selbst begründeten Inhalt fehlt, sie sind noch keine immanenten aus dem substanziellen Wesen seiner Person sich von selbst ergebenden Bestimmungen. Es sind nur die grossen eschatologischen Erwartungen, um deren willen der Messias als das Hauptsubject derselben auch eine ihnen adäquate Stellung haben muss. Alles Metaphysische liegt noch ausserhalb des Gesichtskreises des Apokalyptikers, er nimmt seinen Standpunkt noch ganz von unten, um auf den Messias erst nach seinem Tode alles übergetragen werden zu lassen, was ihm seine göttliche Würde gibt. Vgl. 5, 12. Sehr bezeichnend lässt er ihn daher auch von Gott als seinem Gott reden, 3, 2. 12. Was noch weiter zur Christologie der Apokalypse gehört, hängt mit ihrer Lehre vom Werke Christi zusammen.

Als den wesentlichsten Bestandtheil des Werkes Christi betrachtet die Apokalypse, hierin übereinstimmend mit der paulinischen Lehre, den Tod Christi, und zwar ist auch ihr das Motiv desselben seine Liebe zu den Menschen. Sie preist ihn 1, 5 als den, der uns geliebt und uns von unsern Sünden in seinem Blute gewaschen, oder nach einer andern Lesart, befreit hat. Sein Blut hat reinigende Kraft: Die Geretteten und Seligen sind die, die ihre Kleider gewaschen und weiss gemacht haben in dem Blute des Lammes 7, 14. Vergebung der Sünden bewirkt also sein Tod, wobei die Vorstellung eines Lösegeldes zu Grunde zu liegen scheint. Die Menschen sind erlöst, weil er sie losgekauft hat. Damit verbindet sich die weitere Vorstellung, dass er auf die, für die er gestorben ist, als die von ihm Losgekauften, ein bestimmtes Eigenthumsrecht hat. Vgl. 5, 9, wo es in dem himmlischen Gesang zum Preise des Lammes heisst: Du bist geschlachtet worden, und hast uns Gott erkauft mit deinem Blut

aus allen Stämmen und Zungen und Völkern und Nationen, und
du hast sie unserem Gott zu Königen und Priestern gemacht, und
sie werden auf der Erde herrschen. Vgl. 14, 4: Die hundert
vier und vierzig tausend, die dem Lamme folgen, wohin es geht,
sind erkauft worden von den Menschen als Erstlinge für Gott
und das Lamm. Der Tod Christi ist der Grund, auf welchem die
von ihm gestiftete Gemeinde beruht, durch ihn ist sie geworden,
was sie ihrem Begriff nach sein soll, eine Gemeinschaft reiner,
heiliger, gottgeweihter, in der unmittelbarsten Beziehung zu
Gott und Christus stehender Menschen. Mit dem aus der mosaischen Theokratie (2 Mos. 19, 6) genommenen Begriff eines
Königreichs von Priestern werden daher die Christen, sofern sie
durch seinen Tod ihm und Gott, seinem Vater zum besondern
Eigenthum geweiht sind, Könige und Priester genannt, 1, 6.
5, 9. 14, 4. Als Priester und Könige sind sie die die Welt beherrschende Macht, der Mittelpunkt, um welchen sich alles bewegt. In dem Tode Christi liegt daher die Kraft zur Stiftung
einer Gemeinschaft, die dazu bestimmt ist, sich als die substanzielle, über alles übergreifende, die Welt überwindende
Macht in dem ganzen Verlauf der Weltgeschichte zu offenbaren.
Wie Christus selbst um seines Todes willen als Sieger bezeichnet
wird, 3, 21. 5, 5, so wird auch seine Gemeinde in ihrem Verhältniss zur Welt aus dem Gesichtspunkt eines zum Siege führenden Kampfes betrachtet. Für Christus selbst war sein Tod der
Weg, auf welchem er sich die höchste göttliche Macht und
Herrlichkeit erwarb. Das Lamm ist würdig, die Siegel des Buchs
zu eröffnen, weil es geschlachtet worden ist u. s. w. 5, 9; als
das geschlachtete Lamm ist es würdig, zu empfangen Macht,
Reichthum, Weisheit, Kraft, Ehre, Herrlichkeit, Segen. V. 12.

Besonderes Gewicht legt daher die Apokalypse auf die Auferstehung Jesu, 1, 5. 18. 2, 8, als den Weg zu der Erhöhung,
durch welche Christus der unmittelbare Theilnehmer an der göttlichen Macht geworden ist, 3, 21. 17, 14. 19, 16. Diese göttliche

Macht, in deren Besitz er ist, äussert er sowohl durch die Regierung der Welt überhaupt, als auch insbesondere durch die Leitung seiner Gemeinde. Er ist der Herr der Herrn, der König der Könige, der Beherrscher der Könige der Erde, 1, 5. Individualisirt ist die alles überschauende, alles beherrschende Macht seiner Weltregierung in den sieben Geistern. Die sieben Geister, die vor dem Throne Gottes stehen, als sieben vor ihm brennende Leuchter, 1, 4. 4, 5, nach der Stelle bei Zach. 4, 10, wo von Sieben die Rede ist, die Augen Jehova's sind, welche die ganze Welt durchlaufen, sind auch das Attribut des Messias: Er hat die sieben Geister Gottes und die sieben Sterne, 3, 1, und steht vor dem Throne Gottes mit sieben Hörnern, dem Symbol seiner Macht, und mit sieben Augen, welche die sieben Geister Gottes sind, die ausgesandt sind über die ganze Erde. Von diesen sieben Geistern, in welchen sich seine alles durchdringende Macht und Wirksamkeit darstellt, geht auch alle Offenbarung an seine Gemeinde aus, der Geist der Prophetie, welcher ein Zeugniss von Jesus Christus ist, 19, 10. Daher werden sie auch gleich im Eingang der Apokalypse sehr bedeutungsvoll mit Gott zusammengenannt. In den sieben Gemeinden, an deren Engel die sieben Sendschreiben der Apokalypse gerichtet sind, stellt sich überhaupt das Verhältniss des Herrn zu seiner Gemeinde dar. Darum wird er dargestellt, wie er in der Mitte der sieben Leuchter, die die Gemeinden sind, eines Menschen Sohn ähnlich steht, er hält in seiner Hand sieben Sterne und aus seinem Munde geht ein scharfes zweischneidiges Schwerdt aus, und sein Antlitz leuchtet wie die Sonne in ihrer Macht. Die sieben Sendschreiben sind seine Weckstimme an die Gemeinde, der Ruf, dass er kommt, in kürzester Frist kommt, und in seinem Kommen, wie es die Apokalypse schildert, vollbringt er alles, um als der Herr der Gemeinde alle feindlichen Mächte zu vernichten, die der Vollendung seines Reichs entgegenstehen. Ist alles diess geschehen, so vereinigt er sich in dem vom Himmel herabkommenden Jeru-

salem, in welchem sich seine Gemeinde in ihrer urbildlichen
Schönheit, der ihrer Idee adäquaten Gestalt darstellt, mit ihr,
als der Bräutigam mit der Braut, 19, 7. 21, 2. 22, 17.

Wie aus allem diesem das alttestamentliche Messiasideal, nur
zugleich mit den bestimmten concreten Zügen, die es durch die
Geschichte Jesu erhalten hat, hindurchblickt, so sind hier noch
einige alttestamentliche Messias-Prädicate zu bemerken. Dahin gehört der Schlüssel Davids, mit welchem er öffnet, ohne dass jemand
schliesst, und schliesst, ohne dass jemand öffnet, 3, 7. Dieser
Schlüssel David's ist aus Jesaj. 22, 22 genommen. Wie man sich
überhaupt den Messias nach dem Vorbild David's dachte, so hat
hier Christus den Schlüssel David's, d. h. die höchste Gewalt über
das alle wahre Juden in sich begreifende theokratische Reich,
dessen ideeller König noch immer David war. Mit der Macht,
mit welcher Christus in seinem Reiche waltet, kann er in die
Gemeinschaft seiner Bekenner aufnehmen und von ihr ausschliessen, wen er will. Das bedeutungsvollste Prädicat aber, das dem
Messias gegeben wird, ist das des Lammes. Tὸ ἀρνίον wird der
Messias in der Apokalypse am gewöhnlichsten genannt, und
zwar ist er τὸ ἀρνίον τὸ ἐσφαγμένον, 5, 6. 7, 14. 13, 8 u. s. w.
Es fragt sich, ob dabei an das Passahlamm gedacht, oder ob diese
Bezeichnung aus Jesaj. 53, 7 genommen ist. Das Erstere behauptet Ritschl, *Entstehung der altkath. Kirche* S. 145 f. Zu
dem jesajanischen Bilde des sanftmüthigen Lammes würde die
ὀργὴ τοῦ ἀρνιοῦ 6, 16 nicht passen. Auch dürfe nicht die Rücksicht unser Urtheil bestimmen, dass doch das Passahopfer kein
Versöhnungsopfer gewesen sei, denn es komme nicht darauf an,
welcher Sinn ursprünglich der mosaischen Institution eigen gewesen sei, sondern welchen Sinn die Christen damit verbunden
haben. In dieser Beziehung bürge aber die paulinische Auffassung Christi als Versöhnungsopfer und Passahlamm (1 Cor. 5, 7)
dafür, dass auch ein geborener Jude von höherer Bildung die
Symbolik des Ceremonialgesetzes nicht immer richtig verstanden

habe. Für die Darstellung Christi als Passahlamm habe der Umstand den Ausschlag gegeben, dass Christus während des Passahfestes gekreuzigt worden sei, und demnach sei es von untergeordneter Bedeutung, dass sein Tod vielmehr als Sühnopfer und nicht als Bundesopfer aufgefasst wurde. Diese Erklärung ist nicht die richtige. Es findet sich in der Apokalypse nirgends auch nur eine Anspielung auf das Passahlamm. Es ist nur der Ausdruck ἀρνίον ἐσφαγμένον, der darauf bezogen werden kann, aber ebenso gut auch auf die jesajanische Stelle sich beziehen lässt. Da nun die Stelle bei Jesajas auch sonst so oft auf Jesus bezogen wird, Apostelgesch. 8, 32. 33, und bei Kirchenvätern, und Christus auch da, wo er das Passah genannt ist, nicht als das geschlachtete Passahlamm, sondern als das zur Schlachtbank geführte Lamm des Propheten, ὡς πρόβατον ἐπὶ σφαγὴν ἤχθη, bezeichnet wird, so liegt es auch in der Apokalypse weit näher, an das Letztere zu denken. Die ὀργὴ τοῦ ἀρνίου streitet damit nicht, da, wenn überhaupt diese ὀργὴ nichts unmessianisches ist, sie auch einem so sanftmüthigen Lamm, wie das bei Jesajas ist, zukommen konnte. In jedem Fall soll das in die unmittelbarste Nähe Gottes versetzte ἀρνίον ἐσφαγμένον auch schon durch die Diminutivform eine Anschauung sein, in welcher das Niedrigste und Höchste im stärksten Contrast zusammengefasst ist. In der symbolischen Sprache des alten Testaments ist das Lamm der prägnanteste Ausdruck für die Opfer- und Versöhnungs-Idee, wie sie auf der geschichtlichen Thatsache des Todes Jesu beruht.

Übrig ist nun noch zu fragen, wie die Apokalypse auf der subjectiven Seite das Verhältniss des Menschen zu Gott und Christus vermittelt werden lässt. Der Standpunkt der Apokalypse ist auch hier der der alttestamentlichen Religion. Das Wesen der Religion ist, nach der subjectiven Seite betrachtet, das Halten der Gebote Gottes, das der Idee Gottes entsprechende practische Verhalten. Die wahren Verehrer Gottes sind die τηροῦντες τὰς ἐντολὰς τοῦ θεοῦ, wozu, wenn sie zugleich als Christen bezeichnet werden sollen, noch die μαρτυρία Ἰησοῦ oder die πίστις Ἰησοῦ hinzugesetzt wird, 12, 17. 14, 12. Ächt alttestamentlich wird daher die wesentliche Bestimmung des religiösen Bewusstseins als Furcht Gottes bezeichnet, wie 14, 7, wo der Inhalt des ewigen Evangeliums, das der Engel den Bewohnern der Erde verkündigt, ist: Gott zu fürchten und ihm die Ehre zu geben, weil die Stunde des Gerichts gekommen ist, ihn anzubeten als den Schöpfer des Himmels und der Erde, des Meeres und der Wasserquellen. Da die Furcht Gottes sich practisch bethätigen. muss, so sind das Hauptmoment die Werke. Auf die Werke kommt in der Apokalypse alles an. Vgl. 14, 13: Selig sind die Todten, die in dem Herrn sterben, sie ruhen aus von ihrer Arbeit, und ihre Werke folgen ihnen nach, d. h. sie sind das ihren künftigen Zustand Bedingende. Nach ihren Werken werden die Todten gerichtet. Daher hat jeder Mensch ein Buch, in welchem alle seine Werke aufgeschrieben sind, damit ihm nach Maassgabe derselben sein Urtheil gesprochen werde, 20, 12. Die Werke müssen ein bestimmtes Maass voll machen, daher wird 3, 2 dem Engel der Gemeinde in Sardes geschrieben, ich habe deine Werke nicht voll gefunden vor Gott. Es muss etwas bestimmtes thatsächlich Geleistetes vorhanden sein, worauf man sich vor Gott berufen kann. Neben den ἔργα ist von der πίστις die Rede, 14, 12, ἡ πίστις Ἰησοῦ; unter der πίστις ist hier aber nicht der Glaube im paulinischen Sinne zu verstehen, sondern in Gemässheit der in der Apokalypse geschilderten Zeit, in welcher das Christenthum einen so grossen Kampf mit dem Heidenthum zu bestehen hatte, Treue im Bekenntniss Jesu, daher die πίστις mit der ἀγάπη, διακονία, ὑπομονή selbst unter den ἔργα begriffen wird, 2, 19. Die erste Forderung, die an den Christen gemacht wird, ist, die Treue gegen Jesus nicht zu verläugnen, 2, 13, oder seinen Namen nicht zu verläugnen, 3, 8, seine μαρτυρία zu halten, 6, 9. 12, 17, sein Wort festzuhalten, λόγον τηρεῖν, 3, 8, zu halten an dem, was man hat, 2, 25, seine Werke zu

beobachten bis an's Ende, 2, 25, sein Leben nicht zu lieben bis
zum Tode, 12, 11, sich seinen Kranz nicht nehmen zu lassen.
Auf die ὑπομονή und πίστις τῶν ἁγίων kommt es daher ganz besonders an, 13, 10. 14, 12. 2, 3. 3, 10. Das ganze Leben des
Christen ist ein Sichhindurchkämpfen zum Sieg, man muss
kämpfen und siegen wie Christus, und siegt um des Blutes des
Lammes willen, 12, 11. Besonders ausgezeichnet werden daher
die Märtyrer, 6, 9. 12, 11. 20, 4. Sie erhalten weisse Kleider,
zum Beweis der Gerechtigkeit ihrer Sache und des göttlichen
Wohlgefallens. Der höchste Preis aber wird denen zu Theil,
welche sich nicht mit Weibern befleckt haben und jungfräulich
geblieben sind, 14, 4, wobei freilich die Frage entsteht, ob die
Ehelosigkeit eigentlich oder uneigentlich zu nehmen ist, ob sie
nicht vielleicht nur ein bildlicher Ausdruck für das ἄμωμον εἶναι ist,
der sittlichen Reinheit, die der wesentliche Begriff des Christen
ist. Die Christen sind die an sich Reinen, die reine unbeschmutzte
Gewande tragen, 3, 5. Das Gewand des Christen ist, da die
Christen auch Priester genannt werden, eigentlich ein Priester-
gewand, es wird ihm genommen, wenn er es nicht rein erhält,
und dann befindet er sich im Zustand der Unehre, der Nacktheit,
3, 18. 16, 15. Der Priester namentlich hat sein Gewand rein zu
erhalten, und wenn es befleckt ist, wieder zu reinigen, 22, 14. Indem die Apokalypse den Christen als den an sich Reinen, einen
priesterlichen Charakter an sich Tragenden betrachtet, fasst sie
die Sünde hauptsächlich als Unreinheit und Befleckung auf.

Bemerkenswerth ist noch, wie die guten Werke der einzelnen Christen als Einheit zusammengefasst, und wenn auch
nicht als ein Schatz doch als ein Schmuck der Kirche betrachtet
werden. Wenn das Lamm sich mit der Braut vermählt, sind die
gerechten Werke der Heiligen ihr Schmuck, oder das aus dem
feinsten Byssusstoff bestehende Hochzeitkleid, 19, 8. Hiemit ist
nun schon der Anfang gemacht, die Werke von den sittlichen
Subjecten, von welchen sie als ihre sittliche That nicht getrennt

werden, abzulösen, und ihnen für sich einen sittlichen Werth zuzuschreiben. Sie werden als Ganzes zusammengenommen und wie etwas für sich bestehendes betrachtet, wie wenn es nur auf die Werke als solche ankäme, nicht die Subjecte, welchen sie angehören als ihre sittliche That.

Im Allgemeinen tritt, da es immer nur der einfache Begriff der Werke, der Treue, der sittlichen Reinheit ist, wodurch das Verhältniss des Einzelnen zu Christus bestimmt wird, die innere Seite des christlichen Lebens sehr zurück gegen die äussere, wo im grossen Gange der Weltereignisse die Idee des Christenthums sich realisirt. Mit dem allgemeinen Entwicklungsprocess, welcher hier vor sich geht, dem grossen Kampf des Christenthums und Heidenthums, ist das Leben des Einzelnen so verflochten, dass alles dadurch seine Form und Farbe erhält. Der Einzelne kommt eigentlich nicht für sich selbst in Betracht, sondern nur sofern er in dem grossen Kampf, in welchem alles in zwei Parteien getheilt ist, auf der einen oder der andern Seite steht. Es sind durchaus schroffe Gegensätze, welche statt innerlich mit einander vermittelt zu werden, nur äusserlich zusammenstossen; alles nimmt einen raschen gewaltsamen Verlauf, es ist nur darum zu thun, so schnell als möglich zum Ziel zu kommen und alles zum Abschluss zu bringen. Die innere immanente Entwicklung des Christenthums sowohl im Leben des einzelnen Christen, als im grossen Gange der Weltgeschichte liegt noch ausserhalb des Gesichtskreises des Apokalyptikers, welcher über die vermittelnden Momente hinwegsieht, und nur die Hauptkatastrophe und die letzte Entscheidung in's Auge fasst.

Zur vollständigen Darstellung der neutestamentlichen Theologie in der Form der Apokalypse gehört noch der Gottesbegriff der Apokalypse, da sich an diesem höchsten theologischen Begriff noch besonders zeigt, wie sehr die Apokalypse auf dem Standpunkt des alttestamentlichen Monotheismus und der alttestamentlichen Theokratie steht. Es sind beinahe durchaus alt-

testamentliche Prädicate, welche Gott gegeben werden. Er ist
der μόνος ὅσιος, welchen jeder fürchten und preisen muss, 15, 4,
der die ganze Welt geschaffen hat durch seinen Willen, 4, 11.
10, 6. 14, 7, der Gott des Himmels, wie er den heidnischen
Göttern gegenüber heisst, 16, 11, τὸ ἄλφα καὶ τὸ ὦ (vgl. Jesaj.
44, 6), ὁ ὢν καὶ ὁ ἦν καὶ ὁ ἐρχόμενος, 1, 8. 4, 8. 11, 17, ὁ ζῶν
εἰς τοὺς αἰῶνας τῶν αἰώνων 4, 9, ὁ βασιλεὺς τῶν ἐθνῶν, ὁ παντοκράτωρ 15, 3 u. s. w. Nach dem Charakter der Apokalypse ist
die am meisten hervorragende Eigenschaft Gottes seine strafende
Gerechtigkeit, der Zorn Gottes 11, 18, mit welchem er seine
gerechten und wahrhaftigen Gerichte, 16, 7. 19, 2, vgl. 15, 3,
von welchen er selbst ὁ δεσπότης ὁ ἅγιος καὶ ἀληθινός genannt
wird, 6, 10, vollzieht. Rache und Vergeltung darf man von ihm
erwarten, 6, 10, durch die strengste Bestrafung und die Vernichtung aller ihm widerstrebenden Mächte offenbart er sich in
seiner höchsten Macht über alles. Zur Verherrlichung der Macht
und Majestät Gottes nimmt der Apokalyptiker die ganze Symbolik
des alten Testaments zu Hülfe. Man vergleiche besonders, wie
er K. 4 den Thron und himmlischen Hofstaat Gottes schildert. Er
sieht einen Thron im Himmel, der auf dem Thron Sitzende war
ähnlich einem Jaspis und Sardisstein, und ein Regenbogen rings-
umher um den Thron ähnlich dem Aussehen nach einem Smaragd.
Und rings um den Thron waren vier und zwanzig Throne und
auf den Thronen sassen vier und zwanzig Älteste angethan mit
weissen Kleidern und auf ihren Häuptern hatten sie goldene
Kronen. Und von dem Throne giengen aus Blitze, Laute und
Donner und sieben Feuerfakeln brannten vor dem Thron, welche
die sieben Geister Gottes sind. Hier ist demnach ganz die alttestamentliche Anschauung des in Donner und Blitz sich offenbarenden Naturgotts. Um den Thron stehen sodann vier ζῷα.
Es sind die vier Cherubim Ezechiels 1, 5 f. 10, 14. Sie vereinigen in sich die Haupteigenschaften der vier edelsten Thiere,
die Tapferkeit des Löwen, die Stärke des Stiers, die geflügelte

15 *

Geschwindigkeit des Adlers, und die Intelligenz des Menschen.
Bei Ezechiel ist jeder Cherub aus diesen vier Gestalten zusammen-
gesetzt, bei dem Apokalyptiker hat jeder nur eine dieser vier.
Gestalten. Diese vier ζῶα repräsentiren die Gesammtheit der
Geschöpfe und drücken gleichfalls die Idee der Schöpfermacht
Gottes aus. Eine eigene Vorstellung des Apokalyptikers sind die
vier und zwanzig Ältesten, die als Beisitzer Gottes einen himmlischen Rath bilden, 4, 4. Es sind keine Engel, sondern ohne
Zweifel christliche Märtyrer, sie sitzen auf Thronen, wie Christus
seinen Jüngern verheissen hat, Matth. 19, 28. vgl. Apok. 3, 21,
haben weisse Kleider, wegen der Reinheit ihres Lebens, tragen
Kronen zur Belohnung ihres siegreichen Glaubenskampfes. So
stellen sie die gesammte an Christus glaubende Menschheit oder
die christliche Kirche dar und nehmen als der himmlische Senat
den nächsten und unmittelbarsten Antheil an der göttlichen Weltregierung, sofern sich alles in ihr auf die christliche Kirche als
ihren Mittelpunkt bezieht. Wenn die vier ζῶα Preis und Ehre
und Dank bringen dem, der auf dem Thron sitzt, dem der in
alle Ewigkeit lebt, fallen die vier und zwanzig Ältesten vor dem
auf dem Thron Sitzenden nieder, beten den in alle Ewigkeit
Lebenden an, werfen ihre Kronen vor dem Thron hin und sagen:
Würdig bist du Herr zu empfangen Preis und Ehre und Macht,
weil du alles geschaffen hast, durch deinen Willen war es da und
wurde geschaffen 4, 10. 11. Die Schöpfer-Allmacht Gottes ist
auch in ihnen als die über Allem stehende Idee ausgesprochen.
Zur weitern Umgebung des himmlischen Throns gehören Myriaden von Engeln, 5, 11. Engel spielen eine Hauptrolle in der
Apokalypse nicht blos als Überbringer der göttlichen Befehle,
sondern auch als Vollstrecker der göttlichen Strafgerichte und
Beherrscher der Naturelemente. Ausdrücklich wird die Anbetung
der Engel verboten, weil sie nur Mitknechte der Propheten und
Gläubigen seien, 19, 10. 22, 9.

Auffallend ist, dass in der Apokalypse selbst der Satan noch eine Stelle im Kreise der Himmlischen hat. Er ist, wie im alten Testament namentlich im Buch Hiob, der Ankläger der Frommen, 12, 10, und der Kampf mit ihm beginnt damit, dass er vom Himmel auf die Erde herabgestürzt wird. Es entsteht Streit im Himmel, Michael und seine Engel streiten mit dem Drachen und seinen Engeln, und der grosse Drache, die alte Schlange (ohne Zweifel Anspielung auf den Sündenfall), der genannt wird Teufel (διάβολος, eigentlich Angeber, Verläumder) und Satan, und Verführer der ganzen Welt wird mit seinen Engeln auf die Erde herabgeworfen. Indem er wohl weiss, dass er nur noch kurze Zeit hat, greift er um so heftiger die theokratische Gemeinde an, 12, 12, durch Verfolgungen, zu welchen er Juden und Heiden anstiftet, 2, 9. 10. 13, durch Verführung der ganzen Welt zum Hass gegen die Wahrheit, 12, 9. vgl. 20, 8, durch Irrlehren in der Gemeinde selbst 2, 24, und endlich durch die Sendung des Antichrists und des ihn begleitenden falschen Propheten. In beiden erscheint das Heidenthum als politische und religiöse Macht in seiner gottfeindlichen Spitze und als das Reich, in welchem der sich selbst vergötternde Teufel sich selbst anbeten lässt, 13, 4.

Die ganze Welt theilt sich so in einer dem manichäischen Dualismus analogen Weltanschauung in zwei schroff einander gegenüberstehende Reiche, von welchen das eine fallen muss. Der Sieg des einen über das andere ist nicht blos durch die Idee Gottes als des παντοκράτωρ verbürgt, sondern ganz besonders durch den Messias. Das Blut des Lammes ist das weltüberwindende Princip. Darum ist das in der Nähe des göttlichen Throns stehende Lamm in die unmittelbarste Beziehung zu Gott gesetzt. So sehr der christliche Vaterbegriff Gottes in der Apokalypse gegen die alttestamentliche Idee der Herrschermacht Gottes zurücktritt, so ist doch jener Begriff dadurch in das Gottesbewusstsein aufgenommen, dass Gott der Vater des Messias genannt wird, 3, 5. 21. Wie aber dieses Vaterverhältniss vermittelt wird,

lässt sich nach der Apokalypse nicht genauer bestimmen. Auch
12, 1 f., wo die Geburt des Messias von dem Weib, der theokratischen Gemeinde, beschrieben wird, wird nur gesagt, das
Kind des Weibs sei zum Schutz gegen den Drachen, welcher es
verschlingen wollte, zu Gott und zu seinem Thron entrückt worden, V. 5. Der bildliche Charakter der Apokalypse macht es so
oft nicht möglich, ihre Vorstellungen auf einen bestimmteren
dogmatischen Begriff zu bringen.

Zweite Periode.

Die Lehrbegriffe des Hebräerbriefs, der kleineren paulinischen Briefe u. s. w.

1. Der Lehrbegriff des Hebräerbriefs.

An die beiden Lehrbegriffe der ersten Periode, den paulinischen und den der Apokalypse, schliesst sich der des Hebräerbriefs dadurch zunächst an, dass auch in ihm das Hauptmoment die
Stellung des Christenthums zum Judenthum ist. Welchen Gegensatz die beiden erstern Lehrbegriffe in dieser Beziehung bilden,
liegt vor Augen. So tief der paulinische Lehrbegriff das Judenthum herabsetzt, so hoch stellt es dagegen der der Apokalypse.
Nach dem erstern hat das Christenthum seine absolute Bedeutung
nur in seinem Unterschied vom Judenthum, nach dem letztern
nur in seiner Identität mit demselben. Um das Judenthum so viel
möglich zu degradiren und dem Christenthum gegenüber in seiner
ganzen Unvollkommenheit und Nichtigkeit darzustellen, geht der
Apostel Paulus vom Gesetz aus; das Judenthum ist wesentlich
Gesetz, alles, was es als Religion ist, ist es als Gesetz, sofern
man im Judenthum nicht anders als auf dem Wege des Gesetzes,

durch die Erfüllung desselben, selig werden kann. Am Gesetz
aber stellt sich auch der wesentliche Mangel des Judenthums
heraus, dass es statt selig zu machen, nur verdammen kann.
Daher kann das Christenthum seine absolute Bedeutung nur darin
haben, dass es die Aufhebung des Gesetzes ist. Die Apokalypse
fasst die absolute Bedeutung des mit dem Christenthum identischen
Judenthums in dem Messiasbegriff auf. Alles, was das Christenthum in seinem Unterschied vom Judenthum und in seiner Einheit
mit demselben ist, ist nur die Verwirklichung der alttestamentlichen Messias-Idee. In ihr zeigt sich das Judenthum als die absolute Macht, durch welche alles, was sich auf Seligkeit und
Verdammniss bezieht, bedingt ist. Das neue Jerusalem ist die
Vollendung der alttestamentlichen Theokratie durch den Messias.
Zwischen diese beiden Lehrbegriffe, von welchen der eine die
absolute Bedeutung des Judenthums behauptet, der andere aufhebt, stellt sich der des Hebräerbriefs vermittelnd hinein. Auf
der einen Seite verhält sich das Judenthum zum Christenthum
rein negativ, auf der andern ist alles, was das Christenthum als
absolute Religion ist, an sich, ideell auch schon im Judenthum
enthalten. Diese doppelte Bedeutung des Judenthums vereinigt
der Verfasser des Hebräerbriefs in der alttestamentlichen Idee
des Hohepriesters. Das Judenthum ist wesentlich ein Priesterthum, hierin liegt sowohl das Vergängliche als das Unvergängliche des Judenthums, die absolute Bedeutung, in welcher
Judenthum und Christenthum wesentlich eins sind. Für diesen
Standpunkt des Lehrbegriffs des Hebräerbriefs ist sehr bezeichnend die Stelle 7, 12, wo gesagt wird: μετατιθεμένης τῆς ἱερω-
σύνης ἐξ ἀνάγκης καὶ νόμου μετάθεσις γίνεται, wenn das Priesterthum verändert wird, so geschieht mit Nothwendigkeit auch eine
Veränderung des Gesetzes. Wenn also das unvollkommene
Priesterthum zum vollkommenen wird, so kann auch das Gesetz
nicht bleiben, wie es bisher war, etwas so Schwaches und Nutz-
loses, es muss also aus dem Gesetz etwas Anderes werden. Auf

diesem Wege kommt der Apostel Paulus von der δικαιοσύνη ἐξ
ἔργων νόμου, welche immer nur eine vermeintliche ist, zu der
δικαιοσύνη ἐκ πίστεως. Wie sich nun auch der Verfasser des
Hebräerbriefs die μετάθεσις νόμου gedacht haben mag, die Hauptsache ist, dass ihm das Priesterthum das Primäre, das Gesetz
das Secundäre ist, das Letztere nach dem Erstern sich richten
muss. Von einer solchen Unterordnung des Gesetzes unter das
Priesterthum weiss der Apostel Paulus nichts, das Gesetz ist
sosehr der seine Ansicht vom alten Testament bestimmende Begriff, dass er in jedem Fall nicht das Gesetz nach dem Priesterthum, sondern umgekehrt das Priesterthum nach dem Gesetz
bestimmt haben würde. Gesetz, Messias oder König, und Priester
sind die Grundbegriffe, von welchen drei wesentlich verschiedene
Lehrbegriffe der neutestamentlichen Theologie ausgehen.

   In der Idee des Priesterthums oder des Hohepriesterthums
greift der Lehrbegriff des Hebräerbriefs tief in das Wesen der
alttestamentlichen Religionsverfassung hinein, in ihr erhebt er
sich aber auch über sie und reisst sich von ihr los. An dieser
Idee sind demnach zunächst zwei verschiedene, in einem Gegensatz zu einander stehende Seiten dieses Lehrbegriffs zu unterscheiden.

   Das Christenthum hat einen absoluten Vorzug vor dem
Judenthum, und zwar vor allem aus dem Grunde, weil Christus
ein ganz anderer Hohepriester ist, als der des alten Testaments.
Das levitische Priesterthum steht tief unter dem wahrhaft priesterlichen Christenthum. Es gehört hieher alles, was von Christus
als einem Hohepriester nach der Weise Melchisedeks gesagt wird,
7, 1 f. Als Priester nach der Ordnung Melchisedeks ist er grösser
als Abraham und Levi, 7, 4—10. Ferner zeigt die Geburt Jesu
aus dem Stamme Juda, dass mit ihm das levitische Priesterthum
ein Ende genommen hat, 11—14, und dass er nicht ein wieder-
vergehender Hohepriester sein wird, wie der levitische, beweist
der Schwur, mit welchem Gott seine Einsetzung bekräftigte,

20—22. Im alten Testament sind immer neue Hohepriester nöthig, weil jeder durch den Tod hinweggenommen wird, ihr Amt ist vergänglich und sie sind nicht im Stande, eine dauernde und ewige Erlösung hervorzubringen und zu verbürgen. Der Hohepriester des neuen Testaments aber hat, weil er in Ewigkeit bleibt, ein unwandelbares Priesterthum. Daher kann er auch auf's Vollkommenste erretten die, die durch ihn Gott nahen, indem er allezeit lebt, um sie zu vertreten. Ein solcher Hohepriester ziemte uns, der heilig, unschuldig, unbefleckt, abgesondert von den Sündern, und über den Himmel erhöht ist, der nicht nöthig hat, täglich wie die Hohenpriester zuerst für die eigenen Sünden, und dann für die des Volks zu opfern, er hat diess auf einmal gethan, indem er sich selbst darbrachte. Denn das Gesetz bestellt Menschen zu Hohenpriestern, die mit Schwachheit behaftet sind, das Wort des Eidschwurs aber, das nach dem Gesetz ist, einen für die Ewigkeit vollendeten Sohn. V. 24—28. Vgl. V. 15: Er ist ein anderer Priester nach der Ähnlichkeit mit Melchisedek und zwar ein solcher, welcher es nicht nach dem Gesetz eines fleischlichen Gebots geworden ist, sondern in Gemässheit der Kraft unzerstörbaren Lebens, d. h. als der unsterbliche in alle Ewigkeit bleibende Hohepriester. Wie auf dem Standpunkt des Hebräerbriefs das Priesterthum das wesentliche Element einer Religionsverfassung ist, der Hauptbegriff der Religion, so stellt sich an der Unvollkommenheit und Vergänglichkeit des alttestamentlichen Priesterthums das ganze Wesen der alttestamentlichen Religion dar.

Was vom Priesterthum gilt, gilt auch vom Gesetz. Das Gesetz ist schwach und nutzlos, weil es nichts zu Stande bringt, 7, 18. 19. Es bringt nichts zu Stande, nicht blos, weil die Hohepriester selbst schwache, sterbliche, der Sünde und dem Tode unterliegende Menschen sind, sondern auch ihr Amt nicht fähig ist, eine wahre Versöhnung zu bewirken. Schon der Ort, wo dasselbe ausgeübt wird, das von Moses gestiftete Zelt, ist trotz

aller heiligen Dinge, die es enthält, 9, 1 f. 21, nur ein mit
Menschenhänden gemachtes irdisches unvollkommenes Heiligthum, 9, 24. 11. 8, 2. Sodann sind die in ihm wegen der Sünde
dargebrachten Opfer solche, welche sich alljährlich wiederholen
und darum die Versöhnung Suchenden nicht auf immer reinigen
können, sondern im Gegentheil eben durch jene öftere Wieder-
holung stets von Neuem daran erinnern, dass die Sünde noch
nicht getilgt ist, ihr Unvermögen, diess zu bewirken selbst ein-
gestehen, 9, 25. 10, 1—3. 11. Ja, sie können überhaupt keine
eigentliche Sünde wegnehmen, denn es werden eben Böcke,
Kälber, Kühe dargebracht, deren Blut zwar körperliche Befleckung hinwegzunehmen, zwar von Menschen gemachte irdische
Heiligthümer zu reinigen, nicht aber das mit Sünden belastete
Gewissen des Menschen von jenen zu befreien, ihn mit dem
Himmel zu versöhnen vermag, 9, 9—13. 21—23. 10, 4—10.
13, 9. Ausserdem deutet schon die Trennung des verhüllten
Allerheiligsten von dem Heiligen darauf hin, dass der Weg zu
dem eigentlichen Heiligthum zu der wahren Versöhnungsstätte
den Menschen noch nicht geöffnet sei, 9, 8. Aus dieser Schwäche
und Nutzlosigkeit des Gesetzes folgt, dass es nicht das Ebenbild
der Dinge selbst, sondern nur einen Schatten derselben hat,
10, 1, die Versöhnung noch nicht verwirklicht, sondern nur unvollkommen nachbildet und andeutet, dass der Bund, welchen
Gott durch Moses mit den Israëliten geschlossen, wieder verschwinden und einem andern Platz machen muss. Ausdrücklich
behauptet daher der Verfasser des Hebräerbriefs die Aufhebung
des Gesetzes. Die Aufhebung nämlich eines vorangehenden Gebots geschieht wegen der Schwäche und Nutzlosigkeit desselben,
7, 18.

Was also durch das Gesetz und die alttestamentliche Religionsverfassung nicht zu Stande kommen konnte, erhält im
Christenthum seine Vollendung. Die τελείωσις, 7, 11. 19, die
nicht im Judenthum sondern im Christenthum liegt, besteht darin,

dass während das Gesetz nur eine σκιὰ τῶν μελλόντων ἀγαθῶν
hat, 10, 1, Christus ein ἀρχιερεὺς τῶν μελλόντων ἀγαθῶν ist,
9, 11. Wenn von den μέλλοντα die σκιὰ τῶν μελλόντων unterschieden wird, so sind die μέλλοντα das wahrhaft Reale und
Substanzielle. Diess ist aber nach der Anschauung des Hebräerbriefs die unsichtbare urbildliche Welt, τὰ ἐπουράνια, oder τὰ
ἐν τοῖς οὐρανοῖς, 8, 5. 9, 23, τὰ ἀληθινά, 9, 24, οὐ χειροποιητά,
das keiner Veränderung Unterworfene, sondern ewig Bleibende.
Zu dieser urbildlichen oder jenseitigen Welt verhält sich die
diesseitige, wie ihr Abbild und Schattenbild. Daher stellt sich
nun der Gegensatz des Judenthums und Christenthums unter den
Gegensatz der beiden Welten, des Urbildlichen und Abbildlichen,
des Jenseitigen und Diesseitigen. Das Christenthum ist selbst die
zukünftige Welt, der αἰὼν μέλλων, 5, 6, die οἰκουμένη μέλλουσα,
2, 5. Alles diess erhält seine Begründung erst durch die Lehre
des Hebräerbriefs von der göttlichen Würde Christi als des
Sohns.

Der Grundbegriff der Christologie des Hebräerbriefs ist der
Begriff des Sohns, als Sohn ist Christus das Subject aller Prädicate, welche ihm hier gegeben werden. Als Sohn ist er ἀπαύγασμα τῆς δόξης (θεοῦ) καὶ χαρακτὴρ τῆς ὑποστάσεως αὐτοῦ, 1, 3.
Als Abglanz der Herrlichkeit Gottes ist er mit Gott substanziell
eins, der unmittelbare Reflex der göttlichen Substanz. Der persönliche Unterschied ist bezeichnet, wenn er χαρακτὴρ τῆς ὑποστάσεως αὐτοῦ genannt wird, er ist also zwar eine für sich bestehende Existenz, aber nur eine solche, welcher das Wesen
einer andern, das Wesen Gottes vollkommen aufgedrückt ist.
Dadurch ist der Sohn schlechthin über die Welt gestellt, er ist
ein wesentlich göttliches, von der Welt verschiedenes Wesen.
Wenn er auch das mit der Welt gemein hat, dass er wie alles
aus Gott hervorgegangen ist, wesswegen er πρωτότοκος heisst,
1, 6, so ist doch er es, welcher alles mit dem Worte seiner
Macht trägt, 1, 3, der durch welchen Gott die Aeonen geschaffen

hat, 1, 2, d. h. die jetzige und die künftige, oder die sichtbare und die unsichtbare Welt. Besonders ist es dem Verfasser des Hebräerbriefs darum zu thun, die Erhabenheit des Sohns über die Engel hervorzuheben. In dieser Beziehung macht er vor allem geltend, dass nur ihm der ausgezeichnete Name Sohn zukommt, 1, 4. 5. Ferner unterscheidet er sich von ihnen durch die Benennung θεός V. 9, wesswegen er auch von ihnen angebetet werden muss, V. 9. 6, durch seine Ewigkeit und Unveränderlichkeit, V. 7 – 12, durch seine Macht über die ganze Welt und durch sein Verbleiben zur Rechten Gottes, V. 13. 14. Es hat diess ohne Zweifel eine antithetische Beziehung gegen solche, welche, wie diess namentlich von den Ebioniten gesagt wird, Christus nur für einen Engel, wenn auch für einen ἀρχάγγελος und den Beherrscher der Engel, hielten.

Die Christologie des Hebräerbriefs steht auf eine sehr bemerkenswerthe Weise vermittelnd zwischen der paulinischen und der johanneischen. Während dem Apostel Paulus Christus, so hoch er gestellt wird, doch immer noch wesentlich Mensch ist, wenigstens der ἄνθρωπος ἐπουράνιος, lässt dagegen der Verfasser des Hebräerbriefs das ursprünglich Menschliche fallen, Christus ist als rein göttliches Wesen in die übersinnliche Region entrückt. Auf der andern Seite ist aber der Sohn dem Verfasser des Hebräerbriefs noch nicht der Logos im johanneischen Sinne. Er ist nicht selbst der Logos, sondern trägt nur τὰ πάντα τῷ ῥήματι τῆς δυνάμεως αὐτοῦ, 1, 3. Es ist um so eigenthümlicher, dass der Verfasser des Hebräerbriefs dabei stehen bleibt, und nicht zur Identificirung des Sohns mit dem Logos fortgeht, da er den λόγος τοῦ θεοῦ, 4, 12. 13, auf eine Weise personificirt, welche von selbst zur Identificirung der beiden Begriffe führt. Er sagt V. 13 sogar· es sei keine Creatur unsichtbar vor ihm, alles sei nackt und aufgedeckt vor seinen Augen, vor ihm, zu welchem wir in dem Verhältniss stehen, das durch alle diese Prädicate bezeichnet ist. Es kann zwar zweifelhaft scheinen, ob das Subject V. 13 der λόγος τοῦ θεοῦ oder Gott ist, allein das Hauptsubject ist V. 12 der λόγος τοῦ θεοῦ und es lässt sich nichts Wesentliches gegen die Beziehung auch des V. 13 auf den λόγος τοῦ θεοῦ einwenden. Auch in dem Satze πρὸς ὃν ἡμῖν ὁ λόγος scheint der Verfasser nur die Vieldeutigkeit des Worts λόγος noch benützen zu wollen, um auch dadurch noch nahe zu legen, welche unmittelbare Beziehung der λόγος τοῦ θεοῦ in seiner richtenden Eigenschaft zu uns hat. Ungeachtet dieser Hypostasirung des λόγος τοῦ θεοῦ sind doch die beiden Begriffe Logos und Sohn noch nicht weiter mit einander vermittelt. Um die göttliche Natur des Sohns zu bestimmen, hält sich der Verfasser des Hebräerbriefs nicht an den Begriff des λόγος, sondern den des πνεῦμα. Nach 9, 14 liegt die versöhnende Kraft des Todes Christi darin, dass Christus αἰώνιον πνεῦμα hat. Er versöhnt die Welt mit Gott, weil er im Elemente des Geistes sich Gott darbringt, weil nicht Blut von Böcken und Stieren, sondern das πνεῦμα αἰώνιον das Sühnmittel, das die eigenthümliche Beschaffenheit und Wirksamkeit dieses Todes vermittelnde und bestimmende Moment ist. Was Christus zu einem ewigen Hohepriester macht, was ihm die δύναμις ζωῆς ἀκαταλύτου gibt, so dass das absolute Lebensprincip eine immanente Bestimmung seines Wesens ist, ist das πνεῦμα, dass er ein rein geistiges Wesen ist, wie Gott selbst Geist, und der Vater der Geister ist, 12, 9. Dabei denkt sich der Verfasser das Verhältniss des Sohns zum Vater unter dem Gesichtspunkt strenger Unterordnung. Der Sohn ist vom Vater so abhängig, dass der Vater auch in dem den Sohn unmittelbar Betreffenden das thätige Subject ist. Der Vater hat den Sohn auf kurze Zeit unter die Engel erniedrigt 2, 7. Nicht sich selbst hat Christus verherrlicht, so dass er Hohepriester wurde, sondern der, der zu ihm sprach: mein Sohn bist du, heute habe ich dich gezeugt, 5, 5. Auf diese Stelle hauptsächlich stützt er den Begriff der Sohnschaft. Man kann diess so verstehen, er habe dieses Verhältniss als ein durch den Willen Gottes gesetztes be-

trachtet. Dagegen bezeichnet es der Ausdruck ἀπαύγασμα als
ein natürliches. Es liegen so schon im Hebräerbrief die Elemente der beiden Vorstellungen von dem Verhältniss des Vaters
und Sohns, welche immer den Hauptgegensatz bildeten. Auch
darin erscheint die Macht des Vaters als die weit übergreifende, dass die Unterwerfung des Endlichen nicht dem
Sohn, sondern dem Vater zugeschrieben wird, 1, 3. 13. 2, 8.
10, 12. 13.

In allem, wovon bisher die Rede war, stellt sich uns die
antijüdische Seite dieses Lehrbegriffs dar. Der Unterschied des
Christenthums vom Judenthum tritt hier in seiner ganzen Weite
hervor. Alles, was zum Wesen der absoluten Religion gehört,
fällt nur auf die Seite des Christenthums. Die erste διαθήκη verhält sich blos negativ zur zweiten. Es ist diess aber nur die eine
Seite dieses Lehrbegriffs, und es steht ihr eine andere gegenüber, auf welcher der Unterschied zwischen dem Judenthum und
Christenthum sich so viel möglich wieder ausgleicht. Es gehören
hieher folgende Momente:

1. Das Judenthum enthält auch schon alles, was zum Wesen
der wahren Religion gehört, es ist auch eine διαθήκη, wie das
Christenthum, es hat seine Gebote und Verheissungen, seinen
Hohepriester, seine Opfer und Versöhnungsanstalten, das Christenthum kann in dieser Hinsicht zum Judenthum nichts hinzu-
thun, was nicht an sich auch schon das Judenthum hätte, es ist
die Vollendung des Judenthums, seine τελείωσις, vollendet werden aber kann nur das, was an sich schon irgendwie vorbereitet
und eingeleitet ist. Das Christenthum hat also alles, was auch
schon das Judenthum hat, es hat es nur weit besser und vollkommener. Es ist, wie es 7, 19 heisst, ἐπεισαγωγὴ κρείττονος
ἐλπίδος, δι' ἧς ἐγγίζομεν τῷ θεῷ, eine κρείττων διαθήκη V. 22.
Christus hat eine διαφορωτέρα λειτουργία, ὅσῳ καὶ κρείττονός ἐστι
διαθήκης μεσίτης, ἥτις ἐπὶ κρείττοσιν ἐπαγγελίαις νενομοθέτηται
8, 6. Er gieng als Hohepriester ein διὰ τῆς μείζονος καὶ τελειο-

τέρας σκηνῆς, 9, 11, seine θυσίαι sind κρείττονες, ein weit vorzüglicheres Reinigungsopfer.

2. Dieser blos graduelle Unterschied zwischen Judenthum und Christenthum wird näher bestimmt als das Verhältniss des Bildes und der Sache, oder des Abbilds und Urbilds. Das Gesetz ist in seiner Schwäche und Nutzlosigkeit nicht das Ebenbild der Dinge selbst, sondern nur ein Schatten derselben 10, 1. Aber es hat auch eine positive Seite, welche nie aufgehoben werden kann, es ist der Typus, ὑπόδειγμα, ἀντίτυπον, 9, 23. 24. 8, 5, der wahren Versöhnung mit Gott und damit auch des Christenthums. Auch die wahre Versöhnung soll durch einen menschlichen, zwar nicht sündhaften aber doch leidensfähigen Hohepriester geschehen, wie durch Aaron 5, 1 f., durch einen Hohepriester, welchen der Wille Gottes dazu ernennt 5, 4 f., der nur mit Blut vor das Angesicht Gottes tritt, und durch Blut das Gewissen von der Sündenschuld, das Heilige von der Befleckung reinigt, nur durch Blut die Scheidung zwischen den Menschen und Gott aufhebt, 8, 2 f. 9, 7 f., und bis aufs Einzelnste erstreckt sich diese Analogie. Das ganze Judenthum hat also eine typische Bedeutung. Die irdischen jüdischen Priester dienen einem Abbild und Schattenrisse des Himmlischen 8, 5. Die Abbilder des Himmlischen müssen durch Blut gereinigt werden, das Himmlische selbst aber durch ein vorzüglicheres Opfer, 9, 23. Christus gieng nicht in χειροποίητα ἅγια ein, die die ἀντίτυπα τῶν ἀληθινῶν sind, sondern in den Himmel selbst. So ist nun auch der Himmel, als der Ort der Seligkeit, in der Anschauung des Verfassers unsers Briefs der Berg Zion, die Stadt des lebendigen Gottes, das himmlische Jerusalem 12, 22. Judenthum und Christenthum verhalten sich zu einander, wie Abbild und Urbild, beide werden in einer durchgeführten Symbolik einander so nah als möglich gerückt. Es ist bei allem Unterschied auch wieder ein Verhältniss der Identität, welchem gemäss der Verfasser des Briefs, statt beide nur auseinander zu halten, das

Christenthum in das Judenthum hineinschaut, oder, wie man ebenso gut sagen kann, das Christenthum durch das Judenthum hindurchscheinen lässt.

3. Nicht blos Andeutungen und Typen, eine σκιὰ und ὑπο-δείγματα des Christenthums enthält das Judenthum, sondern auch schon ganz gleiche und ebenbürtige Vorbilder desselben. Die Anschauung des alten Testaments bestimmt ihm die des neuen Testaments und umgekehrt, es fehlt dem neuen nichts, was das alte hatte, und dem alten nichts, was das neue hat. Es erhellt diess aus der eigenthümlichen Bedeutung, welche der Verfasser des Briefs dem Melchisedek gibt. Schon das alte Testament verhiess einen neuen über den israelitischen weit erhabenen Hohepriester, einen Priester εἰς τὸν αἰῶνα nach der Ordnung Melchisedeks 5, 6. 10. Schon durch diese Verheissung eines nicht aaroniti-schen oder nicht levitischen Hohepriesters wurde die Unvoll-kommenheit des Gesetzes ausgesprochen, und ihm sein Ende angekündigt; denn mit dem Priesterthum, an welches dieses ge-knüpft war, muss es selbst aufhören 7, 11. 12. Mit Aaron und Levi hat ja Melchisedek nichts zu thun, da er ohne Vater und Mutter aus keinem Geschlecht ist V. 3. 6, und ebenso wird es einst mit dem verheissenen ihm gleichen wahren Hohepriester sein. V. 13. 14. Ferner finden sich bei Melchisedek alle jene Mängel nicht, welche den israelitischen Hohepriester zum Ver-söhner unfähig machen, sondern er hat weder einen Anfang seiner Tage noch ein Ende seines Lebens, er ist vielmehr dem Sohne Gottes vollkommen gleich und bleibt beständig Priester V. 3, ein ihm entsprechender Hohepriester wird daher den levi-tischen verdrängen V. 16. Wie wenig dieser mit Melchisedek sich messen kann, ist ausserdem daraus zu sehen, dass Melchi-sedek den Abraham segnete, also noch über Abraham stand. Das Hauptmoment dieser Auffassung des alten Testaments ist, dass der Verfasser, während er auf der einen Seite das alte Te-stament tief herabsetzt, und als einen blossen Schatten des wahr-

haft Seienden betrachtet, auf der andern doch wieder das wahrhaft
Reale schon im alten Testament findet, und aus ihm den absoluten
Inhalt des Christenthums selbst zu begreifen sucht. Ist also auch
der levitische Hohepriester mit Christus auf keine Weise zu vergleichen, so hat dagegen das alte Testament in seinem Melchisedek einen Christus vollkommen gleichen Hohepriester, der dasselbe ist, was Christus ist. Judenthum und Christenthum verhalten sich daher nicht blos wie die unvollkommene und vollkommene Religion zu einander, so dass das Christenthum die durch
das Judenthum blos hindurchscheinende im alten Testament nur
wie in einem Schattenriss vorgebildete Religion wäre, sondern
das alte Testament enthält selbst schon die mit dem Christenthum identische absolute Religion, aber es enthält sie nur ideell,
und erst im Christenthum ist die im alten Testament, wie namentlich in der Person Melchisedeks, vorbildlich aufgestellte Idee zu
ihrer wahren Realität gekommen. Indem so das eigentliche Judenthum, das gesetzliche, levitische, zwischen der alttestamentlichen Religion als dem ideellen Christenthum und dem geschichtlichen Christenthum in der Mitte liegt, erscheint jenes Judenthum
selbst nur als der Abfall von der Idee, als der Schatten derselben, als die unwahre Gestalt der wahren Religion, durch welche
hindurch die Idee sich erst geschichtlich verwirklichen muss.
Wenn man also vom Judenthum zu dem Christenthum als der
τελείωσις desselben fortgeht, so erfasst man in ihm nur die schon
dem Judenthum zu Grunde liegende, aber in ihm noch verhüllte,
noch nicht zu ihrer wahren Realität hindurchgedrungene Idee
der alttestamentlichen Religion. Wie auf diese Weise beide
Religionen, die alte und die neue, objectiv eins sind, sofern
das substanzielle Wesen der Religion, das Priesterthum in der
Person Melchisedeks ganz dasselbe ist, was es in der Person
Jesu ist, so findet dieselbe Identität auch auf der subjectiven
Seite statt, sofern es schon im alten Bunde denselben seligmachenden Glauben gab, wie im neuen. Der Verfasser führt

C. 11 eine ganze Reihe alttestamentlicher Personen auf, welche
den Glauben hatten, und durch ihn von Gott das Zeugniss erhielten, dass sie gerecht, des göttlichen Wohlgefallens und der
ewigen Seligkeit gewürdigt seien. Wenn sie auch Mitglieder des
alten Bundes waren, so gehörten sie doch nicht zu der sie um-
gebenden Welt, 11, 13. 38, waren schon damals Angehörige
des Himmels, des himmlischen Jerusalem, der Stadt Gottes, 11,
10. 14. 16. 12, 22. 23. 28. Sie sind in dem Glauben mit den
Christen eins, und es ist nur der Unterschied, dass das, was
den Christen unmittelbar zu Theil wird, für sie Gegenstand einer
erst in der Zukunft in Erfüllung gehenden Erwartung ist. Vgl.
11, 39. 40. Wie sie im Glauben mit uns eins sind, so sollen
sie auch nicht ohne uns zu ihrer Vollendung gelangen.

Es sind demnach zwei einander gegenüberstehende Seiten
des Lehrbegriffs zu unterscheiden, auf der einen Seite bilden
Judenthum und Christenthum einen Gegensatz, auf der andern
ist der Gegensatz aufgehoben; aber wie ist er aufgehoben? Aufgehoben ist der Gegensatz dadurch, dass alles, was dem Christenthum als der absoluten Religion seinen absoluten Werth und
Inhalt gibt, an sich oder ideell auch schon im Judenthum enthalten ist; aber ebendesswegen weil es nur an sich enthalten
ist, nur als Idee, muss die Idee sich erst realisiren. Diess kann
nur durch einen Entwicklungsprocess geschehen, in welchem
die Idee durch ihre noch unwahre Gestalt sich hindurchbewegt,
um zu ihrer wahren Realität zu gelangen, oder sich mit ihrem
wahren concreten Inhalt zu erfüllen. Es sind demnach, wenn
wir die Idee als das Absolute oder Vollkommene betrachten,
drei Momente zu unterscheiden, 1. das Vollkommene an sich,
2. das Unvollkommene in seinem Gegensatz zu dem Vollkommenen, und 3. das Vollkommene in seiner Vollendung. Das Unvollkommene ist das Judenthum in seinem schon nachgewiesenen
negativen Verhältniss zum Christenthum. Die beiden andern
Momente sind in der doppelten Bedeutung enthalten, welche der

Verfasser des Hebräerbriefs mit dem Vollkommenen, dem τέλειον, verbindet. Das Vollkommene ist das Himmlische im Gegensatz zum Irdischen 9, 11. Das Himmlische ist das wirklich, was es sein soll, es ist das ἀληθινὸν 9, 24, αὐτὴ ἡ εἰκὼν τῶν πραγμάτων 10, 1, während das Irdische nur das Unvollkommene ist, eine σκιὰ, 10, 1, ein ἀντίτυπον, 9, 24, ein ὑπόδειγμα, 9, 23. 8, 5, ein σαλευόμενον 12, 27. Himmlisches und Vollkommenes sind daher geradezu identische Begriffe, aber es ist nur das Vollkommene an sich, wie es der Idee nach ist, wovon die τελειότης oder das τελειοῦσθαι im Sinne des Hebräerbriefs als etwas erst Werdendes, als die sich erst realisirende Idee unterschieden werden muss. Die Frage ist also, wie das Vollkommene an sich auch das Vollkommene in seiner realen Vollendung wird, und in diesem Process der Realisirung seiner Idee alles Unvollkommene, das, was im Judenthum der Gegensatz des Christenthums ist, aufhebt. Da nach der Lehre von der Präexistenz Christi die Person Christi selbst, sofern Christus der Abglanz der Herrlichkeit Gottes ist, die concrete Anschauung des an sich Vollkommenen und Himmlischen, des Urbildlichen in seinem absoluten Charakter ist, so muss sich jener Process in der Person Christi selbst darstellen, und wir können daher die zuerst aufgestellte Frage bestimmter so fassen: wie wird Christus als der präexistirende Sohn zu dem Hohepriester in dem Sinn, in welchem ihn der Hebräerbrief von dem levitischen unterscheidet? An sich, in seiner Präexistenz, ist er nur ein göttliches Wesen; das Nächste, was hieher gehört, als das erste Moment des den Gegensatz aufhebenden Processes ist seine Menschwerdung, er muss vor allem Mensch werden, und es fragt sich daher, wie und warum wird er Mensch?

Der Grund und Zweck der Menschwerdung ist, die Menschen von den Sünden zu reinigen 1, 3. Dazu ist er der ewig von Gott aufgestellte Hohepriester. Weil es Menschen sind, denen er zu Hülfe kommt, nimmt er, wie sie, Fleisch und Blut an;

16 *

weil es schwache und leidende Menschen sind, wird er ihnen
in allem gleich, um ihre Schwachheit mitfühlen zu können, und
weil Gott beschlossen hat, durch blutige Versöhnung die Ver-
schuldeten zu reinigen, erscheint er in einem sterblichen Körper.
Vgl. 2, 14. 16 f. 4, 15. 5, 1 f. 10, 5 f. Er ist den Menschen in
Allem gleich geworden, in ihrer sittlichen Schwäche durch seine
Versuchbarkeit 2, 18, in ihrer Unmacht und Endlichkeit durch
seine Erniedrigung unter die Engel, 2, 6—9, vor allem aber
durch seine Leidensfähigkeit. So lernte er, obgleich er Sohn
war, aus dem, was er litt, den Gott schuldigen Gehorsam, ward
vollendet und allen, die ihm gehorchen, Urheber ewiger Rettung, 5, 7 f. Wie jedes Wesen, das nicht Gott selbst ist, muss
auch der Sohn im Kampfe mit Versuchungen und Leiden die
Würdigkeit bewähren, von Gott zu sich aufgenommen zu werden, 12, 6 f. Je höher der Hebräerbrief den Sohn stellt, um so
mehr konnte er den seiner ursprünglichen Natur so entgegengesetzten Zustand nur aus dem sittlich religiösen Gesichtspunkt
betrachten. Da es nothwendig war, dass er, um den Menschen
gleich zu werden, alles mit ihnen theilte, so konnte er nur auf
dem Wege des standhaften ergebungsvollen Duldens, seines
Leidens und Sterbens der seiner ursprünglichen Natur inadäquaten Form des Daseins sich wieder entschlagen. Um den Willen
Gottes zu thun, übergibt er sich dem Tode, 10, 5—10. Durch
seine Gottesfurcht, seinen Gehorsam, seine Ergebung in Leiden
und Sterben muss er sich erst den Preis der Errettung aus dem
Untergang im Tode und der Wiederaufnahme zu Gott erringen
und verdienen, 5, 7—9. 12, 2. Das Gebet Jesu um Rettung
vom Untergang im Tode wurde wegen seiner Ergebung von Gott
erhört, er wurde aus dem Reiche der Todten wieder heraufge-
führt, 13, 20, in den Himmel wieder aufgenommen, über die
Engel, unter welche er erniedrigt war, wieder erhoben, 4, 14.
7, 26. 1, 4, mit Freude, Ehre und Herrlichkeit gekrönt, 2, 9.
vgl. 1, 9. 12, 2, und erhielt auf ewig den Sitz zur Rechten Got-

tes, 1, 3. 8. 13. 8, 1. 10, 12. Wie er in allem diesem ein Vorbild für die Menschen ist, das zeigt, wie man durch standhaftes
und ergebenes Leiden zur ewigen Vollendung gelangen kann,
12, 2, so macht alles diess zusammen auch den Begriff der
τελείωσις oder der τελείωσις εἰς τοὺς αἰῶνας in dem realen Sinne
aus, in welchem schon davon die Rede war. Christus ist nun
der wirkliche κληρονόμος πάντων, als welcher er gleich anfangs
aufgestellt worden ist, 1, 2. vgl. 2, 6 f. 10, 12 f., d. h. die Idee,
unter deren Gesichtspunkt der Sohn zu stellen ist, ist realisirt,
und der ganze Process, der in ihm seinen Verlauf nehmen soll,
vollendet. Es bezieht sich diess auf die Person Christi selbst.

Da er aber nicht um seiner selbst willen Mensch geworden ist,
sondern um der Menschen willen, so kommt nun auch nicht blos
das in Betracht, was er für sich selbst geworden ist, sondern
vielmehr, was er für die Menschen gethan hat. Die Hauptsache
ist die durch seinen Tod gestiftete Versöhnung, und der Hauptgesichtspunkt, unter welchem der Hebräerbrief die versöhnende
Thätigkeit Christi und sein Werk auffasst, ist der Begriff der
Reinigung, wie er sich aus dem Begriff des Hohepriesters ergibt.
Der Verfasser des Hebräerbriefs fasst nicht, wie der Apostel
Paulus, im Tode Christi das der Gerechtigkeit Gottes genugthuende,
die Sünden und ihre Strafen auf sich nehmende, büssende, stell-
vertretende Opfer auf, sondern der Hauptbegriff ist ihm statt des
Opfers der das Opfer an sich selbst vollziehende Hohepriester,
welcher zwischen Gott und dem Volk als der Reiniger des Volks
und der selbst reine Vertreter der Übrigen mitten inne steht,
9, 7. 10, 11. 7, 27. 5, 3. Bei den wichtigsten Versöhnungs-
handlungen des israelitischen Priesterthums, auf welche der
Verfasser des Hebräerbriefs zurückgeht, bei dem Ritus des grossen Versöhnungstags, 10, 1 f., bei den gewöhnlichen Opfern
im heiligen Zelt, 9, 9. 10. 13. 10, 11, und bei der Bundesstif-
tung, 9, 19—22, ist das Vermittelnde immer die Reinigung
(ῥαντίζειν, καθαρίζειν, ἁγιάζειν, τελειοῦν). Nach dieser Analogie

ist Christus der zwischen Gott und den Menschen stehende Hohepriester (μεσίτης 9, 15), der durch seine eigene That sich selbst opfert, 9, 11 f. 14. 24 f. 10, 5 f., der selbst in das Heiligthum eingeht, selbst eine Gabe für die Sünden darbringt, selbst durch Blut und seinen ewigen Geist vor das Angesicht Gottes kommt. Der Darbringende und das Dargebrachte sind in ihm vollkommen eins und dasselbe, als der Geopferte ist er der sich selbst Opfernde, es ist nicht fremdes Blut, sondern sein eigenes, mit welchem er die Sünder und den entweihten Himmel besprengt, um sie zu reinigen und von Neuem zu weihen. Er nimmt nicht Strafe und Fluch auf sich, um durch den Tod dafür zu büssen und dadurch erst sie zu vernichten, sondern er vernichtet unmittelbar durch sein reines und reinigendes Leiden und Sterben die Sünde und ihre Folgen. Zwar geschieht die Reinigung der Menschen von der Sünde ebendadurch, dass er die Sünden auf sich nimmt, mit ihnen belastet davon geht und so dieselben vernichtet, 9, 28, aber er ist immer der Hohepriester, welcher den Reinigungsact durch die Aufsichnahme des Unreinen vollzieht. Das Reinigungsmittel, mit welchem er diesen Act vollzieht, ist sowohl sein Blut als sein ewiger Geist. Vermittelst seines eigenen Blutes ist er in das wahre Allerheiligste eingegangen, d. h. dadurch, dass er seinen eigenen Leib dargebracht, den Willen Gottes, dass er sterben sollte, vollkommen erfüllt hat, hat sein Tod für uns die Kraft eines Reinigungsopfers, um die Sünden, die wir begangen haben, hinwegzunehmen und zu vertilgen und dadurch unser Gewissen zu reinigen. Die Last des bösen Gewissens wird von uns genommen, so dass, was wir bisher gefehlt haben, uns nicht mehr hindert, uns als ἅγιοι und τετελειωμένοι, als Gottgeweihte und unserer Bestimmung Genügende, zu betrachten. Diese Bedeutung erhält aber sein Blut erst dadurch, dass er durch den ewigen Geist Gott sich selbst unbefleckt dargebracht hat, so erst reinigt er unser Gewissen von todten Werken, um dem lebendigen und wahren Gott zu dienen, 9, 14.

Wie er selbst unbefleckt ist, so macht er auch uns unbefleckt und rein im Gewissen, und weil er διὰ πνεύματος αἰωνίου sich dargebracht hat, so versetzt er uns in die Sphäre eines wahrhaft geistigen Bewusstseins, um mit reinem aufrichtigem Gewissen Gott auf wahrhaft geistige Weise zu dienen. Was mit dem unbestimmten aber bedeutungsvollen Ausdruck διὰ πνεύματος αἰωνίου gesagt werden soll, kann eigentlich nur diess sein: was bei dem levitischen Hohepriester eine blos endliche, vorübergehende Beziehung hat, sei in Christus, dem ewigen Hohepriester, *sub specie aeternitatis* anzuschauen, als erhoben in das Element des Geistes auf absolute Weise in seiner unendlichen Beziehung auf die künftige Welt aufzufassen. Darum ist nun auch die Versöhnung mit Einem Male und auf ewig vollbracht, es ist eine λύτρωσις αἰωνία, 9, 25—28. 7. 12. 10, 1 f. Aus dem Begriffe des Hohepriesters ergibt sich endlich auch noch das den Lehrbegriff des Hebräerbriefs von dem paulinischen unterscheidende Moment, dass das Opfer Christi nicht mit dem Acte des Sterbens am Kreuze, sondern erst mit dem Eintritt Jesu in den Himmel, mit seiner Erscheinung vor dem Angesicht Gottes beendigt ist. Wie der Hohepriester mit dem Blut durch den Vorhang in das innere Zelt geht, wo die Herrlichkeit der Cherubim die heilige Lade beschattet (9, 5. 7. 25), und damit erst die Sühnung vollkommen vollzieht, so vollendet Christus sein hohepriesterliches Geschäft erst dadurch, dass er mit seinem Blut die Himmel durchschreitend vor dem Angesicht Gottes erscheint und sich zur Rechten der Herrlichkeit auf den Thron der Gnade setzt, 9, 11 f. 10, 12. Als Hohepriester kann er nur im Himmel sich selbst Gott darstellen. Tod, Auferweckung, Erhöhung in den Himmel fallen daher hier wesentlich zusammen.

Christus ist also Mensch geworden, um als der Mensch gewordene Sohn auch Hohepriester zu werden und in der durch seinen Tod gestifteten Versöhnung im Himmel das Unvollkommene des Judenthums in dem Vollkommenen des Christenthums auf-

zuheben. Schon darin liegt, dass das Absolute des Christenthums nicht blos ein jenseitiges ist, in der Person und dem Werke
Christi greift es in die diesseitige Ordnung der Dinge ein. Wenn
nun aber doch das Christenthum der αἰὼν μέλλων ist, wie ist der
αἰὼν μέλλων auch schon in dem αἰὼν οὗτος, oder wie gestaltet
sich in der Anschauung des Verfassers des Hebräerbriefs die
Periode, in welcher die künftige Welt in die gegenwärtige schon
herüberreicht, und die gegenwärtige in ihrem zeitlichen Verlauf
noch nicht aufgehört hat, was ist in ihr das Überwiegende und
Bestimmende, das Judenthum oder das Christenthum? Hier ist
nun der Punkt, auf welchem die Ansicht des Verfassers von dem
Verhältniss beider an einer gewissen Ambiguität leidet, noch zu
keinem klaren Begriff durchgebildet ist. Auf der einen Seite ist
das Christenthum schon da, auf der andern kann ihm doch das
Judenthum noch nicht weichen. Daraus ist es daher zu erklären,
dass unser Brief, wie Schwegler sagt, *Nachapostolisches Zeitalter* II. S. 319, obgleich er den levitischen Cultus im Princip für
überwunden ansieht, doch nicht auf factische Abstellung desselben
dringt; er erklärt ihn zwar für ein Schattenbild von etwas Höherem, denkt sich ihn aber doch fortbestehend, bis einst alles
Irdische und somit auch diese Form des irdischen Cultus ein
Ende nehmen würde, wenn die höhere Weltordnung des vollendeten messianischen Reichs eingetreten ist: er spricht von ihm
durchgehends als von einem integrirenden Element zwar nicht
des vollendeten, aber des gegenwärtig bestehenden Christenthums. Selbst in denjenigen Stellen, die am meisten antijüdisch
lauten, und in denen die Institutionen des alten Bundes bestimmt
für veraltet erklärt werden, wird das Christenthum doch nicht
als Aufhebung des Judenthums gefasst: das Judenthum dauert
innerhalb des Christenthums noch fort, zwar als γηράσκον und
als ein dem Verschwinden nahes, ἐγγὺς ἀφανισμοῦ, 8, 13, aber
doch noch als factisch bestehendes, es ist folglich noch nicht
durch den Eintritt des Christenthums, durch das Erscheinen

Christi aufgehoben worden, sondern es findet seinen vollständigen ἀρχανισμός erst im nahe bevorstehenden αἰὼν μέλλων, im kommenden Zustand des σαββατισμός und der ἀνάπαυσις, in welchem erst die volle Verwirklichung des Christenthums zu hoffen ist. Das gegenwärtige Christenthum, das Christenthum des αἰὼν οὗτος ist somit nothwendig noch ein Ineinander von Judenthum und Christenthum. Aber in diesem Ineinander von Judenthum und Christenthum ist nun doch das Christenthum schon wesentlich da. Weil es selbst die künftige Welt ist, 2, 5. 6, 5, so wird auch seine geschichtliche Erscheinung mit dem Ende der Welt so nahe als möglich zusammengerückt. Christus hat die neue Religion verkündigt, ἐπ᾽ ἐσχάτου τῶν ἡμερῶν τούτων, 1, 1, d. h. unmittelbar vor dem Ende der ἡμέραι αὗται, des αἰὼν οὗτος, er hat das Werk der Versöhnung vollbracht ἐπὶ συντελείᾳ τῶν αἰώνων, 9, 26, d. h. mit dieser Vollbringung hat die diesseitige sichtbare Welt eigentlich aufgehört, und die jenseitige begonnen. Der Christ lebt daher schon in einer andern Welt, die nicht, wie das mosaische Judenthum Engeln, sondern nur Christus übergeben ist, 2, 5, wo Tod und Teufel ihm nichts mehr anhaben, 2, 15, wo die Stadt Gottes, das himmlische Jerusalem unmittelbar vor ihm steht, 12, 22. 28, wo er durch keine schroffe und unabsehbare Kluft mehr von dem Jenseits getrennt, sondern schon fest an dasselbe gekettet ist, mit seiner Hoffnung schon wirklich in dasselbe hinüberreicht, 6, 18.

Wenn also auch objectiv das Judenthum durch das Christenthum noch nicht aufgehoben ist, so ist doch subjectiv für den Christen der αἰὼν μέλλων schon da, und in den δυνάμεις μέλλοντος αἰῶνος, 6, 5, als christlichen Lebenserfahrungen sind die Mächte des Jenseits schon jetzt in ihm gegenwärtig. Wo die diesseitige Welt in der jenseitigen schon so aufgehoben ist, da bedarf es nicht erst einer so gewaltigen Weltkatastrophe, wie die in der Apokalypse geschilderte ist, um die Schranken der beiden Welten zu durchbrechen. Auch der Verfasser des Hebräer-

briefs sieht in kurzer Frist der Parusie und dem Weltende entgegen. Es ist noch eine kleine Weile, so wird der, der da
kommen soll, kommen, und nicht zaudern, 10, 37. vgl. 25.
Auch er richtet seinen Blick auf ein himmlisches Jerusalem, das
als die Stadt des lebendigen Gottes Myriaden von Engeln in sich
hat, und die Versammlung und Gemeinde der im Himmel aufge-
schriebenen Erstgeborenen ist, nur lässt er es nicht vom Himmel
herabkommen, um auf die Erde sich niederzulassen, nachdem
ihm hier durch die Vernichtung aller gottfeindlichen Mächte die
Stätte bereitet ist, sondern die Gläubigen sind schon hier zu ihm
hinangerückt, 12, 22. Auch er lässt Christus zum zweitenmal
sichtbar erscheinen, aber nur zum Heil für die, die auf ihn harren,
9, 28. Er hat seinen Kampf schon durch Leiden und Tod ausgekämpft, einen weiteren Kampf gibt es für ihn nicht, nachdem
er sich zur Rechten der Majestät gesetzt hat in der Höhe, 1, 3.
vgl. 7, 26. 8, 1, wo er nun von seiner Arbeit ruht, und wartet,
bis durch die Macht Gottes vollends alle seine Feinde ihm unterworfen werden, 10, 13. 2, 8, so dass er endlich ohne mit der
Sünde zu kämpfen, d. h. ohne sie noch einmal auf sich nehmen
zu müssen, noch einmal erscheint, 9, 28, und so das Weltall,
zu dessen Erben er von Gott bestimmt ist, wirklich in Besitz
nimmt, 1, 2. Die Idee des Priesters ist auch hier in ihm festgehalten. Als Priester hat er nicht die äussern Feinde zu bekämpfen,
sondern das Unreine der Sünde zu entfernen und abzuwehren,
und alles von der Sünde Gereinigte an sich zu ziehen. Als
ἀρχιερεὺς κατὰ τὴν τάξιν Μελχισεδὲκ εἰς τὸν αἰῶνα, καινῆς διαθήκης μεσίτης (ἔγγυος), πρόδρομος ὑπὲρ ἡμῶν εἰς τὸν οὐρανόν, ἱερεὺς
μέγας ἐπὶ τὸν οἶκον τοῦ θεοῦ, τῶν ἁγίων λειτουργὸς καὶ τῆς σκηνῆς
τῆς ἀληθινῆς, αἴτιος σωτηρίας αἰωνίου, ὁ ποιμὴν τῶν προβάτων ὁ
μέγας, ὁ τῆς πίστεως ἀρχηγὸς καὶ τελειωτής, ὁ ἀπόστολος καὶ
ἀρχιερεὺς τῆς ὁμολογίας ἡμῶν, 13, 20. 12, 2. 3, 1, sammelt er
in dem Zustand seiner Vollendung den Kreis der Versöhnten und
Erlösten um sich. Sie heissen seine πρόβατα, 13, 20, oder seine

παιδία, 2, 13, υἱοὶ V. 10, auch ἀδελφοί V. 11. 12, weil die
Menschen wie Christus von Gott stammen, von dem Einen, der
alle Dinge, und insbesondere den Geist des Menschen geschaffen
hat. Auch seine zweite Erscheinung kann nur den Zweck haben,
am Ende der Dinge alles mit ihm Verwandte zu sich aufzunehmen,
in die die rechten Grundfesten habende Stadt, deren Baumeister
und Schöpfer Gott ist, 11, 10. Das Ende erfolgt, wenn das
Endliche als das in sich Wankende, Unhaltbare, Vergängliche
mit Einem Male zusammenfällt. Das Geschaffene wird noch einmal erschüttert, damit das Nichterschütterte bleibe, 12, 27. Die
stete Bewegung und Unruhe der diesseitigen Welt kommt in der
jenseitigen zur Ruhe. Es gibt eine κατάπαυσις, einen σαββατισμός für das Volk Gottes. Die Gerechten haben ihre
bleibende Stätte in der Stadt Gottes, die Ungehorsamen werden von Gott dem allgemeinen Richter 12, 23 zur Rechenschaft
gefordert, und mit ewiger Strafe, mit der fortdauernden Qual
der Vernichtung belegt werden. Es steht ein furchtbares Gericht bevor, und ein Feuereifer, welcher die Widersetzlichen
verzehren wird, denn Gott ist ein verzehrendes Feuer, 10, 27.
12, 29.

Noch ist die Lehre vom Glauben übrig. Den Glauben definirt der Hebräerbrief 11, 1 als ὑπόστασις ἐλπιζομένων, und
ἔλεγχος πραγμάτων οὐ βλεπομένων. Gegenstand des Glaubens ist
nicht das an sich Unsichtbare, sondern das für den Glaubenden
nicht Sichtbare, das er erst in der Zukunft schauen kann, wenn
es auch an sich schon vorhanden ist. Das Hauptgewicht legt die
Definition auf das subjective Verhalten, wie es durch ὑπόστασις
und ἔλεγχος ausgedrückt ist. Der Glaube ist eine Zuversicht, bei
welcher man das, was man hofft, sich als etwas Gegenwärtiges
vorstellt, die Überzeugung von dem Dasein des Unsichtbaren,
die Anerkennung, dass man genöthigt ist, es anzunehmen. Der
Glaubende muss mit dem Object seines Glaubens eins werden,
so zur Einheit mit ihm zusammenwachsen, dass es ihm gar nicht

möglich ist, von dem, was er glaubt, sich loszureissen, vgl. συγκεκρᾶσθαι, 4, 2. Je ferner das Object ist, um so intensiver muss das Ergreifen desselben sein, damit es wirklich in uns hereinkomme, uns in Besitz nehme, und uns nicht wieder verloren gehe. Das Unsichtbare ist Gegenstand der πίστις, wenn der Mensch an ihm festhält, als ob er es sähe, unmittelbar vor sich hätte, vgl. 11, 27; dieses ὁρᾶν geschieht durch das καρτερεῖν, durch unverrückte Richtung auf den Gegenstand. Diese Richtung des Willens ist eine sehnsuchtsvolle, nach dem wirklichen Besitz verlangende, eine voraus sich freuende und hoffende, weil das Object ein ἐλπιζόμενον ist. Für die πίστις kann daher auch die ἐλπίς gesetzt werden, man hofft, um zu glauben; auch von der Hoffnung gilt, was vom Glauben gesagt wird, δι' ἐλπίδος ἐγγίζομεν τῷ θεῷ, 7, 19. 3, 6. In der Hoffnung erhebt sich der Mensch über das Materielle und Irdische, um ein Höheres zu ergreifen, oder zu glauben. Fragt man nun aber nach dem eigentlich seligmachenden Inhalt dieses Glaubens, so ist das Eigenthümliche dieses Begriffs des Glaubens, dass die specielle Beziehung des Glaubens auf Christus gegen die allgemeine auf Gott sehr zurücktritt. Als Inhalt des Glaubens wird angegeben, glauben, dass Gott ist, und denen, die ihn suchen, ein Vergelter wird, 11, 6. 26, dass er treu ist in Erfüllung seiner Verheissungen V. 11, dass er die Macht hat alles zu thun, sogar Todte wieder zu erwecken, V. 19, dass er seinen Erwählten eine Stätte der ewigen Seligkeit bereitet hat, V. 10. 16, dass der Mensch nicht der Erde, sondern dem Himmel als seinem wahren Vaterland angehört. Dieser Glaube hat alles hervorgebracht, was den K. 11 aufgeführten Personen des alten Testaments Grosses widerfahren ist, und was sie Grosses gethan haben, die Begnadigung der Rahab, V. 31, das Wohlgefallen Gottes an dem Opfer Abels, V. 4, die Versetzung des Henoch in den Himmel, V. 5, die Geburt Isaaks und die zahlreiche Nachkommenschaft Abrahams, V. 11. 12 u. s. w. Der Glaube im Sinne des Hebräerbriefs hat

eine ebenso intensive als umfassende Bedeutung. Wenn 11, 6
gesagt wird, ohne Glauben ist es nicht möglich zu gefallen, denn
der, der zu Gott gelangen will, muss glauben, dass er ist, und
denen, die ihn suchen, ein Vergelter wird, so scheint zwar hier
der Glaube nur theoretisch genommen zu sein, und somit Theoretisches und Practisches auseinanderzufallen. Allein das Theoretische ist nur ein Element des Glaubens und der Glaube begreift
an sich schon auch das Practische in sich. Der Glaube knüpft
überhaupt erst das Band zwischen Gott und dem Menschen, durch
den Glauben erhält der Mensch erst den bestimmten Halt seiner
Existenz, weil er durch den Glauben mit dem in Verbindung
kommt, δι' ὃν τὰ πάντα καὶ δι' οὖ τὰ πάντα, 2, 10, in welchem
allein alles den substanziellen Grund seines Daseins hat. Ist einmal im Menschen durch den Glauben dieses Band mit Gott ge-
knüpft, so ist der Glaube überhaupt das Princip, von welchem
alle Äusserungen des geistigen Lebens ausgehen, die Einheit des
Denkens und Wollens, die sittliche Macht, die ihn über alles
erhebt, und alles wahrhaft Grosse wirkt, was Menschen thun
können. So ist er daher auch das gerecht und selig machende
Princip. Wie der Mensch ohne Glauben verloren geht, und der
ewigen Verdammniss verfällt, so erhält und rettet er sich durch
den Glauben und gelangt zum Besitz des verheissenen ewigen
Lebens. Vgl. 10, 39. Durch den Glauben erhält man das Zeugniss, dass man gerecht ist, 11, 4. Der Verfasser des Hebräerbriefs spricht daher von einer δικαιοσύνη κατὰ πίστιν 11, 7, von
einer nach dem Glauben sich richtenden, nur nach Maassgabe
des Glaubens stattfindenden und durch ihn bedingten Gerechtigkeit. Dieser Glaube begreift von selbst das Thun, die guten
Werke in sich. Was man διὰ πίστεως thut, ist ein ἐργάζεσθαι
δικαιοσύνην, 11, 33. Wenn 9, 14 gesagt wird, dass das Blut
Christi unser Gewissen von todten Werken reinige, um dem
lebendigen Gott zu dienen, so sind die νεκρὰ ἔργα zwar keine
Gesetzeswerke, sondern Werke, die sich auf nichtige endliche

Dinge beziehen, in Ansehung welcher das menschliche Thun todt und unfruchtbar für das ewige Leben ist; es ist aber daraus sowohl zu sehen, wie der Glaube in demselben Verhältniss, in welchem er mit dem lebendigen Gott in Verbindung bringt, um so thatkräftiger sein muss, als auch welches christliche Element er dazu in sich aufnimmt. Je freier und reiner von der Schuld der Sünde das Gewissen ist, um so mehr wird sich der Glaube durch lebendige Werke äussern. Da bei dem Glauben alles auf die intensive Stärke ankommt, mit welcher er sich in der Richtung auf sein in so weiter Ferne liegendes Object erhält, so ist eine Haupteigenschaft des Glaubens die μακροθυμία und die ὑπομονή, 6, 11. 12. 10, 36. Die stete Beharrung in der einmal genommenen Richtung ist so wichtig, dass mit jedem Abfall von der einmal erkannten Wahrheit alles unwiderruflich und unrettbar verloren geht, wie der Verfasser des Hebräerbriefs behauptet, 6, 4 f.

In der weiten umfassenden Bedeutung, in welcher der Verfasser des Hebräerbriefs den Begriff des Glaubens nimmt, wenn er ihm von Anfang an in dem alten Bunde wie im neuen denselben seligmachenden Inhalt gibt, spricht sich die Ansicht aus, die er überhaupt von der ganzen Religionsgeschichte hat. So gross der Unterschied ist, welchen er zwischen dem Judenthum und Christenthum annimmt, so fasst er doch beide in derselben Anschauung zusammen. Der Sohn ist zwar über Menschen und Engel unendlich erhaben, es ist aber doch zwischen der christlichen und vorchristlichen Offenbarung nur der Unterschied, dass nachdem Gott in vielfältiger und vielartiger Weise gesprochen hat zu den Vätern in den Propheten, er am Ende dieser Tage zu uns in dem Sohne gesprochen hat, 1, 1. Christus ist zwar ein ganz anderer Hohepriester als der des alten Testaments, und doch ist auch sein Priesterthum nur eine andere Form des von Anfang bestehenden Priesterthums. Alle diese Gegensätze haben nur eine relative Bedeutung, indem sie in dem allgemeinen

Gegensatz zwischen Gott und der Welt, dem Absoluten und dem
Endlichen verschwinden. In keinem andern Lehrbegriff ist die
Transcendenz Gottes so stark ausgesprochen, wie in dem des
Hebräerbriefs. Gott oder das Jenseits ist das Einzige, dem
wahre Realität zukommt, auf dieser Seite allein liegt alles Sein
und aller Gehalt, das Diesseits ist dem absoluten Jenseits gegenüber eine blosse Erscheinung, es ist zwar von Gott hervorgebracht, aber nicht um stufenweise verklärt und so endlich mit
ihm zu gegenseitigem Ineinandersein vereinigt zu werden, sondern es ist zum Untergang bestimmt. Alles, was diesseits ist, ist
nur eine σκιά, ein ὑπόδειγμα, ein σαλευόμενον, und der Sohn,
der an sich ganz der jenseitigen Welt angehört, tritt nur dazu
in die diesseitige herein, um diese vergängliche, in sich zer-
fallende Ordnung der Dinge vollends abzubrechen, und alles,
was in ihr Realität hat, in das transcendente Jenseits hinüberzu-
nehmen. Daher kommt selbst alles das, was zur christlichen
Offenbarung gehört, zu keiner festen geschichtlichen Realität, es
ist nur dazu da, um als eine fremdartige, in diese Ordnung der
Dinge nicht hereingehörende Erscheinung, nachdem es kaum
gesetzt ist, sogleich wieder aufgehoben zu werden, es ist hier
kein immanenter geschichtlicher Zusammenhang, wie zwischen
dem ersten und zweiten Adam, keine selbstständige Realität des
Kreuzestodes, sondern Christus stirbt hier nur, um das Blut zu
haben, mit welchem er in den Himmel eingehen muss, um dort
die Versöhnung zu stiften, für die hier der Ort nicht ist; auch
der heilige Geist hat keine festere Consistenz, es sind nur μερισ-
μοί πνεύματος ἁγίου κατὰ τὴν τοῦ θεοῦ θέλησιν, 2, 4, er ist kein
dem christlichen Bewusstsein und der christlichen Gemeinschaft
inwohnendes Princip. Der Schwerpunkt des christlichen Bewusstseins liegt hier noch so sehr in der transcendenten Welt,
dass hier nicht blos nichts eine bleibende Stätte hat, sondern
auch die Thatsachen des Christenthums, wie wenn sie nur als
flüchtige Erscheinungen den schwankenden Boden dieser ver-

gänglichen Welt berührten, erst in der künftigen ihre wahre
Realität haben.

2. Der Lehrbegriff der kleineren paulinischen Briefe, mit Ausnahme der Pastoralbriefe.

Der Lehrbegriff dieser Briefe steht dem des Hebräerbriefs
am nächsten. Der Hauptpunkt ist auch hier die Christologie, in
welcher diese Briefe auf der einen Seite ebenso entschieden über
den eigentlich paulinischen Lehrbegriff hinausgehen, als sie auf
der andern unter dem johanneischen zurückbleiben. Innerhalb
dieser Sphäre wird die Christologie mit allen Prädicaten, die
sich auf Christus übertragen lassen, so ausgebildet, dass nur
die Steigerung noch übrig bleibt, die der Logosbegriff im johanneischen Sinne enthält.

Wie im Hebräerbrief ist auch hier Christus an sich, seinem
substanziellen Wesen nach, göttlich, und auch hier wird der
Begriff seiner göttlichen Natur dadurch bestimmt, dass er das
Bild Gottes genannt wird, Col. 1, 15. Er ist der Reflex Gottes,
in welchem das an sich unsichtbare Wesen Gottes in sichtbarer
Gestalt angeschaut wird. Soll also das an sich seiende Wesen
Gottes, wie es das Verhältniss Gottes und der Welt nothwendig
macht, in die Erscheinung heraustreten, so kann es nur durch
ihn geschehen. In ihm sind also Gott und Welt an sich eins.
Sofern er an sich göttlicher Natur ist, wird von ihm gesagt, er
sei, wie es Phil. 2, 6 heisst, ἐν μορφῇ θεοῦ ὑπάρχων, im Unterschied von seiner menschlichen Daseinsform. Was vom Apostel
Paulus in dem Begriff des δεύτερος ἄνθρωπος ἐξ οὐρανοῦ noch in
seiner Einheit zusammengefasst ist, wird nun in zwei verschiedene Seiten auseinandergelegt, es ist hiemit schon der Anfang
gemacht, zwei Naturen, eine göttliche und eine menschliche in
der Einen Person zu unterscheiden. Christus ist an sich Gott,
und als Gott wird er unter denselben Gesichtspunkt der absoluten
Idee gestellt, aus welchem das Wesen Gottes aufgefasst werden

muss. Prädicate, welche der Apostel Paulus Gott beilegt, werden
auf Christus übergetragen. Was der Apostel Paulus Röm. 11, 36
von Gott sagt, es sei alles δι' αὐτοῦ und εἰς αὐτόν, wird auch
von Christus gesagt: τὰ πάντα δι' αὐτοῦ, καὶ εἰς αὐτὸν ἔκτισται,
Col. 1, 16. Er ist von Gott dazu bestimmt, δι' αὐτοῦ ἀποκαταλλάξαι τὰ πάντα ἐν αὐτῷ V. 20, durch ihn und in ihm wird alles
zur Einheit des absoluten Endzwecks zusammengefasst. Die
Hauptbestimmung ist aber, dass in ihm alles geschaffen ist, alles
im Himmel und auf der Erde, das Sichtbare und das Unsichtbare,
εἴτε θρόνοι, εἴτε κυριότητες, εἴτε ἀρχαὶ, εἴτε ἐξουσίαι, alles von
den höchsten Regionen der Geisterwelt bis in die untern, alles
hat in ihm sein Sein und Bestehen, wie er selbst vor allem ist,
so hat in ihm alles den substanziellen Grund seines Daseins. Als
der πρωτότοκος πάσης κτίσεως ist er zwar in Eine Reihe mit der
Creatur gestellt, er ist, wenn auch das Erste von allem Geschaffenen der Zeit und dem Rang nach, doch auch nur wie alles
Andere von Gott geschaffen, sofern aber alles Geschaffene von
ihm getragen und gehalten wird, und in ihm den substanziellen
Grund seiner Einheit hat, steht er auf absolute Weise über allem
Geschaffenen, er ist somit absolut von der Welt verschieden.
Gleichwohl kann sein Verhältniss zur Welt nur als ein immanentes
bezeichnet werden. Diess liegt schon darin, dass alles in ihm
geschaffen worden ist; ganz besonders aber gehört hieher der
eigenthümliche auf Christus übergetragene Begriff des πλήρωμα,
in welchem das immanente Verhältniss, in welchem Christus zur
Kirche steht, nur als die concretere Form des allgemeinen Verhältnisses aufgefasst wird, in welchem er zur Welt überhaupt
steht.

Christus ist, was ein specifischer Begriff der beiden Briefe
ist, das Pleroma, weil in ihm erst der an sich seiende Gott aus
seinem abstracten Sein heraustritt und zur Fülle des concreten
Lebens sich aufschliesst. Ἐν αὐτῷ, wird Col. 1, 19 gesagt,
εὐδόκησε (ὁ θεός) πᾶν τὸ πλήρωμα κατοικῆσαι. Col. 2, 9: ἐν αὐτῷ

κατοικεῖ πᾶν τὸ πλήρωμα τῆς θεότητος σωματικῶς u. s. w. Eph. 1,
22. 23: αὐτὸν ἔδωκε κεφαλὴν ὑπὲρ πάντα τῇ ἐκκλησίᾳ, ἥτις ἐστὶ
τὸ σῶμα αὐτοῦ, τὸ πλήρωμα τοῦ τὰ πάντα ἐν πᾶσι πληρου-
μένου. Vgl. Eph. 3, 19. 4, 13. Christus ist das πλήρωμα im
höchsten absoluten Sinn, er ist ὁ τὰ πάντα ἐν πᾶσι πληρούμενος.
Er ist das πλήρωμα Gottes, als derjenige, in welchem das, was
Gott an sich ist, nach dem abstracten Begriff seines Wesens, mit
seinem bestimmten concreten Inhalt sich erfüllt. Das πλήρωμα
Christi ist die Kirche, als das concrete reale Sein, mit welchem
als seinem Inhalt Christus sich erfüllt. Mit dem Ausdruck πλήρωμα
wird ein concretes reales Sein bezeichnet, als der Inhalt eines
andern Seins, mit welchem es sich zur Einheit der Form und des
Inhalts zusammenschliesst. Als πληρούμενος τὰ πάντα ἐν πᾶσι
ist Christus das πλήρωμα, das πάντα ἐν πᾶσι mit seinem bestimmten Inhalt erfüllt, und dieses πλήρωμα selbst ist die mit ihrem
absoluten Inhalt erfüllte absolute Allheit.

Wie mit dem Begriff des πλήρωμα verhält es sich auch mit
dem Begriff des σῶμα. Die Kirche ist das σῶμα Christi Eph.
1, 23. 4, 12; aber auch Christus wird σῶμα genannt, er ist das
σῶμα der Gottheit, sofern in ihm πᾶν τὸ πλήρωμα τῆς θεότητος,
alles, was die Idee der Gottheit mit ihrem bestimmten concreten
Inhalt erfüllt, σωματικῶς wohnt, Col. 2, 9, was sich nur aus
diesem Zusammenhang der Begriffe erklären lässt. Ist aber er
selbst das σῶμα der Gottheit, so kann die Kirche nur in einem
concreteren Sinn sein σῶμα sein, da er als σῶμα der Gottheit
das Haupt der Kirche und das Princip ist, ἐξ οὗ πᾶν τὸ σῶμα
συναρμολογούμενον καὶ συμβιβαζόμενον διὰ πάσης ἀφῆς τῆς ἐπι-
χορηγίας, κατ’ ἐνέργειαν ἐν μέτρῳ ἑνὸς ἑκάστου μέρους, τὴν αὔξησιν
τοῦ σώματος ποιεῖται εἰς οἰκοδομὴν ἑαυτοῦ ἐν ἀγάπῃ, Eph. 4, 16,
womit die Kirche in ihrem realen Sein als ein innerlich gegliederter-
ter, in der Idee seiner Einheit bestehender Organismus bezeichnet
wird. Zu derselben Anschauungsweise, vermöge welcher die
ganze Betrachtung von oben nach unten geht, jedoch so, dass

jedes folgende Moment nur die concretere Form der sich realisirenden Idee ist, gehört auch diess, dass das Verhältniss Christi
zu der Kirche unter dem doppelten Gesichtspunkt dargestellt
wird, als das Verhältniss des Haupts zum Leib, und als ein ehe-
liches Verhältniss. Wie die Kirche der Leib Christi ist, so ist
Christus selbst das Haupt der Kirche. Αὐτός ἐστιν ἡ κεφαλὴ τοῦ
σώματος, τῆς ἐκκλησίας. Col. 2, 19. Eph. 4, 15. Vgl. 2, 20. Christus
und die Gemeinde erfüllen einander gegenseitig, er durchdringt
sie als das alle Glieder belebende und zusammenhaltende Haupt,
Eph. 4, 15. 16. Col. 2, 19, sie erfüllt ihn, sofern er in ihr sich
nichts Anderes, als seinen eigenen, zu ihm selbst gehörigen
Leib auferbaut. Eph. 4, 12. 15. Je mehr die Gemeinde das ist,
was sie sein soll, desto mehr erwächst sie zu Christus selbst,
4, 15, zu einem vollkommenen Mann, zu der Leibesgrösse, in
welcher sie Christum wirklich erfüllt 4, 13, desto mehr wird sie
der das Haupt zu einem Ganzen erfüllende, vervollständigende
Leib, gleichsam eine Verdoppelung Christi, ein von dem idealen
Christus durchdrungener und ihn hinwiederum umkleidender
realer Christus. Apostel, Propheten, Verkündiger des Evangeliums, Vorsteher und Lehrer sind nur einzelne Glieder dieses
aus Christus heraus und in ihn hineinwachsenden Leibs, 4, 11. 16.
So steht die Gemeinde durch diese concrete Einheit mit Christus
und insbesondere durch die Gliederung, die er durch Anordnung
jener Kirchenämter ihr gegeben hat, allen Versuchen, sie zu
zersplittern und irre zu führen, als ein gedrungener, in sich
abgeschlossener Organismus gegenüber, 4, 14. 15. Dasselbe
Verhältniss zwischen Christus und der Gemeinde als dem Haupt
und dem Leib wird unter der Form eines ehelichen Verhältnisses
aufgefasst. Es ist ganz dasselbe Verhältniss, da Eph. 5, 28 die
γυναῖκες die σώματα der ἄνδρες genannt werden. Die Gemeinde
ist die Ehefrau Christi, weil sie der Leib ist, in welcher er erst
die concrete Realität seiner Existenz erhält. Mann und Weib
bilden eine organische Einheit. Das Weib kann zwar nur in der

17 *

Abhängigkeit vom Mann existiren, aber der Mann kann auch nicht ohne das Weib sein, weil er in ihm erst zur vollen Realität seiner Existenz gelangt. Beide gehören wesentlich zusammen und das Band ihrer Einheit ist die Liebe. Wie der Mann in dem Weibe sein eigenes Fleisch liebt, in ihr sein eigenes Ich erkennt, so ist das Verhältniss Christi zu der Gemeinde.

Diese Bestimmungen über das Verhältniss Christi zur Kirche erhalten ihren vollen Sinn erst, wenn wir die allgemeine Idee, die der Christologie dieser Briefe zu Grunde liegt, näher in's Auge fassen. Christus ist das Haupt, das Princip, der Centralpunkt von Allem. Dadurch ist er unter den Gesichtspunkt einer allgemeinen Idee gestellt. Zum Wesen der Idee aber gehört es, dass sie das, was sie an sich ist, auch in der Wirklichkeit ist. Auch die in der Person Christi enthaltene Idee muss daher in dem Princip ihrer Entwicklung sich selbst realisiren. Ausgedrückt wird diess in den beiden Briefen dadurch, es sei die Absicht Gottes ἀνακεφαλαιώσασθαι τὰ πάντα ἐν Χριστῷ, Eph. 1, 10, δι' αὐτοῦ ἀποκαταλλάξαι τὰ πάντα εἰς αὐτόν, Col. 1, 20. Wie von ihm alles ausgeht, so soll in ihn alles wieder zurückgehen, aus dem Unterschied, in welchen es aus sich herausgegangen, zu der Einheit mit sich selbst zurückgenommen werden. Diess geschieht durch die Menschwerdung, die der Epheserbrief 4, 8 f. als die Herabkunft vom Himmel zur Erde und Unterwelt darstellt. Er wendet die Stelle Ps. 68, 19 auf Christus an, und schliesst aus dem Hinaufsteigen, von welchem in dieser Stelle die Rede ist, auf das Herabkommen. Das Hinaufsteigen setzt das Herabkommen voraus, er kam herab εἰς τὰ κατώτερα μέρη τῆς γῆς. Der, der herabkam, ist derselbe, der hinaufstieg über alle Himmel, um Alles zu erfüllen. Was hier ausgedrückt wird, ist die abwärts und aufwärts gleichweit sich erstreckende, von der höchsten Höhe bis zur untersten Tiefe hinabgehende und von dieser hinwiederum zu jener hinaufgehende, das ganze Universum, so weit es von vernünftigen Wesen bewohnt ist, mit ihrem erlösenden

und segnenden Einfluss umfassende und erfüllende Wirksamkeit
Christi. Es ist die Idee des Christus im höchsten Sinne zukom-
menden πλήρωμα, die nun auch ihrem extensiven Umfang nach
betrachtet wird. Ist Christus das πλήρωμα im absoluten Sinne,
so kann auch die diesem Begriff gemäss sich äussernde Thätigkeit Christi nur eine alles umfassende, den weitesten Kreis be-
schreibende, das Oberste und Unterste mit einander verbindende
sein. Die Herabkunft Christi schliesst so von selbst auch die
Höllenfahrt in sich. Christus als das πλήρωμα ist auch der τὰ
πάντα πληρώσας, ist er aber der τὰ πάντα πληρώσας, so ist er
auch der εἰς τὰ κατώτερα μέρη τῆς γῆς καταβάς. Der Zweck des
Hinabsteigens und Hinaufsteigens ist das ἀνακεφαλαιώσασθαι τὰ
πάντα ἐν τῷ Χριστῷ, alles in Christus zu recapituliren und an
die ursprüngliche Einheit anzuknüpfen, in welcher es in ihm den
substanziellen Grund seines Bestehens hat. Aus diesem allgemeinen Gesichtspunkt muss daher das Werk Christi betrachtet
werden. Seine Bestimmung ist die allgemeine Versöhnung und
Vereinigung des Universums. Alles im Himmel und auf Erden
soll in ihm eins werden. Das ist der von Gott von Ewigkeit
gefasste Rathschluss, welcher in Christus zu der hiezu bestimmten
Zeit erfüllt und verwirklicht wird. Eph. 1, 10 f.

   Diess ist ganz besonders auch der Zweck seines Kreuzestodes. Wie Gott durch ihn und in Beziehung auf ihn, so dass
in ihm alles seinen letzten Endzweck hat, alles versöhnen wollte,
so hat er in dem Blute seines Kreuzes durch ihn Frieden gestiftet
für die Gesammtheit aller Wesen auf der Erde und im Himmel.
Col. 1, 20. Es geschieht diess auf verschiedene Weise. Die
beiden Briefe betrachten den Tod Christi als einen Kampf mit
einer Gott feindlichen Macht. Je höher und allgemeiner der Gesichtspunkt ist, unter welchen die Person und das Werk Christi
gestellt wird, um so mehr steigert sich dadurch die Idee des
Gegensatzes. Die Christus entgegenstehende Macht ist die des
ἄρχων τῆς ἐξουσίας τοῦ ἀέρος, Eph. 2, 2, es sind die ἀρχαὶ καὶ

ἐξουσίαι ἐν τοῖς ἐπουρανίοις, Eph. 3, 10. vgl. Col. 2, 15, die κοσμοκράτορες τοῦ σκότους τούτου, die πνευματικὰ τῆς πονηρίας ἐν τοῖς ἐπουρανίοις, Eph. 6, 12. Der Tod Christi ist daher die Überwindung dieser feindlichen Mächte und Gewalten, Gott hat sie, wie es Col. 2, 15 heisst, im Tode Christi entwaffnet, sie öffentlich zur Schau dargestellt, und in Christus im Triumph aufgeführt. So sind die ἄρχοντες τοῦ αἰῶνος τούτου, von welchen der Apostel 1 Cor. 2, 8 noch in unbestimmtem Sinne sprach, zu einer übersinnlichen Macht geworden, und die Bekämpfung und Besiegung dieser Mächte und Gewalten ist eine auf die sichtbare und unsichtbare Welt sich beziehende That. In näherer Beziehung zum paulinischen Lehrbegriff wird zum Versöhnungswerke Christi besonders die Aufhebung des Gesetzes gerechnet. Gott heftete das Gesetz, das Schuldbuch der Menschen, an's Kreuz, um es aus der Welt hinwegzunehmen, Col. 2, 14, dadurch sind die Menschen mit Gott versöhnt. Die, die ehedem Gott entfremdet und feindlich von Gesinnung in den bösen Werken waren, hat er mit sich versöhnt. Das Mittel der Versöhnung war der getödtete fleischliche Leib Christi. In dem Tode Christi ist der fleischliche Leib, die σάρξ als der Sitz der Sünde, von uns ausgezogen und hinweggenommen worden. Die Taufe stellt diese Ertödtung und Begrabung des fleischlichen Leibs dar, sie ist gleichsam eine neue Beschneidung, die christliche, die περιτομὴ τοῦ Χριστοῦ, in welcher die Vorhaut des Fleisches von uns genommen ist. Wie wir mit ihm begraben sind, so sind wir auch mit ihm auferweckt durch den Glauben an die Macht Gottes, der ihn von den Todten auferweckte. Und die Folge dieser Versöhnung durch den Tod Christi ist, dass wir im Bewusstsein der Freiheit vom Gesetz und der Vergebung der Schuld der Sünden, heilig, untadelig und unsträflich vor Gott stehen. Col. 1, 20 f. 2, 11 f. Ein besonderes Moment des im Tode Christi sich vollziehenden allgemeinen Versöhnungsprocesses ist die Vereinigung der Juden und Heiden zu einer und derselben religiösen Gemeinschaft. Der Tod Christi ist eine von Gott für den Zweck getroffene Veranstaltung, die Scheidewand zwischen Heiden und Juden auf- zuheben, und durch den zwischen beiden gestifteten Frieden beide zusammen mit Gott zu versöhnen. Dem Judenthum ist sein absoluter Vorzug durch die Beseitigung des mosaischen Gesetzes genommen. Indem so alle nationalen Unterschiede und Gegen- sätze, mit allem, was sonst in den verschiedenen Lebensver- hältnissen die Menschen von einander trennt, im Christenthum vermittelst des Todes Christi aufgehoben sind, stellt sich im Christenthum selbst ein neuer Mensch dar, welcher nun den ihm noch anhängenden alten Menschen auch practisch immer mehr abzulegen hat. Col. 3, 9. Eph. 2, 10. 15. 4, 22. Beide, Heiden und Juden, sind so zu Einem Leibe vereinigt, mit Gott versöhnt worden, beide haben in demselben Geiste den Zutritt zum Vater. Er selbst aber, der Stifter dieser allgemeinen Versöhnung, ist dadurch, dass ihn Gott von den Todten erweckt und zu seiner Rechten im Himmel gesetzt, weit über jede Macht und Gewalt erhöht und ihm alles unterworfen und ihn zum Haupt über alles für die Kirche gemacht hat, der nun erst alles in allem Erfüllende geworden, Eph. 1, 20 f. 4, 10. Sein Herabsteigen und sein Hinaufsteigen hat den Zweck, ἵνα πληρώσῃ τὰ πάντα, Eph. 4, 10. Er erfüllt alles im concretesten Sinne in der Kirche, seinem Leibe, durch die Verleihung der verschiedenen Geistesgaben zum Bestehen der Gemeinde, 4, 6. Wie er sind auch wir vom Tode erweckt und zur Rechten Gottes im Himmel erhoben, Eph. 2, 6. Was von ihm, dem Haupte des Leibs, gesagt wird, gilt auch von allen, die als Glieder seines Leibs mit ihm identisch sind. Indem Gott auch uns συνεκάθισεν ἐν τοῖς ἐπουρανίοις ἐν Χριστῷ Ἰησοῦ, ist dadurch erst das ἀνακεφαλαιώσασθαι τὰ πάντα ἐν τῷ Χριστῷ, das der Hauptzweck der οἰκονομία τοῦ πληρώματος τῶν καιρῶν ist, Eph. 1, 10, zu seiner vollen Wahrheit geworden.

Alle jene Momente, in welchen die Geschichte Christi, in seinem καταβαίνειν und ἀναβαίνειν, ihren Verlauf nimmt, sind

ebenso viele Momente der sich selbst realisirenden Idee. Christus
ist zwar an sich das Haupt von Allem und ganz besonders von
der Kirche, was er aber an sich ist, erhält erst dadurch, dass
die Idee in ihrer geschichtlichen Entwicklung in die Wirklichkeit
heraustritt, seine volle reale Bedeutung. Wenn also auch Christus
πρὸ πάντων ist, so ist er doch die ἀρχή, der πρωτότοκος ἐκ τῶν
νεκρῶν, ἵνα γένηται ἐν πᾶσιν αὐτὸς πρωτεύων, Col. 1, 18. Was
er also an sich ist, muss er doch erst werden. Die Idee muss
sich erst in dem Process der geschichtlichen Entwicklung, in
welchen sie eingeht, realisiren. Daher erhalten die Hauptthatsachen der Geschichte Christi als Momente der sich selbst realisirenden Idee eine selbstständige reale Bedeutung, sie sind die
nothwendige Bedingung, unter welcher allein die Person Christi
zu der absoluten Bedeutung, die sie an sich hat, erhoben werden kann. Wenn auch Christus an sich der Centralpunkt von
Allem und die Einheit ist, in welcher alle Gegensätze versöhnt
sind, so ist er doch erst durch seinen versöhnenden Tod der, in
welchem alles versöhnt ist, alle Gegensätze und trennenden
Unterschiede aufgehoben sind, und nur so ist er selbst über alles
erhöht worden. Es ist ächt paulinisch, dass der Tod Christi als
der reale Mittelpunkt der ganzen Christologie betrachtet wird;
darin geht aber der Lehrbegriff dieser Briefe über den paulinischen hinaus, dass über alles, was Christus seiner geschichtlichen
Bedeutung nach ist, die an sich seiende Idee der Person Christi
gestellt wird. Von der Idee geht hier alles aus, und die ganze
Person Christi wird unter den Gesichtspunkt der metaphysischen
Nothwendigkeit des Processes der sich realisirenden Idee gestellt.
Auf der andern Seite wird aber doch wieder alles, was sich auf
die Person Christi bezieht, als ein freier Act der Liebe Gottes
betrachtet. Christus ist der Sohn der Liebe Gottes, Col. 1, 13,
und in ihm vollzieht sich der geheimnissvoll von Ewigkeit aus
freiem Wohlgefallen gefasste Rathschluss Gottes. Eph. 1, 9 f.

Die Grundidee dieser Christologie, dass, was Christus an

sich auf absolute Weise ist, er erst auf dem geschichtlichen Wege
des von ihm vollbrachten Werks und des ganzen Processes,
welchen er an sich selbst durchgemacht hat, werden kann, stellt
sich uns in einer eigenthümlichen Form im Philipperbrief
dar. Die verschiedenen Momente, die in dieser Christologie zu
unterscheiden sind, legt der Philipperbrief genauer auseinander.
Christus ist, was er ist, schon an sich auf absolute Weise, und
doch muss er auch wieder das erst werden, was er nach der
Idee seiner Person sein soll. Wozu wäre er Mensch geworden,
gestorben, auferstanden, wenn alles diess für ihn selbst nichts
zur Folge gehabt hätte? Auf der einen Seite ist er also an sich
schon alles, auf der andern muss er das, was er noch nicht ist,
erst werden. Beides lässt sich nur so vereinigen, dass er dessen,
was er schon ist, sich entäussert, um das, dessen er sich entäussert hat, mit der vollen Realität der mit ihrem absoluten Inhalt
erfüllten Idee zurückzuerhalten. Diess ist die Idee des Philipperbriefs. Christus ist an sich göttlicher Natur, er ist ἐν μορφῇ θεοῦ,
aber er entäussert sich derselben, und legt die μορφή θεοῦ ab,
um die μορφή δούλου anzunehmen, die Folge davon aber ist, dass
er wegen seines Gehorsams bis zum Tod über alles erhöht der
Gegenstand der allgemeinen Anbetung wird 2, 6 f. Was die beiden
Briefe von Christus in Beziehung auf die Welt und die Kirche
allgemein und objectiv aussagen, dass Christus als das πλήρωμα,
das er an sich ist, alles in allem erfüllen müsse, fasst der Philipperbrief in Beziehung auf Christus selbst aus dem sittlichen Gesichtspunkt auf. Die göttliche Würde, die Christus an sich hat,
muss für ihn auch das Resultat seiner eigenen sittlichen That sein.
Darum legt er sie selbst ab, um sie als den Lohn seines Gehorsams um so herrlicher wieder zu empfangen. Um aber den vollen
Sinn dieser Stelle zu verstehen, muss man auch wissen, in
welchem Sinne von einem Raub die Rede ist. War Christus ἐν
μορφῇ θεοῦ ὑπάρχων, so hatte er als solcher die Qualität eines
göttlichen Wesens. War nun aber dieses ἐν μορφῇ θεοῦ ὑπάρχειν

noch kein εἶναι ἴσα θεῷ, so muss vorausgesetzt werden, dass
das, was er an sich war, als ἐν μορφῇ θεοῦ ὑπάρχων, erst dann
zu einem εἶναι ἴσα θεῷ werden konnte, so dass es ihm in der
Wahrheit und Wirklichkeit zukam, nachdem er seine göttliche
Natur auf dem Wege des sittlichen Strebens durch die Erprobung
seines Gehorsams bethätigt hatte. Hieng aber das εἶναι ἴσα θεῷ
ganz am Begriff des Sittlichen, wie kann Christus auch nur entfernt der Gedanke an die Möglichkeit zugeschrieben werden,
ohne sittliche Bethätigung zu erhalten, was nur Folge einer sittlichen That sein kann? Wie ist es zu erklären, dass der Verfasser des Briefs auch nur verneinend von einem Raube spricht?

Es lässt sich diess nur aus dem gnostischen Ideenkreise
erklären. Die Gnostiker sprachen von einem Aeon, welcher
das absolute Wesen Gottes auf unmittelbare Weise erfassen
wollte, und weil er so das an sich Unmögliche erstrebte, aus dem
πλήρωμα in das κένωμα herabfiel. Dieser Aeon begieng so
gleichsam einen Raub, weil er, der in der Qualität eines göttlichen Wesens an sich die Fähigkeit hatte, sich mit dem Absoluten
zu vereinigen, diese Identität, welche erst durch den ganzen
Weltprocess realisirt werden konnte, gleichsam sprungweise,
mit Einem Male, durch einen gewaltsamen Act, oder wie durch
einen Raub an sich reissen wollte. So erhält erst die bildliche
Vorstellung eines ἁρπαγμός ihre eigentliche Bedeutung. Es war
ein Raub, weil der Aeon willkürlich und gewaltsam vorgreifend
an sich reissen wollte, was erst in einer bestimmten Ordnung,
durch eine Reihe vermittelnder Momente ihm zu Theil werden
konnte. Nicht blos das Selbstsüchtige und Anmaassende, Eigen-
mächtige, sondern auch das Vorgreifende, Anticipirende gibt
den vollen Begriff des ἁρπαγμός. Wie der ἁρπαγμός bei jenem
Aeon darin bestand, dass er auf voreilige, hastig zugreifende
Weise auf einmal haben wollte, was er nachher doch erhielt, so
ist auch bei Christus das ἑαυτὸν κενοῦν und das ἑαυτὸν ταπεινοῦν
mit allem, was dazu gehört, nur der Weg, auf welchem ὁ θεός

αὐτόν ὑπερύψωσε u. s. w. oder jenes ἴσα εἶναι θεῷ sich verwirklichte. Die über alles erhabene Ehre und Würde, zu welcher Jesus erhöht wurde, ist nur der reelle Besitz dessen, was das εἶναι ἴσα θεῷ in sich begreift, worauf er als ἐν μορφῇ θεοῦ ὑπάρχων an sich das Recht hatte. Nur vorher also, ehe es in der von Gott bestimmten Ordnung geschah, auf abrupte Weise sollte er es nicht haben. Der gnostische Mythus soll den Gedanken ausdrücken, dass alles in der Welt durch einen bestimmten Entwicklungsprocess hindurchgehen muss, die geistigen Subjecte erst dadurch die Idee dessen, was sie an sich sind, in sich realisiren, dass sie in der endlichen Welt in alle Momente des endlichen Daseins eingehen, und aus dem Endlichen sich zum Unendlichen erheben. Diese speculative Idee hat der Verfasser des Philipperbriefs auf das sittliche Gebiet übergetragen und Christus als sittliches Vorbild der Selbstentsagung und demuthsvollen Erniedrigung aufgestellt, sofern man an ihm sehe, dass man nicht auf voreilige, hastig zugreifende Weise etwas an sich ziehen soll, worauf man zwar an sich ein Recht hat, was man aber nur auf einem bestimmten Wege, und erst wenn man die ganze Reihe der daran geknüpften Bedingungen erfüllt hat, erlangen kann. Auf dem sittlichen Gebiet versteht sich diess von selbst. Alles Sittliche hat erst dadurch seine Realität, dass es durch die sittliche Thätigkeit des sich selbst bestimmenden Subjects zur bestimmten sittlichen That wird. Nur daraus also, dass der Verfasser des Philipperbriefs jene speculative Idee der Gnosis vor Augen hatte, lässt es sich erklären, dass er diese sittliche Anwendung von ihr machte. Die Veranlassung dazu aber lag darin, dass die Christologie dieses Briefs an sich schon ein speculatives Element in sich hat. Wenn Christus an sich göttlicher Natur ist, und als allgemeines kosmisches Princip an der Spitze des ganzen Weltlaufs steht, so ist schon darin auch die Idee eines bestimmten Processes enthalten, welcher seinen Verlauf nehmen und auch für Christus selbst ein bestimmtes Resultat

haben muss. Das Resultat kann nur sein, dass Christus am Ende
des ganzen Processes der Weltentwicklung das ist, was er an
sich schon ist, aber er ist es nun auf andere Weise, entweder
speculativ so, dass die an sich seiende Idee in ihm mit der Realität ihres concreten Inhalts sich erfüllt hat, oder ethisch so, dass
er was er an sich ist, auch auf dem Wege der sittlichen Bethätigung
geworden. Diess letztere ist der Gesichtspunkt des Philipperbriefs, hier ist die Christologie in ihren drei Momenten, des
ὑπάρχειν ἐν μορφῇ θεοῦ, des ἑαυτὸν κενοῦν und μορφὴν δούλου
λαβεῖν, und des ὑπερυψοῦσθαι ethisch aufgefasst, jedoch so, dass
die zu Grunde liegende speculative Idee deutlich hervorblickt.
Ein darauf sich beziehender Zug ist 2, 10 die Unterscheidung der
drei Classen von Wesen, der ἐπουράνιοι, ἐπίγειοι und καταχθόνιοι,
welche alle auf gleiche Weise die Kniee vor Christus beugen.
Er ist also nicht blos der Erlöser der Menschen, sondern seine
Thätigkeit erstreckt sich auf das ganze Universum von den höchsten Regionen der Geisterwelt bis hinab in die Unterwelt, worin,
wie Ephes. 4, 9, die Idee der Höllenfahrt ausgedrückt ist. Er
ist also auch hier der τὰ πάντα ἐν πᾶσι πληρούμενος, der alles in
sich Einigende und Zusammenfassende.

Je allgemeiner und umfassender so der Gesichtspunkt ist,
unter welchen die Person Christi gestellt wird, und je mehr die
ganze Idee dieser Christologie darauf beruht, in Christus ein an
sich göttliches über alles Endliche absolut erhabenes Wesen anzuschauen, um so mehr muss das Menschliche gegen das Göttliche zurücktreten. Ist das Göttliche das Substanzielle, so kann
das Menschliche nur ein Accidens sein. Von der μορφὴ θεοῦ wird
zwar die μορφὴ δούλου unterschieden, an sich aber ist Christus
göttlicher Natur, und die μορφὴ δούλου ist nur eine für eine bestimmte Zeit angenommene Gestalt, in welcher Christus nicht
nur Mensch wurde, sondern auch als Mensch für den Zweck der
sittlichen Erprobung alles Niedrige des menschlichen Daseins
ertrug. Die Menschheit, in welcher er erschien, ist der μορφὴ

θεοῦ gegenüber an sich schon eine μορφὴ δούλου, da er als Mensch nur ein niedriger leidensvoller Mensch sein konnte. Wie es aber auf dem Standpunkt dieser Christologie mit der Menschheit Christi sich verhält, zeigen die Ausdrücke, deren sich der Philipperbrief bedient, deutlich. War Christus, als ἐν ὁμοιώματι ἀνθρώπων γενόμενος, nur ὅμοιος den Menschen, 2, 7, so war er kein wahrer und wirklicher Mensch, sondern schien nur ein solcher zu sein. Nur Ähnlichkeit, Analogie, nicht aber Identität und Wesensgleichheit kann der Ausdruck ὁμοίωμα bezeichnen (man vgl. Röm. 6, 5), und die Stelle Röm. 8, 3, wo vom Sohn gesagt ist, Gott habe ihn gesandt ἐν ὁμοιώματι σαρκὸς ἁμαρτίας, ist hier allerdings parallel, da Christus, wenn er keine σὰρξ ἁμαρτίας hatte, auch keine wahre σὰρξ haben konnte. An dieser Bedeutung von ὁμοίωμα ist in unserer Stelle um so weniger zu zweifeln, da auch das unmittelbar dabei stehende σχήματι εὑρεθεὶς ὡς ἄνθρωπος V. 8 nicht anders genommen werden kann. Will man auch ὡς und εὑρεθῆναι nicht premiren, so liegt doch in σχῆμα gar zu deutlich nur der Begriff eines *externus habitus,* und zugleich der Begriff des Wandelbaren, Vorübergehenden, in kurzer Zeit Verschwindenden. Die Ausdrücke des Briefs lassen daher selbst kaum die Annahme zu, dass Christus ein wahrhaft menschliches Subject gewesen sei.

Wie die Christologie dieser Briefe abgesehen von diesem letzten Punkt über die des Apostels Paulus hinausgeht, so ist ihr Lehrbegriff auch in der Lehre vom Glauben und von der Rechtfertigung nicht streng paulinisch. Der Philipperbrief hebt zwar 3, 9 die paulinische δικαιοσύνη διὰ πίστεως Χριστοῦ als die ἐκ θεοῦ δικαιοσύνη ἐπὶ τῇ πίστει sehr nachdrücklich im Gegensatz gegen die δικαιοσύνη ἐκ νόμου hervor, es geschieht diess aber auf eine sehr äusserliche Weise. Es ist nicht mehr das Interesse, den Glauben im Gegensatz gegen die Werke überhaupt als das Princip der Rechtfertigung festzustellen. Im Colosser- und Epheserbrief ist von der Rechtfertigung, der δικαιοσύνη im spe-

cifischen paulinischen Sinne gar nicht die Rede, sondern nur von
Sündenvergebung, Erlösung, Versöhnung. Eph. 2, 8 wird es
zwar dem Glauben zugeschrieben, dass wir durch die Gnade
erlöst sind, aber nur um alles vorangehende Verdienst der Werke
auszuschliessen, und es wird dagegen neben dem Glauben den
Werken weit grösseres Gewicht beigelegt, als in den Briefen des
Apostels. Die Hauptforderung ist, des Herrn würdig zu wandeln zu allem Wohlgefallen, in jedem guten Werke Frucht zu
bringen und in vollkommener Erfüllung des Willens Gottes den
der Idee Christi entsprechenden vollkommenen Menschen ganz
in sich darzustellen, Col. 1, 10. 28. 4, 12. Die guten Werke
werden als ein nothwendiges Moment hervorgehoben; der
Epheserbrief schliesst sie sogar in die Vorherbestimmung ein:
wir sind ein Geschöpf Gottes, geschaffen in Jesus Christus zu
guten Werken, welche Gott zuvor bereitete, damit wir in denselben wandeln sollen, 2, 10.

Der transcendenten Christologie dieser Briefe und ihrer
darauf beruhenden Anschauung von dem alles umfassenden und
über alles übergreifenden Charakter des Christenthums ist es
ganz gemäss, dass sie in der Lehre von der Beseligung der
Menschen auf eine überzeitliche Vorherbestimmung zurückgehen,
Eph. 1, 4 f. Alles hängt an dem ewigen in der Zeit sich ver-
wirklichenden Rathschluss Gottes. Je mehr alles, was sich auf
die Seligkeit des Menschen bezieht, über das zeitliche Dasein
hinausliegt, um so mehr kann es nur als ein freies Geschenk der
göttlichen Gnade angesehen werden. Die Gnade ist das den
Menschen durch den Glauben an Christus neu schaffende Princip.
Etwas Neues muss nämlich der Mensch durch das Christenthum
werden. Es muss der alte Mensch ausgezogen und der neue
angezogen werden, der gegen den vorigen ein ganz anderer ist,
Col. 3, 9. Eph. 4, 21 f. Was der Colosserbrief einfacher so ausdrückt: ἀπεκδυσάμενοι — κτίσαντος αὐτόν, hat der Epheserbrief
weiter so ausgeführt: ἀποθέσθαι κατὰ τὴν προτέραν ἀναστροφὴν

τὸν παλαιὸν ἄνθρωπον τὸν φθειρόμενον u. s. w. Die Wahrheit, die in Christus ist, wird hier darein gesetzt, abzulegen was den frühern Wandel betrifft, den alten Menschen, der zu Grunde geht vermöge der Lüste des Trugs, d. h. der nur Eitles und Nichtiges vorspiegelnden Lüste, dagegen erneuert zu werden dem Geiste der Gesinnung nach und anzuziehen den neuen Menschen, der nach Gott geschaffen ist in Gerechtigkeit und Heiligkeit der Wahrheit. Der neue Mensch ist demnach kein schlechthin neuer, sondern nur ein erneuerter, sofern in ihm das Bild, nach welchem der Mensch ursprünglich von Gott geschaffen worden ist, wiederhergestellt wird. Das ursprünglich anerschaffene Ebenbild Gottes ist das Vorbild des zu erneuernden Menschen, das Christenthum ist somit selbst nichts schlechthin Neues, sondern nur die Zurückführung des Menschen zu seiner ursprünglichen Würde und Vollkommenheit. Erneuert wird der Mensch πνεύματι τοῦ νοός, wobei unter πνεῦμα nicht der göttliche Geist zu verstehen ist, sondern der Geist des Menschen, welcher als das πνεῦμα τοῦ νοός das substanzielle geistige Princip ist, von welchem auch die sittliche Umbildung der Gesinnung ausgehen muss. Dass diese Erneuerung nur durch Gott geschehen kann, wird in beiden Stellen nicht ausdrücklich gesagt, es liegt aber darin, dass die Seligkeit überhaupt ein Geschenk Gottes ist, und die τῇ χάριτι σεσωσμένοι διὰ τῆς πίστεως ein ποίημα Gottes sind, κτισθέντες ἐν Χριστῷ Ἰησοῦ Eph. 2, 8—10. Durch das Christenthum wird also der Mensch eine καινὴ κτίσις, das Christenthum greift als ein neues schöpferisches Princip in das Leben des Menschen ein, es wird ein neues Bewusstsein in ihm geweckt, in welchem das Neue vom Alten sich scheidet, wie das Licht von der Finsterniss. Der Mensch ist aus der ἐξουσία τοῦ σκότους in die βασιλεία τοῦ υἱοῦ τῆς ἀγάπης versetzt, Col. 1, 13, und wo zuvor nur ein Zustand des Todes war in den παραπτώματα und in den ἁμαρτίαι, ἐν αἷς u. s. w. Eph. 2, 1 f., da ist nun ein neues durch die Gemeinschaft mit Christus gewecktes Leben. Als der

neue mit Christus auferweckte Mensch kann er auch nur dahin
streben, wo Christus ist, Col. 3, 1 f. Derselbe Gegensatz des
Todes und des Lebens, welcher sich in Christus darstellt, ist
der Process, welcher in jedem Menschen in seiner Einheit mit
Christus seinen Verlauf nehmen muss. In der Anschauung der
Person Christi hat der Geist alles vor sich, was er werden soll,
und was aus ihm werden soll. In dem τὰ ἄνω ζητεῖν, Col. 3, 1 f.
hat er sein πολίτευμα ἐν οὐρανοῖς, ἐξ οὗ u. s. w. Phil. 3, 20 f.

Wie es dem Apostel Paulus vor allem darum zu thun ist,
den Glauben als das die Einheit mit Christus vermittelnde Princip
festzustellen, so fassen diese Briefe vorzüglich die aus dem
Glauben hervorgehende sittliche Vollendung des Menschen in's
Auge. Schon diesem Practischen gegenüber tritt der Glaube im
paulinischen Sinne zurück, ebenso aber auch dadurch, dass
diese Briefe, was gleichfalls eine Eigenthümlichkeit derselben
ist, das Christenthum ganz besonders als Sache des Wissens
auffassen. Was der Apostel Paulus mehr nur in polemischer und
persönlicher Beziehung als das Characteristische des Christenthums hervorhebt, dass es eine σοφία θεοῦ ἐν μυστηρίῳ ist, ist
der vorherrschende Gesichtspunkt, unter welchen diese Briefe
das Christenthum stellen. Schon das immer wiederkehrende
Wort μυστήριον zeigt, welches Gewicht hier darauf gelegt wird,
dass das Christenthum für den Menschen Gegenstand und Inhalt
des Wissens ist. Von dem im Geheimniss Christi enthaltenen
Reichthum der γνῶσις, ἐπίγνωσις, der σοφία, der σύνεσις ist immer
wieder die Rede. In Christus selbst sind alle Schätze der Weisheit und Erkenntniss verborgen, Col. 2, 3. Erleuchtet müssen
die Augen sein, um zu wissen, was die Hoffnung der Berufung
ist u. s. w. Eph. 1, 18 f., und das διδάσκειν ἐν πάσῃ σοφίᾳ ist für
jeden nothwendig, um ihn zu einem vollkommenen Menschen in
Christus zu bilden, Col. 1, 28. Selbst der Philipperbrief fasst
die Auferstehung, das Leiden und den Tod Christi von dieser
theoretischen Seite auf, dass er wissen will die δύναμις τῆς ἀνα-

στάσεως u. s. w. 3, 10. Wie die Werke, als die Bethätigung
des Sittlichen, dem Glauben in selbstständiger Bedeutung gegen-
übertreten, so löst sich auch das andere Element des religiösen
Bewusstseins von seiner Einheit mit dem Glauben ab, und es ist
dem Glaubenden vor allem darum zu thun, theoretisch zu wissen,
was der Inhalt des Glaubens ist. Dieses Hervorheben des Wissens
und Erkennens, als des eigentlichen Wesens der Religion und
des Christenthums weist diesen Briefen von selbst die Zeit ihrer
Entstehung in der Nähe der gnostischen Periode an.

Ist das Christenthum ein vor Anfang der Welt vorherbe-
stimmtes, über alles Andere unendlich hinausliegendes und von
Ewigkeit her in Gott verborgenes, den Menschen nie zuvor bekannt gewordenes, erst durch Christus verkündigtes und durch
den Geist seinen Aposteln und Propheten geoffenbartes μυστήριον,
Eph. 3, 5 f., so ist ebendamit auch die absolute Erhabenheit des
Christenthums über Judenthum und Heidenthum ausgesprochen.
Beide verhalten sich gleich negativ zum Christenthum, das ihnen
gegenüber ὁ λόγος τῆς ἀληθείας ist, Eph. 1, 13, oder φῶς im
Gegensatz von σκότος, 5, 8. Die Juden und die Heiden waren
wegen der allgemeinen Sündhaftigkeit dem göttlichen Zorn verfallen, Eph. 2, 3. Der religiöse Charakter des Heidenthums wird
noch besonders dadurch bezeichnet, dass die Heiden ἄθεοι ἐν τῷ
κόσμῳ sind, 2, 12, ἐσκοτωμένοι τῇ διανοίᾳ ὄντες, 4, 18, ἀπηλ-
λοτριωμένοι τῆς ζωῆς τοῦ θεοῦ διὰ τὴν ἄγνοιαν τὴν οὖσαν ἐν
αὐτοῖς, 4, 18, περιπατοῦντες κατὰ τὸν αἰῶνα τοῦ κόσμου τούτου,
2, 2, κατὰ τὸν ἄρχοντα τῆς ἐξουσίας τοῦ ἀέρος. Beiden Religionen
gegenüber ist das Christenthum die absolute Religion. Der absolute Charakter des Christenthums selbst aber ist bedingt durch
die Person Christi. Daher kann nun alles, was neben der Person
Christi zwischen Gott und den Menschen vermittelnd sich hinein-
stellt und als ein nothwendiges Mittel der Einigung und Versöhnung der Menschen mit Gott gelten soll, nur als eine Beein-
trächtigung des absoluten Charakters des Christenthums angesehen

werden. In dieser Beziehung polemisirt der Colosserbrief sowohl
gegen einen mit der Würde Christi unverträglichen Engelcultus,
als auch gegen eine den Menschen knechtisch an die στοιχεῖα τοῦ
κόσμου bindende Ascese. Die im Colosserbrief gemeinten Engels-
verehrer setzten ohne Zweifel Christus selbst in die Classe der
Engel, als ἕνα τῶν ἀρχαγγέλων, wie diess Epiphanius als einen
Lehrsatz der Ebioniten angibt, wogegen der Colosserbrief mit allem
Nachdruck auf ein solches κρατεῖν τὴν κεφαλήν dringt, dass alles,
was nicht das Haupt selbst ist, nur in einem absoluten Abhängig-
keitsverhältniss zu ihm stehend gedacht wird 2, 19. Aus demselben Gesichtspunkt einer Antithese gegen alles, was der absoluten Würde Christi Eintrag thut, ist auch das zu betrachten, was
sowohl gegen die Beschneidung als auch gegen die στοιχεῖα τοῦ
κόσμου gesagt wird 2, 8 f. Eine Lehre, welche den Menschen in
religiöser Hinsicht von seinem natürlichen bürgerlichen Sein, von
der materiellen Natur abhängig machte, und sein religiöses Heil
durch die reinigende und heiligende Kraft, die man den Elementen
und Substanzen der Welt zuschrieb, den Einfluss der Himmels-
körper, das natürlich Reine im Unterschied von dem für unrein
Gehaltenen vermittelt werden liess, setzte die στοιχεῖα τοῦ κόσμου
an dieselbe Stelle, welche nur Christus als Erlöser haben sollte.
In diesem Sinne werden V. 8 die στοιχεῖα τοῦ κόσμου und Christus
einander gegenübergestellt. Das ist die Philosophie in dem Sinne,
in welchem das Wesen der Philosophie als Weltweisheit bezeichnet wird, als die Wissenschaft, die es mit den στοιχεῖα τοῦ
κόσμου zu thun hat. Als solche ist sie auch nur eine κενὴ ἀπάτη,
eine blosse παράδοσις τῶν ἀνθρώπων, im Unterschied von dem
Christenthum, das als die absolute Religion statt jener natürlichen
Elemente der andern Religionen das πλήρωμα τῆς θεότητος in
sich hat.

Obgleich so betrachtet Judenthum und Heidenthum in einem
gleich negativen Verhältniss zum Christenthum stehen, so wird
doch auch wieder zwischen Judenthum und Christenthum eine

gewisse Identität angenommen. In diesem Sinne spricht der
Colosserbrief 2, 17 von dem alten Testament als einer σκιά.
Wenn die Satzungen der alttestamentlichen Religion ein Schattenbild des Künftigen genannt werden, während dagegen τὸ σῶμα
τοῦ Χριστοῦ ist, die wahre Wirklichkeit nur im Christenthum ist,
so wird zwar der alttestamentlichen Religion hiemit nur ein ge-
ringer Grad von Wahrheit und Realität zugestanden, da aber
in σκιά auch das Verhältniss von Bild und Sache liegt, so enthält
auch schon dieses Schwache und Unvollkommene, wenn auch
nur auf bildliche Weise, eine nähere Beziehung zum Christenthum. Als das dem Christenthum vorangehende Schattenbild
enthält das Judenthum Züge, die sich auch im Christenthum
finden, Analogien, in welchen das Christenthum als die Wahrheit und Wirklichkeit des Judenthums sich nachweisen lässt. In
diesem Sinne stellt der Colosserbrief die Taufe als Beschneidung
dar 2, 11. Dem Judenthum ist zwar der absolute Anspruch,
welchen es mit seinem Gebot der Beschneidung machte, genommen, aber dafür soll nun auch das Christenthum eine Beschneidung haben, wenn auch keine ἐν σαρκὶ χειροποίητος, doch eine
ἀχειροποίητος, ἐν τῇ ἀπεκδύσει τοῦ σώματος τῆς σαρκός, die περι-
τομή τοῦ Χριστοῦ, die durch die Taufe stattfindet, in welcher
Christus die νεκροὺς ὄντας ἐν τῇ ἀκροβυστίᾳ τῆς σαρκός lebendig
macht, dadurch nämlich, dass sie aller sinnlichen Lüste und
Begierden sich begebend zu einem sittlich heiligen Leben geweiht
werden. Schon dadurch werden Judenthum und Christenthum
näher zusammengerückt und als an sich eins betrachtet. Noch
deutlicher geschieht diess Eph. 2, 11 f. Wenn hier von den
Heiden gesagt wird, dass sie Vorhaut genannt von der soge-
nannten fleischlichen Beschneidung, in der ganzen Zeit des
Heidenthums ohne Christus, fern von der Bürgerschaft Israels
und unbekannt mit den Bundesverheissungen ohne Hoffnung und
ohne Gott in der Welt gewesen, jetzt aber als die ehmals fern
Stehenden nahe gekommen seien in dem Blute Christi, so wird

hiemit gesagt, die Heiden haben nur Antheil erhalten an dem,
was die Juden zuvor schon hatten, und das Christenthum ist
nicht die absolute Religion, in welcher die Negativität des Heidenthums und Judenthums auf gleiche Weise ein Ende hat, sondern der substanzielle Inhalt des Christenthums ist das Judenthum
selbst, und es erweitert sich so nur das Judenthum im Universalismus des Christenthums durch den Tod Christi auch zu den
Heiden. Im Tode Christi hat die Feindschaft, die Scheidewand,
alles Positive, das beide trennte, ein Ende. Die Heiden haben
so zwar als Christen alles, was die Juden haben, aber sie sind
doch immer nur die erst Zugelassenen und nachher Hinzuge-
kommenen, die blos Theilnehmenden, wenn sie als die ἔθνη blos
als συγκληρονόμα καὶ σύσσωμα καὶ συμμέτοχα τῆς ἐπαγγελίας ἐν
τῷ Χριστῷ bezeichnet werden Eph. 3, 6. Sie nehmen also blos
Theil an etwas, worauf den nächsten und eigentlichen Anspruch
doch nur die Juden zu machen haben. Das Judenthum macht
demnach, wenn es auch tief unter dem absoluten Charakter des
Christenthums steht, doch auch wieder sein absolutes Recht und
seine Identität mit dem Christenthum geltend.

Die Grundanschauung der beiden Briefe ist eigentlich die
Idee des σῶμα Χριστοῦ, d. h. der christlichen Kirche als der Vereinigung der Heiden und Juden durch die Aufhebung der sie
trennenden Unterschiede. Im Bewusstsein der Macht der Juden
und Heiden trennenden Gegensätze und der Nothwendigkeit ihrer
Aufhebung, wenn es überhaupt eine christliche Kirche geben
soll, wird alles Gewicht auf die Einheit der Kirche gelegt. Die
Einheit ist das eigentliche Wesen der Kirche, diese Einheit ist in
allen zu ihr gehörenden Momenten durch das Christenthum gegeben. Es ist Ein Leib und Ein Geist u. s. w. Eph. 4, 3 f. Begründet aber wurde diese Einheit durch den Tod Christi, sofern
durch ihn alle trennenden Unterschiede aufgehoben worden sind.
Von diesem Punkte aus steigt die Anschauung höher hinauf bis
dahin, wo der Grund aller Einheit liegt. Die einigende, eine

allgemeine Gemeinschaft stiftende Kraft des Todes Christi lässt
sich nur daraus begreifen, dass Christus überhaupt der alles
tragende und zusammenhaltende Centralpunkt des ganzen Universums ist. Je mehr das christliche Bewusstsein in der Anschauung der sich constituirenden Kirche von dem absoluten
Inhalt des Christenthums erfüllt ist, um so mehr hat es den Drang
in sich, dieses Absolute als ein überweltliches und überzeitliches
anzuschauen. Das ganze Streben der Christologie geht in diese
transcendente Region, um in ihr den Punkt zu fixiren, an welchen
sich der höhere Begriff der Persönlichkeit Christi anknüpfen lässt.
Es handelt sich nur noch darum, diesen Begriff auf seinen adäquaten Ausdruck zu bringen.

3. Der Lehrbegriff des Briefs Jacobi und der petrinischen Briefe.

In dem Lehrbegriff des Hebräerbriefs und dem der kleineren
paulinischen Briefe hat sich der Paulinismus weiter fortgebildet.
Wenn auch in diesen Briefen nicht gerade die Schärfe des paulinischen Rechtfertigungsbegriffs hervortritt, so enthalten sie doch
auch nichts Antipaulinisches. In dem Brief Jacobi dagegen begegnet uns nun eine auf den Mittelpunkt der paulinischen Lehre
losgehende Opposition. Dem paulinischen Hauptsatz Röm. 3, 28
δικαιοῦσθαι πίστει ἀνθρώπου, χωρὶς ἔργων νόμου, wird nun hier
der Satz entgegengestellt, Jac. 2, 24, ὅτι ἐξ ἔργων δικαιοῦται
ἄνθρωπος, καὶ οὐκ ἐκ πίστεως μόνον. Alle Versuche, die man
gemacht hat, um der Anerkennung der Thatsache zu entgehen,
dass ein directer Widerspruch zwischen diesen beiden Lehrbegriffen stattfinde und der Verfasser des Jacobusbriefs die paulinische Lehre zum unmittelbaren Gegenstand seiner Polemik
mache, sind völlig vergeblich. Sollte die Wahrheit des einen
der beiden Sätze neben der des andern bestehen können, so
müsste gezeigt werden können, dass beide einander gar nicht
berühren, dass beide, Paulus und der Verfasser des Jacobus-

briefs, mit den drei Hauptbegriffen, um welche es sich hier handelt, dem δικαιοῦσθαι, den ἔργα νόμου, und der πίστις, einen ganz andern Sinn verbinden. Allein es ist weder unter dem δικαιοῦσθαι bei dem Verfasser des Jacobusbriefs etwas anderes zu verstehen als bei Paulus, noch ist diess bei den ἔργα der Fall. Wollte man mit Calvin behaupten, Jacobus wolle nicht *docere, ubi quiescere debeat salutis fiducia, in quo uno insistit Paulus,* Jacobus dringe nur darauf, dass der Glaubige *fidei suae veritatem operibus demonstret,* daher sei die Amphilogie, dass das *verbum justificandi* bei Paulus bedeute die *gratuita justitiae imputatio apud Dei tribunal,* bei Jacobus aber die *demonstratio justitiae ab effectis, idque apud homines,* so müsste demnach der Satz des Jacobus den Sinn haben: der Gerechtfertigte kann den thatsächlichen Beweis seiner Rechtfertigung nur durch Werke geben. Mit welchem Rechte lässt sich aber behaupten, dass Jacobus dabei den paulinischen Satz vom rechtfertigenden Glauben voraussetze, wenn er vom Glauben so spricht, wie diess offenbar der Fall ist. Ebenso wenig kann man sagen, der Begriff der ἔργα sei bei beiden ein anderer, Paulus verstehe unter den ἔργα nur Werke des mosaischen Gesetzes, Jacobus Werke, die aus dem Glauben hervorgehen, Früchte des Glaubens sind. Man ist durchaus nicht berechtigt, den paulinischen Begriff der ἔργα so zu beschränken, Paulus macht nirgends einen solchen Unterschied unter den ἔργα, sondern er sagt ganz allgemein von den ἔργα, dass es nicht möglich sei, durch sie δικαιοῦσθαι, so dass diess auch von den aus dem Glauben hervorgehenden Werken gilt; denn, sofern sie aus dem Glauben hervorgehen, haben sie auch schon den Glauben und mit dem Glauben die Rechtfertigung zu ihrer Voraussetzung, wesswegen eben die Rechtfertigung nicht erst durch sie bewirkt werden kann. Es liegt somit auch in den ἔργα nichts, wodurch der Widerspruch beider beseitigt werden könnte. Ist diess aber etwa bei der πίστις möglich? Unläugbar verbinden beide mit der πίστις einen ganz verschiedenen Begriff, aber man meine nur nicht, dass der Verfasser des Jacobusbriefs, wenn er vom Glauben so geringschätzend spricht, neben diesem falschen Glauben noch einen andern habe, den wahren, denselben, auf welchen Paulus das Gewicht legt. Der Glaube ist dem Jacobus immer nur der Glaube, von welchem Paulus 1 Cor. 13, 1 f. sagt, dass der Mensch mit ihm für sich allein ein tönendes Erz und eine klingende Schelle bleibe. Diesem Glauben schrieb nun freilich auch Paulus keine rechtfertigende Kraft zu, er sagt vielmehr οὐδὲν ὠφελοῦμαι. Aber der Unterschied ist, dass Paulus diesem leeren nichtigen Glauben seinen rechtfertigenden gegenüberstellt, und von ihm als den wahren unterscheidet, Jacobus aber vom Glauben überhaupt keinen andern Begriff hat, als eben nur jenen.

Alle Argumente, durch welche der Verfasser des Jacobusbriefs 2, 14 f. seinen Hauptsatz darzuthun sucht, beweisen nur, welchen geringen Begriff er vom Glauben hat. Er sagt 1) wenn einer sagt, er habe Glauben, aber keine Werke hat, so kann ihn sein Glaube nicht selig machen, denn diess, dass er sagt, er habe Glauben, ist nur soviel, wie wenn einer bei der Pflicht der Wohlthätigkeit es bei blossen Worten bewenden lassen wollte. Daher wird nun unmittelbar der Hauptsatz ausgesprochen, V. 17: der Glaube ohne Werke ist für sich todt, nicht der falsche Glaube oder der Glaube als Scheinglaube, sondern der Glaube als solcher, er ist an sich, seinem Wesen nach, todt. 2) Wenn der Eine den Glauben hat, der Andere die Werke, so kann nur der, der die Werke hat, thatsächlich beweisen, dass er das, was er zu haben behauptet, auch wirklich hat. Aus den Werken kann man den Glauben beweisen, der Glaube für sich selbst aber, ohne die Werke, hat nichts seine Realität beweisendes. Er ist also so gut wie nichts, denn was keinen Beweis seiner Existenz geben kann, existirt eigentlich gar nicht. 3) Auch die Dämonen glauben, aber sie zittern dabei, weil sie Gott als das Object ihres Glaubens nur fürchten können. Wenn auch der Glaube practisch

ist, so bringt er wenigstens keine wahrhaft religiöse Wirkung
hervor, er ist also nicht in der Weise practisch, wie die Religion
practisch sein soll, dass sie den Menschen in das rechte Verhältniss zu Gott setzt. Gibt es einen Glauben, welcher sich nur
dadurch äussert, dass man aus Furcht vor Gott zittert, so ist
doch hieraus deutlich zu sehen, dass der Glaube an sich noch
nichts wesentlich Religiöses ist. Wenn also auch der Glaube ein
religiöses Element ist, so hat er doch das nicht in sich, was auch
zur Religion gehört, dass sie den Menschen in ein seligmachendes
Verhältniss zu Gott setzt. 4) Derselbe Beweis wird aus der
Schrift geführt, V. 20 f. Dieselben Schriftbeispiele, durch welche
der rechtfertigende Glaube der paulinischen Lehre bewiesen werden soll, beweisen das gerade Gegentheil. Abraham hatte die
Gerechtigkeit, die ihm zuvor nur mit Rücksicht auf seinen Glauben zugeschrieben werden konnte, dann erst in der Wirklichkeit,
als er durch die Opferung Isaaks eine thatsächliche Probe seines
Gehorsams gegen Gott gegeben hatte. Ebenso verhält es sich
mit der Rahab, auch sie hatte etwas Werkthätiges gethan, worauf
ihr δικαιοῦσθαι beruhte. Diese beiden Beispiele enthalten eine
sehr bestimmte antithetische Beziehung, man vgl. besonders
Hebr. 11, 31. Das Resultat aus allem diesem ist, dass die πίστις
ohne die ἔργα ebenso todt ist, wie der Leib ohne den Geist todt
ist. Die πίστις ist demnach so gut, wie nichts, sie hat nichts an
sich, was ihr den Charakter eines Princips des religiösen
Lebens gibt.

Zwar wird von der πίστις auch wieder gesagt, dass sie
συνεργεῖ τοῖς ἔργοις, 2, 22, so dass es scheint, sie sei auch ein
zur Rechtfertigung thätig mitwirkendes Princip, ebenso soll der
Mensch nur nicht durch den Glauben allein, οὐκ ἐκ πίστεως μόνον,
2, 24, gerechtfertigt werden, und die Rechtfertigung durch die
Werke wird die Vollendung der πίστις genannt, ἐκ τῶν ἔργων
τελειοῦται ἡ πίστις, 2, 22. In einem innern Zusammenhang steht
aber desswegen doch die πίστις nicht zu den ἔργα. Stände sie in

einem solchen zu ihnen, so müsste sie ja auch das wirkende Princip derselben sein, die ἔργα wären nur das, worin das Innere
der πίστις äusserlich wird. Wie kann aber der Verfasser des
Briefs sich die πίστις in diesem Verhältniss zu den ἔργα gedacht
haben, wenn er von ihr Ausdrücke gebraucht, die ihr gerade
das absprechen, was sie als Princip vor allem haben muss, dass
sie an sich etwas Wirksames und Lebendiges ist. Was aber
für sich todt ist, ohne Kraft und Leben, nur einem Leibe gleicht,
welcher ohne Geist, ohne ein beseelendes und belebendes Princip
ist, kann doch nicht die Bedeutung eines Princips haben. Wie
könnte sonst auch das δικαιοῦσθαι schlechthin nur den ἔργα zugeschrieben werden, wenn diese selbst ihr Princip in der πίστις
hätten, somit auch ihre rechtfertigende Kraft die πίστις wäre? Das
wahrhaft Reale und Substanzielle sind nur die Werke, sie sind,
was sie sind, unmittelbar durch sich selbst und aus sich selbst,
sie sind daher auch nicht blos das Äussere von einem Innern,
wie die πίστις wäre. Wenn nun gleichwohl auch wieder von
einem συνεργεῖν der πίστις die Rede ist, so kann, wofern wir
nicht eine gar zu grosse Inconsequenz bei dem Verfasser voraussetzen wollen, damit nur diess gesagt sein, dass die πίστις zwar
auch dabei ist, aber als ein blos begleitendes Moment des religiösen Bewusstseins, dessen substanzielle Form die Werke sind.
Theoretisches und Practisches, Glauben und Wissen auf der einen,
und Wollen und Handeln auf der andern Seite, fallen hier eigentlich völlig auseinander, es fehlt das Bewusstsein der diese beiden
Seiten in sich zusammenfassenden Einheit, einer Einheit, in
welcher, wie diess das Eigenthümliche des paulinischen Begriffs
des Glaubens ist, das Theoretische auch das Princip des Practischen ist, und das Practische zum Theoretischen sich verhält,
wie das Äussere zum Innern.

Schon darin zeigt sich die Mangelhaftigkeit dieses Lehrbegriffs, dass er den Glauben und die Werke nicht in ihrer Einheit
aufzufassen weiss. Beide stehen unvermittelt neben einander,

und da nun die Werke vor dem Glauben das voraus haben, dass
sie etwas äusserlich in die Augen Fallendes sind, so wird
alle Realität und Substanzialität des Seins in sie gelegt, wie
wenn es keine andere Realität gäbe, als die der äussern sinnlichen Existenz. Sie allein haben also wahrhaft religiösen Werth,
weil sie das thatsächlich Gegebene sind, und die Wirklichkeit
ihrer Existenz keinem Zweifel unterliegen kann. Wenn nun aber
die Werke das schlechthin Geltende sein sollen, so fragt sich,
wie der Verfasser des Briefs ihnen eine Bedeutung beilegen kann,
die sie nach dem paulinischen Lehrbegriff nicht haben können.
Diess ist der Hauptgesichtspunkt, unter welchen dieser Lehrbegriff gestellt werden muss. Paulus hat gezeigt, dass die Werke
immer nur etwas Unvollkommenes sind, nie den zureichenden
Grund der Rechtfertigung in sich enthalten können, weil kein
Mensch von sich sagen kann, dass er alles erfüllt habe, was das
Gesetz zu thun gebietet; daher verfällt der, dessen religiöser
Werth nur nach seinen Werken beurtheilt werden soll, immer
wieder der Strafe, welche auf die Übertretung des Gesetzes gesetzt ist. Was hat nun der Verfasser des Briefs, indem er sich
wieder auf den Standpunkt der ἔργα stellt, gethan, um alles das
zu widerlegen, was vom paulinischen Standpunkt aus gegen die
ἔργα geltend gemacht worden ist? Hier ist offenbar die schwäch-
ste Seite dieses Lehrbegriffs. Die absolute Forderung des Gesetzes
wird von dem Verfasser des Briefs vollkommen anerkannt. Ja
er sagt sogar 2, 10, wenn einer auch das ganze Gesetz halte, es
aber nur in Einem Stücke fehlen lasse, so sei es so viel als ob
er das ganze Gesetz nicht gehalten hätte. Wie kann aber die
Forderung gestellt werden, auch nicht ἐν ἑνὶ πταίειν, wenn er
doch selbst gestehen muss, 3, 2, πολλὰ πταίομεν ἅπαντες? Er
verlangt von den Christen ein ἔργον τέλειον, dass sie sein sollen
τέλειοι καὶ ὁλόκληροι, ἐν μηδενὶ λειπόμενοι, 1, 4, und der τέλειος
ἀνὴρ ist der, welcher ἐν λόγῳ οὐ πταίει, 3, 2. Wie ist diess
möglich? Wird vom Verfasser des Briefs selbst anerkannt, dass

es keinen Menschen gibt, von welchem diess schlechthin gesagt
werden kann, wie kann er gleichwohl den Satz aufstellen, dass
der Mensch δικαιοῦται ἐξ ἔργων? Die Werke, auf deren Grund
der Mensch gerechtfertigt werden soll, können doch nur dem
Gesetz vollkommen adäquate sein. Haben aber die Werke diese
Vollkommenheit auch schon in dem Falle nicht, wenn es auch
nur in Einem Stücke fehlt, so ist es schlechthin unmöglich, durch
die Werke gerechtfertigt zu werden. Wie kann also der Verfasser des Briefs die Rechtfertigung auf die Werke gründen? er
muss sich doch etwas die Unvollkommenheit der Werke Ergän-
zendes, somit auch erst die Rechtfertigung Bewirkendes gedacht
haben; wenn nun aber diess nicht der Glaube sein soll, was soll
es sein? Der Verfasser setzt selbst voraus, dass es keine eigentliche Rechtfertigung durch die Werke gibt. Er rechnet auf eine
Vergebung der Sünden durch das Gebet, 5, 15, auf die Barmherzigkeit des göttlichen Gerichts, die dem zu Theil werde,
welcher selbst Barmherzigkeit übe, 2, 13, und spricht von einem
vollkommenen Gesetz der Freiheit, unter welchem nichts anderes
verstanden werden kann, als die Befreiung von dem Joch des
Gesetzes, welche der Apostel Paulus als die wichtigste Folge
seiner Lehre vom Glauben betrachtet. Wenn es nun aber bei
dem Gesetz der Freiheit nicht sowohl auf die Beobachtung aller
einzelnen Gebote, als vielmehr auf die Gesinnung im Ganzen
ankommt, wenn die Vergebung der Sünden, die auch bei den
ἔργα nicht entbehrt werden kann, auf der subjectiven Empfänglichkeit dafür beruht, so wird man von dem δικαιοῦσθαι immer
wieder auf etwas zurückgeführt, das die ἔργα selbst schon zu
ihrer Voraussetzung haben. Was könnte diess aber anderes sein,
als der Glaube? Den Glauben hebt ja der Verfasser selbst wieder
so hervor, dass man nicht begreift, wie er ihn nur in Beziehung
auf das δικαιοῦσθαι so herabsetzen kann. Er nennt ja die Christen
als die πτωχοὺς τοῦ κόσμου auch die πλουσίους ἐν πίστει καὶ κλη-
ρονόμους τῆς βασιλείας, 2, 5, und schreibt dem Gebet des Glaubens

eine rettende Kraft zu, 5, 15. So schwächt sich die Polemik
gegen Paulus wieder ab, die Antithese verliert ihre Schärfe, da
die Werke von der Gesinnung, von welcher sie getragen werden,
nicht getrennt werden können. Der Unterschied von dem paulinischen Lehrbegriff besteht daher 1) in dem Nachdruck, mit
welchem auf das Practische gedrungen wird, als die nothwendige
Erprobung der christlichen Gesinnung, und 2) darin, dass an
die Stelle des Glaubens im paulinischen Sinne die christliche
Gesinnung tritt, die überhaupt in dem durch Christus begründeten
Vertrauen besteht, dass denen, die durch ihre ganze Handlungsweise nach christlicher Vollkommenheit streben, die Gnade und
Barmherzigkeit Gottes zu Theil werden werde.

Der Standpunkt, auf welchem der Verfasser des Briefs steht,
ist der des Gesetzes, in dem Gesetz aber sieht er nur einen ver-
geistigten Inhalt. Die Religion ist ihm wesentlich ein Thun, die
Befolgung eines Gesetzes. Dieses Gesetz aber ist ihm nicht das
mosaische, sondern das Sittengesetz, das in seinem reinen sittlichen Gehalt aufgefasste mosaische Gesetz. Diess ist es unstreitig, was er unter dem νόμος τέλειος τῆς ἐλευθερίας versteht,
eben diess ist daher für ihn der bezeichnende Ausdruck für das
Christenthum. Ein vollkommenes Gesetz nennt er es, weil es
die Idee der sittlichen Vollkommenheit enthält, deren Realisirung
die höchste Aufgabe des Menschen ist. Die Idee dieser Voll-
kommenkeit soll der Christ im Leiden und Thun, in allen Ver-
hältnissen des Lebens realisiren, weil er nur so seinen Glauben
bethätigen und erproben kann, 1, 3. Im Bewusstsein dieser
sittlichen Aufgabe hat der Christ ein freudiges, ihn über Armuth
und Reichthum erhebendes Selbstbewusstsein. Das christliche
Bewusstsein, das nur ein freudiges sein kann, spricht sich in
dem Armen als erhebendes Selbstgefühl, in dem Reichen als er-
niedrigender Demuthssinn aus, weil der Christ, wenn er die
christliche Ansicht vom Reichthum hat, ihn nur für etwas Vergängliches halten kann, aber in dieser Anerkennung seiner

Nichtigkeit, in dem Gefühl seiner Demuth, erhebt er sich zugleich über die Nichtigkeit des Reichthums und reisst sich von ihm los, es ist also eine Demuth, die in ihrer Erniedrigung zugleich ein erhebendes Gefühl in ihm weckt. Dieses kräftige sittliche Bewusstsein hat bei dem Verfasser des Briefs dieselbe Bedeutung, wie bei dem Apostel Paulus der Glaube. Auch dem Verfasser des Briefs ist der Glaube das Princip des christlichen Bewusstseins, weil man ohne zu glauben, nicht Christ sein kann, aber der Glaube spricht sich bei ihm nicht, wie bei Paulus, als Vertrauen auf den Versöhnungstod Jesu, sondern in der Form des sittlichen Sollens aus. Der Glaube muss sich, wenn er ist, was er sein soll, practisch bewähren. Über die Möglichkeit dieses Sollens reflectirt er nicht, als Christ weiss er sich frei, und das Sollen, dessen er sich bewusst ist, schliesst ihm von selbst das Können in sich.

Von diesem einfachen practischen Standpunkt aus liegt eine Theorie, wie die des Apostels Paulus, vermöge welcher der Tod Christi nur dazu bestimmt ist, den Process, in welchen der Mensch mit dem Gesetz verwickelt ist, zu schlichten und im Glauben eine Norm aufzustellen, durch welche der Mensch in seiner unendlichen Erhabenheit über alle Anforderungen des Gesetzes sich unmittelbar mit Gott eins weiss, ganz ausserhalb des Gesichtskreises dieses Lehrbegriffs. Es ist sehr bezeichnend für denselben, dass in dem ganzen Brief auch nicht in Einer Stelle vom Tode Christi die Rede ist. Kaum spricht sich in dem Χριστὸς τῆς δόξης, 2, 1, die Anerkennung einer höheren Würde Christi aus, es ist diess überhaupt die einzige Stelle, in welcher Christus ausdrücklich genannt ist, sonst spricht der Verfasser nur von dem κύριος so unbestimmt, dass man nicht weiss, ob Gott oder Christus zu verstehen ist. Die ganze paulinische Dogmatik, wie sie zuerst eine eigene Theorie über das Werk Christi construirt, und sodann nach der Analogie des Werks auch die Person Christi idealisirt, wird hier im Grunde ganz einfach auf

die Seite geschoben, und der Verfasser geht auf jenen Standpunkt
in der Bergrede zurück, auf welchem Jesus selbst ohne irgend
eine Hinweisung auf seinen Tod und ohne allen Anspruch auf
eine übermenschliche Würde die ganze Bedeutung seiner Mission
in die Erfüllung und Vervollkommnung des Gesetzes setzte.
Scheint doch der Verfasser selbst 5, 12 f. recht absichtlich auf
die Sittenlehre der Bergrede zurückzuweisen. In demselben
Sinne, in welchem der Verfasser das Christenthum als νόμος
τέλειος bezeichnet, nennt er es das Wort der Wahrheit, und
spricht die höchste Ansicht, die er vom Christenthum hat, darin
aus, dass er diesem Wort eine zeugende, eine neue Schöpfung
bewirkende Kraft zuschreibt. Gott hat uns durch das Wort der
Wahrheit gezeugt, 1, 18, d. h. er hat uns die christliche Lehre
gegeben, damit wir durch ihre Befolgung gleichsam seine Kinder
werden. Als solche sind die Christen die Erstlinge der Geschöpfe
Gottes. Das Christenthum ist ein heiligendes Princip für die
ganze Welt. Wie die Christen durch das Wort der Wahrheit von
Gott gezeugt sind, so kommen durch es, oder das Christenthum,
alle Creaturen in ein neues Verhältniss zu Gott. Das Christenthum
ist, so betrachtet, in seinem Princip der sittlichen Heiligung
auch eine neue Schöpfung, nur in einem andern Sinne als bei
dem Apostel Paulus, bei welchem alles an der Person Christi
hängt.

Dem sittlichen Standpunkt, auf welchem der Verfasser des
Briefs steht, ist es gemäss, dass die sittliche Freiheit des Menschen in seinem Lehrbegriff eine ganz besondere Bedeutung hat.
Die Genesis der Sünde, wie er sie 1, 14 f. beschreibt, ist ganz
darauf angelegt, die Sünde als die eigene freie That des Menschen
darzustellen. Es werden daher folgende Momente unterschieden:
1) die als sinnliche Affection auf den Menschen einwirkende
ἐπιθυμία, 2) das Eingehen des Willens in die den Menschen af-
ficirende ἐπιθυμία, 3) die aus dem Willen hervorgehende äussere
That, und 4) der Tod, mit allem, was er zur Folge hat. Die

Sünde hat den Tod zur Folge, aber nicht die Sünde als eine einzelne That, sondern die Sünde in ihrer ganzen Entwicklung, als der ganze sündliche Verlauf eines Lebens. Sünde und Tod werden hier nur in Beziehung auf den einzelnen Menschen betrachtet, nicht wie bei dem Apostel Paulus als die in der Menschheit im Grossen wirkenden Principien, durch welche der ganze Charakter einer Periode der Menschheit so bestimmt wird, dass der Einzelne nur in seiner Abhängigkeit von der Gattung erscheint. Die Sünde hat ihren Grund nur in der sittlichen Willensfreiheit und nicht einmal auf die σὰρξ geht der Verfasser zurück, um in ihr den natürlichen Ursprung der Sünde nachzuweisen. Von diesem Gesichtspunkt der sittlichen Freiheit aus wird daher auch der Begriff Gottes so bestimmt, dass Gott als die absolute Quelle alles Guten, als das Princip, von welchem nur Gutes kommen kann, gedacht wird. Wie in Gott kein Plus und Minus des Lichts ist, weil er die reine ungetrübte Idealität mit sich selbst ist, so kann auch von ihm nichts Böses kommen. Alles Böse fällt nur auf die Seite des Menschen, Gott und Mensch stehen daher, wie diess ganz der Standpunkt der alttestamentlichen Religion ist, in einem völlig freien Verhältniss einander gegenüber. Alles ist in die sittliche Freiheit des Menschen gestellt, in sein sittliches Bewusstsein, in das sittliche Sollen, das sich durch die That verwirklichen muss.

Der Lehrbegriff des Jacobusbriefs ist der ausgesprochenste Gegensatz zum paulinischen, dagegen steht unter den verschiedenen neutestamentlichen Lehrbegriffen keiner dem paulinischen näher, als der der beiden petrinischen Briefe. Der Lehrbegriff dieser Briefe ist überhaupt ein vermittelnder, eklektischer, katholisirender, in welchem daher verschiedene, zu einer neutralisirenden Einheit verbundene Elemente zu unterscheiden sind.

Die allgemeine Grundlage ist paulinisch, die paulinischen Grundbegriffe blicken überall durch, nur ist ihnen das specifische paulinische Gepräge, die polemische Spitze, die sie in ihrer ur-

sprünglichen Fassung haben, grösstentheils genommen. Der
Glaube ist das das Heil des Menschen Bewirkende, das Ziel, das
τέλος, das man durch den Glauben erreicht, ist die σωτηρία ψυχῶν,
vgl. 1 Petr. 1, 5. 9. 21. Der Glaube hat aber hier nicht die intensive Bedeutung und principielle Stellung wie bei dem Apostel
Paulus. Vgl. 2 Petri 1, 5. Der absoluten Erhabenheit des Christenthums ist sich der Verfasser des ersten Briefs sehr lebhaft bewusst,
er erkennt in ihm einen unaussprechlichen, überschwänglichen,
den Menschen zum Unvergänglichen, Bleibenden erhebenden
geistigen Inhalt, vgl. 1, 8: ἀγαλλιᾶσθε χαρᾷ ἀνεκλαλήτῳ καὶ δε-
δοξασμένῃ, V. 12: εἰς ἃ ἐπιθυμοῦσιν ἄγγελοι παρακύψαι, 2, 9:
τοῦ ἐκ σκότους ὑμᾶς καλέσαντος εἰς τὸ θαυμαστὸν αὐτοῦ φῶς, vgl.
1, 23. 4, 14. Dabei ist aber doch der Blick des Verfassers, weit
mehr als diess bei dem Apostel Paulus der Fall ist, der alttestamentlichen Theokratie und ihrer Herrlichkeit zugewandt, und das
Christenthum ist in seiner absoluten Erhabenheit nur der ausgesprochene Inhalt des alten Testaments. Man vgl., was das Letztere
betrifft, das in den Propheten zeugende πνεῦμα Χριστοῦ, 1, 11.

Paulinisch ist ferner die hohe, dem Tode Christi beigelegte
Bedeutung, von welcher wiederholt die Rede ist, vgl. 1, 2.
2, 24. 3, 18. 4, 1 f.; nur schliesst sich der Verfasser darin näher
an die Vorstellungsweise des Hebräerbriefs an, dass er den Tod
Christi nicht wie Paulus auf die Schuld der Sünde, von welcher
die Menschen auf dem Wege der Genugthuung durch ein stell-
vertretendes Opfer losgekauft und erlöst werden müssen, bezieht,
sondern auf die Sünde selbst als solche, das sittlich Unreine und
Befleckende in ihr. Ganz in der Weise des Hebräerbriefs sagt
er 3, 18, Christus habe einmal für unsere Sünden gelitten, als
der Gerechte für Ungerechte, damit er uns zu Gott hinführe,
indem er dem Fleische nach getödtet, dem Geiste nach lebendig
gemacht worden ist, 2, 24: Christus hat unsere Sünden selbst
an seinem Leib an das Holz getragen, damit wir von den Sünden
hinweggekommen, der Gerechtigkeit leben. Der Hauptgesichts-

punkt, aus welchem er den Tod Christi betrachtet, ist wie im
Hebräerbrief (vgl. 12, 24) der ῥαντισμὸς αἵματος Ἰησοῦ Χριστοῦ,
1, 2, der Begriff der Reinigung. Das Blut Christi hat eine reinigende Kraft, sofern wir vermöge des Todes Christi nicht mehr
der Sünde leben. Das, wovon wir durch den Tod Christi erlöst
worden sind, ist nicht sowohl die Schuld und Strafe der Sünde,
als vielmehr die Sünde selbst, d. h. die ganze in dem bisherigen
Leben uns anhängende Sündhaftigkeit. Wir sind erlöst, heisst
es 1, 18, ἐκ τῆς ματαίας ἡμῶν ἀναστροφῆς πατροπαραδότου nicht
durch Vergängliches, Silber oder Gold, sondern das kostbare
Blut Christi, als des reinen, unbefleckten Lamms. Das Vermittelnde dabei ist die ächt paulinische Vorstellung, dass die
σάρξ der Sitz und die Wurzel der Sünde ist. Wenn also die σάρξ
ertödtet ist, wie diess im Tode Christi geschah, so ist im Menschen gleichsam das Princip der Sünde vernichtet, und es kann
somit dem Menschen nicht schwer fallen, nachdem er von der
Sünde gereinigt und geheilt ist, sich von der Befleckung durch
die Sünde frei zu erhalten. So ist es zu verstehen, wenn es
4, 1 f. heisst: Da Christus für uns im Fleische gelitten hat, so
waffnet auch ihr euch mit demselben Gedanken, dass wer im
Fleische gelitten hat, d. h. wir Christen, sofern Christus für uns
gelitten hat, sein Leiden also eigentlich unser Leiden ist, aufgehört hat, mit der Sünde etwas zu thun zu haben, so dass ein
solcher nicht mehr den Lüsten der Menschen, sondern dem Willen
Gottes die übrige Zeit im Fleische lebt. Seine reinigende Kraft
äussert also der Tod Christi dadurch auf uns, dass wir im Bewusstsein desselben der Macht der Sünde keinen Raum in uns
geben und die sündigen Begierden in uns unterdrücken [1]. Ganz

---

1) Die Stelle 1 Petr. 4, 1 ist für die Vergleichung des petrinischen
Lehrbegriffs mit dem paulinischen so wichtig, dass sie noch etwas näher
betrachtet zu werden verdient. Um die Abhängigkeit des petrinischen
Lehrbegriffs vom paulinischen, und ebendamit den nichtapostolischen
Ursprung des Briefs zu bestreiten, erklärt Bernh. Weiss, *Der petrini-*

im Sinne des Hebräerbriefs (vgl. 9, 9—14. 10, 19 f.) wird der
Auferstehung Jesu die Wirkung zugeschrieben, dass wir den

sche Lehrbegriff, 1855. S. 289 den Satz ὅτι ὁ παθὼν ἐν σαρκὶ πέπαυται
ἁμαρτίας, bei welchem das Subject nicht Christus, sondern der Christ ist,
so: Das πέπαυται ἁμαρτίας beziehe sich nicht auf eine erlösende Befreiung
von der Macht der Sünde, sondern spreche das einfache Factum aus,
dass der, welcher leidet, dadurch mit der Sünde gebrochen hat, weil
er ja damit bezeuge, dass er nicht mehr dem Willen der Welt gehorchen
wolle, sondern dem Willen Gottes leben. Wie kann aber diess von den
Leiden so schlechthin gesagt werden? Es gibt ja Leiden, die man un-
gern genug erduldet, und wie kann auch von denjenigen, die man willig
erduldet, gesagt werden, dass der Leidende unmittelbar in ihnen mit der
Sünde gebrochen habe? es müsste diess doch an einem bestimmten Merkmal zu erkennen sein. Wenn nicht blos von einem παθὼν schlechthin
gesprochen wird, sondern einem παθὼν ἐν σαρκὶ und dieses παθὼν ἐν σαρκὶ
durch den παθὼν ἐν σαρκὶ Χριστὸς motivirt wird, so muss eben darin der
Grund davon liegen, dass in dem παθὼν ἐν σαρκὶ die Sünde mit Einem
Male ein Ende hat. Welcher Zusammenhang der Begriffe ist es denn,
wenn gesagt wird: weil Christus dem Fleische nach gelitten hat, sollen
auch wir so gesinnt sein, dass wer im Fleische gelitten hat, von der
Sünde hinweggekommen ist? Wenn der im Fleische leidende Christ
dadurch mit der Sünde gebrochen hat, so muss demnach auch der dem
Fleische nach leidende Christus eben dadurch mit der Sünde gebrochen
haben. Wie hat aber der παθὼν σαρκὶ Χριστὸς mit der Sünde gebrochen?
Man kann sich diess nicht denken, ohne dass dabei die σὰρξ als der
Sitz der ἁμαρτία aufgefasst wird und ohne dass somit der παθὼν ἐν σαρκὶ
seine σὰρξ aus demselben Gesichtspunkt betrachtet. Wer leidet und dadurch mit der Sünde bricht, ertödtet also seine σὰρξ als den Sitz der
ἁμαρτία auf dieselbe Weise wie bei Christus sein Leiden die Ertödtung
seiner σὰρξ war. Diess kann man sich nur durch den paulinischen Gedankenzusammenhang ergänzen. Die Sache verhält sich daher so: Dem
Verfasser des Briefs schwebt die paulinische Anschauung des Todes Christi
vor, aber er will nicht in die specifischen Begriffe derselben eingehen,
daher schwächt er sie ab und setzt an die Stelle der dogmatischen Idee
der Lebensgemeinschaft mit Christus seinen sittlichen Begriff der Nach-
folge Christi. Während Paulus 2 Cor. 5, 14 aus seinem εἷς ὑπὲρ πάντων
ἀπέθανεν in rascher Folge schliesst: ἄρα οἱ πάντες ἀπέθανον, macht der
Verfasser des Briefs von seinem Χριστὸς παθὼν σαρκὶ recht emphatisch die
moralische Nutzanwendung: καὶ ὑμεῖς τὴν αὐτὴν ἔννοιαν ὁπλίσασθε. Und
doch ist es unmöglich, bei seinem παθὼν ἐν σαρκὶ πέπαυται ἁμαρτίας nicht
an Röm. 6, 7 denken, wo von dem ἀποθανὼν gesagt wird, dass er δεδι-

Zugang zu Gott haben und vermittelst der Taufe mit einem guten
Gewissen vor ihn treten können, 3, 18. 21. Auch das ist der
typischen Anschauungsweise des Hebräerbriefs gemäss, dass er
die Taufe als ein Gegenbild der Rettung Noah's und seiner Ge-
fährten durch die Fluthen betrachtet, 3, 20.

Eine andere eigenthümliche Vorstellung mahnt uns an den
paulinischen Universalismus, wie er besonders in dem Briefe an
die Epheser sich findet. Mit diesem Briefe theilt der erste petrinische die Idee der Höllenfahrt Christi. Christus gieng in dem
Geiste, in welchem er lebendig gemacht wurde, hin zu den im
Gefängniss befindlichen Geistern und predigte denen, die einst
ungehorsam waren, als die Langmuth Gottes abwartete, in den
Tagen Noah's, als die Arche zubereitet wurde, 3, 19 f. [1]). End-

καθωται ἀπὸ τῆς ἁμαρτίας; und bei dem παθεῖν ἐν σαρκὶ nicht an das ἀποθανεῖν
σὺν Χριστῷ. Es ist also klar, dass der petrinische Lehrbegriff Elemente
des paulinischen in sich enthält.

1) Auch dieser Punkt des petrinischen Lehrbegriffs wird gewöhnlich
ganz falsch aufgefasst. Man verbindet die Stellen 3, 19 und 4, 5. 6
so, dass die eine durch die andere erklärt werden soll. Aus 4, 5. 6
sei gewiss, dass Christus allen Todten das Evangelium verkündigt habe,
3, 19 sei zwar nur von den Zeitgenossen Noah's die Rede, aber daraus
folge nicht, dass Petrus die Heilspredigt nur auf sie beschränken wolle.
Gepredigt habe den abgeschiedenen Seelen der gestorbene, nicht der
auferstandene Christus, während seines Aufenthalts im Hades. Es sei
einmal die Bestimmung Christi gewesen, nach Menschenweise auch in
den Hades hinabzusteigen, und so sei es auch natürlich gewesen, dass
er auch dort seine erlösende Thätigkeit fortsetzte und wie auf der Erde
das εὐαγγελίζεσθαι seine eigentliche Aufgabe gewesen sei, so habe er sie
auch an den Todten vollführt. Bei dieser Auffassung begreift man vor
allem nicht, warum der Verfasser des Briefs die Predigt im Hades sich
so speciell auf die Zeitgenossen Noah's beziehen lässt. Der Hauptfehler
aber ist, dass man bisher allgemein angenommen hat, die πνεύματα
3, 19 seien die Seelen abgeschiedener Menschen. Allein πνεύματα sind
Geister; und bei den πνεύματα ἐν φυλακῇ kann man nur an die ἄγγελοι
ἁμαρτήσαντες denken, von welchen 2 Petr. 2, 4 gesagt wird, dass Gott
sie σειραῖς ζόφου ταρταρώσας u. s. w. Es sind die Engel, welche nach
1 Mos. 6, 1 f. in der der Sündfluth unmittelbar vorangehenden Periode
nicht nur selbst durch ihren Ungehorsam von Gott abfielen, sondern

19 *

lich können wir zu der paulinischen Seite dieses petrinischen
Lehrbegriffs auch die Lehre von der Person Christi rechnen. Die

---

auch die Menschen verführten und die Ursache einer in so hohem Grade
überhand nehmenden Verschlimmerung wurden, dass die ganze Zeit von
dem Fall der Engel bis zum Hereinbrechen der Fluth als die Periode
der so lange noch zuwartenden Langmuth Gottes bezeichnet wird. Hieraus erhellt, dass das κηρύττειν 3, 19 keine evangelische Verkündigung
zum Glauben gewesen sein kann, sondern, da jene gefallenen Geister
keiner Erlösung fähig sind und nur zum Gericht aufbewahrt werden,
2 Petr. 2, 4, so kann er ihnen nur dieses Gericht verkündigt und sich
ihnen als den Vollzieher desselben gezeigt haben. Zugleich ergibt sich
auch erst klar die der Stelle zu Grunde liegende Anschauung, indem sogleich in die Augen fallen muss, dass dem πορευθεὶς τοῖς ἐν φυλακῇ πνεύ-
μασιν V. 22 entspricht πορευθεὶς — ἀγγέλων. Es sollen die mit dem Tode
Christi zusammenhängenden christologischen Momente hervorgehoben
werden. Der Hauptbegriff ist das πορευθῆναι auf der einen und der andern Seite, die Zwischensätze enthalten nur Nebenbestimmungen. Da
Christus nach seinem Tode nicht mehr der sichtbaren Welt angehörte, so
wird hier sein Verhältniss zur unsichtbaren Welt geschildert, wie er auf
der einen Seite in dem Hades, in welchen er hinabstieg, mit den daselbst befindlichen Geistern, den abgefallenen Engeln, zusammentraf,
auf der andern aber bei seiner Erhebung aus der untern Welt in die
obere durch alle Regionen der höhern Geisterwelt hindurchgieng, bis er
sich zur Rechten Gottes setzte. Es ist somit derselbe Kreis der Vorstellung, in welchem sich der Epheserbrief bewegt, wenn er 4, 9. 10
dem καταβῆναι εἰς τὰ κατώτερα μέρη τῆς γῆς das ἀναβῆναι ὑπεράνω πάντων
τῶν οὐρανῶν gegenüberstellt. In dem petrinischen Brief ist die Idee der
Hadesfahrt Christi schon weiter ausgebildet, da der Epheserbrief noch
nichts darüber andeutet, was Christus in dieser Zeit seines Aufenthalts
im Hades gethan habe. Nun kann aber auch 4, 5. 6 nicht mehr mit
3, 19 zusammengenommen werden. Man nimmt εὐηγγελίσθη gewöhnlich
im activen Sinne, wie wenn es sich auch aus diesem Grunde von selbst
verstünde, dass Christus im Hades allen Todten das Evangelium gepredigt habe. Εὐηγγελίσθη νεκροῖς kann nach dem gewöhnlichen Sprachgebrauch nur heissen: es wurde den Todten das Evangelium gepredigt;
von wem? ist nicht gesagt; man kann zwar hinzudenken, was am
nächsten zu liegen scheint, von Christus, allein es ist diess nicht ausdrücklich gesagt, und liegt auch nicht einmal so nahe, als es scheint,
da sich die Thätigkeit Christi im Hades auch blos auf die dämonischen
πνεύματα bezogen haben kann. Ist der Brief so spät geschrieben, dass
in ihm auch schon Nachapostolisches durchblicken kann, so ist an die

wenigen Andeutungen hierüber, 3, 22, wo von dem in den Himmel
hingegangenen Christus zur Rechten Gottes gesagt wird, es seien
ihm Engel, Gewalten und Mächte unterthan, und die Doxologie
4, 11, wo Gott verherrlicht werden soll durch Jesus Christus,
welchem zukommt die Ehre und die Macht in alle Ewigkeit, gehören demselben Kreise der Christologie an, in welchem sich die
kleineren paulinischen Briefe und der Hebräerbrief bewegen. Und
wie der Universalismus auch der Zeit nach so weit als möglich
zurückgeht, so wird auch hier, wie im Epheserbrief, auf die
Erwählung πρὸ καταβολῆς κόσμου, auf die πρόγνωσις Gottes des
Vaters, 1, 2, so wie darauf besonderes Gewicht gelegt, dass
Christus προεγνωσμένος πρὸ καταβολῆς κόσμου war, 1, 20.

In allen diesen Zügen hat dieser Lehrbegriff unverkennbar
einen paulinisirenden Charakter; es ist diess aber nur die eine
Seite desselben, welcher eine andere gegenübersteht, durch
welche er einen zwischen Paulinismus und Judaismus vermittelnden Charakter erhält.

Dahin gehört schon das enge Verhältniss, in welches die
neutestamentliche Religionsanstalt zur alttestamentlichen gesetzt
wird. In den Propheten des alten Testaments wohnte schon der

---

schon im Hirten des Hermas vorkommende Vorstellung zu denken, dass
die Apostel auch den Gestorbenen gepredigt haben. Nachdem also zuvor
gesagt ist, die Heiden haben dem Rechenschaft zu geben, der in Be-
reitschaft steht, zu richten Lebendige und Todte, wird zur Begründung
des Richteramts über die Todten noch hinzugesetzt, dass Christus nicht
blos die Lebendigen, sondern auch die Todten richte, sei daraus zu
sehen, dass auch den Todten das Evangelium verkündigt worden sei;
es sei diess dazu geschehen, damit sie gerichtet werden als solche, die
nach menschlicher Weise dem Fleische nach nur zum Tode verurtheilt
werden können, nach göttlicher Weise aber dem Geiste nach leben
werden, d. h. damit auch die Todten des Gegensatzes zwischen Mensch-
lichem und Göttlichem, zwischen Fleisch und Geist, zwischen Tod und
Leben als der absoluten Norm sich bewusst werden, nach welcher der
Richter über Lebende und Todte richten wird. Sie sollen also nicht
gerichtet werden, ohne dass sie zuvor wüssten, wie sie gerichtet werden.

Geist Christi, 1, 11, derselbe Geist, der im neuen Testament
der von Christus ausgehende und mit ihm identische Geist ist. In
diesem Geiste haben die Propheten dem christlichen Heil nach-
geforscht und von der im Christenthum erschienenen Gnade geweissagt. Sie forschten, auf welche und welcherlei Zeit hin
offenbarte der in ihnen wohnende Geist Christi, welcher voraus-
bezeugte die Christo bevorstehenden Leiden und die darauf folgende Herrlichkeit. Geoffenbart wurde ihnen, dass sie nicht für
sich selbst, vielmehr für uns das mittheilten, was nun verkündigt
worden durch die, welche mittelst des vom Himmel herabge-
sandten Geistes das Evangelium gepredigt haben. In der alttestamentlichen Prophetie war somit schon die speciellste Kenntniss dessen, was im Christenthum in Erfüllung gehen sollte,
enthalten. Derselbe hohe Werth wird den alttestamentlichen
Weissagungen als einem die Zukunft Christi aufhellenden Licht,
das aber erst aus der factischen Erfüllung jener Weissagungen
recht erkannt werden kann, im zweiten Brief 1, 19 f. beigelegt.

Auch darin spricht sich der judenchristliche Charakter des
ersten Briefs auf eine besonders der Apokalypse sehr verwandte
Weise aus, dass die Christen nach der Anschauungsweise des alten
Testaments als das ächt theokratische Volk dargestellt werden. Was
das alte Volk Gottes auf äusserliche materielle Weise war, sind
sie auf geistige, 2, 5 f., λίθοι ζῶντες, οἶκος πνευματικὸς, ἱερά-
τευμα ἅγιον, ἀνενέγκαι πνευματικὰς θυσίας u. s. w.; V. 9 ein aus-
erwähltes Geschlecht, ein königliches Priesterthum, ein heiliges
Volk, das Volk des Eigenthums, sie die vorher (als Heiden) kein
Volk waren, nun aber ein Volk Gottes sind. Dem eschatologischen Standpunkt der Apokalypse nähert sich der Verfasser dadurch, dass ihm neben dem Glauben die Hoffnung das wesentlichste
Moment des christlichen Bewusstseins ist. Der Christ ist wiedergeboren zu einer lebendigen Hoffnung durch die Auferstehung
Jesu Christi, zu einem unvergänglichen Erbe, das ihm aufbe-

wahrt wird im Himmel. In dieser Hoffnung ist schon jetzt die Grundstimmung des Christen die lebhafteste Freude. Vgl. 1, 6. 8. 21. 4, 13. Obgleich auch der Verfasser dieses Briefs das Ende der Dinge ganz nahe sieht, 4, 7, so ist ihm doch die apokalyptische Erwartung der Parusie und eines irdischen Reiches Christi völlig fremd. Dagegen mag als ein gleichfalls in die Anschauungsweise der Apokalypse gehörender Zug auch noch diess angeführt werden, dass er mit besonderer Vorliebe Christus als den ἀμνὸς θεοῦ betrachtet, 1, 19, vgl. 2, 22, und ihn den ποιμὴν und ἐπίσκοπος τῶν ψυχῶν ὑμῶν nennt, 2, 25.

Noch bestimmter tritt der Unterschied vom Paulinismus in allem demjenigen hervor, was sich auf den Unterschied des Glaubens und der Werke bezieht. Der Lehrbegriff ist im Allgemeinen paulinisch, aber er vermeidet sichtbar alles specifisch Paulinische. Die charakteristischen Bezeichnungen der paulinischen Rechtfertigungslehre, die Ausdrücke δικαιοῦσθαι, δικαιοσύνη fehlen hier ganz. Um so mehr aber wird im Sinne des Jacobusbriefs auf das practische Christenthum gedrungen. Die Liebe wird besonders empfohlen 1, 22. 2, 17. 4, 8, in welcher letztern Stelle mit einem auch Jac. 5, 20 gebrauchten Ausdruck von ihr gesagt wird, dass sie eine Menge von Sünden bedecke, und die Bewährung des Glaubens in Geduld und Rechtschaffenheit im Leiden gesetzt, 1, 7, in die Heiligung des ganzen Lebens durch Gehorsam gegen die Wahrheit 1, 15. 22. Die Hauptsache ist hier immer die καλὴ ἀναστροφή, wie sie sich durch καλὰ ἔργα erweist, 2, 12, und die Summe aller Ermahnungen wird in dem Satze zusammengefasst 2, 20: εἰ ἀγαθοποιοῦντες καὶ πάσχοντες ὑπομενεῖτε, τοῦτο χάρις παρὰ θεῷ. In dieser Beziehung wird mit besonderem Nachdruck auf das unschuldige und geduldige Leiden Christi hingewiesen, durch das er uns ein Vorbild gegeben hat, dass wir nachfolgen sollen seinen Fusstapfen. Der Brief athmet, indem er mit Rücksicht auf die verschieden Lebensverhältnisse immer wieder einschärft ἀποθέσθαι πᾶσαν κακίαν, 2, 1, ἀπέχεσθαι τῶν σαρκικῶν ἐπιθυμιῶν, ὑποτάσσεσθαι, 2, 11. 13, παῦσαι τὴν γλῶσσαν αὐτοῦ ἀπὸ κακοῦ, 3, 10, ἁγιάζειν τὸν θεὸν ἐν ταῖς καρδίαις, 3, 15, συνείδησιν ἔχειν ἀγαθὴν, lieber ἀγαθοποιοῦντας πάσχειν ἢ κακοποιοῦντας, 3, 16 f., nicht ἀνθρώπων ἐπιθυμίαις zu leben, sondern θελήματι θεοῦ, welchem man Rechenschaft zu geben hat als dem Richter der Lebendigen und der Todten, 4, 2. 5 u. s. w., ganz den Geist der practischen Religiosität, aus welchem der Jacobusbrief hervorgegangen ist.

Mit diesem Brief stimmt der erste petrinische auch darin überein, dass er das Princip der Wiedergeburt in das Wort Gottes setzt. Christ kann man nur werden durch Wiedergeburt, man wird wiedergeboren, weil man vom Vergänglichen zum Unvergänglichen erhoben wird, 1, 3 f. Das Wort Gottes ist gleichsam der Samen, welchen Gott in den Neubekehrten legt, damit das Unvergängliche aus ihm hervorgehe. Der λόγος θεοῦ ζῶντος καὶ μένοντος ist keine σπορὰ φθαρτὴ, sondern ἄφθαρτος, das Wort des Herrn bleibt in Ewigkeit und dieses Wort ist das Evangelium, 1, 23 f. Es ist auch diess ein charakteristischer Unterschied dieses Lehrbegriffs von dem paulinischen, dass das eigenthümliche christliche Princip nicht so unmittelbar mit der Person Christi identificirt und als ein übernatürlich wirkendes dargestellt wird. Es ist nicht Christus, nicht der Geist, sondern das Wort Gottes, das vom Menschen in sich aufgenommen, das Princip seiner Wiedergeburt und seines sittlich religiösen Lebens wird. Was bei dem Apostel Paulus die mystische Gemeinschaft mit dem in uns lebenden und durch seinen Geist nach seinem Bilde uns umgestaltenden Christus ist, ist hier die sittliche, den Willen des Menschen bestimmende Wirksamkeit des göttlichen Worts, das als Princip der Wiedergeburt aus dem Menschen auch eine καινὴ κτίσις macht. Da auch schon das alte Testament seinen λόγος θεοῦ hatte, so schliesst sich in dieser Idee das neue an das alte Testament an, und man hat so eine um so breitere Grundlage für die Einheit der katholischen Kirche, welcher der abstracte

Rechtfertigungsbegriff des Paulinismus weit weniger zusagte, als
die practische Tendenz dieses Lehrbegriffs.

Denselben Paulinismus und Judenchristenthum combiniren-
den Charakter hat besonders auch der zweite petrinische Brief.
Das Höchste ist ihm die ἐπίγνωσις τοῦ θεοῦ Χριστοῦ, 1, 2. 3. 8.
2, 20. 3, 18, zu welchem als dem Theoretischen das Practische
hinzukommen muss. Daher fordert er auf, 1, 5, zu erweisen in
dem Glauben die Tugend, in der Tugend die Erkenntniss, in
der Erkenntniss die Mässigung, in der Mässigung die Geduld, in
der Geduld die Frömmigkeit, in der Frömmigkeit die Bruderliebe, in der Bruderliebe die Menschenliebe. Denn wenn diese
Tugenden vorhanden sind und sich mehren, so machen sie nicht
müssig und unfruchtbar für die Erkenntniss unseres Herrn Jesu
Christi. In der Erkenntniss Christi haben also alle diese Tugenden ihr Ziel und ihre Vollendung, und sie selbst bethätigt sich
in der ganzen Reihe dieser Tugenden. Das Christenthum ist
theoretisch ἐπίγνωσις, practisch ἀρετή oder ἀγάπη, Wissen und
Thun, und beides ist nur ein anderer Ausdruck für die Paulinismus und Judenchristenthum combinirende Formel πίστις καὶ ἔργα.
Es zeigt sich schon hierin die katholisirende Richtung des sich
bildenden Lehrbegriffs. Der Lehrbegriff der katholischen Kirche
kann sich weder an die πίστις noch an die ἔργα einseitig halten.
Er nimmt daher beides zusammen; weil es ihm aber nur darum
zu thun ist, alles Einseitige und Extreme abzuschneiden, so ist
es auch keine organische Einheit, sondern nur eine äussere
Combination. Wie im zweiten petrinischen Brief Petrus und
Paulus sich brüderlich die Hand reichen, so stehen nun auch im
Lehrbegriff dieser Briefe der Glaube und die Werke beide in
derselben selbstständigen Bedeutung neben einander.

4. Die Lehrbegriffe der synoptischen Evangelien.

Wir lassen sie hier folgen, ohne dass damit behauptet werden soll, dass ihnen hier gerade ihre chronologische Stelle an-

zuweisen ist. Sie stehen nach den eng an einander sich anschliessenden Lehrbegriffen der Briefe am schicklichsten hier,
sofern die Abfassung der synoptischen Evangelien in ihrer jetzigen
Gestalt in die zweite Periode gesetzt werden muss. Da die
synoptischen Evangelien das Leben und die Lehre Jesu darstellen
wollen, so sollte man in ihnen keinen eigenthümlichen Lehrbegriff
voraussetzen, was sie als Lehre enthalten, sollte nur die Lehre
Jesu sein. Dass sie aber nicht als schlechthin referirende Berichte
zu nehmen sind, zeigt schon ihre Verschiedenheit. Wie könnten
sie denselben Gegenstand so verschieden darstellen, wenn sie
einfach nur das Geschehene erzählten? Alles also, worin sie
von einander abweichen, kann nur der individuellen Auffassung
anheimfallen und aus Vorstellungen hervorgegangen sein, welche
einem eigenen Ideenkreise angehören. Aber auch in dem gemeinsamen Inhalt dieser Evangelien gibt es so Manches, was wir
nicht für eine rein historische Darstellung halten können, wie
namentlich alles, worin das Wunder eine so grosse Rolle spielt.
Es muss also erst das Geschichtliche vom Nichtgeschichtlichen
kritisch geschieden und die Frage untersucht werden, wie wir
uns die Entstehung des Letztern zu erklären haben. Mag man
auch gewisse geschichtliche Elemente dabei voraussetzen, die
Hauptsache bleiben immer gewisse Anschauungen und Traditio-
nen, aus welchen diese Bestandtheile der evangelischen Geschichte
entstanden sind. Da der Hauptgegenstand der Evangelien die
Person Jesu ist, so ist voraus zu erwarten, dass sich so Manches
mit ihr verknüpft haben werde, was wir nicht zur Lehre Jesu
selbst, sondern nur zu einem Kreise von Vorstellungen rechnen
können, worin sich das religiöse Bewusstsein jener Zeit ausgeprägt hat. Gibt es daher einen besonderen Lehrbegriff der
synoptischen Evangelien, so wird er hauptsächlich in einer
eigenthümlichen Form der Christologie bestehen, welche sowohl
von der paulinischen als der johanneischen zu unterscheiden ist.

Die Grundanschauung der synoptischen Evangelien von der

Person Jesu ist, dass er der Messias ist, der υἱὸς θεοῦ, υἱὸς Δαβίδ.
Da nun aber die Idee des Messias bei den Juden längst vorhanden
war, und sich zu einer bestimmten Form ausgebildet hatte, so
war nichts natürlicher, als dass auf die Person Jesu Vieles blos
aus dem Grunde übergetragen wurde, um in ihm, wenn er der
Messias sein sollte, das Messiasideal, wie es in der jüdischen
Anschauungsweise existirte, verwirklicht zu sehen. Es zeigt
sich diess schon bei der Geschichte der Geburt Jesu. Die beiden
Hauptevangelien, das des Matthäus und das des Lucas lassen
Jesum auf übernatürliche Weise durch den heiligen Geist von
einer Jungfrau geboren werden. Dass diess nicht historisch verstanden, ja, nicht einmal für die ursprüngliche und älteste Vorstellung von der Geburt Jesu gehalten werden kann, beweisen
die Genealogien, welche keinen Sinn hätten, wenn sie nicht die
natürliche Erzeugung Jesu voraussetzten. Die ihm zugeschrie-
bene übernatürliche Erzeugung kann daher nur aus der Messias-
idee abgeleitet werden. Als Messias, als Χριστὸς ist er der
Gesalbte, nämlich der mit dem heiligen Geist Gesalbte. Der
heilige Geist ist das die Persönlichkeit des Messias constituirende
Princip, alles, was den Messias auf eigenthümliche Weise auszeichnet und ihn zu dem befähigt, was er ist, hat er vom heiligen
Geist, derselbe Geist, welcher die Propheten des alten Testaments
inspirirte, wirkt auch in ihm, nur in höherem Grade, auf absolute
Weise, er ist ihm, wie es Joh. 3, 34 heisst, οὐκ ἐκ μέτρου gegeben. Wenn nun die übernatürliche Geburt Jesu als Wirkung
des heiligen Geistes beschrieben wird, so ist klar, dass dadurch
der heilige Geist als das immanente, den innersten Mittelpunkt
seiner Persönlichkeit bildende Princip bezeichnet werden soll.
Diess ist in jedem Fall die dabei zu Grunde liegende Hauptidee,
und wir können es daher dahingestellt lassen, ob noch andere
Momente zur Ausbildung der Geburtsgeschichte mitwirkten, wie
namentlich das für den Messias übliche Prädicat υἱὸς θεοῦ, das
mit dem entsprechenden Zusatz Ps. 2, 7: heute habe ich dich

gezeugt, leicht als ein physisches Verhältniss genommen werden konnte, und das jesaianische Orakel von der gebärenden Jungfrau, bei welchem sehr zweifelhaft ist, ob es schon von den Juden auf den Messias bezogen wurde. Dass aber selbst auf dem Standpunkt der synoptischen Evangelien die übernatürliche Erzeugung nicht als eine wesentliche Eigenschaft des Messias betrachtet wurde, beweist neben den damit nicht wohl vereinbaren Genealogien das Marcusevangelium, das die Geburtsgeschichte ganz mit Stillschweigen übergeht, somit auch die übernatürliche Erzeugung auf sich beruhen lässt, was nur daraus zu erklären ist, dass man das wesentliche Moment derselben, die Begabung mit dem messianischen Geist, sich auch ohne diese Voraussetzung denken konnte. Wie schon hier der Einfluss sich zeigt, welchen die herrschenden Zeitvorstellungen auf die Gestaltung der synoptischen Christologie hatten, so ist überhaupt in ihr durchaus das Bestreben sichtbar, Züge, die als messianisch galten, auf die Person Jesu überzutragen. Die Davidische Abstammung, die Geburt in der Davidsstadt Bethlehem, die Magier und ihr Stern, die Flucht nach Ägypten, der bethlehemitische Kindermord, alles diess und was sonst damit zusammenhängt, kann nur aus diesem Gesichtspunkt betrachtet werden; die darauf sich beziehenden Erzählungen giengen nur aus der apologetischen Tendenz hervor, an der Person Jesu alle jene Merkmale nachzuweisen, die in der Anschauungsweise der Juden als wesentliche Kriterien der Messianität galten. So bildete sich eine Christologie, welche besonders in der Darstellungsweise des Matthäus ein ächt jüdisches Gepräge an sich trägt.

Weitere Momente der synoptischen Christologie sind die Taufe und die Versuchung. Was die übernatürliche Erzeugung durch den heiligen Geist für den Eintritt Jesu in die Welt ist, ist die Erscheinung bei der Taufe für den Antritt seines öffentlichen Lehramts. Hier wie dort sollte der heilige Geist als das göttliche Princip der Messianität Jesu dargestellt und seine Begabung mit demselben anschaulich gemacht werden. Daraus entstand die Erzählung, dass der heilige Geist in der Gestalt einer Taube, die auch sonst bei den Juden ein Symbol des heiligen Geistes war, bei der Taufe, um bleibend auf ihm zu ruhen, herabgekommen, und eine himmlische, das Wohlgefallen Gottes über ihn aussprechende Stimme ihn feierlich dem Volk als Messias verkündigt habe. Von selbst dringt sich der Gedanke auf, dass, wenn Jesus schon durch seine Geburt den heiligen Geist als das Princip seiner messianischen Wirksamkeit in sich hatte, die Ausrüstung mit dem Geiste bei der Taufe als überflüssig erscheint, wie ja auch Marcus nur von dieser letztern Mittheilung des Geistes spricht. Sehr leicht erklärt sich diess aber, wenn man annimmt, zuerst sei nur die Taufe als Moment der Mittheilung des messianischen Geistes fixirt worden, hierauf aber sei man, um das Verhältniss des Geistes zu ihm noch tiefer und innerlicher aufzufassen, auf den Moment der Empfängniss zurückgegangen, und so seien zuletzt beide Erzählungen, obgleich die eine die andere auszuschliessen scheint, in der hierüber nicht reflectirenden Tradition neben einander stehen geblieben.

Aus demselben Interesse, Jesum als Messias durch alle Beweise der Messianität sich legitimiren zu lassen, gieng die Geschichte seiner Versuchung hervor. Als Messias und Stifter des messianischen Reichs hatte er den Teufel als Gegner sich gegenüber. Dieser musste also von ihm überwunden werden. Daher ist die Versuchung, die er gleich anfangs mit dem Teufel besteht, das schon den ganzen Verlauf des messianischen Werks wie in einer bildlichen Anschauung in sich darstellende Vorspiel des grossen Kampfes und die thatsächliche Probe dafür, dass er mit dem göttlichen Geist, ohne welchen er der Messias nicht sein konnte, wirklich ausgerüstet worden ist. Beides zusammen gibt ihr die passendste Stelle unmittelbar nach der Taufe. Die Kraft, die er in der Taufe erhalten hat, bewährt sich in der Versuchung, und der über den Teufel gewonnene Sieg ist nun

entscheidend für die ganze folgende Entwicklung seines messianischen Werks, die Versuchungsgeschichte stellt so den Gesichtspunkt auf, aus welchem der weitere Inhalt der evangelischen
Geschichte zu betrachten. Die messianische Thätigkeit Jesu ist
ein fortgehender Kampf mit dem Teufel, der wenn auch jetzt
durch die sittliche Erhabenheit Jesu zurückgeschlagen, doch sich
auf's Neue an ihm versucht und mit der Macht der Finsterniss ihn
angreift. Diess deutet Lucas an, wenn er seine Versuchungsgeschichte 4, 13 mit den Worten schliesst: συντελέσας πάντα
πειρασμὸν ὁ διάβολος ἀπέστη ἀπ' αὐτοῦ ἄχρι καιροῦ, nur solange
also stand er von ihm ab, bis der rechte Zeitpunkt zu einem
neuen Angriff auf ihn kam. Marcus hat in seiner Darstellung der
Versuchungsgeschichte den eigenen Zug, dass er von Jesus sagt,
er sei während der vierzig Tage in der Wüste, als er versucht
wurde vom Satan, μετὰ τῶν θηρίων gewesen. Wollte er ihn
dadurch vielleicht mit Adam parallelisiren, der ja einst auch mit
den Thieren zusammen war, und als zweiten Adam darstellen,
welcher im Unterschied von dem ersten der Versuchung nicht
unterlag, sondern sie siegreich bestand?

Die erste, der öffentlichen Wirksamkeit Jesu vorangehende
Periode seines Lebens eignete sich vorzugsweise dazu, zur Auf-
hellung des Dunkels, das auf ihr lag, alles Auszeichnende, das
zum Messiasideal jener Zeit gehörte, auf seine Person überzutragen. Aber auch der Theil der evangelischen Geschichte,
welcher die öffentliche Wirksamkeit Jesu selbst betrifft, ist nicht
so rein historisch gehalten, dass nicht dieselbe Tendenz einer
traditionellen Idealisirung seiner Person hindurchblickte. Am
auffallendsten ist diess bei den vielen Wundern verschiedener
Art, welche die evangelische Geschichte von Jesu erzählt. Wie
man auch die Wunder Jesu betrachten mag, dass der allgemeine
Glaube der Zeit, der Messias müsse Wunder thun, wie man sich
ja auch Moses und die Propheten als Wunderthäter dachte, auf
die Darstellung der evangelischen Geschichte eingewirkt hat,

lässt sich nicht läugnen. Es fehlt in der evangelischen Geschichte
nicht an Andeutungen darüber, wie die Wundererzählungen
hauptsächlich auch aus dem Bedürfniss entstanden, die messianische Thätigkeit Jesu in Handlungen anzuschauen, in welchen
die geistige Aufgabe derselben, wie in einem bildlichen Reflex
sich abspiegelte. Sollte der Messias seiner eigentlichen Bestimmung nach der Heiland der Menschen sein, so konnte man
sich keine anschauliche Vorstellung von seiner heilskräftigen
Wirksamkeit machen, wenn man sie nicht auch in leiblichen
Heilungen anschaute, die als Wirkungen derselben in der That
nur eine bildliche Anschauung seiner Heilsthätigkeit im geistigen
Sinne waren. Nachdem Matthäus die ersten Krankenheilungen
Jesu erzählt und seine Erzählung mit den Worten geschlossen
hat: πάντας τοὺς κακῶς ἔχοντας ἐθεράπευσεν, 8, 16, setzt er hinzu, diess sei geschehen, damit der Ausspruch des Propheten
Jesajas erfüllt würde: αὐτὸς τὰς ἀσθενείας ἡμῶν ἔλαβε, καὶ τὰς
νόσους ἐβάστασεν. Bei Jesajas sind die ἀσθένειαι und νόσοι nur in
moralischem Sinne zu nehmen, der Evangelist aber sieht den
Ausspruch dadurch erfüllt, dass Jesus leibliche Heilungen ver-
richtete, und doch wollte auch er dadurch nur denselben Begriff
des Messias als des Heilands der Menschen bezeichnen, der in der
Stelle des Propheten liegt. Diese unbewusste Umsetzung des Geistigen in Leibliches ist der natürliche Process der traditionellen Sage,
die in ihrer concreten Darstellungsweise das Leibliche als ein
Bild des Geistigen betrachtet, aber ebendadurch das Eine an die
Stelle des Andern setzt und so den Heiland im geistigen Sinne
in einen leibliche Heilungen verrichtenden Wunderthäter verwandelt.

Einen weiteren Beweis dafür, wie die evangelischen Wundererzählungen aus einer Anschauungsweise hervorgiengen, in
welcher das Leibliche ein Reflex des Geistigen war, und das
Eine in das Andere übergieng, gibt die Stelle Matth. 11, 2 f., in
welcher Jesus auf die Frage des Täufers, ob er der Messias sei,

die Antwort gibt: Die Blinden sehen, die Lahmen gehen, die
Aussätzigen werden rein, die Tauben hören, die Todten stehen
auf, und den Armen wird das Evangelium verkündigt. Hier soll
offenbar die messianische Wirksamkeit Jesu überhaupt geschildert
werden, und es wäre ganz gegen den Sinn der Stelle, wenn
man die einzelnen Züge derselben von den verschiedenen Arten
der damals noch nicht einmal in diesem Umfang verrichteten
Wunder Jesu verstehen wollte. Diess muss um so mehr angenommen werden, da den Worten Jesu die Stellen bei Jesajas
35, 5 f. 61, 1 f. zu Grunde liegen, in welchen das Sehen der
Blinden, das Hören der Tauben, das Hüpfen der Lahmen, das
Jubeln der Stummen Bild der Freude über die Erlösung aus dem
Exil ist. Auf analoge Weise sollte auch die Zeit der Erscheinung
Jesu als eine Zeit der Erlösung geschildert werden, in welcher
alle Gebrechen der Menschheit geheilt werden und alles zu einer
neuen Lebensthätigkeit erwachen sollte. Man denke sich aber
auch, wie solche bildliche Anschauungen in der traditionellen
Sage weiter fortgebildet und in wirkliche Wunderhandlungen
umgesetzt wurden, und wie, nachdem einmal ein solcher Anfang
gemacht war, die evangelische Tradition die Tendenz erhielt,
die messianische Wirksamkeit Jesu durch Wunder der verschiedensten Art darzustellen und zu verherrlichen.

Ein weiteres, derselben idealisirenden Tendenz der synoptischen Christologie angehörendes Moment ist die Verklärungsgeschichte, wie sie die drei Synoptiker einstimmig erzählen,
Matth. 17, 1 f. Marc. 9, 2 f. Luc. 9, 28 f. Jesus bestieg 6—8
Tage nach seiner ersten Leidensverkündigung mit seinen drei
vertrautesten Jüngern einen hohen Berg. Sie sahen, wie mit
Einem Male sein Angesicht und selbst seine Kleider in überirdi-
schem Glanze sich verklärten und zwei Gestalten, Moses und
Elias erschienen, sich mit ihm zu unterreden, und eine himmlische Stimme aus einer lichten Wolke erklärte Jesum für Gottes
Sohn, dem sie Gehör zu schenken hätten. Es ist unmöglich,

diese Erzählung thatsächlich zu verstehen, man kann sie nur als einen Mythus nehmen, dessen Tendenz nach Strauss die gedoppelte ist: erstens die Verklärung des Moses an Jesu in erhöhter Weise zu wiederholen, und zweitens Jesum als den Messias mit seinen beiden Vorgängern zusammenzubringen, durch diese Erscheinung des Gesetzgebers und des Propheten, des Gründers und des Reformators der Theokratie Jesum als den Vollender des Gottesreichs, als die Erfüllung des Gesetzes und der Propheten darzustellen und seine messianische Würde noch überdiess durch eine Himmelsstimme bekräftigen zu lassen.

Nehmen wir alle diese Züge zusammen, so haben wir in ihnen die Elemente einer Christologie, welche auf der Grundlage des jüdischen Messiasbegriffs die Person Jesu so hoch als möglich zu stellen suchte, ohne die Grenzlinien des Menschlichen zu überschreiten und aus ihm ein an sich göttliches Wesen zu machen. Er steht auf demselben Boden wie Moses und die Propheten des alten Testaments und unterscheidet sich nur dadurch von ihnen, dass ihn als den Vollender der alttestamentlichen Theokratie eine noch höhere Würde umstrahlt. Das Höchste, was von ihm zu prädiciren ist, ist, dass er der υἱὸς θεοῦ ist, aber als solcher ist er nur Messias im jüdischen Sinne, und wie weit diese Christologie noch von der Idee der Präexistenz entfernt ist, zeigt nichts deutlicher als die Sage von seiner übernatürlichen Erzeugung. Alles, was ihn über das Menschliche erhebt, ist nur auf die Causalität des seine Erzeugung bewirkenden, oder nach einer andern Vorstellung erst bei der Taufe ihm mitgetheilten πνεῦμα ἅγιον zurückzuführen.

Vom Standpunkt der jüdischen Messias-Idee aus musste der Tod Jesu mit den besondern Umständen, unter welchen er erfolgte, ein Hauptanstoss für den Glauben an seine messianische Würde sein. Es fragt sich daher, wie die diesem Standpunkt am nächsten stehenden Synoptiker den Tod Jesu auffassten. Nach ihrer Darstellung der evangelischen Geschichte hatte schon Jesus

für die Beseitigung jenes Anstosses Sorge getragen, indem er
seine Jünger theils durch die Vorherverkündigung seines Todes,
theils durch die Nachweisung seiner Nothwendigkeit aus Stellen
des alten Testaments auf ihn vorzubereiten suchte. Es ist diess
jedoch, wie schon früher bemerkt worden ist, einer der Punkte,
bei welchen wir nicht gewiss sein können, ob nicht Späteres
zurückdatirt, und die von den Jüngern erst nach dem Tode gewonnene Ansicht von demselben dem Meister selbst in der Form
einer Weissagung in den Mund gelegt worden ist. Wenn auch
Jesus selbst schon Andeutungen dieser Art gab, so legte doch
erst der als geschehene Thatsache vor Augen stehende Tod die
Frage recht nahe, wie er mit der messianischen Würde Jesu zu
vereinigen sei. Man sieht es den auf den Tod Jesu angewandten
Stellen des alten Testaments an, welche Mühe man sich gab,
diese Frage zu beantworten, und ein so räthselhaftes Schicksal
des Messias für sein religiöses Bewusstsein zurechtzulegen. In
Stellen, die so künstlich für diesen Zweck benützt sind, konnte
man erst dann einen solchen Zweck finden, nachdem man sich
in die Nothwendigkeit versetzt sah, über die vorliegende Thatsache sich irgendwie zu verständigen. In diesem Interesse
durchforschte man das ganze alte Testament, um auf alles zu
achten, was darüber Aufschluss geben zu können schien, gerade
so, wie Lucas 24, 25 f. von Jesus erzählt, er habe nach seiner
Auferstehung anfangend von Moses und allen Propheten seinen
Jüngern in der ganzen Schrift alles ausgelegt, was sich auf ihn
bezog, um zu beweisen, dass der Messias alles diess leiden und
auf diesem Wege in seine Herrlichkeit eingehen musste. Auch
aus der Apostelgeschichte besonders ist zu sehen, wie man mit
Hülfe des alten Testaments die Nothwendigkeit des Todes in
seinem Zusammenhang mit der Auferstehung zu rechtfertigen und
sich begreiflich zu machen suchte. Er musste sterben, aber er
musste auch auferstehen, und weil das Eine nicht ohne das Andere sein kann, gibt sich in beidem nur eine höhere göttliche

Nothwendigkeit zu erkennen. Darum ist es auch schon im alten Testament vorausgesagt und es ist alles nur in Folge eines vorausbestimmten Rathschlusses geschehen. Es war, sagt Petrus Apg. 2, 23, Gottes festgesetzte Entschliessung und Vorhersehung, dass Jesus ausgeliefert und durch gottlose Hände an's Kreuz geheftet wurde. Aber Gott hat ihn auferweckt und die Stricke des Todes gelöst, weil es nicht möglich ist, dass er vom Tode bewältigt wurde. Auf ihn hinweisend sagt David Ps. 16, 8—11: "Ich sah den Herrn vor mir, denn zu meiner Rechten steht er, ich werde nicht wanken. Darum freute sich mein Herz und frohlockte meine Zunge, auch mein Fleisch wird wohnen in Hoffnung, denn nicht wirst du überlassen meine Seele der Unterwelt, noch auch wirst du lassen deinen Heiligen Verwesung sehen. Du hast mir Wege des Lebens kund gethan, wirst mich mit Freude erfüllen bei deinem Angesicht." Da nun David Prophet war und wusste, dass mit einem Eide ihm Gott geschworen, dass er aus der Frucht seiner Lende nach dem Fleische Christum erwecken werde (2 Sam. 7, 12. Ps. 132, 11), um ihn zu setzen auf seinen Thron, so hat er voraussehend von der Auferstehung gesagt, er werde seine Seele nicht der Unterwelt überlassen, noch sein Fleisch die Verwesung sehen lassen. So wurde nun Christus auferweckt und zur Rechten Gottes erhöht; auf David selbst aber kann diess nicht gehen, er stieg ja nicht in den Himmel, von sich selbst kann er also diess nicht gesagt haben, sondern nur von Christus. — Diese Stelle ist auch desswegen bemerkenswerth, weil in ihr schon der Versuch gemacht ist, die Nothwendigkeit der Auferstehung aus der Idee der Person des Messias abzuleiten. Οὐκ ἦν δυνατὸν κρατεῖσθαι αὐτὸν ὑπ αὐτοῦ. Es ist an sich nicht möglich, dass der Messias dem Tode anheimfällt, weil er dem Tode anheimgefallen nicht mehr der Messias wäre. Wenn also auch der Messias stirbt, so ist an sich in ihm der Tod im Leben aufgehoben, wenn auch nicht in dem Übermenschlichen seiner Natur, doch in seiner messianischen Würde. In demselben Sinne

20 *

wird es 3, 15 als ein Widerspruch hervorgehoben, den ἀρχηγὸς τῆς ζωῆς zu tödten, wesswegen ihn Gott von den Todten auferweckt habe. Zum Begriff des Messias gehört es, dass er der Fürst des Lebens ist. Wenn nun die ζωή, deren ἀρχηγὸς er ist, ein sehr allgemeiner Begriff ist, so liegt doch darin schon das Argument, dass der Begriff des Lebens sehr unvollkommen in ihm aufgefasst wäre, wenn er sich nicht auch im physischen Sinne an ihm realisirt hätte. Es ist demnach hier schon der Anfang gemacht, der Person des Messias eine absolute Bedeutung zu geben, und was die Idee seiner messianischen Würde in sich zu begreifen schien, als eine immanente Eigenschaft seiner Persönlichkeit aufzufassen, oder seine Person so zu steigern, dass sie in der weitern Consequenz ihrer Idee zuletzt vom Menschlichen zum Übermenschlichen erhoben werden musste.

Wie auf den Tod die Auferstehung folgte, so auf diese die Himmelfahrt. Sie gehört ganz der idealisirenden Tendenz an, in welcher die synoptische Christologie sich ausbildete und zuletzt nur in einem solchen Schlusse des irdischen Lebens Jesu ihren natürlichen Ruhepunkt finden konnte. Die doppelte, und wenn wir die Apostelgeschichte hinzunehmen, dreifache Form, in welcher die Erzählung von der Himmelfahrt bei den synoptischen Schriftstellern selbst erscheint, zeigt deutlich, wie erst in der Anschauungsweise der Jünger diese Vorstellung sich bildete. Gerade derjenige Evangelist, welcher, wenn er der Apostel Matthäus ist, selbst Zeuge dieser Begebenheit gewesen wäre, sagt nichts von einer sichtbaren Himmelfahrt. Er schliesst sein Evangelium mit der Versicherung Jesu, es sei ihm alle Gewalt im Himmel und auf Erden gegeben, und er werde bei ihnen sein alle Tage bis an's Ende der Welt. Die Vorstellung war also wohl, wie sie Strauss richtig angibt, Jesus sei ohne Zweifel schon bei der Auferstehung unsichtbar zum Vater aufgestiegen, er sei aber zugleich unsichtbar immer um die Seinigen, und aus dieser Verborgenheit heraus offenbare er sich, so oft er es nöthig

finde, in Christophanien, wie ungefähr nach derselben Anschauungsweise der Apostel Paulus 1 Cor. 15 die ihm zu Theil
gewordene Erscheinung des schon in Himmel Erhobenen mit den
früheren ganz in Eine Reihe stellt, so dass man sich demnach
nur einen fliessenden Unterschied zwischen seinem doppelten
Sein auf der Erde und im Himmel dachte und aus diesem Grunde
seine Erhebung in den Himmel nicht durch einen besondern Act
fixirte. Die Hauptsache ist die auch schon in den Worten Jesu
vor Gericht Matth. 26, 64 enthaltene Vorstellung, dass er nicht
mehr auf der Erde, sondern im Himmel befindlich mit der all-
mächtigen Kraft Gottes über alles walte. Bei Marcus und Lucas
dagegen wird der Übergang von der Erde zum Himmel als eine
vor den Augen der Jünger geschehene Thatsache fixirt. Nach
Marcus hat sich Jesus, wie es scheint, unmittelbar von dem
Mahle, bei welchem er den Eilfen erschien, zum Himmel erhoben, und sich zur Rechten Gottes gesetzt, nach Lucas im
Evangelium hat er die Jünger nach Bethanien hinausgeführt und
die Hände aufhebend sie gesegnet, und während er sie segnete,
entfernte er sich von ihnen, und wurde in den Himmel entrückt.
Wie schon hier das Successive des Hinschwebens zum Himmel
besonders hervorgehoben wird, so gibt Lucas in der Apostelgeschichte 1, 9 noch eine anschaulichere Beschreibung, wie er,
während er den Jüngern seine letzten Aufträge ertheilte, vor
ihren Augen in die Höhe gehoben wurde, und eine Wolke ihn
aufnahm und ihn von ihren Augen hinweg entrückte. Der Haupt-
unterschied aber zwischen den beiden Darstellungen des Lucas
im Evangelium und in der Apostelgeschichte ist, dass, während
im Evangelium, wie auch bei Marcus, Jesus noch am Tage seiner
Auferstehung sich in Himmel erhoben zu haben scheint, in der
Apostelgeschichte seine Himmelfahrt erst am Schlusse der vierzig-
tägigen Frist erfolgte, die er noch auf der Erde weilte. Die
Zahl vierzig kommt auch sonst im alten und neuen Testament
öfters bei Zwischenperioden und mysteriösen Mittelzuständen

vor. Hier scheint jedoch auf diese Zeitbestimmung hauptsächlich
die in der Apostelgeschichte Epoche machende Scene des ersten
christlichen Pfingstfestes eingewirkt zu haben. Nachdem einmal
die Ausgiessung des heiligen Geistes auf das Pfingstfest verlegt
war, konnte man die Himmelfahrt nicht durch eine zu lange
Zwischenzeit von ihr trennen, da Jesus seine überirdische Macht
und Wirksamkeit vor allem durch die verheissene Sendung seines
Geistes beurkundet haben sollte. Was demnach Lucas in dem
Evangelium nur summarisch erzählt, wurde erst im Zusammenhang der Apostelgeschichte an seiner bestimmten Stelle in die
christliche Chronologie eingereiht, und wir sehen sowohl hieraus, als auch aus den beiden Engeln, durch deren Zeugniss
Lucas die Erhebung Jesu in den Himmel bestätigen lässt, wie
allmählig diese Vorstellung zu ihrer concreten Gestalt sich ausbildete.

Das Höchste, was die synoptische Christologie von Jesus
prädicirt, ist, dass ihm, wie es Matth. 28, 18 heisst, ἐδόθη πᾶσα
ἐξουσία ἐν οὐρανῷ καὶ ἐπὶ γῆς, oder dass er zur Rechten Gottes
sitzt, welcher Ausdruck die unmittelbare Theilnahme an der
göttlichen Macht und Weltregierung bezeichnet, dasselbe, was
auch in dem schon in den synoptischen Evangelien Jesu emphatisch gegebenen Namen κύριος liegt. Als sitzend zur Rechten
Gottes wird er gewöhnlich vorgestellt, nur Stephanus sieht ihn,
τὸν υἱὸν τοῦ ἀνθρώπου, ἐκ δεξιῶν ἑστῶτα τοῦ θεοῦ. Apg. 7, 55. 56.
Dieses Stehen ist hier aber wahrscheinlich daraus zu erklären,
dass er den ihm nachfolgenden Märtyrer empfangend und in den
Himmel aufnehmend gedacht wird. Wenn Stephanus in derselben
Anschauung die Herrlichkeit Gottes und den geöffneten Himmel
sieht, so kann diess nur von seiner Aufnahme in den Himmel
verstanden werden. Dahin also, wo er selbst ist, sollen auch
die kommen, welche in ihrem Leben ihm nachfolgen, er empfängt
sie hier, wie er überhaupt hier zur Rechten Gottes dazu seinen
Sitz hat, um von da mit seiner Macht auf alles, was sich auf

seine Zwecke auf der Erde bezieht, einzuwirken. Daher heisst er Apg. 7, 55 f. ἑστὼς ἐκ δεξιῶν τοῦ θεοῦ, wie Matth. 26, 64 καθήμενος ἐκ δεξιῶν τῆς δυνάμεως. Aber auch dieses sich Setzen zur Rechten Gottes nach seiner Erhebung in den Himmel ist noch nicht der letzte, seine messianische Thätigkeit auf der Erde abschliessende Act. Er sollte nur dazu in den Himmel gegangen sein, um von ihm wiederzukommen. Die beiden Engel, welche den Jüngern nach der Himmelfahrt erschienen, sagten zu ihnen: Dieser Jesus, welcher von euch hinweg in den Himmel aufgenommen worden ist, wird so kommen auf dieselbe Weise, wie ihr ihn zum Himmel gehen sahet. Apg. 1, 11.

Mit dem Gedanken an die Himmelfahrt verband sich unmittelbar die Erwartung seiner Parusie, und zwar sollte sein Kommen vom Himmel nicht blos ein ebenso sichtbares sein, wie sein Gehen in den Himmel, sondern auch schon in der nächsten Zukunft erfolgen. Die Erwartung der Parusie, die uns auch bei den synoptischen Schriftstellern als der allgemeine, das ganze Bewusstsein der ältesten Christen beherrschende Glaube erscheint, war der vermittelnde Gedanke, in welchem der Gegensatz sich aufhob, in welchem die jüdische Messiasidee zu der ihr sosehr widerstreitenden Katastrophe des Lebens Jesu stand. Schien sein Tod alle Hoffnungen auf immer zerstört zu haben, die man auf ihn als den erschienenen Messias baute, so konnte man den Glauben an seine Messianität nur in dem Gedanken festhalten, dass er nur dazu vom Tode auferstanden und in Himmel erhoben worden sei, um alsbald von da wiederzukommen, und nun erst bei seiner zweiten Erscheinung alles das zu realisiren, was er bei seiner ersten noch unvollendet gelassen hatte. Daher verknüpften sich nun mit der Idee der Parusie alle Hoffnungen, die nach der jüdischen Messiasidee in einem irdischen Reiche des Messias in Erfüllung gehen sollten. Die Apokalypse hat diesen Hoffnungen den concretesten Ausdruck gegeben, aber auch bei den synoptischen Schriftstellern finden sich Andeutungen der-

selben Art. Wenn Petrus Apg. 3, 19 f. ermahnt, Busse zu thun
und sich zu bekehren, auf dass die Sünden ausgelöscht werden,
damit Zeiten der Erquickung kommen vom Angesicht des Herrn
her, und er vom Himmel sende den vorher bestimmten Jesus
Christus, welchen der Himmel aufnehmen muss bis zu den Zeiten
der Wiederherstellung alles dessen, was Gott durch den Mund
seiner heiligen Propheten von Alters her geredet hat, so blickt
auch hier in den καιροὶ ἀναψύξεως und den χρόνοι ἀποκαταστάσεως
deutlich die Idee eines auf der Erde zu errichtenden messianischen Reiches durch. Die ἀποκατάστασις πάντων ist die Wiederherstellung und Erneuerung aller Dinge zu ihrem früheren
vollkommeneren Zustand, die man bei der Zukunft Christi und
schon bei seinem Vorläufer Elias Matth. 17, 11 erwartete, dasselbe, was Matth. 19, 28 mit dem Ausdruck παλιγγενεσία bezeichnet wird.

Was nun die weitere Lehre von der Parusie Christi bei den
Synoptikern betrifft, so entsteht hier die kritische Frage, was
wir in den auf die Parusie sich beziehenden Abschnitten der
synoptischen Evangelien den Verfassern derselben als ihre eigene
Vorstellung zuschreiben dürfen. Was wir bei ihnen über die
Parusie finden, ist in Reden und Weissagungen Jesu enthalten;
welches Recht haben wir also alles diess nicht zur Lehre Jesu
selbst, sondern nur zum Ideenkreise der Verfasser der synoptischen Evangelien zu rechnen? Es ist schon bei der Darstellung
der Lehre Jesu gezeigt worden, wie die neueste Kritik die
schwierige Frage, um welche es sich hier handelt, auf eine ganz
andere Weise löst, als man bisher versucht hat. Sie bestreitet
die bisher als unzweifelhaft geltende Voraussetzung, dass Jesus
selbst die Zerstörung Jerusalems und des jüdischen Tempels
vorherverkündigt habe, mit dem gewichtigen Grunde, dass der
Apokalyptiker hievon nichts weiss, vielmehr ausdrücklich das
gerade Gegentheil behauptet. Wie kann also Jesus die Zerstörung Jerusalems geweissagt haben, wenn der Apostel Johannes

als Verfasser der Apokalypse zu einer Zeit, in welcher die Zerstörung Jerusalems so nahe bevorstand, versichern konnte, Jerusalem werde nicht zerstört werden? Wir können daher in den
angeblichen Weissagungen Jesu von der Zerstörung Jerusalems
und seiner damit in Verbindung stehenden Parusie nur die Vorstellungen der Jünger sehen, welche in der Gewissheit ihrer
Erwartung und vielleicht auch aus Anlass von Reden, in welchen
Jesus von dem einstigen Aufhören des mosaischen Tempelcultus
gesprochen haben mag, denselben diese Form der Darstellung
gegeben haben. Es kommt nun nur noch darauf an, das Verhältniss der beiden auf die Parusie sich beziehenden Hauptstellen
Matth. 24 und Luc. 21 durch genauere Erwägung ihres Inhalts
richtiger zu bestimmen.

Je grösser die Spannung war, mit welcher die ersten
Christen der Parusie Christi entgegensahen, je zuversichtlicher
sie sie schon in der nächsten Zeit erwarteten, um so mehr muss
alles, was in der damaligen Zeitgeschichte ein Zeichen der Nähe
des Herrn zu sein schien, ihre Aufmerksamkeit auf sich gezogen
haben. Man kann sich daher leicht vorstellen, welchen Eindruck
auf sie, nachdem sie schon längere Zeit vergeblich auf die Parusie
geharrt hatten, die Zerstörung Jerusalems und des jüdischen
Tempels machen musste, eine Begebenheit, die an sich eine grosse
geschichtliche Bedeutung hatte, und nach verschiedenen Beziehungen in einen so nahen Zusammenhang mit dem Christenthum
gesetzt werden musste. Wie konnten sie sie anders als mit dem
Gedanken an die Parusie Christi betrachten? Hier wenn irgendwo mussten die Weissagungen Jesu in Erfüllung zu gehen scheinen, die ohne Zweifel schon damals in einer ähnlichen Form,
wie bei Matthäus und Lucas, im Umlauf waren. Die beiden, die
Parusie betreffenden Abschnitte bei Matthäus und Lucas enthalten
daher auch die deutlichsten Hinweisungen auf die Zerstörung
Jerusalems. Wahrlich ich sage euch, sagt Jesus Matth. 24, 2,
es wird kein Stein auf dem andern gelassen werden, der nicht

zerstört werden wird. Noch bestimmtere Züge enthält die Schilderung des Lucas, wenn hier V. 20 von den Heeren die Rede ist, die Jerusalem umgeben werden, darauf werde seine Verödung folgen, sie werden durch die Schärfe des Schwerdts fallen, und gefangen in alle Völker hinweggeführt werden, und Jerusalem werde von den Heiden zertreten werden, bis die Zeiten der Heiden erfüllt sein werden. Diess bezieht sich so genau auf die Zerstörung Jerusalems durch die Römer, dass, besonders wenn wir auch noch die gleichlautende Stelle 19, 43 f. hinzunehmen, nicht wohl bezweifelt werden kann, der Verfasser des Evangeliums habe bei diesen Stellen die Zerstörung Jerusalems als schon geschehene Thatsache vor sich gehabt. Dabei dringt sich nun aber sogleich die Frage auf, wie gleichwohl mit dieser Begebenheit die Idee der Parusie in Verbindung gesetzt werden konnte. War Jerusalem schon damals zerstört, so wusste man ja auch, dass die Parusie auch jetzt nicht erfolgt war. Es liegt ein Hauptmoment in den Worten ἄχρι πληρωθῶσι καιροὶ ἐθνῶν 21, 24. Jerusalem ist zwar zerstört, ohne dass die Parusie schon erfolgt ist, aber es muss auch die Periode ihren Verlauf nehmen, die mit diesen Worten bezeichnet ist. Es muss also Jerusalem eine bestimmte Zeit unter der Herrschaft und dem Drucke der Heiden sein, und es werden Zeichen an Sonne, Mond und Sternen geschehen und die V. 25 geschilderte Zeit der Noth wird eintreten, und erst dann, wenn alles diess geschehen ist, wird man V. 27 des Menschen Sohn kommen sehen in einer Wolke mit grosser Kraft und Herrlichkeit. Aber Lucas datirt die Parusie doch wieder zurück auf den Zeitpunkt der Zerstörung Jerusalems. Denn er sieht schon den Anfang von allem diesem, die ganze mit der Zerstörung Jerusalems beginnende Reihe als die Periode an, in welcher die βασιλεία τοῦ θεοῦ in der Nähe ist. Schon dieses ἐγγύς ἐστιν ἡ βασιλεία τοῦ θεοῦ V. 31 ist ein ideelles Kommen, und wie Lucas von der βασιλεία τοῦ θεοῦ nicht als von einer schon gekommenen, sondern als von einer erst kommenden zu sprechen pflegt, so kann er auch V. 27 bei dem Kommen des Menschensohns nur an eine mächtige Einwirkung zur Herbeiführung der βασιλεία τοῦ θεοῦ gedacht haben. Die Zerstörung Jerusalems war ihm der Zeitpunkt des Anbruchs der βασιλεία τοῦ θεοῦ, weil er in dem Judenthum nur eine feindliche Macht erblickte, deren Zerstörung der βασιλεία τοῦ θεοῦ in seinem universellen Sinne eine neue freiere Sphäre eröffnete. Diess wäre also auch die ἀπολύτρωσις, zu welcher die Jünger ihre Häupter erheben sollen, nicht die Erlösung aus der jetzigen Welt überhaupt, sondern aus dem Druck der Verhältnisse, welche die Folge der noch bestehenden Macht des Judenthums waren. Wie man nun aber auch die Stelle exegetisch nehmen mag, ausser Zweifel ist in jedem Fall die Bestimmtheit, mit welcher sowohl von der Parusie als von der Zerstörung Jerusalems die Rede ist. Setzt nun diese Bestimmtheit in Beziehung auf Jerusalem voraus, dass es damals, als das Evangelium geschrieben wurde, schon zerstört war; so bleibt nur die Annahme übrig, dass der Verfasser die Parusie in einem blos ideellen Sinne nahm, oder sie erst nach der Zwischenperiode erwartete, in welcher Jerusalem in der Macht der heidnischen Völker sein sollte. Schon hier sehen wir demnach die beiden anfangs unmittelbar zusammengedachten Ereignisse von einander getrennt, die Zerstörung Jerusalems und die Parusie.

Noch weiter wird diese Trennung Matth. 24. Es ist auch hier von der Zerstörung Jerusalems die Rede, aber nur V. 2; sie ist daher nur der Ausgangspunkt für die Reihe der Zeichen, an welchen die Parusie und die mit ihr erfolgende συντέλεια τοῦ αἰῶνος erkannt werden soll. Die gewöhnliche Erklärung, nach welcher die hier geschilderte Hauptbegebenheit die Zerstörung Jerusalems sein soll, lässt sich nicht rechtfertigen, und sie stösst besonders bei V. 29 auf unumstössliche Schwierigkeiten. Vergleicht man die beiden Darstellungen bei Matthäus und Lucas, so muss sogleich in die Augen fallen, in wie vielen Zügen sie un-

geachtet ihrer Differenz übereinstimmen. Es lässt sich diess
wohl nur daraus erklären, dass auf einer gemeinsamen Grundlage beide, Matthäus und Lucas auf verschiedene Weise fort-
bauten. Ohne Zweifel gab es schon früh eine Jesu in den Mund
gelegte Weissagung seiner Parusie. Sie enthielt die bei Matthäus
und Lucas gleichlautenden Züge Matth. 24, 4—14. Luc. 21,
8—19. Es sind solche Züge, wie sie schon bei den Juden zum
Bild der messianischen Periode gehörten, auch sieht man in
ihnen deutlich theils Beziehungen auf die damalige Zeitgeschichte,
wohin namentlich auch gehört V. 5 πολλοὶ ἐλεύσονται u. s. w. vgl.
Apg. 5, 35, theils Vertröstungen wegen des Verzugs der Parusie,
wie V. 6 οὔπω ἐστὶ τὸ τέλος und V. 14. Erst dann sollte das
Ende kommen, wenn das Evangelium allen Völkern verkündigt
wäre. Diess sagte man sich, als die Parusie schon länger, als
man anfangs glaubte, auf sich warten liess. Zu diesen ursprünglichen Elementen der Weissagung der Parusie gehörten ohne
Zweifel auch die in beiden Stellen gleichlautenden Ermahnungen
Matth. V. 16 f. Luc. V. 21 f. So weit gehen beide Evangelisten
zusammen, nun aber muss man sich die Differenz daraus erklären, dass die ursprüngliche Form der Weissagung nach dem
Eintritt Epoche machender Zeitereignisse sich modificirte. Klar
ist in dieser Beziehung bei Lucas, wie er die Zerstörung Jerusalems unter Titus als den Punkt fixirt, von welchem der eigentliche Anfang der Parusie und der sie begleitenden Ereignisse zu
datiren ist. Warum geschieht nun aber diess nicht auf dieselbe
Weise auch bei Matthäus? Gerade an derselben Stelle, wo Lucas
auf die Zerstörung Jerusalems übergeht, spricht Matthäus V. 15 von
dem βδέλυγμα τῆς ἐρημώσεως nach Daniel. Unter diesem βδέλυγμα
ἐρημώσεως dasselbe zu verstehen, wovon Lucas spricht, das
Jerusalem belagernde römische Kriegsheer, oder den Verwüstungsgräuel überhaupt, ist rein willkürlich und dem Ausdruck
nicht gemäss, da ἐστὸς dazu nicht passt und unter dem τόπος
ἅγιος speciell der Tempel zu verstehen ist. Daniel meint unter

dem βδέλυγμα ἐρημώσεως die von Antiochus Epiphanes befohlene
Aufstellung seines Bildnisses im Tempel zu Jerusalem. Diese
grösste Entweihung des Heiligthums könnte nicht besser bezeichnet sein als durch diese Worte. Da nun, wie Dio Cassius
und Hieronymus melden, dasselbe unter Hadrian geschah, welcher
das Standbild des capitolinischen Jupiters an derselben Stätte
aufstellen liess, wo sonst der wahre Gott verehrt wurde, was ist
natürlicher, als die Annahme, dass die Stelle des Matthäus ebendarauf zu beziehen ist? Man vgl. die weitere Ausführung in den
Kritischen Untersuchungen über die kanonischen Evangelien
S. 607 f. Nehmen wir an, der Verfasser des Evangeliums, durch
welchen diese Weissagung von der Parusie ihre jetzige Form
erhielt, habe während des grossen Aufstandes der Juden unter
Hadrian diese Stelle geschrieben, so sah er in dem βδέλυγμα
τῆς ἐρημώσεως, wie es damals erfolgte, das eigentliche Signal
der bevorstehenden Katastrophe, des Anbruchs der θλίψις μεγάλη
V. 21, auf welche sodann unmittelbar die Parusie folgen sollte.
Bei dieser Erklärung treffen nicht nur die einzelnen Züge, wie
namentlich die ψευδόχριστοι und ψευδοπροφῆται V. 24, weit besser
zu als bei der gewöhnlichen, sondern es erhält besonders auch
jenes εὐθέως V. 29, das den Interpreten immer am meisten
Schwierigkeiten gemacht hat, seinen befriedigenden Sinn. Die
einzige Einwendung, die man dagegen machen kann, es passe
dazu die Bestimmung V. 34 nicht, es solle alles diess innerhalb
der γενεὰ αὕτη geschehen, ist durch die gegebene Nachweisung
hinlänglich widerlegt, dass der Ausdruck γενεὰ keineswegs blos
ein Menschenalter von etwa dreissig Jahren bezeichnet, sondern
einen weit grössern Zeitraum, sogar mehr als ein Jahrhundert
umfasst. Steht nun durchaus nichts der Annahme entgegen, die
letzte Redaction des Evangeliums Matthäus, wie sie sich wenigstens in dieser Stelle zu erkennen gibt, falle erst in die Jahre
130—134, so dient uns die Weissagung in der Form bei Matthäus nur um so mehr dazu, an ihr die verschiedenen Modifi-

cationen, die der Glaube an die Parusie erhielt, zu verfolgen. Dass sie noch innerhalb der damals lebenden Generation erfolgen werde, war die ursprüngliche Erwartung. In steten Gedanken an sie sah man jedem bedeutungsvollen und erschütternden Zeitereigniss mit der gespanntesten Zuversicht entgegen, sie werde jetzt endlich um so gewisser erfolgen, je länger man schon vergeblich auf sie gewartet hatte. Nachdem die Zerstörung Jerusalems diese Folge nicht gehabt hatte, war der zweite jüdische Krieg, der grosse Aufstand der Juden unter Hadrian eine Epoche von gleich wichtiger Bedeutung. Auch jetzt noch war die Generation, welche die Parusie erleben sollte, nicht ganz ausgestorben, auch jetzt noch konnte die Verheissung in ihrem ursprünglichen Sinne in Erfüllung gehen, und je grösser damals die Verwirrung in Judäa war, um so deutlicher sah man die Symptome der kommenden Katastrophe vor sich. Dieser Eindruck der damaligen Zeitereignisse spricht sich in der Form, welche die Weissagung bei Matthäus hat, aus. Dem Matthäus folgt hier sehr genau Marcus. Auch er hat die Zeitbestimmung der γενεὰ αὕτη, begnügt sich aber nicht, blos von den Engeln zu sagen, dass sie Tag und Stunde der Parusie nicht wissen, sondern spricht dieses Wissen sogar dem Sohn ab. 13, 32. Es liegt darin eine geringere Vorstellung von der Würde des Sohns, wie ja auch die Arianer diese Stelle besonders benützt haben, bei Marcus aber ist diess nicht so streng zu nehmen, er hat auch hier nur die Worte des Matthäus nach seiner Weise explicirt. Wenn Matthäus 24, 36 sagt, niemand wisse Tag und Stunde, εἰ μὴ ὁ πατὴρ μόνος, so kann sie ja auch der Sohn nicht wissen. Auch das ist eine bemerkenswerthe Abweichung von Matthäus, dass er zwar bitten heisst V. 18, die Flucht möchte nicht im Winter geschehen, dagegen das μηδὲ ἐν σαββάτῳ des Matthäus weglässt. Bei Lucas fehlt diess mit der ganzen Ermahnung, bei Matthäus aber ist sie ein augenscheinliches Merkmal des judaistischen Ursprungs dieser Form der Weissagung und zwar ohne Zweifel in Judäa selbst.

Bei Matthäus und Marcus hat der ursprüngliche Glaube, dass die Parusie noch in der γενεὰ αὐτη erfolgen werde, schon seine höchste Probe bestanden. Die Äusserungen der übrigen neutestamentlichen Schriftsteller derselben Periode lauten, wenn sie auch die Nähe der Parusie verkündigen, allgemein und unbestimmt. Der Glaube an die Parusie musste um so schwächer werden, je weiter man allmählig über den Zeitpunkt hinwegkam, innerhalb dessen sie erfolgen sollte. Wie man aber zuletzt, nachdem auch der äusserste Zeitpunkt vorüber war, und die völlige Erfolglosigkeit aller Erwartungen der Parusie so offen am Tage lag, dass sie kaum mehr bezweifelt werden konnte, diese falsche Hoffnung mit seinem christlichen Bewusstsein zu vereinigen suchte, darüber gibt uns die Stelle 2 Petri 3, 1 f. den deutlichsten Aufschluss. Er ermahnt zu gedenken der von den heiligen Propheten vorhergesagten Worte und des von den Aposteln verkündigten Gebots des Herrn und Heilands (in Betreff der Zukunft Christi), indem sie vor allem erkennen, dass kommen werden in den letzten Tagen Spötter, die nach ihren eigenen Lüsten wandeln und sagen, wo ist die Verheissung seiner Parusie? seitdem die Väter entschlafen sind, bleibt alles so, wie es vom Anfang der Schöpfung an war. Der Brief versetzt uns in eine Zeit, in welcher es mit dem Glauben an die Parusie so weit gekommen war, dass man über ihn spotten konnte. Wenn auch der Verfasser des Briefs diese Spötter zu widerlegen sucht, so kann er doch den Gegenstand ihres Spottes nicht in Abrede ziehen, er wagt es nicht, den Glauben an die Parusie in seinem alten Sinne festzuhalten und seine Widerlegung hat nur den Zweck, ihn in die Anerkennung der allgemeineren Wahrheit, die ihm zu Grunde liegt, hinüberzuleiten. Sie wissen nicht, sagt er, dass ehedem ein Himmel und eine Erde war, welche aus Wasser und durch Wasser entstanden waren durch Gottes Wort, von ihnen aus gieng die damalige Welt von Wasser überfluthet unter. Der jetzige Himmel aber und die jetzige Erde sind durch dasselbe Wort aufgespart,

indem sie für das Feuer aufbewahrt werden für den Tag des
Gerichts und des Untergangs der gottlosen Menschen. Der Sinn
dieser Stelle kann nur sein: So gewiss das substanzielle Element
der alten Welt das Wasser war, durch das sie in der Sündfluth
untergieng, so gewiss ist das Element der jetzigen Welt das
Feuer, das am Tage des Gerichts zerstörend und strafend aus-
brechen wird. Wenn also auch der Glaube an eine Parusie nicht
aufrecht erhalten werden kann, so bleibt doch Gericht und Welt-
untergang als feste Wahrheit stehen. In Beziehung auf die Parusie
selbst aber setzt er hinzu: Das Eine soll ihnen nicht verborgen
sein, dass Ein Tag vor dem Herrn ist, wie tausend Jahre, und
tausend Jahre, wie Ein Tag. Nicht verspätet sich der Herr mit
der Verheissung, wie Einige es für Verspätung halten, sondern
ist langmüthig gegen uns, weil er nicht will, dass Einige untergehen, sondern dass alle zur Busse schreiten. Kommen aber
wird der Tag des Herrn wie ein Dieb, an welchem der Himmel
mit Krachen vergehen wird, die Elemente aber werden in Flam-
men gesetzt und aufgelöst werden. Wenn also auch das einstige
Kommen des Herrn keinem Zweifel unterliegt, ja sogar, wegen
der Ungewissheit seines Zeitpunkts, jeden Augenblick zu erwarten
ist, so ist doch der Glaube an die Parusie allen Zeitkategorien
entrückt. Sind tausend Jahre wie ein Tag und ein Tag wie
tausend Jahre, so können noch Jahrtausende vergehen, bis der
Herr erscheint, und man kann es dem allgemeinen geschichtlichen
Weltlauf ruhig überlassen, ob es früher oder später geschieht.
Das Bewusstsein des Christen hat nun erst den ekstatischen
Charakter verloren, welchen es durch den Glauben an die Parusie hatte. Man denke sich, wie gespannt und aufgeregt die
Stimmung der Christen sein musste, solange sie schon in der
nächsten Zeit die Parusie Christi erwarteten, und mit ihr das
Ende aller Dinge. Sie hatten, während alles um sie her seinen
gewohnten Gang fortgieng, mit der Gegenwart völlig gebrochen
und standen in dem Gedanken, dass jeden Augenblick alles zu

Ende gehe, zwischen Sein und Nichtsein auf der Grenzscheide
zwischen der jetzigen und der künftigen Welt. Welche ganz
andere Weltansicht war es dagegen, sobald man auf den Glauben
an die Parusie verzichtete und sich damit zufrieden gab, dass
Christus wenn auch nicht jetzt, doch künftig einmal am Ende der
Welt wiederkommen werde. Verfolgen wir so den Glauben an
die Parusie von seiner höchsten Anspannung, die er in der Apokalypse und auf der äussersten Spitze der γενεὰ αὕτη bei Matthäus
hat, bis zu seiner völligen Erschlaffung in dem zweiten petrinischen Brief, so haben wir hier einen phänomenologischen Process
vor uns, in welchem durch fortgehende Negation aller einzelnen
Momente zuletzt nur die allgemeine abstracte Wahrheit bleibt.

Die Christologie ist der Hauptbestandtheil des synoptischen
Lehrbegriffs. Nächst der Lehre von Christus hat die Lehre vom
heiligen Geist noch besondere Bedeutung. Die Hauptquelle ist
jedoch dafür die Apostelgeschichte.

Wie das Princip, durch welches Jesus seine Befähigung
zum Messias erhielt, das πνεῦμα ἅγιον ist, so ist es derselbe
Geist, dessen Wirksamkeit die Fortsetzung des von Jesu begonnenen Werks, die Realisirung alles dessen, was zum messianischen Reich gehört, bedingt. Im Evangelium Matthäi verheisst
Jesus schon bei der K. 10 erzählten Aussendung seinen Jüngern,
sie dürfen, wenn sie sich zu verantworten haben, nicht dafür
sorgen, was sie reden sollen, es werde ihnen zur Stunde gegeben werden, denn nicht sie seien die Redenden, sondern der
Geist ihres Vaters sei es, der in ihnen rede. Lucas schliesst sein
Evangelium mit dem Befehl Jesu an die Jünger, das Evangelium
zu verkündigen, und mit der Verheissung, dass er ihnen die
Verheissung seines Vaters senden werde, sie sollen in Jerusalem
sitzen bleiben, bis sie angethan werden mit der Kraft von oben.
Die Apostelgeschichte lässt Jesum gleichfalls diese Verheissung
geben unmittelbar vor der Himmelfahrt. Johannes habe mit
Wasser getauft, sie werden mit dem heiligen Geist getauft wer-

den und empfangen die Kraft des auf sie kommenden heiligen
Geistes, und werden seine Zeugen sein in Jerusalem, in ganz
Judäa und Samaria und bis an die Enden der Erde.

In Erfüllung gieng diese Verheissung am ersten christlichen
Pfingstfest, an welchem, wie Apg. K. 2 erzählt wird, der heilige
Geist in der Gestalt von feurigen Zungen auf die Jünger herabkam. Alle wurden mit dem heiligen Geist erfüllt und fiengen an
zu reden mit andern Zungen, wie der Geist ihnen gab, sich auszusprechen. Es darf hier als erwiesen vorausgesetzt werden,
dass diese Erzählung eine rein mythische Darstellung ist. Es
fand nicht nur ein solches Reden in den verschiedensten Sprachen
der Welt nicht in der Wirklichkeit statt, sondern es kann sogar
nicht einmal angenommen werden, dass die Mittheilung des
Geistes, von welcher hier die Rede ist, an einem bestimmten
Zeitpunkt erfolgte. Dass sie am ersten Pfingstfest geschehen
sein soll, hängt ja mit der Himmelfahrt und der Fixirung derselben auf den vierzigsten Tag nach der Auferstehung zusammen,
womit kein historischer Anhaltspunkt gegeben ist. Abstrahiren
wir daher von allem, was zur blossen Form der Darstellung gerechnet werden muss, so bleibt uns als der eigentliche Kern der
Sache nur die den Jüngern und ersten Christen zu einer Thatsache ihres Bewusstseins gewordene Überzeugung, dass derselbe
Geist, durch welchen Jesus zum Messias befähigt worden ist,
auch ihnen mitgetheilt sei, und das specifische, das christliche
Bewusstsein bestimmende Princip ihrer Gemeinschaft sei. Eine
christliche Gemeinde gibt es erst seit der Ausgiessung des Geistes.
Da der Christ das, was er ist, nicht für sich ist, sondern in Ge-
meinschaft mit Andern, so kann das eigenthümliche Princip des
Christenthums nur in der Gemeinschaft im Ganzen und in dem
Einzelnen nur, sofern er ein Glied derselben ist, sich kund geben.
Die christliche Gemeinde ist die Sphäre, in welcher der heilige
Geist in der ganzen Fülle seiner Wirkungen sich offenbart, daher
ist jetzt der Zeitpunkt gekommen, in welchem die alte Weis-

sagung des Propheten Joël von der Ausgiessung des Geistes über alles Fleisch in Erfüllung geht. Es gilt daher auch die Bedeutung der Pfingstbegebenheit keineswegs blos den Aposteln, sondern die Mittheilung des Geistes ist eine allgemeine. Jeder Einzelne kann nur dadurch ein Glied der messianischen Gemeinschaft werden, dass ihm der Geist mitgetheilt wird. Wie Christus selbst als der mit dem heiligen Geist Gesalbte der ἅγιος ist, so sind auch die Christen in diesem bestimmten Sinne die ἅγιοι. Mit dem ersten Eintritt in die christliche Gemeinschaft empfängt man auch den heiligen Geist. Daher wird die Mittheilung desselben schon Apg. 2, 38 mit der Taufe in Verbindung gesetzt. Die mit dem Bekenntniss der μετάνοια zur Vergebung der Sünden vollzogene Taufe ist der feierliche Moment der Mittheilung des heiligen Geistes. Ertheilt wird die Taufe zunächst auf den Namen Jesu Christi, Apg. 2, 38, wie diess in der Apostelgeschichte die gewöhnliche Formel ist, da das christliche Bekenntniss vor allem wesentlich in der Anerkennung Jesu als des erschienenen Messias besteht, aber schon Matth. 28, 19 finden wir die vollständigere, Jesu selbst beigelegte Formel, nach welcher auf den Namen des Vaters, des Sohnes und des heiligen Geistes getauft werden soll. Diese Trias ergab sich von selbst, sobald man den heiligen Geist als das eigentliche Princip der christlichen Gemeinschaft betrachtete. Der auf Christus Getaufte empfieng ja den heiligen Geist und der heilige Geist war in Folge der Verheissung des Vaters gekommen. Auch der Name des Vaters wurde daher in die Formel aufgenommen, und an den Namen des Vaters schloss sich, da die Taufe auf Christus geschah, von selbst der Name des Sohnes an. Ist der Geist mitgetheilt, so muss er als lebendig wirkendes Princip sich auch äussern oder aussprechen. Aus dieser einfachen Reflexion, dass es zum Wesen des Geistes gehört, sich in Worten und in verständlicher Rede zu äussern, gieng die Erzählung Apg. K. 2 hervor, und zwar musste der Geist in dem ersten Moment seiner Mittheilung, wo er gleichsam in Masse an so Viele ertheilt wurde, auch in seiner vollen Energie als kräftigstes Organ der Rede sich vernehmen lassen. Daher erschienen nicht nur feurige Zungen, als Symbole des sich aussprechenden Geistes, die sich an die Einzelnen vertheilten, sondern es wurden auch die mit dem Geiste Begabten befähigt, ἑτέραις γλώσσαις λαλεῖν, wie ja damals alle mögliche Sprachen der Welt vernommen worden sein sollen. Man dachte sich also den den Glaubigen als Princip einer neuen Form des Bewusstseins mitgetheilten und in ihnen sich aussprechenden Geist gleichsam mit einem besonderen Organ der Rede. Soll der Geist auf die ihm adäquate Weise sich aussprechen, so muss er auch ein eigenes Organ der Rede sich schaffen. Die ἕτεραι γλῶσσαι sind daher als Geisteszungen andere als die gewöhnlichen menschlichen Zungen, oder neue Zungen, καιναὶ γλῶσσαι, wie sie auch genannt werden. Man vgl. Marc. 16, 17, wo Jesus selbst in seinen Abschiedsworten an die Jünger, unter den σημεῖα, welche den Glaubigen folgen werden, als einen sie auszeichnenden Vorzug besonders auch diess hervorhebt, dass sie γλώσσαις λαλήσουσι καιναῖς. Wenn auch blos der Ausdruck γλώσσαις λαλεῖν gebraucht wird, so kann diess innerhalb der Apostelgeschichte nur als die abgekürzte Formel genommen werden. Die γλῶσσαι in diesem Zusammenhang sind schlechthin die Geisteszungen. Mit allen diesen Ausdrücken soll nur der in seiner lebendigen Wirksamkeit sich äussernde Geist als das immanente Princip des christlichen Bewusstseins bezeichnet werden; es kommt jedoch die Bestimmung hinzu, dass der Geist nicht wäre, was er nach dem wahren Begriff seines Wesens sein sollte, und seine Mittheilung nicht ihre volle Realität hätte, wenn nicht das λαλεῖν γλῶσσαις von ihm prädicirt werden könnte. Das λαλεῖν γλώσσαις soll daher der prägnanteste concreteste Ausdruck für den Begriff des Geistes als des christlichen Princips in der ganzen Fülle seiner Wirkungen sein.

Dieser bestimmtere Begriff des λαλεῖν γλώσσαις erhellt aus

der Vergleichung der übrigen Stellen, in welchen in der Apostelgeschichte von demselben die Rede ist. Ausser K. 2 findet es
sich 10, 46 und 19, 6. Nach der ersten Stelle K. 2 wurde der
heilige Geist den ersten Christen überhaupt ertheilt. Da er damals zuerst in den Glaubigen auf eigenthümliche Weise sich
äusserte, so musste hier auch der volle Begriff seiner Wirksamkeit gegeben werden, und das λαλεῖν γλώσσαις wird daher hier
am ausführlichsten beschrieben. So lange nun blos Juden zum
Christenthum bekehrt wurden, ist von dem λαλεῖν γλώσσαις nicht
weiter die Rede, es verstand sich von selbst, dass, was den ersten
Bekennern des Christenthums ertheilt worden war, auch den
Übrigen, die nachfolgten, nicht fehlen konnte. Nicht einmal
K. 8, wo der erste bedeutende Zuwachs, welchen die Christen-
gemeinde ausserhalb Jerusalem und Judäa erhielt, die Bekehrung
der Samaritaner und die Mittheilung des heiligen Geistes durch
die Handauflegung der beiden Apostel Petrus und Johannes so
genau beschrieben wird, wird das λαλεῖν γλώσσαις erwähnt, was
sich nur daraus erklären lässt, dass dem Verfasser der Apostelgeschichte nach seiner liberalen Ansicht die Samaritaner nicht als
Fremde, sondern als Stammesgenossen der Juden galten. Als nun
aber auch Heiden in die christliche Gemeinde aufgenommen wurden, verstand es sich nicht ebenso von selbst, dass sie mit den
bisherigen Christen, die blos Judenchristen waren, alles, was
zu den Vorzügen der Mitglieder des messianischen Reichs gehört,
völlig gemein hatten. Daher ist K. 10 bei Cornelius und denen,
die mit ihm als die ersten Heiden bekehrt wurden, ausdrücklich
bemerkt, dass sich auch bei ihnen das auf sie herabgekommene
πνεῦμα ἅγιον durch das λαλεῖν γλώσσαις geäussert habe, und darauf
hingewiesen, dass es dieselbe Erscheinung sei, wie die am
Pfingstfest erfolgte: τὸ πνεῦμα ἅγιον ἔλαβον, καθὼς καὶ ἡμεῖς.
V. 47. vgl. 11, 15. 17. Sie konnte daher auch nur die Bedeutung
haben, dass auch sie, wie jene, Christen im vollen Sinn geworden
seien. Nachher erst wurden Heiden in grösserer Zahl zum

Christenthum bekehrt, aber so Viele es waren und so viele neue
Heidenchristen-Gemeinden entstanden, nirgends ist etwas über
das γλώσσαις λαλεῖν angedeutet, zum deutlichen Beweis, dass es
bei Cornelius und dessen Haus nur desswegen besonders hervorgehoben ist, weil er als der erste Heide, der das Christenthum
annahm, auch der Repräsentant der sämmtlichen Heidenchristen
ist. Es versteht sich also auch hier wieder von selbst, dass das,
was bei ihm stattfand, auch allen andern Heidenchristen zu Theil
wurde.

Von diesem Gesichtspunkt aus ist nun auch leicht zu sehen,
warum in der dritten Stelle Apg. 19, 6 bei der Bekehrung und
Taufe der Johannisjünger auf einmal wieder das λαλεῖν γλώσσαις
erscheint. Diese Johannisjünger bildeten nämlich gewissermassen
eine eigene Menschenklasse: sie waren keine Heiden, sondern
Juden, aber doch auch keine gewöhnlichen Juden, wie die bisher bekehrten, nicht solche, die bisher ohne allen Glauben an
Jesus als Messias erst durch die Taufe zum Glauben an ihn bekehrt wurden, sie waren durch die Johannistaufe schon so vorbereitet auf den Glauben an Jesus, dass sie im Grunde jetzt schon
halbe Christen waren; insofern waren sie eine neue Gattung von
Menschen, die jetzt zum Christenthum übergieng, es musste also
auch von ihnen gesagt werden, dass sie den Übrigen nicht nach-
standen, und zwar um so mehr, da das, was ihnen eigentlich
allein noch fehlte, eben das πνεῦμα ἅγιον war. Daher nun auch
hier die ausdrückliche Erwähnung des λαλεῖν γλώσσαις. Würden
in der Folge noch mehrere Johannisjünger auf diese Weise bekehrt und getauft worden sein, es wäre über das λαλεῖν γλώσσαις
nichts weiter gesagt worden, da man nun schon wusste, dass
diese dritte Classe mit den beiden andern alles theilt, was zum
vollen Begriff des Christenthums gehört. Ist also das πνεῦμα
ἅγιον das, was den an Jesus als den Messias Glaubenden den
messianischen Charakter ertheilt, das, was die Christen zu
Christen macht, oder mit Einem Worte ist es das Princip des

christlichen Bewusstseins, so ist das γλώσσαις λαλεῖν der Ausdruck dafür, dass dieses Bewusstsein alles in sich begreift, was zum specifischen Inhalt desselben gehört, und lebendig und kräftig genug ist, sich in der seinem Inhalt adäquaten Weise auszusprechen. So aufgefasst ist das λαλεῖν γλώσσαις nichts besonderes, was nur jener Zeit eigen wäre, sondern nur ein allgemein christliches Prädicat, ein bildlicher Ausdruck, der sich von selbst erklärt, sobald die Erzählung von der Pfingstbegebenheit, aus welcher er herstammt, als das erkannt ist, was sie ohnediess ihrer ganzen Beschaffenheit nach ist, als die mythische Darstellung des Ursprungs der christlichen Gemeinde. Seitdem das πνεῦμα ἅγιον auf diese Weise das constitutive Princip der christlichen Gemeinschaft geworden ist, greift es in der Darstellung der Apostelgeschichte überall ein, wo es um etwas für die Sache des Christenthums Wichtiges und Entscheidungsvolles sich handelt. Vgl. 8, 29. 20, 23.

In der bisherigen Darstellung des synoptischen Lehrbegriffs hatten wir noch keine Ursache, in ihm selbst divergirende Richtungen zu unterscheiden. Die hervorgehobenen Momente bilden ein zusammenhängendes Ganzes, in welchem, wenn sie auch bald aus diesem, bald aus jenem Evangelium genommen sind, das Eine an das Andere sich anschliesst. Da nun aber das Lucasevangelium für die Schrift eines Schülers des Apostels Paulus gilt, und in jedem Fall einen hellenisirenden Charakter an sich trägt, durch welchen es sich von dem mehr judaisirenden Matthäusevangelium unterscheidet, so ist voraus anzunehmen, dass sich auch in dem Lehrtypus der beiden Evangelien die Verschiedenheit ihres Ursprungs zu erkennen geben wird. Dem Matthäusevangelium kann zwar, abgesehen von seinen vielen Citaten aus dem alten Testament, durch welche es seine nähere Verwandtschaft mit dem alten Testament und dem Judenthum beurkundet, nicht wohl das Prädicat des jüdischen Particularismus gegeben werden, um so weniger aber verläugnet das Lucasevangelium

seinen paulinischen Universalismus. Ich hebe die hieher gehörenden Züge kurz hervor (vgl. Krit. Unters. S. 428 f.).

Die paulinisirende Tendenz des Lucasevangeliums spricht
sich sehr bestimmt darin aus, dass es gerade das, was für das
Matthäusevangelium charakteristisch ist, die Affirmation des Gesetzes und die wiederholt erklärte ausschliessliche Bestimmung
des Evangeliums für die Juden, nicht hat, und statt der darauf
sich beziehenden Aussprüche Jesu vielmehr entgegengesetzt lau-
tende gibt; man vgl. Matth. 5, 17 mit Luc. 16, 17, wo die Lesart
des marcionitischen Textes τῶν λόγων μου statt τοῦ νόμου die
ursprüngliche zu sein scheint, und Matth. 11, 13 mit Luc. 16, 16.
Ebendahin gehört die Aufnahme mehrerer, bei Matthäus fehlender
Lehrstücke, in welchen der Lehre von der Vergebung der Sünden
und der freien Gnade und Barmherzigkeit Gottes eine dem paulinischen Lehrbegriff ganz entsprechende Bedeutung gegeben ist.
Vgl. 18, 9 f. Eine eigenthümliche Grundanschauung von der
Person und Wirksamkeit Jesu drückt sich darin aus, dass die
erste Handlung, durch welche er sich in seiner höheren Würde
und Bestimmung kund gibt und legitimirt, die Austreibung eines
Dämon ist. Da Jesus nicht nur factisch durch sein Wort einen
Beweis seiner die Dämonen bezwingenden Macht gibt, sondern
auch der Dämonische noch ausdrücklich ein Zeugniss von der
Macht und Würde Jesu ablegt, so soll durch diese erste öffentliche Handlung unstreitig die allgemeine Bedeutung der Person
Jesu charakteristisch hervorgehoben werden. Nach jüdischer Anschauung ist das Heidenthum auch das Reich der Dämonen. Es
stellt sich daher in der die Dämonen vernichtenden Macht Jesu
seine rettende und erlösende Wirksamkeit für die Heidenwelt dar.
Die dämonische Macht des Heidenthums musste vor allem gebrochen werden, wenn der heidnischen Menschheit das messianische Heil zu Theil werden sollte. Vgl. 10, 17. 18. Unter
denselben Gesichtspunkt gehört die grosse Bedeutung, welche
Samarien im Lucasevangelium hat. In der Ausdehnung des

Wirkungskreises Jesu auf Samarien, in der Länge der Zeit, die
er hier verweilt haben soll, 9, 51 f., in der Vorliebe, mit welcher
in den dahin gehörenden Erzählungen die Züge eines gottgefälligen, der Aufnahme in das Reich Gottes von selbst entgegen-
kommenden Sinnes an Samaritern dargestellt werden, sehen wir
die Seite des Lebens Jesu vor uns, welche der paulinische Universalismus, um sich auf die Auctorität Jesu stützen zu können,
zu seiner Voraussetzung haben musste. In allen diesen Beziehungen weicht das Lucasevangelium von dem Matthäusevangelium
auf eine Weise ab, die nicht für zufällig, sondern nur für absichtlich gehalten werden kann, und daher auf einen ganz andern
dogmatischen Standpunkt hinweist.

Noch auffallender ist in dieser Hinsicht die Absichtlichkeit,
mit welcher das Lucasevangelium den zwölf Aposteln die siebenzig
Jünger gegenüberstellt. Es lässt sich an einer Reihe von Zügen
nachweisen (vgl. Krit. Unters. S. 435 f.), wie das Lucasevangelium
geschichtliche Situationen und Aussprüche Jesu, welche in dem
ursprünglichen Zusammenhang der evangelischen Geschichte sich
nur auf die Zwölf beziehen konnten, auf die siebenzig Jünger
überträgt mit der unverkennbaren Absicht, die Letztern den
Erstern nicht blos gleichzustellen, sondern statt derselben allein
als die wahren und ächten Jünger Jesu darzustellen. Die siebenzig Jünger, von welchen überhaupt nur Lucas weiss, sind unstreitig nach der bei den Juden angenommenen Zahl der heidnischen
Völker gerade in dieser Zahl für ihren Beruf ebenso bestimmt,
wie die zwölf Apostel mit Rücksicht auf die Zwölfzahl der Stämme
Israel; ebenso weist auch schon die Berufung und Aussendung
der siebenzig Jünger in Samarien, dem heidnischen Lande, auf
ihre Bestimmung für die heidnische Welt hin; es kann daher auch
darüber kein Zweifel sein, dass nur das Heidenthum die Sphäre
ist, in welcher Jesus alle jene grossen Erfolge seiner Sache in
der Zukunft vor sich liegen sieht, von welchen er in der wichtigen
Stelle 10, 17 f. mit so grosser Begeisterung spricht. Die Zwölf

dagegen sind dem Verfasser des Lucasevangeliums die engherzigen Träger des jüdischen Particularismus, welche noch ungeschickt für das Reich Gottes, auch nicht fähig sind, die engen Grenzen Judäa's zu überschreiten. Auch sonst noch gibt sich die paulinisirende Richtung des Evangeliums durch einzelne Züge zu erkennen. In den beiden Parabeln vom Gastmahl, 14, 16 f., und vom armen und reichen Mann, 16, 19 f., treten Judenthum und Heidenthum, oder judaistisches und paulinisches Christenthum mit den zu ihnen gehörenden Gegensätzen einander gegenüber. Der Schluss der letztern Parabel stellt das nach dem Tode Jesu thatsächlich stattfindende Verhältniss der Juden zum Christenthum sehr anschaulich vor Augen. Es war ja jetzt wirklich der Fall eingetreten, welchen die Parabel nur hypothetisch setzt: εἰ Μωσέως καὶ προφητῶν οὐκ ἀκούουσιν, οὐδὲ ἐάν τις ἐκ νεκρῶν ἀναστῇ, πεισθήσονται, V. 31. Jesus war ja vom Tode auferstanden, und doch glaubten sie an ihn als Messias nicht, wovon der Grund darin liegt, dass sie auf Moses und die Propheten nicht hören, sie nicht verstehen, sich durch sie nicht zum Glauben an den Messias hinleiten lassen, überhaupt in ihrem weltlichen Sinne keine Empfänglichkeit für das nur den Armen bestimmte messianische Heil haben. Eine ähnliche Bedeutung hat die kleine, nur bei Lucas sich findende Erzählung von den beiden Schwestern Maria und Martha und ihrem so verschiedenen Verhalten zu Jesu, 10, 38 f. Man kann in der Einen der beiden Schwestern nur ein Bild der vertrauensvollen Hingabe, die zum Begriff der paulinischen πίστις gehört, in der Andern nur ein Bild des in äussern Werken, in dem werkthätigen Thun der ἔργα νόμου sich abmühenden und in ihm von dem wahren Heil sich abwendenden Gesetzeseifers sehen. Auch in ihnen stellt sich uns so dieselbe, die Tendenz und den Charakter des Evangeliums bestimmende Grundanschauung in einem sehr prägnanten Bilde dar, und die auf die Zeitverhältnisse sich beziehende Antithese liegt klar in den tadelnden Worten Jesu an die Martha und in

dem rühmenden Zeugnisse, das er der Maria ertheilt. Die paulinische Form des Christenthums hat demnach auch auf die Darstellung der evangelischen Geschichte einen sichtbaren Einfluss
gehabt, um den Universalismus, welcher das eigentliche Element
des Paulinismus ist, nicht blos als paulinisches Dogma erscheinen zu lassen, sondern ihm seine principielle Berechtigung schon auf dem Boden der evangelischen Geschichte
nachzuweisen.

Gehen wir von dem Evangelium zu der Apostelgeschichte
fort, so begegnet uns auch hier überall dieselbe Grundanschauung.
Die eigentliche Aufgabe der Apostelgeschichte ist ja, den Universalismus, als die Grundlehre des Christenthums, in seiner
geschichtlichen Entwicklung zu verfolgen. Zugleich sehen wir
nun aber den Paulinismus auf eine Weise modificirt, welche überhaupt für den Entwicklungsgang, welchen das christliche Dogma
innerhalb der kanonischen Schriften genommen hat, bemerkenswerth ist. Während im Evangelium der Paulinismus nicht blos
gegen das Judenthum, sondern auch gegen das Judenchristenthum
und die dasselbe repräsentirenden Apostel antithetisch auftritt,
ist es dagegen in der Apostelgeschichte das sichtbare Bestreben,
diesen Gegensatz soviel möglich zu mildern und auszugleichen,
und zwischen den beiden Hauptaposteln Petrus und Paulus dasselbe harmonische Verhältniss nachzuweisen, das in dem zweiten
petrinischen Briefe als ein thatsächlich anerkanntes in klaren
Worten ausgesprochen ist. Für diesen Zweck wird Petrus ebenso
paulinisch, wie Paulus petrinisch dargestellt. Nicht Paulus ist
es, welcher als Heidenapostel dem christlichen Universalismus
zuerst seine Bahn bricht, sondern schon vor ihm hat Petrus
bei der Bekehrung des Heiden Cornelius die Schranken des
Judenthums durchbrochen. Schon damals soll dem Petrus ein
neues Licht in der Erkenntniss aufgegangen sein, ὅτι οὐκ ἔστι
προσωπολήπτης ὁ θεός, ἀλλ' ἐν παντὶ ἔθνει ὁ φοβούμενος αὐτὸν
καὶ ἐργαζόμενος δικαιοσύνην δεκτὸς αὐτῷ ἐστι, Apg. 10, 34. Auf

der Versammlung in Jerusalem soll Petrus es sogar für eine Versuchung Gottes erklärt haben, auf den Nacken der Jünger ein Joch zu legen, das weder die Väter noch sie selbst zu tragen vermocht haben, und von den sämmtlichen Aposteln sei der gemeinsame Beschluss gefasst worden, als ein Beschluss des heiligen Geistes, kein weiteres Joch aufzuerlegen, d. h. die Beobachtung des mosaischen Gesetzes nicht weiter zu verlangen, mit Ausnahme einiger Punkte, bei welchen auf die Juden, mit welchen man zusammenlebte, Rücksicht zu nehmen war.

Wie Petrus auf diese Weise paulinisirt, so ist dem Paulus der Apostelgeschichte seine antithetische Schärfe ganz genommen, er hat im Grunde nichts eigenthümlich Paulinisches. In den beiden grösseren Lehrvorträgen, welche er nach der Apostelgeschichte zu Antiochien und Athen hält, 13, 16 f., 17, 22 f., ist es nur der Monotheismus, welcher sich dem Polytheismus, nicht das Erlösungsbedürfniss und Erlösungsbewusstsein, das sich dem heidnischen Sünden- und Weltleben entgegenstellt. Von der paulinischen Auffassung des Christenthums, wie sie sich im Römerbrief auch dem Heidenthum gegenüber ausspricht, von dem Zurückgehen auf die sittliche Wurzel der Religion findet sich hier keine Spur, selbst der Messiasglaube wird 17, 31 nur vorübergehend berührt. In der Rede 13, 16 f. tritt zwar die paulinische Lehre deutlicher hervor, aber ihr eigentlicher Gehalt wird doch nur angedeutet. Nachdem Paulus ausführlich von der früheren Leitung des israelitischen Volkes, von dem Täufer Johannes, von der Hinrichtung und Auferstehung Jesu gesprochen und seine Messianität aus dem alten Testament erwiesen hat, fügt er V. 38 hinzu: γνωστὸν οὖν ἔστω ὑμῖν, ὅτι διὰ τούτου ὑμῖν ἄφεσις ἁμαρτιῶν καταγγέλλεται, καὶ ἀπὸ πάντων, ὧν οὐκ ἠδυνήθητε ἐν τῷ νόμῳ Μωυσέως δικαιωθῆναι, ἐν τούτῳ πᾶς ὁ πιστεύων δικαιοῦται. Aus dieser flüchtigen Andeutung ist gewiss die paulinische Lehre von der Rechtfertigung und dem Aufhören des Gesetzes nicht abzunehmen. Diese Stelle ist überdiess die einzige in der Apostel-

geschichte, in welcher sich ein solche Hinweisung findet. In
allen übrigen Äusserungen des Paulus treffen wir ausnahmelos
nur dieselbe Ankündigung des Auferstandenen, dieselbe alttestamentliche Beweisführung für die Messianität Jesu, wie in den
Reden eines Petrus. Nur über diese Frage disputirt Paulus
17, 2 f. mit den Juden in Thessalonich, indem er aus der Schrift
darthut, ὅτι τὸν Χριστὸν ἔδει παθεῖν καὶ ἀναστῆναι ἐκ νεκρῶν, καὶ
ὅτι οὗτός ἐστιν ὁ Χριστός, Ἰησοῦς, nur hierüber verhandelt er
einen Tag lang in Rom, πείθων αὐτοὺς τὰ περὶ τοῦ Ἰησοῦ, ἀπό
τε τοῦ νόμου Μωϋσέως καὶ τῶν προφητῶν 28, 23, nur daran erinnert er die ephesinischen Gemeindevorsteher, wenn er 20, 21 die
Lehre, welche er verkündigte, ohne etwas vorzuenthalten, in der
μετάνοια εἰς τὸν θεὸν und der πίστις εἰς τὸν κύριον ἡμῶν Ἰησοῦν
Χριστὸν zusammenfasst, und kaum eine leise Färbung des Ausdrucks ruft in dem εὐαγγέλιον τῆς χάριτος V. 24 dem Kundigen
die paulinische Auffassung der Heilslehre in's Gedächtniss. Auch
in seinen Erklärungen vor dem Synedrium 23, 6, vor Felix
24, 14, vor Festus 25, 8, vor Agrippa 26, 19 f. hält er keinen
andern Gesichtspunkt fest. In allen diesen Äusserungen weist
Paulus jede feindselige Beziehung seiner Lehre zum Mosaismus
ab, und versichert, dass es sich zwischen ihm und den Juden
durchaus nur um die Messianität Jesu, um die Erfüllung der alttestamentlichen Weissagungen in seinem Tod und seiner Auferstehung handle (vgl. 26, 22), wogegen ausser seiner Polemik
gegen die Gültigkeit des Gesetzes auch seine Lehre vom allein-
seligmachenden Glauben nicht undeutlich verläugnet wird, wenn
er 26, 20 den Inhalt seiner Lehre dahin angibt: ἀπήγγελλον με-
τανοεῖν καὶ ἐπιστρέφειν ἐπὶ τὸν θεὸν, ἄξια τῆς μετανοίας ἔργα
πράσσοντας. Diese μετάνοια, dieses ἐπιστρέφειν ἐπὶ τὸν θεὸν,
welches in einer veränderten Handlungsweise besteht, erinnert
weit mehr an die Busspredigt des Täufers und die von ihm ver-
langten καρποὺς ἀξίους τῆς μετανοίας, Luc. 3, 8, oder an das μετα-
νοήσατε καὶ ἐπιστρέψατε des Petrus Apg. 3, 19. vgl. V. 26. 2, 38.

5, 31, als an die Lehre des Paulus vom Glauben und von der
Umschaffung des innern Menschen.

Vergleicht man den Hauptinhalt der paulinischen Lehrvorträge der Apostelgeschichte mit dem der petrinischen, so ist
deutlich zu sehen, wie beide in einem die Gegensätze neutralisirenden Lehrbegriff zusammentreffen. Alles, was eine polemische Spitze hat, wird so viel möglich zurückgestellt und es werden vorzugsweise nur diejenigen Lehren hervorgehoben, welche
als der allgemein anerkannte Inhalt des christlichen Bewusstseins
angesehen werden können. Dass Heiden und Juden die gleiche
Berechtigung zum messianischen Heil haben, das Gesetz eine
Last sei, welche den an Jesum Glaubenden nicht auferlegt werden
dürfe, beide, Heiden und Juden, nur durch die Gnade gerettet
werden (wie diess auch Petrus Apg. 15, 11 erklärt): diess war
durch den Paulinismus zur Zeit der Abfassung der Apostelgeschichte schon so sehr zur stehenden Wahrheit geworden, dass
darüber kein weiterer Zweifel entstehen konnte. Vergebung der
Sünden wurde ohnediess als die unmittelbare Folge des Glaubens
an Jesus betrachtet. Vgl. Apg. 2, 38. 3, 19. 4, 12. 5, 31. 10, 43.
Auf der andern Seite wollte man aber von der paulinischen Lehre
vom Glauben und der Rechtfertigung in dem Sinn, in welchem
sie in den Hauptbriefen des Apostels enthalten ist, nichts wissen,
und drang dagegen um so mehr auf Busse und Bekehrung und
die aus ihr hervorgehenden Früchte des practischen Christenthums. So bildete sich ein Lehrbegriff, in welchem das, was im
Paulinismus der specifische, auf der höhern Bedeutung der Person
Christi beruhende Inhalt des Christenthums ist, zurücktritt und
das allgemein Religiöse, wie es als der geläuterte Inhalt der alttestamentlichen Religionslehre anzusehen ist, auf dieselbe Weise,
wie wir diess auch im Briefe Jacobi finden, die wesentliche
Grundlage bildet. In diesem Sinne wird in dem Lehrvortrag des
Petrus Apg. 10, 34 f., als das Wichtigste, worauf es überhaupt in
dem Verhältniss des Menschen zu Gott ankommt, hervorgehoben

das φοβεῖσθαι θεὸν καὶ ἐργάζεσθαι δικαιοσύνην. Von Jesus wird
gesagt, dass er vermöge seiner Frieden verkündigenden Lehre
der Herr Aller sei (d. h. der Juden und Heiden, deren aufge-
hobener Gegensatz zunächst diese εἰρήνη ist). Zum Messias von
Gott gesalbt, sei er wohlthuend und alle vom Teufel Überwältig-
ten heilend umhergewandert, und nach seinem Kreuzestod von
Gott auferweckt worden. Der wesentliche Inhalt der evangelischen Verkündigung ist neben der Vergebung der Sünden, welche
der an Jesum Glaubende durch seinen Namen erhält, dass er von
Gott bestimmt ist zum Richter der Lebendigen und Todten. Mit
der Lehre von der Sündenvergebung als der Hauptsache dessen,
was durch Christus bewirkt worden ist, schliesst auch der Apostel
Paulus die geschichtliche Übersicht, welche er in seinem Lehrvortrag K. 13 gibt, und in der Rede K. 17 zielt alles darauf hin,
Jesum als denjenigen darzustellen, durch welchen Gott am Tage
des Gerichts die Welt mit Gerechtigkeit richten werde. Im Zusammenhang damit wird in derselben Rede 17, 30 der Hauptzweck des Christenthums in die von Gott an alle Menschen
allenthalben ergangene Aufforderung zur Busse gesetzt. Je
practischer die Bestimmung des Christenthums aufgefasst und auf
das selbstthätige sittliche Thun des Menschen bezogen wird, um
so grösseres Gewicht erhält der Gedanke an das künftige, über
den sittlichen Werth des Menschen entscheidende Gericht, und
die Hauptlehre des Christenthums ist daher, dass Christus der
Weltrichter ist. Auch hierin stimmt der Brief Jacobi, in welchem
gleichfalls mit besonderem Nachdruck auf das künftige Gericht
hingewiesen wird, mit dem Lehrtypus der Apostelgeschichte
überein. Je mehr auf diese Weise das specifisch Paulinische
gegen das practisch Religiöse zurücktritt, bildete sich ein vermittelnder katholischer Lehrbegriff, in welchem die Gegensätze
zwar im Allgemeinen stehen blieben, aber ohne sich auszuschliessen, mit dem gegenseitigen Bestreben, den Gegensätzen
ihre polemische Spitze zu nehmen und in eine Mitte einzulenken,

in welcher sie sich wenigstens zu einer äusserlich vermittelnden
Einheit ausgleichen.

Diese Milderung und Ausgleichung des ursprünglichen
Gegensatzes zeigt sich auch noch auf folgende Weise. Seine
innerste Bedeutung hat der Paulinismus darin, dass ihm Heidenthum und Judenthum auf der einen und Christenthum auf der
andern Seite zwei principiell verschiedene Sphären sind, welche
wie der Gegensatz von Sünde und Gnade, von Tod und Leben,
von Diesseits und Jenseits sich zu einander verhalten. Dieser
scharfe Gegensatz konnte nicht mehr festgehalten werden, sobald
die Unmöglichkeit der Gesetzes-Erfüllung nicht mehr in dem absoluten Sinne galt, in welchem sie der Apostel Paulus behauptet
hatte. Ist das ἐργάζεσθαι δικαιοσύνην in jedem Volke möglich, so
kann auch nicht von Heiden und Juden schlechthin gesagt werden, dass sie nur Sünder sind. Nicht in der Beschaffenheit des
Gesetzes, sofern es nur ein παιδαγωγός ist und nicht δυνάμενος
ζωοποιῆσαι, wird der Grund des Gegensatzes gesucht, in welchem
das Judenthum zum Christenthum steht, sondern in der ange-
borenen Verkehrtheit und Widerspenstigkeit des jüdischen Volks.
Der Antinomismus des Apostels Paulus hat sich in der Apostelgeschichte in eine Anklage gegen das Volk verwandelt. Nicht
nur erscheinen die Juden in der Apostelgeschichte überall als die
erklärten Feinde des Christenthums, sondern es wird auch ihre
Feindschaft gegen das Christenthum als eine so habituelle und in
der ganzen Sinnesart des Volks so tief wurzelnde betrachtet,
dass zwischen der jüdischen Nation und dem Christenthum eine
ebenso grosse Kluft besteht, wie zwischen dem Gesetz und dem
Evangelium.

Aus diesem Gesichtspunkt wird das Verhältniss der jüdischen
Nation zum Christenthum in der Rede des Stephanus Apg. K. 7
aufgefasst. Während sonst die Apostelgeschichte von der wesentlichen Identität des Christenthums mit dem Mosaismus ausgeht
und sich darauf beschränkt, in Christus die Erfüllung der alt-

testamentlichen Weissagungen aufzuzeigen, wird hier mit allem
Nachdruck das Missverhältniss hervorgehoben, in welches die
Institutionen des alten Testaments in der Hand eines Volks, wie
das jüdische ist, zu einer den Menschen über das Sinnliche zum
Geistigen erhebenden Religion kommen mussten. Der Inhalt der
Rede theilt sich in zwei einander parallel laufende Seiten: auf
der einen Seite werden die Wohlthaten aufgezählt, welche Gott
von der ältesten Zeit an dem Volk erwiesen hat, auf der andern
wird mit ihnen das Benehmen des Volks gegen Gott zusammengestellt. Daher der Hauptgedanke der Rede: so gross und ausser-
ordentlich die Wohlthaten waren, welche Gott von Anfang an
dem Volk zu Theil werden liess, so undankbar und den göttlichen
Absichten widerstrebend war dagegen auch von Anfang an der
Sinn des Volks, so dass da, wo ein ganz harmonisches Verhältniss stattfinden sollte, vielmehr das grösste Missverhältniss hervortritt; in demselben Verhältniss, in welchem Gott von seiner
Seite alles gethan hat, um das Volk an sich zu ziehen und zu
sich zu erheben, wandte sich das Volk von Gott hinweg. Zu
diesem Behuf geht der Redner in die frühere Geschichte des israelitischen Volks zurück, er weist nach, wie die theokratischen
Institutionen schon durch die Schicksale der Patriarchen vorbereitet worden seien (vgl. V. 5. 7. 15 f., und χρόνος τῆς ἐπαγγελίας
V. 17), wie aber auch schon mit ihrer ersten wirklichen Ein-
führung, trotz ihres augenscheinlichen göttlichen Ursprungs, die
Undankbarkeit des Volks und seine Unfähigkeit zum Verständniss
der göttlichen Führungen und Absichten in der anfänglichen Verwerfung des Moses und dem nachmaligen Abfall zum Götzendienst
aufs Stärkste hervorgetreten sei, die gleiche Denkweise jedoch
auch an den salomonischen Tempelbau sich geheftet habe; er
schliesst endlich aus dem allem, dass es nur die Fortsetzung der
früheren Widerspenstigkeit und Herzenshärtigkeit sei, wenn die
Juden Jesum ebenso verschmähen, wie sie Moses verschmäht
haben (V. 37. 52), und das von Menschen erbaute Gotteshaus

nebst dem Dienst in demselben der wahren Gottesverehrung
ebenso vorziehen, wie die Väter in der Wüste das goldene Kalb
dem lebendigen Gott vorgezogen haben (V. 41. 51). Dabei muss
nun freilich vorausgesetzt werden, dass die Rede des Stephanus
wenigstens in der Form ihrer Ausführung eine Composition des
Verfassers der Apostelgeschichte ist, welcher in ihr seine eigene
Ansicht von dem Verhältniss der Juden zum Christenthum entwickelt. Diess kann jedoch ohne Bedenken angenommen werden,
da die Authentie der Rede des Stephanus auch aus andern Gründen höchst zweifelhaft ist, und ihr Inhalt mit der Art und Weise,
wie der Verfasser der Apostelgeschichte sonst das Verhältniss
der Juden zum Christenthum schildert, ganz übereinstimmt. Was
also bei dem Apostel Paulus der allgemein menschliche Gegensatz
ist, in welchem die Juden und Heiden als Sünder zum Christenthum
stehen, ist hier ein nationaler in der Individualität des jüdischen
Volks gegründeter, und es fällt somit das, wovon der Apostel
den eigentlichen Grund in dem Wesen des Gesetzes nachzuweisen
sucht, als sittliche Schuld nur auf die Seite des Volks.

Dritte Periode.

Die Lehrbegriffe der Pastoralbriefe und der johanneischen Schriften.

1. Der Lehrbegriff der Pastoralbriefe.

Es sind uns noch zwei Lehrbegriffe übrig, welche eine
eigene Periode der neutestamentlichen Theologie bilden. Wie
die Schriften, welche die Quelle derselben sind, zu den spätesten
des Kanons gehören, so zeigt auch der Charakter dieser Lehrbegriffe selbst, dass sie einer weiter fortgeschrittenen Entwick-
lungsperiode angehören. In dem einen derselben hat sich der

Paulinismus nach Maassgabe der Erscheinungen, in deren Zeit
die Pastoralbriefe entstanden sind, modificirt, in dem andern
stellt sich uns ein neuer selbstständiger Lehrtypus dar, in welchem
Elemente der neutestamentlichen Theologie, welche bisher noch
keine bestimmtere Gestalt gewonnen hatten, sich zu einer höhern
Einheit zusammenschlossen.

Zu den Grundsätzen des paulinischen Christenthums bekennt
sich der Verfasser der Pastoralbriefe ausdrücklich dadurch, dass
er das dem Christen im Glauben an Christus zu Theil gewordene
Heil keinem vorangehenden Verdienst der Werke, sondern allein
der Barmherzigkeit Gottes, seiner rettenden und berufenden
Gnade zuerkannt wissen will. Vgl. 2 Tim. 1, 9, wo er von der
δύναμις θεοῦ spricht, τοῦ σώσαντος ἡμᾶς καὶ καλέσαντος κλήσει
ἁγίᾳ, οὐ κατὰ τὰ ἔργα ἡμῶν, ἀλλὰ κατ᾽ ἰδίαν πρόθεσιν καὶ χάριν
τὴν δοθεῖσαν ἡμῖν ἐν Χριστῷ Ἰησοῦ πρὸ χρόνων αἰωνίων. Tit. 3, 4:
ἡ χρηστότης καὶ ἡ φιλανθρωπία ἐπεφάνη τοῦ σωτῆρος ἡμῶν θεοῦ,
οὐκ ἐξ ἔργων τῶν ἐν δικαιοσύνῃ ὧν ἐποιήσαμεν ἡμεῖς, ἀλλὰ κατὰ
τὸν αὐτοῦ ἔλεον ἔσωσεν ἡμᾶς, — ἵνα δικαιωθέντες τῇ ἐκείνου χάριτι
κληρονόμοι γενώμεθα κατ᾽ ἐλπίδα ζωῆς αἰωνίου. Schon hier lässt
sich jedoch bemerken, wie es dem Lehrbegriff dieser Briefe an
einem tieferen Eingehen in den innern Zusammenhang der paulinischen Grundbegriffe fehlt. Er will zwar die Gnade der Berufung
nicht durch die Gerechtigkeit der Werke beeinträchtigt wissen,
stellt aber den Werken den Glauben nicht so gegenüber, dass die
Lehre vom rechtfertigenden Glauben sich als den Mittelpunkt der
ganzen Heilslehre herausstellt. Auch sonst gibt sich der paulinische Geist des Verfassers in einzelnen Zügen zu erkennen, wie
namentlich in der Bedeutung, welche er dem Tode Jesu gibt,
1 Tim. 2, 6. Tit. 2, 14 u. s. w. Wenn aber der Apostel Paulus
in dem Tode Jesu einen Rechtsprocess sieht, welcher die Los-
kaufung von der κατάρα νόμου bewirken soll, so hat sich dagegen
Jesus nach Tit. 2, 14 desswegen für uns gegeben, ἵνα λυτρώσηται
ἡμᾶς ἀπὸ πάσης ἀνομίας καὶ καθαρίσῃ ἑαυτῷ λαὸν περιούσιον,

ζηλωτὴν καλῶν ἔργων. Der Tod Jesu befreit nicht vom νόμος, sondern von der ἀνομία, d. h. er geht nicht sowohl auf das Vergangene
als auf das Künftige. Wie Paulus sagt der Verfasser dieser Briefe
von Christus 2 Tim. 1, 10, er sei καταργήσας μὲν τὸν θάνατον,
φωτίσας δὲ ζωὴν καὶ ἀφθαρσίαν, aber der Zusatz διὰ τοῦ εὐαγγελίου
passt nicht recht in die Anschauungsweise des Apostels. Paulinisch ist ferner, wenn er Tit. 3, 5 den heiligen Geist in reichem
Maasse von Gott durch Christus ausgegossen werden lässt; wenn
aber dabei die Wiedergeburt und Erneuerung des heiligen Geistes
an die Taufe geknüpft wird, so ist diess eine dem Apostel Paulus
fremde Bestimmung. Noch mehr zeigt sich der vermittelnde
Charakter des Lehrbegriffs dieser Briefe, oder die Verflachung
des Paulinismus, wie wir sie auch in den kleineren paulinischen
Briefen finden, in den positiven sittlichen Bestimmungen, welche
theils mit dem Glauben zusammengestellt werden, theils an die
Stelle desselben gesetzt werden. Der Glaube ist der principiellen
Stellung entrückt, welche er bei dem Apostel Paulus hat, wenn
er mit der Liebe und andern Tugenden in Eine Reihe gesetzt
wird, wie diess in diesen Briefen so oft geschieht. Vgl. 1 Tim.
1, 5: τὸ τέλος τῆς παραγγελίας ἐστὶν ἀγάπη, ἐκ καθαρᾶς καρδίας
καὶ συνειδήσεως ἀγαθῆς καὶ πίστεως ἀνυποκρίτου; 1, 14: μετὰ
πίστεως καὶ ἀγάπης; 2, 15: ἐὰν μείνωσιν ἐν πίστει καὶ ἀγάπη καὶ
ἁγιασμῷ; 4, 12: τύπος γίνου τῶν πιστῶν ἐν λόγῳ, ἐν ἀναστροφῇ,
ἐν ἀγάπῃ, ἐν πίστει, ἐν ἁγνείᾳ; 6, 11: δίωκε δικαιοσύνην, εὐσέ
βειαν, πίστιν, ἀγάπην, ὑπομονήν; 2 Tim. 1, 13: ἐν πίστει καὶ
ἀγάπῃ τῇ ἐν Χριστῷ Ἰησοῦ; 2, 22: δίωκε δικαιοσύνην, πίστιν,
ἀγάπην, εἰρήνην; vgl. 3, 10. Tit. 2, 2. Hat der Glaube nicht
mehr seine centrale Bedeutung, so muss um so mehr Gewicht
auf die practische Religiosität oder die Werke gelegt werden.
Es ist daher auch in diesen Briefen von den ἔργα καλὰ oder ἀγαθὰ
auf eine Weise die Rede, welche nicht für paulinisch und den
paulinischen Grundsätzen entsprechend gehalten werden kann.
Vgl. 1 Tim. 2, 10: θεοσέβεια δι' ἔργων ἀγαθῶν; 5, 10: γυνὴ

ἐν ἔργοις καλοῖς μαρτυρουμένη — εἰ παντὶ ἔργῳ ἀγαθῷ ἐπηκολού-
θησε; 5, 25. 6, 18: ἀγαθοεργεῖν, πλουτεῖν ἐν ἔργοις καλοῖς. Vgl.
2 Tim. 2, 21. 3, 17. Tit. 1, 16. 2, 7: περὶ πάντα σεαυτὸν παρε-
χόμενος τύπον καλῶν ἔργων; 2, 14. 3, 1. 8. 14: μανθανέτωσαν —
καλῶν ἔργων προΐστασθαι. In allen diesen Stellen sind es durchaus die Werke, in welche das wahre Wesen des Christenthums
gesetzt wird. Ja, so sehr hat hier der paulinische Begriff der
πίστις seine specifische Bedeutung verloren, dass an die Stelle
desselben der ganz allgemeine Begriff der Religiosität überhaupt
gesetzt wird. Die εὐσέβεια oder θεοσέβεια ist in diesen Briefen
ein sehr geläufiger Ausdruck, vgl. 1 Tim. 2, 2. 3, 16. 4, 7. 8.
6, 3. 5. 6. 11. 2 Tim. 3, 5. 12. 16. Tit. 1, 1. 2, 12.

In allem diesem ist noch nichts Charakteristisches für den
Lehrbegriff dieser Briefe, es ist nur dieselbe schlaffere Auffassung
des Paulinismus im Interesse einer katholisirenden, die Gegensätze vermittelnden Richtung, wie wir diess überhaupt in den
pseudonymen Schriften der Kanons finden. Um ihrem Lehrbegriff
näher zu kommen, müssen wir ihre polemische Seite in's Auge
fassen. Sie bestreiten Häretiker, die schon damals eine sehr
bedeutende Zeiterscheinung geworden waren, und keine andern
gewesen sein können, als die uns bekannten Gnostiker. Was
diesen Gegnern zum Hauptvorwurf gemacht wird, ist ihre Abweichung vom Glauben, dass sie, wie es 1 Tim. 1, 19 heisst,
περὶ τὴν πίστιν ἐναυάγησαν, oder ἀπεπλανήθησαν ἀπὸ τῆς πίστεως,
1 Tim. 6, 10, περὶ τὴν ἀλήθειαν ἠστόχησαν, 2 Tim. 2, 18. Vgl.
1 Tim. 4, 1. 2 Tim. 3, 8. 4, 4. Es gibt also schon einen Inhalt
des Glaubens, welcher seine bestimmte feststehende Form hat,
von welcher man nicht abweichen darf, einen Gegensatz von
Orthodoxie und Heterodoxie. Die letztere wird mit dem Ausdruck ἑτεροδιδασκαλεῖν bezeichnet 1 Tim. 1, 3. 6, 3. Die Lehre,
an welche man sich halten soll, ist die gesunde, die ὑγιαίνουσα
διδασκαλία 1 Tim. 1, 10. Tit. 1, 9. 2, 1, der λόγος ὑγιής Tit. 2, 8,
λόγοι ὑγιαίνοντες 2 Tim. 1, 13. Als die wahre Heilslehre kann

sie keine das geistige Wohl des Menschen gefährdende Elemente enthalten. Die Irrlehre wird mit einer um sich greifenden Krankheit verglichen 2 Tim. 2, 17. Auch ἡ καλὴ διδασκαλία heisst die wahre Lehre 1 Tim. 4, 6, oder auch schlechthin ἡ διδασκαλία 1 Tim. 6, 1. Wer sich zur falschen Lehre bekennt, ist ein αἱρετικὸς ἄνθρωπος, ein Häretiker, weil er im Unterschied von der allgemein angenommenen Lehre seinen eigenen selbstgewählten Weg geht, ἐξέστραπται ὁ τοιοῦτος καὶ ἁμαρτάνει, ὢν αὐτοκατάκριτος Tit. 3, 10 f. Was einen solchen zum Häretiker macht, ist sein Abfall vom Glauben, von der πίστις. Das Wort πίστις bezeichnet demnach hier, was für diese Briefe besonders charakteristisch ist, nicht mehr den Glauben als subjectives Verhalten, sondern die πίστις ist im objectiven Sinn ein Inbegriff von Wahrheiten, welche als stehende Lehre gelten. Man vgl. über diese Bedeutung von πίστις 1 Tim. 4, 1. 6, 10. 21. Tit. 1, 4, wo auch von einer κοινὴ πίστις die Rede ist.

Hat einmal der Glaube auf diese Weise zu einem fixirten Dogma, einem bestimmten System theoretischer Überzeugungen sich gestaltet, so kann diess nicht geschehen sein, ohne dass sich eine fester geschlossene Gemeinschaft gebildet hat. Es spricht sich in diesen Briefen schon ein bestimmtes kirchliches Bewusstsein aus, und die Idee der Kirche erhält ihre dogmatische Bedeutung. Οἶκος θεοῦ, ἐκκλησία θεοῦ ζῶντος, στύλος καὶ ἑδραίωμα τῆς ἀληθείας sind 1 Tim. 3, 15 die den Begriff der Kirche bezeichnenden Ausdrücke. Die Grundanschauung, auf welcher der Begriff der Kirche beruht, ist der οἶκος θεοῦ. Wie man sich Gott in dem seiner Verehrung gewidmeten Tempel wohnend und in ihm gegenwärtig denkt, so ist auch die Kirche als die Gemeinschaft derer, welche in demselben Glauben vereinigt sind, gleichsam ein von der Gegenwart Gottes erfüllter Raum. Wenn aber die Kirche ein Pfeiler und eine Grundfeste der Wahrheit genannt wird, so ist damit gesagt, dass das, was die Kirche zur Kirche macht, die Substanz ihres Wesens ausmacht, die Lehre

ist, welche als der Inbegriff der Wahrheit in ihr niedergelegt ist,
und welche sie daher auch in ihrer unversehrten Reinheit zu
bewahren hat. In demselben Sinne wird 2 Tim. 2, 19 von der
Kirche gesagt, zur Beruhigung gegen die, welche durch falsche
Lehren, wie durch die Läugnung einer künftigen Auferstehung,
vom rechten Wege abirren und Manche in ihrem Glauben ver-
wirren, dass der feste Grund Gottes unerschüttert fest stehe;
er hat, wie Säulen und Grundsteine mit Inschriften versehen sind,
die doppelte Inschrift: 1) es kennt der Herr die ihm Angehörenden, d. h. es kann niemand zu dieser Gemeinschaft gehören, der
nicht von Christus geprüft und gewählt ist, und 2) es stehe ab
von Ungerechtigkeit, d. h. von Unsittlichkeit überhaupt, wozu
auch die Irrlehre gehört, jeglicher, der den Namen des Herrn
ausspricht. Die Kirche hat also schon ihre bestimmte Umgren-
zung, und es bilden alle, die zu ihrer Gemeinschaft gehören,
eine in sich geschlossene Einheit; doch ist diese noch nicht so
abgeschlossen, dass nicht ein bedeutender Unterschied der Mitglieder in ihr stattfinden und selbst Irrlehrer noch in ihr sein
könnten. Es gibt, wie es in demselben Zusammenhang 2 Tim.
2, 20 heisst, in einem grossen Hause nicht blos goldene und
silberne Gefässe, sondern auch hölzerne und irdene, die einen
zur Ehre, die andern zur Unehre. Wenn nun einer sich gereinigt
hat von diesen, den Gefässen der Unehre, den Irrlehrern und
ihren Irrthümern, wird er ein Gefäss zur Ehre sein, geheiligt
und nützlich dem Herrn, zu jedem guten Werke bereit. Es
spricht sich hier gegen die Irrlehrer noch nicht der Ketzerhass
der spätern Kirche, sondern eine mildere Ansicht aus, es wird
besonders empfohlen, sie zurechtzuweisen, ob nicht vielleicht
Gott ihnen geben möchte Sinnesänderung zur Erkenntniss der
Wahrheit und sie zur Besonnenheit kommen aus der Schlinge des
Teufels, der sie gefangen hält. Erst wenn mehrmalige Ermahnungen vergeblich gewesen sind, soll man mit einem ketzerischen
Menschen keine weitere Gemeinschaft haben. Alle diese gegen

die Häretiker gerichteten Vorschriften zielen im Zusammenhang
mit den die hierarchische Gestaltung der Kirche betreffenden An-
ordnungen, die der Hauptzweck dieser Briefe sind, darauf hin,
die Einheit der Kirche zu realisiren und den Grundsatz festzustellen, dass Einheit im Glauben und in der Lehre die wesentliche Grundlage der Kirche ist. Daher ist nichts wichtiger, als
das den Vorstehern besonders empfohlene Festhalten an der
kirchlichen Lehre, dem κατὰ τὴν διδαχὴν πιστὸς λόγος Tit. 1, 9,
der ὑγιαίνουσα διδασκαλία, welche demnach, da es nur darauf
ankommt, alles ihr Widerstreitende von ihr fernzuhalten, als
eine im Wesentlichen schon fixirte gedacht werden muss.

Der Gegensatz gegen die Häretiker hat zuerst dem Dogma
von der Einheit der Kirche seinen Ursprung und seine bestimmte
Bedeutung gegeben. Derselbe Gegensatz hat überhaupt auf den
Lehrbegriff dieser Briefe vielfach eingewirkt. Hatte der Paulinismus zuerst die einfachen Thatsachen des christlichen Glaubens
zum Gegenstand der Reflexion und Speculation gemacht, und
seine Antithese gegen das Judenchristenthum auf dem Wege einer
dialektischen Polemik durchgeführt, so halten dagegen die Pastoralbriefe für nöthig, vom Streit abzumahnen, und wiederholt
einzuschärfen, dass das Wesen der christlichen Religiosität nicht
in spitzfindigen Speculationen, sondern in der practischen Anerkennung der Grundwahrheiten der Religion, im Glauben und
in der Liebe bestehe. So beginnt gleich der erste Brief an Timo-
theus mit der Aufforderung, μὴ ἑτεροδιδασκαλεῖν, μηδὲ προσέχειν
μύθοις καὶ γενεαλογίαις ἀπεράντοις, αἵτινες ζητήσεις παρέχουσι μᾶλ-
λον ἢ οἰκονομίαν θεοῦ τὴν ἐν πίστει, man soll sich nicht halten an
Mythen und überschwängliche Genealogien, welche mehr Streit-
fragen zum Vorschein bringen, als dass sie die im Glauben an-
zuerkennende Religionsökonomie Gottes erkennen lassen, das
Ziel der Verkündigung aber sei Liebe aus reinem Herzen und
gutem Gewissen und ungeheucheltem Glauben. Vgl. 2 Tim. 2,
14. 22. Tit. 3, 9. Die Vergleichung dieser Stellen zeigt, wie

das Transcendente der gnostischen Speculation auch den Pauliner
von der Nothwendigkeit überzeugte, auf das Practische zu dringen. Der Paulinismus hatte selbst in seinem Gegensatz gegen
das Gesetz und das Judenthum ein der Gnosis verwandtes Element.
Um so mehr lag es, als die Gnosis in das Häretische übergieng,
in dem Interesse des Paulinismus, eher einzulenken, als mit der
Gnosis Hand in Hand zu gehen. Die Missbilligung der μάχαι
νομικαί Tit. 3, 9, der Disputationen über den religiösen Werth
des Gesetzes und des alten Testaments, so wie die ausdrückliche
Erklärung, ὅτι καλὸς ὁ νόμος 1 Tim. 1, 5, sollen dem paulinischen
Antinomismus sein Bedenkliches nehmen. Dieselbe Tendenz
scheint auch die Stelle zu haben, die von jeher als classischer
Ausspruch für das Inspirationsdogma galt, 2 Tim. 3, 16. Wenn
hier mit besonderem Nachdruck gesagt wird, jegliche Schrift
der zuvor genannten ἱερὰ γράμματα, unter welchen in jedem Fall
vorzugsweise das alte Testament zu verstehen ist, sei von Gott
eingegeben und nützlich zur Lehre, zur Überführung, zur Zu-
rechtweisung, zur Zucht in der Gerechtigkeit, so scheint hier
absichtlich ein anerkennendes Zeugniss für das von den Gnostikern
hauptsächlich auch auf paulinischer Grundlage so sehr herabge-
setzte alte Testament ausgestellt zu werden. Und wie auf das
Practische besonderes Gewicht gelegt wird, so soll die Ermahnung, sich an die ἱερὰ γράμματα zu halten, als die δυνάμενα
σοφίσαι εἰς σωτηρίαν διὰ πίστεως τῆς ἐν Χριστῷ Ἰησοῦ auf die biblische Grundlage der christlichen Religiosität hinweisen.

Die Antithese gegen die Gnosis lässt sich hier nicht wohl
verkennen, es gibt aber überhaupt nichts Charakteristisches im
Lehrbegriff dieser Briefe, wobei nicht die Einwirkung der Gnosis
sich nachweisen liesse. In dieser Hinsicht ist hier besonders die
Lehre von Gott zu erwähnen. In mehreren Stellen dieser Briefe
zeigt sich das Bestreben, das absolute Wesen Gottes hervorzuheben und in prägnanten Prädicaten auszusprechen, wie namentlich in den beiden Doxologien des ersten Briefes 1, 17: τῷ βασιλεῖ

τῶν αἰώνων, ἀφθάρτῳ, ἀοράτῳ, μόνῳ θεῷ τιμὴ καὶ δόξα εἰς τοὺς
αἰῶνας τῶν αἰώνων, ἀμήν; 6, 15: ὁ μακάριος καὶ μόνος δυνάστης,
ὁ βασιλεὺς τῶν βασιλευόντων, καὶ κύριος τῶν κυριευόντων, ὁ μόνος
ἔχων ἀθανασίαν, φῶς οἰκῶν ἀπρόσιτον, ὃν εἶδεν οὐδεὶς ἀνθρώπων,
οὐδὲ ἰδεῖν δύναται, ᾧ τιμὴ καὶ κράτος αἰώνιον, ἀμήν. Emphatische
und gehäufte Prädicate dieser Art, welche alle nur den Begriff
des absoluten Wesens der Gottheit ausdrücken sollen, sind ganz
der Weise der Gnostiker gemäss, einige derselben haben auch
eine nähere Verwandtschaft mit gnostischen Vorstellungen, wie
βασιλεὺς τῶν αἰώνων, φῶς οἰκῶν ἀπρόσιτον. Solche Prädicate,
deren sich hauptsächlich die Gnostiker bedienten, eigneten sich
auch die kirchlichen Schriftsteller an, da sie im Gegensatz gegen
die Gnostiker und die Angriffe derselben auf den alttestamentlichen Anthropomorphismus und Anthropopathismus nichts mehr
zu vermeiden hatten, als eine zu sinnliche Vorstellung von dem
Wesen der Gottheit. Antithetisch gegen die Gnosis ist dagegen
wieder die Bestreitung der Ansicht, dass es eine unreine
Schöpfung gebe. Wenn von den Häretikern dieser Briefe gesagt
wird, dass sie zu heirathen verbieten und sich der Speisen zu
enthalten gebieten, welche Gott geschaffen zum Genusse mit
Danksagung für die Gläubigen, und die, so die Wahrheit erkannt
haben, 1 Tim. 4, 3, so bezieht sich diess deutlich auf den gnostischen Dualismus und den gnostischen Widerwillen gegen die
materielle Schöpfung als eine unreine. Im Gegensatz gegen
diesen Dualismus wird gesagt, jegliches Geschöpf sei gut (πᾶν
κτίσμα καλὸν) und nichts verwerflich, wenn es mit Danksagung
genossen werde, denn es werde geheiligt durch Gottes Wort
und Gebet, 1 Tim. 4, 4, alles sei rein den Reinen, den Befleckten
aber und Ungläubigen sei nichts rein, sondern befleckt sei ihr
Sinn und Gewissen. Kann die materielle Welt als eine unreine,
nicht als das Werk Gottes betrachtet werden, so muss sie einem
von Gott verschiedenen Princip zugeschrieben werden, es liegt
daher in dieser gnostischen Weltansicht unmittelbar die gnosti-

sche Trennúng des Weltschöpfers von dem höchsten Gott. Die
Widerlegung dieses der absoluten Idee Gottes widerstreitenden
Dualismus ist es nun, wenn behauptet wird, es sei in der materiellen Welt nichts so unrein, dass es nicht für ein Werk Gottes
gehalten werden könne, alles Geschaffene sei als solches auch
gut. Wie in dieser Beziehung die christliche Idee Gottes gegen
den gnostischen Dualismus gerechtfertigt werden musste, so gab
auch der gnostische Particularismus eine Veranlassung, das Absolute der Gottesidee festzuhalten. Es ist auffallend, wie ange-
legentlich in mehreren Stellen dieser Briefe die Universalität der
Gnade Gottes in Christus hervorgehoben wird. Die Hauptstelle
ist 1 Tim. 2, 3: τοῦτο γὰρ καλὸν καὶ ἀπόδεκτον ἐνώπιον τοῦ σωτῆρος ἡμῶν θεοῦ, ὃς πάντας ἀνθρώπους θέλει σωθῆναι καὶ εἰς ἐπίγνωσιν
ἀληθείας ἐλθεῖν. Εἷς γὰρ θεὸς, εἷς καὶ μεσίτης θεοῦ καὶ ἀνθρώπων,
ἄνθρωπος Χριστὸς Ἰησοῦς, ὁ δοὺς ἑαυτὸν ἀντίλυτρον ὑπὲρ πάντων.
Vgl. 4, 10: Gott ist σωτὴρ πάντων ἀνθρώπων. Tit. 2, 11 ἐπεφάνη
ἡ χάρις τοῦ θεοῦ ἡ σωτήριος πᾶσιν ἀνθρώποις. Diese nachdrück-
lichen Erklärungen setzen die entgegengesetzte Behauptung voraus, dass die erlösende und seligmachende Gnade Gottes nicht
allen Menschen bestimmt sei. Sie liegt in der bekannten Unterscheidung, welche die Gnostiker zwischen Pneumatikern, Psy-
chikern und Hylikern machten. Da nur die selig werden, oder
in das Lichtreich aufgenommen werden können, welche das
pneumatische Lichtprincip in sich haben, so kommt diess auch
nur den Pneumatikern zu, und es gibt demnach ein von Natur
selig werdendes Geschlecht, einen Particularismus, welcher alle,
die nicht in diese Classe gehören, von der Seligkeit ausschliesst.
Die Antithese gegen diesen gnostischen Particularismus gibt sich
noch besonders dadurch zu erkennen, dass dem σωθῆναι ausdrücklich das ἐλθεῖν εἰς ἐπίγνωσιν ἀληθείας gleichgesetzt wird.
Denn eben darauf stützten ja die Gnostiker ihren Particularismus,
dass sie die einzige Bedingung der Seligkeit, die γνῶσις, oder,
wie in diesen Briefen wiederholt gesagt wird, die ἐπίγνωσις τῆς

ἀληθείας (vgl. 2 Tim. 2, 25), als den speciellen Vorzug Einzelner, einer bestimmten Classe betrachteten. Das Charakteristische des Lehrbegriffs dieser Briefe liegt demnach hauptsächlich in der Lehre von Gott. Es zeigt sich hier das theils durch die Gnosis angeregte, theils im Interesse des christlichen Bewusstseins sich in Antithese zu ihr setzende Streben, die absolute Idee Gottes so festzuhalten, dass weder im Reiche der Natur noch im Reiche der Gnade eine mit ihr unvereinbare Schranke stehen bleibt. Aus diesem Gesichtspunkt ist auch die mit dieser Auffassung der Idee Gottes eng zusammenhängende Christologie dieser Briefe zu betrachten.

Charakteristisch ist in dieser Beziehung, dass in diesen Briefen so oft Gott selbst zum Hauptsubject der erlösenden Thätigkeit gemacht wird. Schon Schleiermacher hat den Ausdruck θεὸς σωτήρ 1 Tim. 2, 3. Tit. 3, 4 als eine nur diesen Briefen eigene Bezeichnungsweise bemerklich gemacht. Ebenso eigenthümlich ist, dass die in dieser Beziehung sich äussernde Thätigkeit Gottes mit Ausdrücken bezeichnet wird, welche die Epoche des Christenthums mit einem plötzlich erschienenen Licht vergleichen, sie als eine Epiphanie Gottes darstellen. Ἐπεφάνη ἡ χάρις τοῦ θεοῦ ἡ σωτήριος πᾶσιν ἀνθρώποις, Tit. 2, 11, ἡ χρηστότης καὶ ἡ φιλανθρωπία (auch diese den Begriff der Güte und Liebe so stark hervorhebenden Ausdrücke sind bezeichnend) ἐπεφάνη τοῦ σωτῆρος ἡμῶν θεοῦ, Tit. 3. 4. Wenn nun gleich neben Gott auch Christus selbst σωτήρ und seine Erscheinung eine ἐπιφάνεια genannt wird, 2 Tim. 1, 10. 4, 1. 8, so haben doch diese beiden Begriffe des σωτήρ und der ἐπιφάνεια, wie sie im Zusammenhang dieser Briefe sich finden, immer etwas Eigenthümliches, das man sich gleichfalls nur aus dem Einfluss der Gnosis erklären kann. Der Begriff des σωτήρ hatte überhaupt bei den Gnostikern eine besondere Bedeutung, und wenn mit dem Ausdruck ἐπιφάνεια nur der Begriff eines plötzlich erscheinenden Lichts verbunden werden kann, so ist auch diess ganz der Anschauungsweise der Gnostiker gemäss, welche in Ansehung des Christenthums besonders das Unvermittelte seines Eintritts in die Welt hervorhoben, und abstrahirend von allem, was die Person Jesu vor der Taufe betraf, das Christenthum als ein neues Moment des allgemeinen Weltentwicklungsprocesses, als eine neue Erscheinung des in ihm sich offenbarenden absoluten Geistes auffassten. Aus dieser Sphäre scheinen wenigstens diese Ausdrücke genommen zu sein. Auch die Zukunft Christi zum Gericht wird ἐπιφάνεια genannt, 1 Tim. 6, 14. Wie man sich diese als eine plötzlich eintretende dachte, so verband man diese Vorstellung auch mit der ersten ἐπιφάνεια, als einer unmittelbaren Offenbarung Gottes.

Was nun aber die Person Jesu selbst betrifft, so kommen hier zwei Stellen in Betracht 1 Tim. 2, 5. und 3, 16. Nach der erstern Stelle ist wie Ein Gott, so auch Ein Mittler Gottes und der Menschen, ἄνθρωπος Χριστός Ἰησοῦς, der sich selbst zum Lösegeld für alle gegeben hat. Hier wird demnach Christus, ungeachtet seines Mittleramts, sehr bestimmt Mensch genannt, und es kann demnach in jedem Fall nur das Menschliche als das Substanzielle seiner Persönlichkeit gedacht werden, wodurch diese Christologie ihren paulinischen Standpunkt in seinem Unterschied von dem johanneischen behauptet. Gleichwohl würde das Subject der Persönlichkeit Christi nicht blos ἄνθρωπος, sondern auch θεός sein, wenn in der zweiten Stelle θεός ἐφανερώθη ἐν σαρκὶ die richtige Lesart wäre. Da nun aber nach kritischen Gründen ὅς oder ὅ zu lesen ist, so kann als Gegenstand des allgemein als gross anerkannten Geheimnisses der christlichen Religion nur überhaupt der bezeichnet sein, welcher im Fleisch erschien, im Geist gerechtfertigt wurde, d. h. vermöge des höhern geistigen Princips, das in ihm war, als der legitimirt wurde, der er war, wie ja πνεῦμα überhaupt das Princip der Messianität ist. Ἐφανερώθη ἐν σαρκὶ kann in Vergleichung mit 2, 5 nur heissen, er war an sich Mensch, trat als Mensch auf, nur liegt darin schon der Begriff

der ἐπιφάνεια, von welcher zuvor die Rede war, weil aber das
φανεροῦσθαι ein φανεροῦσθαι ἐν σαρκί war, musste er als der Träger
der göttlichen Offenbarung ἐν πνεύματι δικαιοῦσθαι, wobei wohl
hauptsächlich an die Auferstehung zu denken ist, oder auch an
die Erscheinung bei der Taufe. In diesen drei Paaren von Sätzen
scheint absichtlich das eine Glied mehr gnostisch, das andere
mehr antignostisch zu lauten. Das φανερωθῆναι ἐν σαρκί musste
vor allem gegen die Gnostiker geltend gemacht werden, das
δικαιωθῆναι ἐν πνεύματι ist dagegen mehr gnostisch, besonders
wenn man es auf die Taufe bezieht. Dem auf die Geisterwelt
sich beziehenden ὀφθῆναι ἀγγέλοις, wobei die gnostische Vorstellung verglichen werden kann, nach welcher Christus durch
die Reiche der Engel hindurchgieng, um zum Pleroma, zu dem
ἀναληφθῆναι ἐν δόξη zu gelangen, entspricht das in der sinnlichen
Welt geschehene κηρυχθῆναι ἐν ἔθνεσι, und völlig analog ist das
Verhältniss der beiden folgenden Sätze ἐπιστεύθη ἐν κόσμῳ und
ἀνελήφθη ἐν δόξῃ, so dass durch jeden dieser Sätze so viel möglich auf gleiche Weise dem orthodoxen und dem gnostischen
Interesse genügt werden soll, indem Christus ebenso sehr nach
seinem Verhältniss zur idealen geistigen Welt, die die Gnostiker
vorzugsweise in's Auge fassten, als nach seinem Verhältniss zur
realen Wirklichkeit, deren historischen Boden die Orthodoxen
im Gegensatz gegen die Gnostiker festhalten mussten, betrachtet
wird. Die Hervorhebung und Zusammenstellung dieser christologischen Momente nähert sich schon der Form eines Symbols.
In antignostischem Interesse wurden ja auch die ersten Symbole
abgefasst und in sie namentlich auch die 1 Tim. 6, 13 erwähnte
Bestimmung, die unter Pontius Pilatus geschehene Kreuzigung
aufgenommen. Bei allen diesen für den Lehrbegriff dieser Briefe
charakteristischen Zügen lässt sich nicht wohl verkennen, wie
sehr er in den Ideenkreis der Gnostiker hinübergreift, aber auch
wie schwankend seine Haltung dadurch ist, dass er von der
Gnosis ebenso angezogen als abgestossen wurde. Am meisten

fällt diess bei der Frage auf, wer denn eigentlich das Subject aller der christologischen Sätze 1 Tim. 3, 16 ist. Mensch wird zwar Christus ausdrücklich genannt, aber von einem menschlichen Subject kann doch eigentlich nicht gesagt werden ἐφανερώθη ἐν σαρκί. Es passt diess nur für ein höheres übermenschliches Wesen, für einen Aeon der Gnostiker. Da die Pastoralbriefe von ihrem paulinischen Standpunkt aus dazu noch nicht fortzugehen wagten, so musste hier noch eine Lücke bleiben, man weiss nicht recht, wer denn das Subject der Christologie ist. Ein blosser Mensch scheint es nicht sein zu können, und doch fehlt noch die Kategorie für ein anderes Subject. Hier musste also noch ein weiterer Fortschritt der neutestamentlichen Theologie geschehen zu der höheren Stufe, auf welche wir ihr noch zu folgen haben.

2. Der johanneische Lehrbegriff.

In ihm erreicht die neutestamentliche Theologie ihre höchste Stufe und ihre vollendetste Form. Vergleicht man den johanneischen Lehrtypus mit den bisher dargestellten Lehrbegriffen, so ist leicht zu sehen, wie er sie alle zu seiner Voraussetzung hat, und in ihm erst sich ausgleicht und abschliesst, was bisher immer noch einen Punkt offen liess, auf welchem ein weiterer Schritt zur Einheit des Ganzen geschehen konnte.

Die Grundidee, in welcher der johanneische Lehrbegriff seine Einheit und das Princip seiner Entwicklung hat, ist in dem Prolog des Evangeliums so klar ausgesprochen, dass er sich uns sogleich in seiner hohen übergreifenden Bedeutung darstellt. Es ist die Idee des Logos, der im Anfang war, bei Gott war, selbst Gott war, durch welchen alles geworden ist, der das Princip des Lebens und des Lichts der Menschen ist. Als der fleischgewordene Logos ist er ein und dasselbe Subject mit dem Menschen Jesus. Die Christologie des neuen Testaments hatte von Anfang an die Tendenz, Jesu als dem Sohn Gottes eine höhere

über das Menschliche hinausgehende Bedeutung zu geben, sie
hatte ihm schon Präexistenz und Weltschöpfung als die ihm eigenthümlichen Prädicate beigelegt; den höchsten Ausdruck aber für
alles, was in Hinsicht der Person Christi den Inhalt des christlichen Bewusstseins ausmacht, hat sie nun erst in dem Begriff
des Logos gefunden, mit welchem dasselbe Subject, das seiner
äussern zeitlichen Erscheinung nach der Mensch Jesus ist, als
ein in der unmittelbarsten Beziehung zu Gott stehendes selbstständiges göttliches Wesen, ja selbst als Gott bezeichnet wird.
In dem Satze: θεὸς ἦν ὁ λόγος kann θεὸς nur als Prädicat des
Subjects ὁ λόγος genommen werden, der Logos ist also, wenn
auch nicht als der absolute Gott, doch als Gott, als göttliches
Wesen prädicirt. Schon im Begriffe des Logos und in der ganzen
Beschreibung, die von ihm gegeben wird, liegt es, dass er nur
als ein für sich bestehendes göttliches Wesen gedacht werden
kann, es weist darauf auch noch besonders diess hin, dass von
ihm gesagt wird, er sei πρὸς τὸν θεὸν gewesen, sei ὁ ὢν εἰς τὸν
κόλπον τοῦ πατρός. Die eigene Verbindung von εἶναι mit εἰς und
πρὸς mit dem Accusativ soll das Sein des Logos bei Gott nicht blos
als ein ruhendes, sondern als ein thätiges bezeichnen, der Logos
ist in steter Thätigkeit und Bewegung, und das Object seiner
Thätigkeit und Bewegung ist das Wesen Gottes; sein immanentes
Verhältniss zu Gott ist dadurch ausgedrückt, dass er als der ὢν
εἰς τὸν κόλπον τοῦ πατρός der gleichsam zum Herzen Gottes sich
bewegende ist, und alles, was ihn von Gott trennt und unterscheidet, in der Einheit mit ihm aufzuheben sucht. Eben diess
setzt aber auch voraus, dass er sich zugleich seines persönlichen
Unterschieds von Gott bewusst ist. Das Absolute seines Wesens
liegt daher in dem Ineinandersein dieser beiden Momente, dass
sein Verhältniss zu Gott ebensosehr der Unterschied in der Einheit, als die Einheit im Unterschied ist. Dass nun aber der Verfasser des Evangeliums die höhere göttliche Würde, die er Jesu
beigelegt wissen wollte, so einfach und schlechthin mit dem Be-

griffe Logos bezeichnete, lässt sich nur daraus erklären, dass
diese Idee dem Ideenkreise der Zeit und Localität, in welcher
das Evangelium erschien, gar nicht fremd war. Es ist bekannt,
welche Bedeutung die Logosidee schon in der alexandrinischen
Religionsphilosophie hatte. Es wäre gegen alle geschichtliche
Analogie, wenn man annehmen wollte, der Evangelist sei ohne
alle Beziehung zu den Zeitvorstellungen, der damals so weit
verbreiteten Logosidee, auf seine Lehre vom Logos gekommen.
Diese Verwandtschaft seiner Idee mit der alexandrinischen Religionsphilosophie kann man ohne Bedenken zugeben, wenn man
nur genauer bestimmt, was er der Natur der Sache nach allein
aus ihr genommen haben kann. Nicht den Inhalt; denn wenn er
es nicht zuvor schon als eine wesentliche Bestimmung des christlichen Bewusstseins angesehen hätte, Christus seiner höhern
Würde nach in das Identitätsverhältniss zu Gott zu setzen, das
der Logosbegriff ausdrückt, so hätte er nicht auf den Gedanken
kommen können, diese gangbare Zeitvorstellung auf Christus
überzutragen. Es soll also damit eigentlich nur diess gesagt
werden: wenn die höhere Würde, welche das christliche Bewusstsein Christus beilegt, auf ihren bestimmten Begriff und
Ausdruck gebracht werden soll, so kann diess auf keine ad-
äquatere Weise geschehen, als durch den Logosbegriff, wobei
als vermittelnde Vorstellung auch noch diess mitgewirkt haben
kann, dass die christliche Lehre, deren Urheber Jesus ist, λόγος,
der λόγος θεοῦ genannt wurde, wie ja Jesus auch in der Apokalypse der λόγος θεοῦ heisst. Die Bedeutung Wort, d. h. Offenbarungsorgan, muss im Begriffe des Logos immer festgehalten
werden, da λόγος auch Vernunft nur insofern heisst, als das
Denken auch ein Reden ist. Aber auch zu dem gnostischen
Ideenkreise und namentlich der gnostischen Aeonenlehre, in
welcher dieselben Begriffe, die wir hier haben, in einer ganz
analogen Verbindung vorkommen, λόγος, ζωή, φῶς, πλήρωμα,
χάρις, ἀλήθεια, steht der johanneische Prolog in einer sehr nahen

Beziehung und die ganze Anschauungsweise, die ihm zu Grunde
liegt, hat einen der gnostischen verwandten Charakter.

Es fragt sich nun hier zunächst, in welchem Verhältniss
der Logos zu Gott steht, und wie sich der Evangelist das Wesen
Gottes überhaupt dachte? Der Prolog selbst nennt den Logos den
μονογενής, den μονογενής υἱός, und sagt von Gott: θεὸν οὐδεὶς ἑώρακε
πώποτε· ὁ μονογενής υἱός, ὁ ὢν εἰς τὸν κόλπον τοῦ πατρός, ἐκεῖνος
ἐξηγήσατο 1, 18. Gott hat niemand je gesehen, weil das Wesen
Gottes überhaupt über alles Endliche absolut erhaben und seiner
Natur nach unsichtbar ist. Ist Gott an sich unsichtbar, so liegt
schon darin, dass nichts Körperliches von Gott prädicirt werden
kann, sein Wesen im Gegensatz gegen alles Körperliche ein rein
geistiges ist. Es wird aber auch ausdrücklich die Geistigkeit
Gottes auf eine so unmittelbare und bestimmte Weise ausgesprochen, wie wir diess vor unserem Evangelisten nirgends finden.
Πνεῦμα ὁ θεός, sagt er in der in dieser Beziehung Epoche
machenden Stelle 4, 24. Geist ist Gott, und die, die ihn anbeten,
müssen ihn im Geist und in der Wahrheit anbeten. Die Geistigkeit wird hier vom Wesen Gottes in einem so emphatischen Sinn
ausgesagt, dass mit ihr auch die räumliche Beschränkung der
Gottesverehrung, wie der Cultus zu Jerusalem und auf Garizim,
unvereinbar ist. Geist und Gott sind somit schlechthin identische
Begriffe; alles, worin das absolute Wesen Gottes besteht, hat
nur darin seinen Grund, dass Gott Geist ist. Hat man bisher den
Geist nur als eines der vielen Prädicate des Absoluten angesehen
und von einem Geiste Gottes gesprochen, um Gott das Höchste
zuzuschreiben, was er nach aussen mittheilen kann, so ist es
nun zum bestimmten Bewusstsein gekommen, dass man sich vom
Wesen Gottes überhaupt keine Vorstellung machen kann, wenn
man nicht schlechthin von ihm sagt, dass er Geist sei. In diesem
Begriff haben alle Beziehungen, in welchen das Wesen Gottes
als ein absolutes aufgefasst wird, ihre Einheit. Ist Gott Geist,
so ist er seinem Wesen nach unsichtbar, das Eine ist nur der

negative, das Andere der positive Ausdruck. Wird von Gott gesagt, dass ihn niemand je gesehen habe, so wird dadurch nicht ausgeschlossen, dass er auf geistige Weise gesehen werden kann, und ein Object des vorstellenden und denkenden Bewusstseins ist. Parallel mit 1, 18 ist die Stelle 14, 8. Wenn hier Philippus Jesum bittet, ihm den Vater zu zeigen, und Jesus sich selbst allein für die sichtbare Erscheinung Gottes erklärt, so liegt hierin, dass Gott überhaupt nur auf geistige Weise gesehen werden kann.

Wie in diesen Stellen das Wesen Gottes als reine Geistigkeit bestimmt wird, so scheint er in der Stelle 5, 17, in welcher ein fortdauerndes ἐργάζεσθαι von Gott ausgesagt wird, als absolute Thätigkeit prädicirt zu werden. Ὁ πατήρ μου ἕως ἄρτι ἐργάζεται, κἀγὼ ἐργάζομαι, hält Jesus den Juden entgegen, welche ihn wegen seiner Heilung am Sabbath tadelten. Er identificirt sein ἐργάζεσθαι mit dem ἐργάζεσθαι Gottes, um dadurch sein Thun am Sabbath zu rechtfertigen. Nun hat ja aber Gott am Sabbath geruht, wie kann also Jesus für das Gegentheil der Ruhe, für die Thätigkeit am Sabbath sich auf Gott berufen? Man sagt gewöhnlich, der Ausspruch Jesu solle die falsche, durch die göttliche Sabbathsruhe veranlasste Meinung, wie wenn Gott seit der Schöpfung ruhte, durch die Idee der fortgehenden schöpferischen oder erhaltenden Thätigkeit Gottes berichtigen. Allein die Meinung, dass Gott seit der Schöpfung ruhe, konnten die Juden eigentlich nicht haben; dass Gott wenigstens durch die Erhaltung der Welt fortgehend thätig sei, die Sabbathsruhe also nur auf das Aufhören der unmittelbaren Schöpfungsthätigkeit sich beziehe, konnten die Juden nicht läugnen. Die Voraussetzung, von welcher aus Jesus argumentirt, kann also nur diese sein: Wie es bei Gott keinen Stillstand seiner Thätigkeit gibt, so kann auch der Sohn auf keine andere Weise thätig sein und muss daher auch am Sabbath wirken. Aber für Gott gab es ja einen Stillstand seiner Thätigkeit, wenn er am Sabbath ruhte, und

wenn er wegen dieser Ruhe den Sabbath einsetzte, so haben die
Juden Recht, dass das ἐργάζεσθαι am Sabbath kein göttliches
ἐργάζεσθαι ist. Es handelt sich hier ja um eine Handlung am
Sabbath. Beruft man sich nun für das, was man am Sabbath
thun oder nicht thun darf, auf Gott, so kann doch das bestimmende Moment nur die Ruhe Gottes am Sabbath sein. Behauptet
dagegen Jesus, dass die Thätigkeit Gottes keinen Stillstand habe,
so ist klar, dass er auch keine Ruhe Gottes am Sabbath annimmt,
und den Sabbath nicht als göttliches Institut anerkennt. Es ist
demnach der Standpunkt der absoluten Gottesidee, auf welchen
das Evangelium sich stellt, auf welchem jede besondere göttliche
Thätigkeit in der Allgemeinheit eines überzeitlichen Wirkens auf-
geht. Nur aus diesem Grunde kann es ein solches Ruhen von der
Arbeit, wie im alten Testament von Gott als dem Schöpfer der
Welt erzählt wird, für den höchsten, durch Christus geoffenbarten
Gott gar nicht geben. Nur desshalb kann auch sein Gesandter in
seinem Wirken an den jüdischen Sabbath nicht gebunden sein.
Es ist schwer zu sagen, wie derselbe Sabbath, welcher von Gott
feierlich eingesetzt worden ist, hier als für Gott nicht existirend
dargestellt werden kann; so viel ist aber doch wohl ausser Zweifel, dass das ἐργάζεσθαι Gottes über den Sabbath gestellt wird,
weil das Wesen Gottes überhaupt nur als absolute Thätigkeit
gedacht werden kann. Es ist also auch diess ein zum johanneischen Gottesbegriff gehörendes Moment, in welchem gleichfalls die absolute Erhabenheit Gottes über alles Endliche ausgesprochen werden soll.

Je transcendenter aber das Wesen Gottes ist, um so mehr
liegt in dieser Transcendenz die Nothwendigkeit eines das Verhältniss Gottes und der Welt vermittelnden Wesens. Diess ist
der Begriff des Logos als des göttlichen Offenbarungsorgans. Ein
solches kann er aber nur sein in seiner unmittelbaren Einheit mit
Gott. Nur als der μονογενής υἱός, ὁ ὢν εἰς τὸν κόλπον τοῦ πατρός
kann er ἐξηγεῖσθαι, offenbaren und aussprechen, was ohne ihn

in dem an sich seienden absoluten Wesen Gottes für die Menschen
verschlossen ist. In dieser Identität mit Gott ist er der μονογενής
παρὰ πατρός 1, 14, der μονογενής υἱός 1, 18. Da er ausdrücklich
θεός genannt wird, so kann auch durch υἱός nur seine Wesens-
gemeinschaft mit Gott ausgedrückt sein. Im Begriff des Sohns
liegt von selbst der Begriff der Zeugung. Er ist nicht geschaffen,
wie die Welt und alles was ist, durch ihn geschaffen ist, sondern
gezeugt, und der υἱὸς θεοῦ hat daher im johanneischen Evangelium
eine ganz andere Bedeutung als bei den Synoptikern. Was die
γεγεννημένοι ἐκ θεοῦ 1, 13. 14 auf relative Weise sind, ist er als
μονογενής auf absolute. Daher ist auch Gott auf eine ganz eigenthümliche Weise sein Vater, πατὴρ ἴδιος, 5, 18. Auch 10, 36,
wo die Behauptung Jesu, dass Gott sein Vater ist, bei den Juden
den Vorwurf der Gotteslästerung hervorruft, weil er sich, obgleich Mensch, zu einem Gott mache, kann mit Beidem nur dasselbe gesagt sein. Jesus ist desshalb Gott, weil er aus Gott
gezeugt, aus seinem Wesen hervorgegangen ist. Man kann
nicht so geradezu sagen (vgl. Köstlin, joh. Lehrb. S. 92), dass
das Evangelium die Art und Weise des Ursprungs so ganz und
gar nicht andeute, dass sich über die Entstehung des Logos bei
Johannes nichts finde; er sei eben von jeher bei dem Vater, und
es handle sich somit nur darum, seine gegenwärtige gegebene
Beziehung zum Vater kennen zu lernen. Der Evangelist sagt
hierüber wenigstens so viel, als er, ohne in eine weitere metaphysische Erörterung einzugehen, auf seinem evangelischen
Standpunkt sagen konnte. Alles, was hierüber zu sagen ist,
enthält der Begriff des υἱός, sofern in ihm das Verhältniss des
Sohns zum Vater als die vollkommenste Wesensidentität gedacht
wird. Einheit und Gleichheit mit Gott ist der Grundbegriff dieses
Verhältnisses. Der Logos ist als Sohn sosehr mit dem Vater
eins, dass er eigentlich nur die concrete Erscheinung des Vaters
ist. Wer mich sieht, lässt der Evangelist Jesum sagen, 14, 9.
vgl. 12, 45, der siehet den Vater. Ich und der Vater sind eins,

10, 30. vgl. V. 38, ἐν ἐμοὶ ὁ πατήρ, κἀγὼ ἐν τῷ πατρί, in demselben Sinn, in welchem er 17, 21 zu den Jüngern sagt: ἵνα
πάντες ἓν ὦσι, καθὼς σύ, πάτερ, ἐν ἐμοί, κἀγὼ ἐν σοί, ἵνα καὶ
αὐτοὶ ἐν ἡμῖν ἓν ὦσιν. Aus dieser Stelle ist hauptsächlich zu
sehen, welcher Art diese Einheit ist. Der Vater und der Logos
oder der Sohn sind zwar zwei verschiedene Personen, jeder von
beiden hat sein persönliches Selbstbewusstsein, aber der persönliche Unterschied ist dadurch aufgehoben, dass jeder von
beiden in dem Ich des Andern sein eigenes persönliches Ich erkennt. Die Einheit, welche beide verbindet, kann daher in
letzter Beziehung nur als eine moralische bestimmt werden.
Jeder von beiden weiss sich mit dem Andern so eins und fühlt
sich mit ihm so unzertrennlich verbunden, dass in Keinem von
beiden auch nur der Gedanke einer Verschiedenheit entstehen
kann. Jeder gibt sein eigenes Selbst an das des Andern hin, und
lässt sein eigenes Selbstbewusstsein in dem des Andern aufgehen.
Vermöge dieser Wesensidentität kommen dem Logos oder Sohn,
da er, wenn auch nicht der μόνος θεός, doch θεός ist, auch in
seiner menschlichen Erscheinung wahrhaft göttliche Attribute zu.
Wie der Vater auf absolute und ursprüngliche Weise das Leben
in sich hat, so auch der Sohn durch Mittheilung des Vaters, 5, 26.
Wenn auch das Eine das Andere aufzuheben und nicht beides
zugleich sein zu können scheint, Mittheilung und Absolutheit, so
muss doch im Sinne des Evangeliums gesagt werden, dass auch
der Sohn auf absolute Weise das Leben in sich hat. Er greift mit
der absoluten Machtvollkommenheit des Vaters in die natürliche
Ordnung der Dinge ein, und seine wunderbaren Werke, seine
ἔργα, sind der unmittelbare Reflex der Wirksamkeit Gottes. Für
den Logos gibt es ferner keine Schranken des Wissens, er ist,
wie Gott allwissend. Sein Wissen umfasst zunächst alle himmlischen Dinge, τὰ ἐπουράνια, 3, 12, die er durch eigene Anschauung erkannt hat, 3, 32. 8, 38, aber auch das Irdische, die
gesammten Gedanken, Gesinnungen und Entschlüsse der Men-

schen. Dieses Wissen zeigt sich bei der Begegnung Nathanaels
1, 49 f., ferner 2, 25. 4, 19. 6, 64, wo wiederholt hervorgehoben wird, dass Jesus das, was man sonst nur auf empirischem
Wege wissen kann, in sich selbst wusste, ἐν ἑαυτῷ. Vgl. auch
11, 4. 15, wo er von Anfang voraus weiss, welchen Ausgang
die Krankheit des Lazarus nehmen wird. Für sein höheres übermenschliches Wissen gibt es absolut keine Schranken, weder in
räumlicher noch in zeitlicher Ferne, weder in der Vergangenheit
noch in der Zukunft, weder äusserlich noch innerlich. Ganz im
Sinne des ursprünglichen Evangeliums sagt Petrus 21, 17: Herr
du weisst alle Dinge u. s. w. Indem der Logos so auch in seiner
irdischen Erscheinung die Erhabenheit seines göttlichen Wesens
offenbart, so zeigt er ebendamit im Gegensatz zu allem Andern
die Gleichheit seines Wesens mit Gott.

In seiner Einheit mit Gott ist der Logos das höchste Offenbarungsorgan. Indem er nun aber auf diese Weise seine Wirksamkeit in der Welt und Menschheit äussert, hat er als das
Princip des Lebens und des Lichts der Menschen seinen Gegensatz an der Finsterniss. Dabei fragt sich nun, wie dieser Gegensatz zu nehmen ist, ob als ein ethischer, in der Freiheit des
Menschen gegründeter, oder als ein metaphysischer, somit absoluter. Für das Erstere spricht, dass der Logos nur, sofern er
er das Licht der Menschen ist, 1, 4, als das in der Finsterniss
leuchtende Licht mit der Finsterniss in Berührung kommt, für
das Letztere, dass die Finsterniss schon ihrem Begriffe nach eine
die Freiheit bedingende Macht zu sein scheint. Es ist neuestens
sehr entschieden die Behauptung aufgestellt worden, das johanneische Evangelium habe eine dem gnostischen Dualismus ganz
analoge Weltansicht. Die Lehre von einer Verschiedenheit der
menschlichen Naturen im johanneischen Evangelium könne nur
dann geläugnet werden, wenn man den Muth habe, alle diejenigen
Stellen, welche den Gegensatz des Guten und Bösen, des Lichts
und der Finsterniss in seiner ganzen Schärfe darstellen, das ver-

schiedene Verhalten der Menschen in Beziehung auf die christliche Offenbarung auf eine objectiv begründete Nothwendigkeit
zurückführen, einen principiellen Unterschied von vorn herein
in die menschlichen Naturen setzen, willkürlich hinwegzuerklären.
Nur der Vorstellung einer von entgegengesetzten Principien her-
rührenden ursprünglichen Verschiedenheit der menschlichen Naturen lassen sich alle Ausdrücke des Evangeliums einreihen, in
welchen von dem Gegensatz des Guten und Bösen unter den
Menschen die Rede ist. Wenn Jesus 3, 6 die Nothwendigkeit der
Geburt durch das Wasser und den Geist dadurch rechtfertige,
dass das aus dem Fleisch Gezeugte Fleisch, das aus dem Geist
Gezeugte Geist ist, so sei offenbar, dass τὸ γεγεννημένον nicht
eine Seite der menschlichen Natur, sondern diese vollständig
bezeichne, und dass somit nicht die menschliche Natur nach
ihren beiden Seiten, der geistigen und der leiblichen, sondern
die Menschheit nach zwei entgegengesetzten Classen unterschieden werde. Die Geburt von oben ist ja nur desshalb für den
Eintritt in das Himmelreich nothwendig, weil der Fleischliche
durchaus nicht geistig ist. Auf der andern Seite aber dürfe die
Stelle nicht so verstanden werden, als sei nun das ganze Men-
schengeschlecht von Hause aus fleischlich, und als sondere sich
das geistige Geschlecht aus dieser an sich ganz gleichartigen
Menschheit nur durch die Wiedergeburt ab. Das γεννηθῆναι
ἄνωθεν bezeichne nur die Geburt von oben, welche nur für diejenigen eine ganz neue höhere Geburt sei, eine Wiedergeburt,
welche, wie Nicodemus, von Hause aus nichts weiter haben,
als die Empfänglichkeit für das Gute, wie für das Böse. Die
andere Möglichkeit werde dadurch nicht ausgeschlossen, dass
nämlich bei Einigen die Geburt aus Gott der substanzielle Grund
ihres Wesens sei, dessen sie sich in dem Verlauf ihres zeitlichen
Lebens nur bewusst zu werden brauchen, wie andererseits die
Unempfänglichkeit für das Höhere, die Unmöglichkeit, die Lehre
Jesu innerlich zu vernehmen, in dem Ursprung aus dem Teufel

gegründet sei, 8, 43. 44. Auch 11, 52 sei von Kindern Gottes
unter den Heiden und ohne Vermittlung des christlichen Glaubens
die Rede. Wie auch 3, 20. 21 die Menschen schon unabhängig
von der persönlichen Erscheinung des Logos entweder das Böse
oder das Gute, die Wahrheit, thun, und für die Letztern durch
den Eintritt des Lichts nur das Neue hinzukomme, dass ihre
Werke als in Gott vollbracht erscheinen, dass sie also zu dem
bestimmten Bewusstsein, zur Erkenntniss ihrer thatsächlichen
Gemeinschaft mit Gott gelangen, so werde auch 11, 52 das Verhältniss der Gotteskindschaft als von der historischen Erscheinung
des Logos und dem durch ihn gestifteten Glauben unabhängig
dargestellt. Das adäquate Verhältniss des Menschen zu Gott sei
so sehr ein substanzielles, wie von der Willkür, so auch von
dem Bewusstsein unabhängiges, dass es zunächst allgemein ohne
ein bestimmtes und entwickeltes Wissen vorhanden sei. Es sei
diess ausdrücklich der Sinn der Worte Jesu 3, 8, das πνεῦμα
weht, wo es will, und man vernimmt seine Stimme, ohne zu
wissen, von wo es kommt und wohin es geht, und diess sei allgemein der Zustand eines jeden, der aus dem Geiste geboren ist.

Indem man die hiemit gesetzte Verschiedenheit der menschlichen Naturen in ihrer Consequenz auffasste, wollte man auch
dem johanneischen Evangelium dieselbe Dreiheit von Principien
zuschreiben, auf welche die Gnostiker ihren Dualismus zurück-
führten. Wie die von Natur Bösen vom Teufel stammen, die
Guten vom Logos, so könne der Urheber der psychischen Naturen
und der materiellen Welt überhaupt nur der vom höchsten Gott
verschiedene Gott des Judenthums und des alten Testaments sein.
Den Hauptbeweis dafür sollte neben der Stelle 3, 17 die Stelle
8, 44 darbieten. Wenn nun auch ein solcher Gnosticismus sich
im Evangelium nicht nachweisen lässt, und höchstens die Prä-
missen in ihm liegen könnten, so muss man doch gestehen, dass
der Evangelist in den genannten Stellen, zu welchen auch noch
die Stelle 12, 36 f. hinzugesetzt werden kann, die Verschieden-

heit der Guten und Bösen auf eine über die Sphäre der sittlichen
Freiheit hinausliegende Nothwendigkeit zurückzuführen scheint,
so dass demnach der Gegensatz der beiden Principien, Licht und
Finsterniss für ihn nicht blos eine ethische, sondern auch eine
metaphysische Bedeutung hätte. So nahe er aber dieser Ansicht
kommt, den weiteren Schritt, welcher ihn zum Dualisten machte,
hat er gleichwohl nicht gethan. Mit derselben besonnenen Haltung, mit welcher er in der Lehre vom Logos das gnostische
Gebiet zwar nahe genug berührt, aber doch das specifisch Gnostische von sich fern hält, bleibt er auch hier auf der Grenzscheide
stehen, von welcher aus die Entscheidung ebenso gut auf die
eine als die andere Seite fallen kann. Es wird somit zwar der
Unterschied und Gegensatz der menschlichen Naturen, wie er
als Thatsache der Erfahrung in der Wirklichkeit gegeben ist, mit
aller Schärfe aufgefasst, aber doch die Möglichkeit nicht ausgeschlossen, ihn aus dem Princip der Freiheit als eine Folge der
sittlichen Selbstbestimmung zu begreifen. Es bleibt daher auch
der Gegensatz der beiden Principien, Licht und Finsterniss,
wenn er gleich nur in die sittliche Welt fällt, für die Weltanschauung des Evangelisten stehen, und es schliesst sich daran
die weitere Frage an, wie er durch den Logos vermittelt und
aufgehoben wird?

   Der Logos ist das in der Finsterniss scheinende Licht, der
Evangelist lässt ihn aber auch im Fleisch erscheinen. Ὁ λόγος
σὰρξ ἐγένετο ist ein Hauptsatz der johanneischen Theologie. Wie
soll man sich aber diese Fleischwerdung denken, und wie ist es
möglich, dass mit dem Logos als dem göttlichen Subject in derselben Persönlichkeit ein anderes menschliches Subject zusammen-
existirte? Dringt sich nun hier sogleich die Frage auf, ob der
fleischgewordene Logos die volle Realität einer menschlichen
hatte, so sind zunächst alle die Momente in's Auge zu fassen,
welche für die Verneinung dieser Frage zu sprechen scheinen.
Es kommt in dieser Beziehung vor allem in Betracht, dass schon

der Sprachgebrauch nicht gestattet, σὰρξ ἐγένετο gleichbedeutend
mit ἄνθρωπος ἐγένετο zu nehmen. Es ist mit Recht bemerkt worden, dass σὰρξ im neuen Testament nie seine ursprüngliche Bedeutung verliert. Es wird zwar synekdochisch zur Bezeichnung
des ganzen Menschen gebraucht, wie in dem öfters vorkommen-
den πᾶσα σὰρξ, oder wenn μία σὰρξ so viel als eine Person heisst,
es wird ferner besonders häufig das Natürliche am Menschen als
solches in seinem Unterschied vom Göttlichen σὰρξ genannt, das
Wort bezeichnet daher überhaupt das Menschliche in seiner natürlichen Schwäche und Endlichkeit, das Beschränkte, Äusserliche, bei Paulus das Princip der Sünde in der menschlichen
Natur, immer aber wird in allen diesen Ausdrucksweisen die
menschliche Natur überhaupt nur insofern durch dieses Wort
bezeichnet, als die Leiblichkeit als dasjenige angesehen wird,
was ihre wesentliche Eigenthümlichkeit ausmacht. Es kann daher
auch bei Johannes σὰρξ ἐγένετο nur von der Annahme eines Leibs
verstanden werden. Von einer Seele Christi, welche er zur
Erlösung dahingebe, ist zwar 10, 11. 15. 17 die Rede, aber die
Vergleichung von 13, 37. 38 zeigt, dass hier die ψυχή nur das
animalische Lebensprincip ist, und derselbe Affect, welcher
12, 27 der ψυχή beigelegt wird, wird 11, 33. 13, 21 dem πνεῦμα
zugeschrieben, worin demnach nichts Weiteres enthalten sein
kann, als wenn vom Logos auch sonst Liebe, Betrübniss, Un-
wille ausgesagt werden.

Lässt demnach schon der von dem Verfasser des Evangeliums
gebrauchte Ausdruck nur an einen vom Logos angenommenen
Leib denken, so schliesst auch der Zusammenhang des Prologs
die Möglichkeit aus, die Fleischwerdung von einer eigentlichen
Menschwerdung zu verstehen. Die Fleischwerdung greift gar
nicht als ein so wichtiges Moment in die im Prolog geschilderte
Wirksamkeit des Logos ein, dass sie sie in zwei Perioden theilte,
die menschliche und vormenschliche; das σὰρξ ἐγένετο erscheint
nur als Nebenbestimmung. Der Logos ist von Anfang an so sehr

dasselbe mit sich identische Subject, dass in dem ganzen Verlauf
seiner Wirksamkeit nichts eintreten kann, was ihn erst zu diesem
bestimmten Subject machte, oder zu einem andern Subject, als
er bisher war. Sein Dasein in der Welt ist in seiner vollen
Realität schon dadurch gesetzt, dass er das in der Finsterniss
scheinende Licht ist. Wie er von Anfang an dasselbe Subject
ist, so findet auch bei denen, welche im Glauben mit ihm eins
werden, vor wie nach dasselbe Verhältniss der Kindschaft Gottes
statt. Seine Fleischwerdung ist nur die höchste Manifestation
seiner Herrlichkeit für die, die ihn in sich aufnehmen. Wie die
Aufnahme des Logos bei denen, die an ihn glauben, eine so
segensvolle ist, dass sie durch ihn Kinder Gottes werden, so ist
es nur eine besondere Seite dieses Verhältnisses, dass der Logos
in seiner sichtbaren Erscheinung im Fleisch unter ihnen Wohnung
machte, damit sie seine Herrlichkeit in unmittelbarer Anschauung
sehen könnten. Das σὰρξ ἐγένετο hat daher gar nicht die Bedeutung, die es als Menschwerdung haben zu müssen scheint,
es ist nur ein Accidens der stets sich gleich bleibenden Persönlichkeit des Logos.

Folgt nun auch daraus nicht, dass die vom Logos angenommene σὰρξ nicht dieselbe Realität hat, wie die σὰρξ eines
Menschen, so fehlt es doch nicht an Stellen, nach welchen man
sich eine ganz eigene Vorstellung von dieser σὰρξ machen muss.
Wenn Jesus οὐ φανερῶς, ἀλλ' ὡς ἐν κρυπτῷ nach Jerusalem reist,
7, 10, und hier denselben Juden, welche schon früher mit ihm
in Berührung gekommen waren, unkenntlich ist, 7, 15, wenn
die Art, wie er im Tempel den Juden, die ihn steinigen wollen,
entschwindet, nur eine wunderbare sein kann, 8, 59 (man vgl.
auch 10, 39, wo ἐξῆλθεν ἐκ τῆς χειρὸς αὐτῶν auch ein solches
Entschwinden zu sein scheint), so scheint an keine feste materielle
Leiblichkeit gedacht werden zu können, sondern nur an eine wan-
delbare, nach Willkür veränderliche, an eine immaterielle solcher
Art, wie sie auch zu dem Wandeln auf dem See passt, 6, 16 f.

welche Erzählung der Verfasser des Evangeliums auch desswegen
aus den Synoptikern aufgenommen haben mag, weil sie seine
Vorstellung von der Leiblichkeit Jesu begünstigte. Alle diese
Data, welche leicht noch vermehrt werden könnten, scheinen
demnach dafür zu sprechen, dass die σὰρξ des fleischgewordenen
Logos nicht von einer menschlichen Natur in ihrem wahren und
vollen Sinne verstanden werden kann.

Wie soll man sich aber diese σὰρξ denken, wenn sie nicht
zu einer doketischen Erscheinung werden soll? Es kommt auf
der andern Seite in Betracht, dass der Evangelist den fleischgewordenen Logos mit der Person Jesu von Nazareth vollkommen
identificirt und ihn auf dieselbe Weise, wie wir ihn aus den
synoptischen Evangelien kennen, als menschliches Subject auftreten und handeln lässt. Ja, es werden auch solche Bestimmungen
in dem Evangelium festgehalten, welche nur für eine wirklich
menschliche Individualität passen und die Vereinigung einer vollständigen menschlichen Persönlichkeit mit dem persönlichen Logos voraussetzen. Die wiederholte Erwähnung der Mutter und
der Brüder Jesu, 2, 1 f. 2, 12. 6, 42. 7, 3. 5. 19, 25. 26, kann
nur als ein Zeugniss einer wirklich mit dem Logos verbundenen
vollständigen menschlichen Natur betrachtet werden. Wie könnte
die Persönlichkeit des Erlösers nur aus dem Logos bestanden
haben, wenn doch ein menschliches Weib als seine Mutter bezeichnet werden kann? Der Evangelist deutet also hiemit die
menschliche Geburt des Erlösers an, und auf dieselbe Weise
lässt er 1, 46. 6, 42 den Nathanael und die Juden in Joseph den
Vater Jesu anerkennen. Ein weiteres Moment, das in dieselbe
Reihe gehört und sogar an die Stelle des johanneischen Logos
die rein menschliche Person des synoptischen Jesus zu setzen
scheint, ist die auch vom johanneischen Evangelium bezeugte
Mittheilung des Geistes an Jesus bei der Taufe 1, 32 f., womit
die Stelle 3, 34 zu vergleichen, in welcher gleichfalls gesagt ist,
Gott habe ihm den Geist ertheilt und zwar οὐκ ἐκ μέτρου, nicht

in beschränktem Maass, im höchsten Maass, auf absolute Weise. Wozu, muss man mit Recht fragen, bedurfte er noch bei seiner Taufe einer besondern Ausrüstung mit dem πνεῦμα ἅγιον, wenn er doch von Anfang an der fleischgewordene göttliche Logos war? Es ist von selbst klar, dass eine solche Mittheilung des πνεῦμα ἅγιον nicht für ein mit dem Logos identisches Subject, sondern nur für ein solches Individuum passt, wie der synoptische Jesus ist.

Um diesen Widerspruch zu lösen, hat man neuestens auch in dieser Beziehung den Evangelisten zum vollkommenen Gnostiker gemacht und behauptet, der 1, 33 bei der Taufe herabgekommene und der 3, 34 ohne Maass von Gott gegebene Geist sei eben der Logos selbst als ein rein geistiges Wesen. Dieses πνεῦμα habe erst seiner menschlichen Persönlichkeit die höhere Bedeutung, die Würde und Macht des Erlösers gegeben. Wäre der göttliche Logos schon vorher in ihm gewesen, so begreife man schlechterdings nicht, was ihm noch bleibend mitgetheilt werden musste, was ihm zu seiner Befähigung als Erlöser noch fehlen konnte, so wenig als man sich denken kann, wie dem Logos selbst noch der Geist von Gott ohne Maass mitgetheilt werden konnte. Man müsse also auch hier dieselbe Doppelpersönlichkeit voraussetzen, wie sie die Gnostiker lehrten. Die Taufe sei der Moment, in welchem die Vereinigung des himmlischen Aeon mit dem irdischen Menschen vor sich gieng, durch welche der Mensch Jesus zum Träger und Organ des ewigen Logos, des eingeborenen Sohns wurde. Gegen diese Auffassung lässt sich geltend machen, dass sie in der Stelle 1, 33 keinen sehr festen Haltpunkt hat. Es ist in ihr nicht gesagt, dass Jesus wirklich von Johannes getauft worden ist, und die hier erwähnte Erscheinung als äusseres Factum stattgefunden hat. Man kann sie auch so verstehen, dass der Täufer in einer innern Anschauung den heiligen Geist in der Gestalt einer Taube auf ihn herabkommen und auf immanente Weise mit ihm sich vereinigen sah. Die symbolische Erscheinung soll nur die Bezeichnung des Moments sein, in welchem dem Täufer in Betreff der Person Jesu das Bewusstsein seiner Messianität, deren Princip das πνεῦμα ἅγιον ist, aufgieng. Das Herabkommen des πνεῦμα ἅγιον hätte demnach keine objective Bedeutung für Jesus, sondern nur eine subjective für den Täufer.

Allein die Schwierigkeit, von welcher hier die Rede ist, ist dadurch nicht gehoben, sie liegt überhaupt in der Frage, wie dasselbe Subject, das als der göttliche Logos in die evangelische Geschichte eingeführt wird, zugleich als menschliches Individuum in ihr auftreten kann. Diess ist schlechthin unbegreiflich, und es lässt sich auf diese Frage keine andere Antwort geben, als die einfache, dass eben diess der Unterschied des synoptischen und johanneischen Christus ist. Der letztere ist ein absolut göttliches Subject. Mag es auch als eine zu gewagte Lösung des Räthsels, das hier vorliegt, erscheinen, den johanneischen Logos mit einem gnostischen Aeon zu identificiren, so muss man doch gestehen, dass das johanneische Evangelium auch hier ganz auf der Grenze der gnostischen Anschauungsweise steht. Der johanneische Logos kann auch in seiner Fleischwerdung die transcendente Sphäre nicht verläugnen, aus welcher er in diese irdische Ordnung der Dinge herabgekommen ist. Es ist durchaus der Logos, welcher seiner Einheit mit Gott sich bewusst ist, nur darin scheint sich ein menschliches Bewusstsein in ihm auszusprechen, dass er in seiner Einheit mit Gott sich auch schlechthin abhängig von Gott weiss. Er ist nicht blos vom Vater in die Welt gesandt und nicht von sich selbst gekommen, 5, 43. 7, 28. 8, 28. 42, sondern er kann auch nur das ausführen, was ihn der Vater anweist, 5, 19 f., er kann nichts rein von sich selbst thun, ohne den Vater zu sehen und zu hören, V. 30. Was er Göttliches hat und mittheilt, hat er vom Vater, seine Lehre ist nicht die seinige, sondern die des Vaters, 7, 16. 8, 28. 40. 14, 24. Wie er nichts von sich selbst redet, sondern nur so, wie

der Vater, der ihn gesandt, ihm aufgetragen hat, 12, 49, so ver-
zichtet er auch völlig auf einen eigenen Willen, und sucht in
allem nur den Willen und die Gebote des Vaters zu erfüllen,
4, 34. 5, 30. 8, 29. 15, 10. 17, 4. So sehr er der Erfüllung seines
Gebets von vorn herein gewiss sein kann, 11, 41. 42. 14, 16,
so muss er doch den Vater bitten und zu ihm beten. Alles diess
wird 14, 28 in dem Bekenntniss zusammengefasst: Der Vater ist
grösser als ich. Allein gerade diese Stelle zeigt, wie er auch
diese schlechthinige Abhängigkeit nicht als Mensch von sich aussagt. Wozu sollte er als Mensch sagen, was sich von selbst
versteht, dass der Vater grösser ist, als er? Es kann also nur
auf sein höheres übermenschliches Wesen gehen, und es ist
somit in der Stelle klar ausgesprochen, dass er ungeachtet seiner
Einheit mit Gott auch in einem untergeordneten Verhältniss zu
ihm steht. Es ist jedoch hiemit nichts Anderes gesagt, als was
an sich schon im Begriffe des Logos liegt, dass er das Gott und
Welt vermittelnde Offenbarungsorgan ist. Als solches greift er
in demselben Sinne, in welchem 5, 22 von dem über den Gegensätzen stehenden Vater gesagt wird, dass er nicht richte, sondern
alles Gericht dem Sohn übergeben habe, überall, wo der Gegensatz zwischen Gott und der Welt zu vermitteln ist, mit seiner
Thätigkeit ein. Diess führt uns auf die johanneische Lehre von
der Erlösung.

Als das in der Finsterniss scheinende Licht, als der fleischgewordene Logos ist der Erlöser in den Gegensatz des Lichts
und der Finsterniss eingetreten, um ihn durch seine erlösende
Thätigkeit zu vermitteln und aufzuheben. Sobald das Licht da
ist, wird von ihm gezeugt, damit alle glauben. Der Glaube ist
es also, wodurch der Gegensatz des Lichts und der Finsterniss
aufgehoben wird; denn wer an ihn als an das in die Welt gekommene Licht glaubt, der bleibt nicht in der Finsterniss, 12, 46.
Und wie er selbst der eingeborene Sohn Gottes ist, so werden
die, die an ihn glauben, Kinder Gottes, und als solche in das

eigenthümlichste und beseligendste Verhältniss zu Gott gesetzt, 1, 12 f. Im Glauben ist daher der ganze Zweck der Erlösung begriffen; denn wer an ihn glaubt, geht nicht verloren, sondern hat das ewige Leben, wer an ihn glaubt, wird nicht gerichtet; wer aber nicht glaubt, ist schon gerichtet, darum, weil er nicht glaubt an den Namen des eingebornen Sohnes Gottes. Da aber das Object des Glaubens der Sohn Gottes ist, so kommt alles darauf an, dass er als das erkannt werden kann, was er an sich ist. Darin besteht die erlösende Thätigkeit, sie ist die Selbstdarstellung und fortgehende Verherrlichung des Sohns. Alles, was zum Werk der Erlösung gehört, hat hier die unmittelbarste Beziehung auf die Person des Erlösers, indem alles nur darauf hinzielt, dass er als das, was er seiner ganzen Persönlichkeit nach ist, in das glaubige Bewusstsein aufgenommen wird. Diess kann nur im fortgehenden Kampf mit der unglaubigen Welt geschehen, da, wie dem Licht die Finsterniss, so dem Glauben der Unglaube gegenübersteht. Der Person des Erlösers gegenüber concentrirt sich die ganze Macht der Finsterniss in dem Unglauben der Welt. Das Werk der Erlösung kann daher nur dadurch vollbracht werden, dass dieser Unglaube überwunden wird. In ihm allein wird die Macht der Finsterniss gebrochen und der Teufel, der Fürst der Welt, gestürzt. Die verschiedenen Seiten, die sich an seiner Person unterscheiden lassen, sind ebenso viele Momente seiner Selbstdarstellung. Seine erlösende Thätigkeit stellt sich daher dar 1. in seinen Werken, 2. in seiner Lehre, 3. in seinem Tode, und in allen diesen Beziehungen kommt alles darauf an, dass er von den Menschen als das erkannt wird, was er seiner ganzen Persönlichkeit nach ist.

1. Die Werke. Durch Werke, ἔργα, welche von den ῥήματα unterschieden werden, 14, 10. 15, 22 f. 10, 38. 1, 51. stellt sich der Erlöser als den dar, der er ist. Durch Werke muss er sich thatsächlich als den documentiren, der er ist, daher werden seine ἔργα auch σημεῖα genannt, sie sind Zeichen,

Offenbarungen seiner messianischen Würde und göttlichen Herrlichkeit, und es ist der den Messias als Sohn Gottes auszeichnende Vorzug, dass er solche σημεῖα thut, wesswegen vom Täufer gesagt wird, dass er σημεῖον ἐποίησεν οὐδέν, 10, 41. Sie
sind der unmittelbare Reflex der höchsten göttlichen Wirksamkeit, daher ist die Frage im Grunde ganz überflüssig, wie sich
die ἔργα zu den eigentlichen Wundern verhalten. Als Acte der
göttlichen Thätigkeit, als Äusserungen der in dem Sohn wirkenden Macht des Vaters haben alle messianischen ἔργα einen übernatürlichen Charakter, der Sohn kann nichts thun, was er nicht
den Vater thun sieht, 5, 17 f., sie sind sowohl der unmittelbare
Ausfluss seiner göttlichen Natur als des auf Erden gegenwärtigen
Lichts 9, 4., wie sie auch als Werke angesehen werden, die der
Vater selbst durch den Sohn vollbringt, 14, 10. Eben desshalb,
weil sie in jeder Hinsicht unvergleichlich sind, weil Jesus Werke
gethan hat, ἃ οὐδεὶς ἄλλος πεποίηκεν, 15, 24, sind sie die augen-
scheinlichsten Beweise seiner göttlichen Sendung, denen selbst
der Glauben schenken muss, welcher den Worten, der Person Jesu
den Glauben versagt, 10, 38, durch welche allein schon ein
gewisser Glaube, auch wenn er ganz ohne geistigen Gehalt ist,
hervorgerufen wird, 3, 2. Der Unglaube der Juden ist gerade
desshalb so verwerflich, weil Jesus ihnen so viele gute Werke
gezeigt, 10, 32, so grosse Zeichen vor ihnen gethan hat, 12,
37, jedes Wunder ist als eine Offenbarung seiner Herrlichkeit
anzusehen, 2, 11. 11, 4. 40.

Wenn diess der allgemeine Character dieser ἔργα ist, so
sind die im Evangelium erzählten Wunder aus der grossen Menge
der σημεῖα, welche Jesus gethan haben sollte, 20, 30, recht absichtlich dazu gewählt, an jedem derselben eine der verschiedenen Grundanschauungen, unter welche die Person Jesu gestellt
werden muss, in's Licht zu setzen. Sehen wir von den beiden
σημεῖα 2, 1 f. 4, 43 f., welche im Grunde nur einleitender Art
sind, ab, so ist das erste hieher gehörende ἔργον die K. 5 er-

zählte Krankenheilung, welche jedoch vorzugsweise aus dem Gesichtspunkt einer am Sabbath verrichteten Handlung betrachtet wird, und als solche dazu dient, an ihr überhaupt den Charakter der ἔργα Jesu vor Augen zu stellen. In dieser Beziehung soll daher dieses ἔργον anschaulich machen, dass das ἐργάζεσθαι des Sohns mit dem des Vaters ganz identisch ist, dass wie der Vater das Leben hat in ihm selbst, so er auch dem Sohn gegeben hat, das Leben zu haben in ihm selbst, und dass er in diesen ἔργα, die der Sohn nicht von sich selbst thun kann, das sprechendste Zeugniss seiner Sendung geben will. Τὰ γὰρ ἔργα, ἃ δέδωκέ μοι ὁ πατήρ ἵνα τελειώσω αὐτά, αὐτὰ τὰ ἔργα, ἃ ἐγὼ ποιῶ, μαρτυρεῖ περὶ ἐμοῦ, ὅτι ὁ πατήρ με ἀπέσταλκε· καὶ ὁ πέμψας με πατήρ αὐτὸς μεμαρτύρηκε περὶ ἐμοῦ. V. 36. Was also die ἔργα überhaupt sind, sowohl nach ihrer innern Causalität, als auch nach ihrer äussern Erscheinung, soll sich vor allem an diesem ἔργον zu erkennen geben. Einen specielleren Charakter hat schon das folgende ἔργον, die K. 6 erzählte wundervolle Speisung. Sie stellt Jesum als das Brod des Lebens dar. Wie es hier der schon im Prolog als höchstes Attribut dem Logos gegebene Begriff der ζωή ist, welcher zu seiner concreten Erscheinung kommt, so veranschaulicht die K. 9 erzählte Heilung des Blindgebornen, den auch schon im Prolog mit dem Begriff der ζωή verbundenen Begriff des φῶς τῶν ἀνθρώπων, die Wahrheit, dass Jesus das Licht der Welt ist, wie er sich selbst 8, 12. nennt. In dieselbe Reihe gehört noch das grösste aller dieser ἔργα und σημεῖα, die Auferweckung des Lazarus, welche auch nur die thatsächliche Darstellung der Wahrheit ist, die Jesus selbst 11, 25. in den Worten ausspricht: ich bin die Auferstehung und das Leben, wer an mich glaubt, wird leben, auch wenn er stirbt. Der Hauptbegriff ist nicht blos das Leben überhaupt, dessen Princip der Logos ist, sondern das Leben als die Negation des Todes, in seiner den Tod überwindenden und in sich aufhebenden Macht. So ist jedes dieser Wunder eine neue Offenbarung der göttlichen

24 *

Grösse und Herrlichkeit Jesu, und es stellt sich in ihnen die absolute Bedeutung seiner Person immer wieder unter einem neuen
Gesichtspunkt dar, von welchem aus sie der Gegenstand des
seligmachenden Glaubens werden soll. So betrachtet sind seine
Werke nichts anderes als die Selbstdarstellung seiner Person, und
eben darin besteht seine erlösende Thätigkeit, dass seine Werke
ihn als den, der er an sich ist, dem Bewusstsein der Menschen
gegenüberstellen. Unter denselben Gesichtspunkt gehört

2. die Lehre Jesu. Sie ist in seinen Reden enthalten, und
wie das Evangelium die ἔργα Jesu auf den höchsten Grad des
Wunders steigert, so gibt es auch die inhaltsreichsten Reden.
Sie schliessen sich meistens an die ἔργα an, um das, was ein
ἔργον in einer grossartigen Anschauung vor Augen stellt, zu
expliciren und nach seinen einzelnen Momenten in seiner teleologischen Bedeutung darzulegen. Schon aus diesem Grunde haben sie dieselbe Beziehung auf die Person Christi, wie die ἔργα,
es ist diess aber überhaupt der Character der johanneischen
Reden und Lehrvorträge. Ihr stehendes Thema ist die absolute
Bedeutung seiner Person. In der ersten grösseren Rede des Evangeliums im Gespräch mit Nicodemus K. 3 wird zwar vor allem
der Satz aufgestellt, dass niemand das Reich Gottes sehen könne,
der nicht von oben geboren werde, die Hauptsache ist aber die
Begründung der dem sinnlichen Menschen unbegreiflich schei-
nenden Wahrheit durch die Autorität dessen, der aus eigener
unmittelbarer Anschauung vom Himmlischen zeugen kann, als
der vom Himmel Herabgekommene auch in den Himmel hinauf-
steigt, ὁ υἱὸς τοῦ ἀνθρώπου, ὁ ὢν ἐν τῷ οὐρανῷ, und in seiner
Erhöhung für alle als der aufgestellt wird, welchen sie zum Gegenstand ihres Glaubens zu machen haben, so dass, je nachdem
man an ihn glaubt oder nicht glaubt, das in ihm in die Welt gekommene Licht die scheidende κρίσις der Guten und Bösen ist.
In der zweiten Rede, die auch, wie die K. 3, nur ein Gespräch
ist, K. 4 bezeichnet er sich als den, der das lebendige Wasser

geben kann, das in dem, der davon trinkt, zu einer πηγὴ ὕδατος ἀλλομένου εἰς ζωὴν αἰώνιον wird.

Die erste in einem grössern Zusammenhang und mit logischer Strenge sich entwickelnde Rede Jesu ist die K. 5, in welcher er von der Identität des ἐργάζεσθαι des Sohns mit dem des Vaters spricht. Das, worin dieses gemeinsame Thun des Vaters und Sohns besteht, ist das ἐγείρειν und ζωοποιεῖν. Beide Ausdrücke bezeichnen denselben Begriff, nur mit dem Unterschied, dass das ζωοποιεῖν in dem ἐγείρειν sich dadurch bethätigt, dass es durch die Negation des Todes die Affirmation des Lebens ist. Dieser Begriff des ζωοποιεῖν, oder des Sohns, sofern er als der Logos die ζωή im absoluten Sinn ist, wird V. 20—29 durch folgende drei Momente hindurchgeführt: Das erste Moment ist die durch den Glauben vermittelte ζωὴ αἰώνιος, die Wirkung des ζωοποιεῖν ist das geistige Leben. Wer den Glauben hat, hat unmittelbar in dem Glauben den Tod durch das Leben in sich aufgehoben, er hat das Princip des Lebens in sich, zunächst zwar nur des geistigen Lebens, aber dieses geistige Leben ist auch die Bedingung und die Wurzel des leiblichen der künftigen Auferstehung, dieses leibliche Leben ist an sich schon in dem geistigen enthalten, V. 24. In dem zweiten Moment greift das geistige Leben schon in das leibliche hinüber, doch ist das Leibliche noch ganz durch das Geistige vermittelt, die ζωή wird als ἀνάστασις nur denen zu Theil, welche das geistige Leben in sich aufgenommen haben. Es kommt einst die Zeit, in welcher die leiblich Todten den Ruf des Sohnes Gottes hören, und die, die ihn hören, zum Leben d. h. zum seligen Leben gelangen werden, und diese Zeit kommt nicht erst, sondern sie ist schon jetzt da, denn nicht blos von der Zukunft, auch schon von der Gegenwart kann gesagt werden, dass die Todten die Stimme des Sohnes Gottes hören und leben, d. h. die geistig Todten hören in dem Gotteswort, das der Sohn verkündigt, auch den Ruf zum Leben, und sind, wenn sie ihm folgen, schon jetzt selig. Die geistige

und die leibliche Auferstehung wird hier als eine und dieselbe
zusammengenommen, aber eben desswegen ist V. 25. noch
nicht von der allgemeinen Auferstehung der Guten und der Bösen die Rede, sondern nur von der seligen Auferstehung, der
ἀνάστασις ζωῆς, weil nur diese mit der geistigen Auferstehung,
in welcher sie ihren Grund und Ursprung hat, zu dieser Einheit
des Begriffs verbunden werden kann. In dem dritten Moment
ist das leibliche Leben nicht blos mittelbar als Folge des geistigen, sondern unmittelbar für sich Gegenstand des ζωοποιεῖν,
daher erstreckt sich das ζωοποιεῖν auch auf die Bösen. Die Auferstehung ist eine allgemeine, Gute und Böse hören in ihren
Gräbern die Stimme des Sohns und stehen auf, aber die Letztern
nur zur ἀνάστασις κρίσεως. V. 29.

So ist der Begriff durch alle seine Momente durchgeführt,
nur kommt dabei noch das Verhältniss des κρίνειν zum ζωοποιεῖν
in Betracht. Das ζωοποιεῖν schliesst auch das κρίνειν in sich, denn
nicht alle, ohne Unterschied, macht der Sohn lebendig, sondern
nur die, die er will, V. 21. Das ζωοποιεῖν kann nicht geschehen,
ohne dass ein Unterschied gemacht wird, die Einen von den Andern
unterschieden und geschieden, d. h. gerichtet werden, das ζωοποιεῖν ist von selbst auch ein κρίνειν, sofern das ζωοποιεῖν durch den
Glauben bedingt ist, die so Gerichteten und Geschiedenen sind
auch die Ausgeschiedenen und als solche die Verurtheilten. Das
im ersten und zweiten Moment nur negativ sich äussernde κρίνειν
wird im dritten ein positives, das im ζωοποιεῖν enthaltene κρίνειν
wird nun das Überwiegende in ihm, die ἀνάστασις als die Wirkung des ζωοποιεῖν geschieht nur für den Zweck der κρίσις, ist also
nur eine ἀνάστασις κρίσεως. In dieser Einheit des ἐργάζεσθαι
des Sohns mit dem des Vaters macht also nur das κρίνειν einen
Unterschied. Denn der Vater richtet niemand, sondern hat alles
Gericht dem Sohn übergeben. Das κρίνειν ist seinem wesentlichen Begriff nach ein Scheiden, es setzt also Gegensätze voraus, die auseinander gehalten werden müssen. Wird nun vom

Vater gesagt, dass er nicht richte, so ist damit die über alle
Gegensätze der endlichen Welt erhabene Absolutheit Gottes ausgesprochen; kommt dagegen dem Sohn vorzugsweise das Richten zu, so wird er dadurch, wie es ja auch der Begriff des
Logos an sich schon mit sich bringt, als der in die Welt der
Gegensätze Hineingestellte bezeichnet. Nur in diesem Sinn kann
es genommen werden, wenn es V. 27 heisst: der Vater habe
ihm die Macht gegeben, καὶ κρίσιν ποιεῖν, ὅτι υἱὸς ἀνθρώπου ἐστί.
Wie er also υἱὸς θεοῦ ist, so ist er auch der υἱὸς ἀνθρώπου. Als
der in die Welt und Menschheit Eingetretene ist er nicht blos
Gott, sondern muss selbst auch Mensch sein. Wie der Vater als
der absolute Gott schlechthin über den Gegensätzen steht, so ist
der Sohn das der Welt und Menschheit zugekehrte gottmensch-
liche Bewusstsein, und wie sich in ihm die Gegensätze der endlichen Welt reflectiren, so greift er auch mit seiner Macht in sie
ein, um, was im Glauben ihm angehört, oder im Unglauben von
ihm sich abwendet, von einander zu scheiden.

Wie in der Rede K. 5 der Begriff des Logos als des abso-
luten Lebensprincips explicirt wird, so hat auch die Rede K. 6
denselben Begriff zu ihrem Inhalt. Wie der Logos oder der
Sohn die lebendigmachende Kraft ist, so ist er es auch, welcher
alles geistige Leben ernährt und erhält, und ihm seinen ewigen
Bestand gibt. Diess ist der Begriff des Lebensbrods, wie er
K. 6 nach seinen verschiedenen Momenten dargelegt wird. Es
gibt ein göttliches Lebensbrod, das vom Himmel kommt und der
Welt das Leben gibt; dieses Lebensbrod ist Jesus, als der vom
Himmel gekommene Logos; weil aber Jesus als der vom Himmel
Gekommene nicht blos der Logos ist, sondern der fleischgewordene Logos, so wird dasselbe, was im Begriffe des Lebensbrods
liegt, auch als Fleisch bezeichnet, oder concreter als Fleisch
und Blut. Das himmlische Lebensbrod ist also Jesus nur sofern
er der fleischgewordene Logos ist, oder in Fleisch und Blut
existirt; denn nur von Fleisch und Blut kann dasselbe prädicirt

werden, was die wesentliche Eigenschaft des Brods ist, dass
es Object eines Genusses ist, durch welchen es der Geniessende
in sich aufnehmen, und zur substanziellen Einheit mit sich vereinigen kann. Eben diess aber ist der Hauptgesichtspunkt, um
welchen es sich hier handelt. Denn nicht sowohl, dass Jesus
das absolute göttliche Lebensprincip ist, die Leben schaffende,
vom Tode zum Leben erweckende Macht, als welche er schon
K. 5 dargestellt ist, soll hier dargethan werden, als vielmehr,
dass das Verhalten des glaubenden Subjects zu ihm nur derselbe
Process sein kann, durch welchen bei dem leiblichen Genuss der
Geniessende die nährende Substanz sich einverleibt. Denn wie
das Brod nur dazu da ist, dass man es isst, und nur der nicht
stirbt, der das himmlische Lebensbrod durch den Genuss sich
aneignet, so hat auch nur, wer sein Fleisch isst und sein Blut
trinkt, das Leben in sich, denn nur sein Fleisch ist wahrhaft
Speise, und nur sein Blut ist wahrhaft Trank, und nur wer sein
Fleisch isst und sein Blut trinkt, bleibt in ihm, wie er in ihm ist.
Der ganze Inhalt der Rede ist demnach, dass er sich als die allgemeine Lebenssubstanz für alle darstellt, welche des ewigen
Lebens theilhaftig werden wollen.

  Wie es in diesen beiden Reden der Begriff des Lebens ist,
welcher in seiner concreten Beziehung auf die Person Jesu in
seine verschiedenen Elemente auseinander gelegt wird, so ist
es 8, 12. der Begriff des Lichts, welchen Jesus zur Grundanschauung seines Wesens macht. Er ist das Licht der Welt, wer
ihm folgt, wird nicht in der Finsterniss wandeln, sondern das
Licht des Lebens haben, darum muss er auch wirken die Werke
dessen, der ihn gesandt hat, so lange es Tag ist; es kommt die
Nacht, da Niemand wirken kann; so lange er in der Welt ist,
ist er das Licht der Welt, 9, 4 f. Als das Licht der Welt ist er
zum Gericht in die Welt gekommen, damit die nicht Sehenden
sehen, und die Sehenden blind werden. Auch dieses Gericht
ist dieselbe Scheidung der Einen von den Andern nach der Ver-

schiedenheit ihrer Natur, von welcher sonst in diesem Evangelium die Rede ist. Die Einen sind die Empfänglichen, welche
glauben, ehe sie sehen, oder wissen, was sie sehen, die Andern die Unempfänglichen, welche nicht glauben bei allem, was
sie sehen und wissen, 9, 39 f. In demselben Sinn nennt er sich
3, 19 f. das in die Welt gekommene Licht, durch dessen Eintritt in die Geschichte die dem Licht und die der Finsterniss verwandten Naturen von einander geschieden und jene der Finsterniss entrissen werden, vgl. 12, 46. Auf diese Weise ist der
Hauptinhalt dieser Reden durchaus ein die absolute Bedeutung
der Person Jesu und die nur durch ihn mögliche Vermittlung des
Menschen mit Gott aussprechender Begriff, mit welchem Jesus
selbst identificirt wird. Leben und Licht sind die Hauptprädicate,
die sich unmittelbar auf den Begriff des Logos beziehen. In ähn-
lichem Sinn wird Jesus aber auch der Weg 14, 6, die Thüre,
der einzige Eingang zum ewigen Leben genannt, 10, 8. 9. Er ist
die θύρα τῶν προβάτων V. 7, aber auch der gute Hirte, welcher
sein Leben für die Schafe lässt, der die Seinen kennt und erkannt wird von den Seinen, auf dieselbe Weise wie der Vater
ihn und er den Vater kennt. V. 11 f. Als Weg nennt sich
Jesus die Wahrheit und das Leben. Was der Weg theoretisch
als Wahrheit ist, ist er praktisch als Leben; es fassen daher
diese drei Begriffe die absolute Bedeutung der Person Jesu in
ihrer Einheit zusammen.

Ist nun der Hauptinhalt der Lehre Jesu in die Reden niedergelegt, welche in diesem Evangelium Jesu in den Mund gelegt
werden, so ergibt sich hieraus von selbst, wie die Lehre Jesu
wesentlich nichts anderes ist, als die Lehre von seiner Person.
Der ganze Inhalt seiner Reden und Belehrungen, somit seiner
Lehre überhaupt ist nur die Selbstdarstellung seiner Person als
des Einen, in welchem man allein zum ewigen Leben gelangen
kann. Gegen diese Identificirung der Lehre Jesu mit der Lehre
von seiner Person könnte nur diess zu sprechen scheinen, dass

er 13, 34 ausdrücklich das Gebot der Liebe für ein neues erklärt,
und eben damit den Hauptinhalt seiner Lehre in das Gebot der
Liebe zu setzen scheint. Aber auch dieses Gebot steht in der
unmittelbarsten Beziehung zu seiner Person. Lieben sollen sich
die Jünger unter einander, wie er sie geliebt hat, und den
grössten Beweis seiner bis an's Ende fortdauernden Liebe hat er
durch die Handlung gegeben, welche er unmittelbar vor seinem
Leiden und Tod an seinen Jüngern vornahm, die Fusswaschung,
K. 13. In ihr wollte er ihnen ein Beispiel geben, dass wie er
an ihnen gethan hat, auch sie thun, V. 15. Ist das Wesen der
Liebe Selbstverläugnung und Selbstaufopferung, unbedingte Hingabe an Andere, so ist eine durch solche Handlungen sich er-
weisende Liebe in dem Verhältniss um so grösser, je höher die
Person ist, welche diese Beweise der Liebe gibt. Dieselbe absolute Bedeutung, welche die Person Jesu hat, hat daher auch
die von ihm bewiesene Liebe, und das Gebot der Liebe ist somit
ein neues, weil in seiner Person erst die Liebe in ihrer hohen
unendlichen Macht sich offenbaren konnte, er allein geliebt hat,
wie kein Anderer geliebt hat, da seine Liebe gegen die Seinen
selbst nur der Ausfluss und Reflex der Liebe ist, welche ihn mit
dem Vater und den Vater mit ihm verbindet. Wie jene Handlung
der Liebe ausdrücklich ein von ihm gegebenes Beispiel genannt
wird, so erhellt hieraus zugleich, welche Bedeutung überhaupt
auf dem Standpunkt des johanneischen Evangeliums das Vorbild
Jesu hat. Die Bedeutung seiner Person bringt es von selbst mit
sich, dass als absolutes Gebot für die an ihn Glaubenden gelten
muss, zu thun, wie er gethan hat.

3. Der Tod Jesu. Auch der Tod Jesu gehört unter denselben Gesichtspunkt der Selbstdarstellung Jesu, unter welchen
überhaupt die erlösende Thätigkeit Jesu zu stellen ist. Je mehr
er durch seine Selbstdarstellung in seinen Werken und in seinen
Reden als der erkannt wird, der er an sich ist, um so mehr
gereicht diess nur zur Verherrlichung seiner selbst und des

Vaters durch ihn. Wie daher das ganze Werk der Erlösung die
fortgehende Verherrlichung des Vaters durch den Sohn und insofern des Sohnes selbst ist, so ist der Tod Jesu der entscheidende Moment für die Verherrlichung des Sohns. Es kommt in
ihm nur zur Vollendung, was schon bisher durch das ganze
Werk Jesu auf Erden eingeleitet und ausgeführt worden ist. Vgl.
17, 1 f. 12, 28 f. Aus dem Gesichtspunkt der Verherrlichung
der Person Jesu betrachtet der Evangelist den Tod Jesu schon
in dem wiederholt mit einer gewissen Vorliebe gebrauchten
doppelsinnigen Ausdruck ὑψοῦν. Er spielt auf den Kreuzestod
an, so dass die Erhöhung an dem Kreuz die höhere Bedeutung
bezeichnen soll, welche seine Person und sein Werk durch seinen Tod erhalten hat. In diesem Sinne wird er mit der von
Moses in der Wüste erhöhten Schlange verglichen, die allen, die
auf sie hinblickten, Heilung gewährte. So musste auch des
Menschen Sohn erhöht werden, damit jeder, der an ihn glaubt,
nicht verloren gehe, sondern das ewige Leben habe, 3, 14 f.
In seinem Tode wurde er also erst vor aller Welt als das Object
des Glaubens so aufgestellt, dass alle, die durch ihn das ewige
Leben erlangen wollen, das Auge des Glaubens auf ihn richten
können. Sein Tod war daher das nothwendige Mittel, um ihn
vor das Bewusstsein des Menschen so hinzustellen, dass alle an
ihn glauben, und ihn als das, was er ist, anerkennen können.
Von demselben ὑψοῦσθαι ist 12, 32 die Rede, wo Jesus im Hinblick auf seinen Tod sagt: Wenn ich erhöht werden werde von
der Erde, werde ich alle zu mir ziehen. Seine Erhöhung am
Kreuz ist eine geistige Erhebung. Wenn er am Kreuze über der
Erde schwebt, hat sein Tod die Wirkung, dass die, die an ihn
glauben, gleichsam von der Gewalt entbunden werden, die sie an
die Erde fesselt, er zieht sie von der Erde zu sich in den Himmel
nach, erhebt sie vom Sinnlichen zum Geistigen. Je mehr sein
Tod dazu dient, den wahren Glauben an ihn zu bewirken, ihn
im Bewusstsein der Menschheit zur allgemeinen Anerkennung zu

bringen, um so mehr erhellt hieraus, wie er nur der Weg zu
seiner Verherrlichung ist. Nichts anderes sagt auch die bildliche
Vergleichung, durch welche die Verherrlichung, welcher des
Menschen Sohn in seinem Tode entgegengeht, so ausgedrückt
wird: Wofern nicht das Waizenkorn in die Erde fällt und stirbt,
bleibt es allein für sich, wenn es aber stirbt, bringt es viele
Frucht. Dieselbe Nothwendigkeit findet also auch bei dem Tode
Jesu statt. Wie das Waizenkorn nur wenn es in die Erde gelegt
ist, sich zur Frucht vervielfältigt, so kann auch Jesus nur dadurch, dass er stirbt, eine Gemeinde von Glaubenden um sich
sammeln. In seinem Tode erhält also erst seine Person eine
solche Bedeutung und Anziehungskraft, dass er in immer grös-
serem Umfang der Gegenstand des Glaubens wird. Wie das
ganze Leben und Wirken Jesu in der Welt ein Kampf des Lichts
und der Finsterniss ist, so tritt die Finsterniss ganz besonders in
seinem Tode in ihrer Macht hervor. Es ist der Fürst der Welt,
der Teufel, welcher als der eigentliche Urheber seines Todes,
13, 27, zum Kampf gegen ihn auftritt, und die Bedeutung seines
Todes wird daher hauptsächlich auch in die Überwindung des
Teufels gesetzt. Im Angesicht seines Todes sieht Jesus, 12, 31,
das Weltgericht vollzogen, und den Fürsten dieser Welt hinausgestossen. Kurz vor seiner Gefangennehmung sieht er eben diesen
Fürsten sich nahen, und setzt gerade darein die Bedeutung seines
Todes, dass derselbe, eben weil der Teufel kein Recht an ihn
hatte, nur dazu dienen werde, ihn als den den Vater liebenden
und seinen Willen vollziehenden Sohn zur allgemeinen Erkenntniss der Welt zu bringen, 14, 30. 31. Je allgemeiner die Erkenntniss Gottes und dessen, den er gesendet hat, in der Welt
wird, um so mehr verliert dadurch der Teufel seine Macht in der
Welt; je entscheidender daher der Tod Jesu für sein Werk überhaupt ist, um so mehr ist er auch der Zeitpunkt, in welchem die
Macht des Teufels gebrochen wurde. Besteht also seine Verherrlichung darin, dass er, wie diess ja der Zweck seiner Selbst-

darstellung ist, immer allgemeiner als der, der er an sich ist, anerkannt wird, so erklärt sich hieraus von selbst, warum gerade sein Tod das Hauptmoment seiner Verherrlichung ist.

Fragen wir nun aber weiter, auf welche Weise der Tod Jesu die allgemeine Anerkennung seiner Person bewirkt, so treten wir mit der Beantwortung dieser Frage in eine neue Sphäre des johanneischen Lehrbegriffs ein, in welcher an die Stelle der irdischen Thätigkeit Jesu die Wirksamkeit seines Geistes tritt. Wirken kann aber der Geist nur, nachdem er an die Jünger mitgetheilt ist, und diese Mittheilung selbst ist wesentlich bedingt durch seinen Tod und seine Auferstehung. Die Auferstehung selbst aber hat im johanneischen Evangelium einen rein geistigen Charakter, es eröffnet sich daher überhaupt mit seinem Tode eine ganz neue Sphäre, die seiner rein geistigen Wirksamkeit.

Die Auferstehung Jesu scheint der Evangelist im Allgemeinen auf dieselbe Weise zu beschreiben, wie die Synoptiker; das Eigenthümliche seiner Vorstellungsweise tritt aber schon darin hervor, dass er die Auferstehung in die unmittelbarste Verbindung mit dem Hingang Jesu zum Vater setzt. Nur diess kann der Sinn der Stelle 20, 17 sein, wo er den kaum zuvor Auferstandenen sagen lässt, er sei gerade jetzt im Begriff, zum Vater aufzusteigen. Ganz übereinstimmend damit zeigen auch die Abschiedsreden, wie eng der Evangelist beides zusammengedacht hat, die Auferstehung und den Hingang zum Vater. Der Hingang Jesu zum Vater ist die nothwendige Bedingung, unter welcher allein der Geist vom Vater gesendet werden kann. Es ist euch gut, sagt Jesus 16, 7 zu den Jüngern, dass ich hingehe, denn wenn ich nicht hingehe, wird der Paraklet, der heilige Geist, nicht kommen zu euch, wenn ich aber hingegangen sein werde, werde ich ihn zu euch senden. Vgl. 14, 12 f. Nun erhalten ja aber die Jünger an demselben Tage, an welchem Jesus zum Vater zu gehen versichert, den heiligen Geist, 20, 19 f. Wie können sie ihn also erhalten haben, wenn er nicht zuvor

zum Vater gegangen war? Man kann das, was 20, 17—23
erzählt wird, nur als die Erfüllung dessen betrachten, was Jesus
in seinen Abschiedsreden den Jüngern verheissen hat. Nur aus
dem Inhalt der Abschiedsreden können wir uns daher die richtige
Vorstellung von der Mittheilung des Geistes und der sie begleitenden Erscheinung Jesu bilden. An ein leibliches Kommen und
Wiedersehen, oder die Auferstehung im gewöhnlichen materiellen
Sinne kann man nicht denken, wenn die Hauptvorstellung, auf
welche alles zurückgeht, immer wieder ist, dass er ihnen den
Geist der Wahrheit, den heiligen Geist, einen andern Paraklet
vom Vater senden werde. Kommt ein anderer als er, so kommt
er nicht selbst. Und doch wird in demselben Zusammenhang auch
wieder gesagt, dass er selbst zu den Jüngern komme 14, 18 f.:
Ich komme zu euch, noch ist es ein Kleines und die Welt sieht
mich nicht, ihr aber werdet mich sehen. Unter diesem Kommen
und Sehen kann nichts anderes verstanden werden, als die Sendung des Geistes, in welchem zwar er selbst kommt, sofern es
sein Geist ist, der von ihm gesendete, aber doch nur auf geistige
Weise. So wenig das Kommen des Vaters 14, 23 ein leibliches
ist, ebenso wenig auch das des Sohns, sie kommen beide, um
Wohnung bei den Jüngern zu machen, wenn der von beiden
gesendete Geist kommt, und die lebendigste Gemeinschaft mit
ihnen vermittelt. In dieser Mittheilung des Geistes werden gleichsam alle Schranken aufgehoben, welche das Diesseits und Jenseits trennen. Der Herr ist auch jetzt, wie zuvor, bei den Jüngern,
er kommt und sieht sie, wie auf leibliche Weise, und doch kommt
er nur in einem Andern, der nicht er selbst ist. Als der Lebende
oder Auferstandene 14, 19 ist er der zum Vater Hingegangene,
und doch sind in dieselbe Gemeinschaft schon jetzt im Grunde
auch die Jünger versetzt. Indem die Jünger den Geist in sich
haben, haben sie in ihm alles, was sie mit dem Vater und Sohn
zur innigsten persönlichen Gemeinschaft verknüpft.

Hat nun dieses Kommen und Wiedersehen in den Abschiedsreden diese geistige Bedeutung, so kann es da, wo nur geschieht, was in ihnen verheissen ist, nicht anders sein. Der Herr kommt ja nur zur Mittheilung seines Geistes. Dass hier, so sinnlich die Berührung ist, in welche der Herr mit den Jüngern kommt, an keine körperliche Erscheinung zu denken ist, zeigt die ganze Schilderung dieser Scenen. Wie kann ein materieller Leib durch geschlossene Thüren hindurchgehen? Man kann daher in diesen Erscheinungen des nicht blos Auferstandenen, sondern auch schon in Himmel Hingegangenen nur die Einwirkungen seines Geistes auf die Jünger sehen, durch welche er in ihrem Bewusstsein das Bild seiner persönlichen Gegenwart erweckte. Es lässt sich nicht verkennen, dass diese vergeistigte Form der Auferstehung mit der johanneischen Christologie überhaupt sehr eng zusammenhängt. Das Ende der evangelischen Geschichte, an welchem Jesus die Welt und das irdische Sein verlässt, weist von selbst auf den Anfang zurück, an welchem er in dasselbe eintrat. Er geht zum Vater zurück, von welchem er ausgegangen ist, geht dahin wieder zurück, wo er zuvor war, 6, 62. Zuvor aber, ehe er in die Welt kam und Fleisch wurde, war er der noch nicht Fleisch gewordene rein göttliche Logos. Was folgt also hieraus anderes, als dass er die irdische Hülle des Fleisches, die er erst annahm, zuletzt auch wieder ablegte, um rein der zu sein, der er zuvor war, in der unmittelbaren Einheit mit dem Vater, mit welchem, wie er selbst Geist ist, nur Geistiges eins sein kann. Wollte man sagen, das vom Logos angenommene Fleisch habe ebendadurch, dass der Logos in ihm Mensch wurde, und für den Zweck des Erlösungswerks den ganzen Verlauf eines menschlichen Lebens in ihm durchmachte, eine Bedeutung erhalten, die es nicht mehr verlieren konnte, es sei dadurch mit ihm selbst unzertrennlich eins geworden, so kommt dagegen in Betracht, was der Evangelist in demselben Zusammenhang, in welchem er davon spricht, man werde des Menschen Sohn einst dahin zurückgehen sehen, wo er zuvor war, sagen lässt: der

Geist sei es, der lebendig macht, das Fleisch nütze nichts, 6, 63.
Wie man auch diesen Satz drehen mag, um ihn etwas Anderes
sagen zu lassen, als er wirklich sagt, es ist in ihm die allgemeine
Wahrheit ausgesprochen, dass das Fleisch keine absolute Bedeutung für die Person Christi hat, sein Verhältniss zu ihr kein an
sich nothwendiges und unzertrennliches ist, woraus nur die Folgerung gezogen werden kann, dass er nach der Vorstellung des
Evangelisten auch wirklich im Momente seiner Auferstehung und
seines Hingangs zum Vater der irdischen Hülle des Fleisches sich
entäussert hat, womit nur zusammenstimmt, dass seine Leiblichkeit auch schon in seinem irdischen Leben da und dort auf eine
Weise erscheint, welche es kaum möglich macht, ihr die feste
Materialität eines menschlichen Leibs zuzuschreiben.

Wie Jesus selbst mit seiner Auferstehung und seinem Hingang in Himmel in die Sphäre des rein geistigen Seins zurücktrat,
so ist sein Tod auch der Zeitpunkt, mit welchem nun die Wirksamkeit des Geistes und seine Mittheilung an die Jünger und
überhaupt an die an ihn Glaubenden ihren Anfang nahm. Es verdient hier besonders das Verhältniss beachtet zu werden, in
welches der Evangelist den Geist, das πνεῦμα ἅγιον, zu der
Person Jesu setzt. Eine darauf sich beziehende wichtige Stelle
ist 7, 38 f. Jesus sagt hier von dem an ihn Glaubenden, es
werden Ströme lebendigen Wassers aus seinem Leibe fliessen.
Der Evangelist bemerkt dazu, diess habe Jesus von dem Geist
gesagt, welchen die an ihn Glaubenden empfangen sollten, denn
es gab noch keinen heiligen Geist, weil Jesus noch nicht verherrlicht war. Seine Verherrlichung erfolgte durch seinen Tod.
Nach seiner Auferstehung bei seiner ersten Erscheinung em-
pfiengen daher die Jünger den heiligen Geist, 20, 22, und ohne
Zweifel ist auch schon das mit Blut aus seiner durchstochenen
Seite ausgeflossene Wasser, wenn man damit die κοιλία 7, 38
zusammenhält, ein Symbol des nach seinem Tod von ihm ausgegangenen Geistes. Die Vorstellung ist also eigentlich: So lange

noch Jesus auf der Erde lebte und wirkte, war der messianische
Geist, welchen er selbst ohne Maass empfangen hatte, so sehr
mit seiner Person identisch, dass es noch keine Wirksamkeit des
πνεῦμα ἅγιον gab ausser in ihm selbst; erst mit seinem Tode
wurde der bisher mit ihm identische Geist von seiner Person nun
so entbunden, dass er als selbstständiges Princip im Kreise der
an ihn Glaubenden wirken konnte. Das Kommen des Paraklet ist
zwar durch den Hingang Jesu bedingt, nach demselben will er
ihn senden, 16, 7; der Antheil aber, welchen der Sohn an der
Sendung hat, scheint nur in der an den Vater gerichteten Bitte
zu bestehen, 14, 16, in Folge welcher der Vater den Geist der
Wahrheit im Namen des Sohns sendet, 14, 26. Die Abhängigkeit desselben vom Sohn ist daher nur eine mittelbare, wie besonders aus der Stelle 16, 13—15 hervorgeht. Wie schon der
Logos, so wird auch der Geist nichts von sich selbst reden,
sondern aussprechen, was er gehört hat, und das Zukünftige
verkündigen. „Er wird, sagt Jesus, mich verherrlichen, weil
er von dem Meinigen nehmen und es euch verkündigen wird.
Alles, was der Vater hat, ist mein; desshalb sage ich, er wird
von dem Meinigen nehmen, was er euch verkündigen wird.“
Offenbar wird hier gesagt, dass der Paraklet nur in uneigentlicher
Weise den Inhalt seiner Verkündigung von dem Sohn entnehmen
wird, nur sofern alles, was der Vater hat, auch ihm angehört.
Mit dieser Abhängigkeit des Geistes vom Vater stimmt ganz zusammen, dass ausdrücklich auch gesagt wird, der Paraklet,
welchen er vom Vater senden werde, der Geist der Wahrheit,
gehe vom Vater aus, παρὰ τοῦ πατρός ἐκπορεύεται, 15, 26. Man
streitet darüber, ob dieses ἐκπορεύεσθαι von einem metaphysischen, die persönliche Präexistenz voraussetzenden Ausgehen
des heiligen Geistes zu verstehen sei, oder vom blossen Gesendet-
sein, was mit der weitern Frage zusammenhängt, ob der Paraklet überhaupt als persönliches Wesen zu denken ist. Unstreitig
wird er als solches beschrieben, man vgl. besonders 16, 12 f.;

es kann diess aber auch nur darin seinen Grund haben, dass ihn
Jesus als seinen Stellvertreter betrachtet, welcher, wie er selbst,
den Jüngern berathend und helfend zur Seite stehen soll, woher
eben der Name παράκλητος, d. h. ein zur Hülfe Gezogener, ein
Beistand, und zwar besonders ein gerichtlicher, ein Sachwalter,
advocatus. Man darf hier nicht übersehen, dass die Wirksamkeit
des Geistes nur die Fortsetzung der messianischen Thätigkeit
Jesu ist, deren Princip auch schon das πνεῦμα ἅγιον war; es ist
dasselbe wirkende Princip, nur mit dem Unterschied, dass es
nicht mehr unmittelbar mit der Persönlichkeit Jesu verknüpft ist,
sondern als das die Gläubigen beseelende und ihre Gemeinschaft
bedingende Princip in immer weiterem Umfang wirkt, auf eine
Weise, bei welcher keineswegs nothwendig ist, sich den Geist
als persönliches Wesen zu denken. Auf den Vater aber wird
sein Wesen und Wirken zurückgeführt, weil das Wesen Gottes
selbst reine Geistigkeit ist, und wie der Logos so auch der Geist
nur in schlechthiniger Abhängigkeit von dem Vater als dem allein
absoluten Gott gedacht werden kann. Die Causalität Gottes ist
in ihrer absoluten Idee zu überwiegend, als dass die Frage nach
der Persönlichkeit des Paraklet eine besondere Bedeutung hätte.
Die Hauptsache ist, dass in ihm als Einheit alles zusammengefasst
ist, was seit dem Tod und Hingang Jesu den weiter entwickelten
Inhalt des christlichen Bewusstseins ausmacht.

   Es kommt hier jedoch zweierlei in Betracht. Zunächst ist
der Paraklet auf die Jünger zu beziehen. Bedenkt man, welches
Resultat bei dem fortgehenden Kampf mit dem Unglauben die
ganze Thätigkeit Jesu hatte, vgl. 12, 37, so kam alles darauf
an, mit welchem Erfolg durch die Thätigkeit der Jünger der
Glaube an ihn bewirkt werden konnte. Diess ist die Bedeutung
der Abschiedsreden Jesu. Die Jünger waren zwischen ihm und
der ungläubigen Welt die nothwendigen Vermittler des Glaubens.
Sollte aber das Werk Jesu durch sie fortgesetzt werden, so
mussten sie dazu durch denselben Geist befähigt werden, welcher

auch das Princip der messianischen Thätigkeit Jesu war. Man
kann jedoch, wenn man nach dem Begriff des johanneischen
Paraklets fragt, nicht blos bei den ersten Jüngern Jesu stehen
bleiben. Ist das Evangelium erst in einer spätern Zeit entstanden, enthält es, wie nicht zu läugnen ist, eine schon weiter
fortgeschrittene Entwicklung des christlichen Bewusstseins,
konnte dem Verfasser selbst der Unterschied seines Standpunkts
von dem früheren und auch schon von dem der Synoptiker unmöglich verborgen bleiben: worin anders konnte er die Berechtigung desselben finden, als in dem Bewusstsein, dass auch in
ihm derselbe Geist sich ausspreche, welcher als das in alle
Wahrheit leitende Princip nicht blos den ersten Jüngern, sondern überhaupt der Gemeinschaft der Glaubigen von Jesu verheissen worden war? Daher bezieht sich auch das, was Jesus
zum Inhalt seiner letzten Reden macht, nicht blos auf seine ersten Jüngern im engern Sinn, sondern auch auf die Glaubigen
überhaupt. Ausdrücklich sagt Jesus 17, 20: οὐ περὶ τούτων, die
Jünger, ἐρωτῶ μόνον, ἀλλὰ καὶ περὶ τῶν πιστευόντων διὰ τοῦ λόγου
αὐτῶν εἰς ἐμὲ, damit alle eins sind, wie du, Vater, in mir und
ich in dir, damit auch sie in mir eins sind, jene Glaubenden,
damit die Welt glaube, dass du mich gesendet hast. Auch schon
7, 39 wird ganz allgemein gesagt, das πνεῦμα, das nach dem
Tode Jesu kommen soll, werden οἱ πιστεύοντες εἰς αὐτὸν empfangen. Wenn er 17, 6 seine ersten Jünger die Menschen nennt,
die ihm der Vater gegeben habe, seinen Namen zu offenbaren,
so weist auch diess darauf hin, dass er in ihnen nur die ersten
Glieder der an ihn sich anschliessenden Gemeinschaft sah. Wie
er auf dieselbe Weise die Jünger sandte, wie ihn der Vater gesandt hatte, 20, 21, so sollte sich dasselbe Werk auch in den
Glaubenden fortsetzen. Dieselbe Einheit, die ihn mit dem Vater
und die Jünger mit ihm verband, begriff auch die ganze Gemeinschaft der an ihn Glaubenden in sich, 17, 21. Daher ist es auch
derselbe von Jesu verheissene und gesendete Geist, welcher,

wie er schon in den ersten Jüngern wirkte, so auch die ganze
Gemeinschaft der an ihn Glaubenden beseelt und als das Princip
des christlichen Bewusstseins mit der weiteren Entwicklung der
christlichen Gemeinschaft immer tiefer in die volle Erkenntniss
der christlichen Wahrheit hineinführt. Er ist fort und fort der
Geist der Wahrheit, der in alle Wahrheit leitet, und so sehr das
der christlichen Gemeinschaft immanente Princip, dass alles, was
sich in ihr als ein neues wesentliches Moment der Entwicklung
der christlichen Erkenntniss und des christlichen Lebens herausstellt, nur als etwas betrachtet werden kann, was der Geist
nicht von sich selbst spricht, sondern von dem Herrn selbst empfängt, wie ja Jesus 16, 14 sagt, dass er es von dem Seinigen
nehme. Das Geschäft des Geistes wird 16, 8 zunächst gesetzt
in das ἐλέγχειν τὸν κόσμον περὶ ἁμαρτίας, καὶ περὶ δικαιοσύνης,
καὶ περὶ κρίσεως, dass er der Welt ihre Sünde des Unglaubens,
ihre Schuld gegen die Gerechtigkeit der Sache und Person Jesu,
und die Nichtigkeit ihres Widerstands strafend vorhält; der
Hauptbegriff bleibt aber für das johanneische Evangelium immer,
dass er das Princip der Wahrheit und der Erkenntniss ist. Durch
ihn wird ganz besonders die höhere Erkenntniss des Verhältnisses aufgeschlossen, in welchem der Sohn zum Vater steht, 14, 20.
Wenn er aber auch alles lehrt, 14, 26, und die Christen in alle
Wahrheit führt, 16, 13, und seine Offenbarung als eine neue
dargestellt wird, welche nicht bei der blossen Erinnerung an
das vom Erlöser schon Gesagte stehen bleibt, sondern darüber
hinausgeht, und auch das Neue, das die unmittelbaren Jünger
noch nicht zu fassen vermochten, mittheilt, die Wahrheit in
ihrem vollen Umfang, so soll diess doch auf keine Weise ein
principielles Hinausgehen über die ursprüngliche Offenbarung
Jesu selbst sein. Der Geist schöpft immer nur aus dem Inhalt
seiner Lehre, um den in seiner Offenbarung verschlossenen unendlichen Inhalt dem gereiften Bewusstsein zu entfalten. Es lässt
sich nicht anders denken, als dass eben diess, was hiemit dem

Paraklet beigelegt wird, das johanneische Evangelium für sich selbst in Anspruch nehmen will. Es steht einerseits auf dem Standpunkt einer weiter fortgeschrittenen Entwicklung, andererseits ist es sich aber doch bewusst, die principielle Einheit mit dem Urchristenthum festgehalten, die Substanz des urchristlichen Glaubens nur tiefer erforscht zu haben und in sein innerstes Wesen eingedrungen zu sein. Hieraus erklärt sich von selbst, wie die dem johanneischen Evangelium eigenthümliche und von ihm mit besonderer Vorliebe behandelte Lehre vom Paraklet für kein anderes so grosses Interesse haben konnte.

Auf welchem eigenthümlichen Standpunkt der johanneische Lehrbegriff steht, ergibt sich aus der bisherigen Entwicklung desselben; um aber das Charakteristische desselben noch schärfer in's Auge zu fassen, ist noch genauer darauf Rücksicht zu nehmen, wie er sich zu denjenigen Formen des christlichen Bewusstseins verhält, über welche er seiner ganzen Stellung nach schon hinausgeschritten ist, d. h. zum Judaismus und Paulinismus.

Was das Verhältniss zum Judaismus betrifft, so fragt es sich zunächst, welche Stellung das johanneische Evangelium zum alten Testament und zum Judenthum sich gibt. Es sind hier zwei sehr von einander verschiedene Seiten dieses Verhältnisses zu unterscheiden. Auf der einen Seite muss die Verwandtschaft des Christenthums mit dem alten Testament anerkannt werden, auf der andern steht das Judenthum dem Standpunkt des Evangeliums schon so fern, dass man auch hieraus auf die spätere Zeit seiner Entstehung schliessen kann. Das Judenthum hat den absoluten Vorzug vor dem Heidenthum, dass seine Gottesverehrung eine wissende, d. h. auf das wahre Object des religiösen Bewusstseins gerichtete ist, während die heidnische, wofür die samaritanische gilt, eine in Beziehung auf ihr Object irrende und nichtwissende ist, 4, 22. Ist, wie 17, 3 gesagt wird, das das

ewige Leben, dass man den allein wahren Gott erkennt, so hat
nur die jüdische Religion diese absolute Wahrheit in sich. Darum
kann auch nur aus den Juden das messianische Heil kommen,
4, 22, der Messias, welcher der Erlöser der Welt sein soll, 4, 42.
Mit der Erkenntniss des wahren Gottes ist daher in den Schriften des alten Testaments eine fortgehende Weissagung und Hinweisung auf den, welcher von dem allein wahren Gott als der
Erlöser der Welt gesendet werden soll, verbunden. Schon Moses
hat von ihm geschrieben, und zwar so klar und unzweideutig,
dass Moses selbst der Ankläger der Juden wird, weil sie, wenn
sie ihm glaubten, auch Jesu glauben müssten, 5, 45; ebenso ist
in den Schriften der Propheten von der messianischen Periode
die Rede, 6, 45. Abraham hat sogar schon hocherfreut den Tag
des Messias gesehen, 8, 56, und Esaias in der Anschauung seiner Herrlichkeit von ihm geweissagt, 12, 41. Auch dadurch beurkundet sich die alttestamentliche Religion als die wahre, dass
in den wichtigsten Momenten der evangelischen Geschichte nur
in Erfüllung gieng, was schon im alten Testament theils ausdrücklich vorherverkündigt, theils typisch dargestellt ist, 2, 17.
3, 14. 6, 32. 7, 38. 12, 14 f. 38 f. 19, 28. 36. 37.

Auf der andern Seite steht nun aber das Judenthum als
Gesetzesreligion so tief unter dem Christenthum als der absoluten Religion, dass die eine mit der andern so gut wie nichts zu
thun hat. Dieser Gegensatz ist schon im Prolog V. 17. in den
Worten ausgesprochen: das Gesetz ist durch Moses gegeben,
die Gnade und die Wahrheit ist durch Jesus Christus zu Theil
geworden. Gesetz und Evangelium treten hier in ihrer ganzen
Weite auseinander, und wie hier in dem Gegensatz zum Evangelium auch schon die Aufhebung des Gesetzes liegt, so wird
überhaupt das Gesetz überall, wo von ihm die Rede ist, nur als
ein particuläres, nationales und ebendesswegen vergängliches
bezeichnet. Es ist höchst bezeichnend, wie der Evangelist vom
mosaischen Gesetz als von etwas spricht, was nur die Juden

angehe, was nur sie das ihrige nennen können, 7, 19: οὐ Μωυσῆς δέδωκεν ὑμῖν τὸν νόμον; V. 22. 8, 17. 10, 34: in eurem Gesetz steht geschrieben. Selbst wo eine Stelle des alten Testaments in den Schicksalen Jesu ihre Erfüllung finden soll, wie Ps. 69, 5, wird diese Stelle 15, 25 genannt: ὁ λόγος ὁ γεγραμμένος ἐν τῷ νόμῳ αὐτῶν. Die bedeutendsten gesetzlichen Feste werden nur als Feste der Juden bezeichnet, namentlich das Passahfest wird mit diesem Ausdruck als ausschliesslich jüdisches Fest dargestellt, 2, 13. 6, 4. 11, 55. Ebendahin gehört die Eigenthümlichkeit, dass der stehende Name, mit welchem im johanneischen Evangelium die Gegner Jesu bezeichnet werden, so verschiedenen Classen sie auch angehören, der Name Ἰουδαῖοι ist. Es ist auch daraus zu sehen, wie sehr sich das Bewusstsein des Evangelisten vom Judenthum losgerissen hat. Es steht in seinem schon abgeschlossenen Gegensatz zum Judenthum vor ihm, und er sieht in ihm unter diesem Gesichtspunkt nur das Reich des Unglaubens und der Finsterniss, ja die Juden sind ihm sogar geradezu die Söhne des Teufels, deren Streben nur dahin geht, das zu thun, was ihr Vater, der Menschenmörder von Anfang an und der Feind der Wahrheit von ihnen verlangt, 8, 44. Diese Spitze des Gegensatzes sieht der Evangelist in ihnen wegen ihres bewussten Widerspruchs gegen die Wahrheit, weil sie trotz alles dessen, was Jesus ihnen gerade gethan hat, um sie zum Glauben an ihn zu bringen, dennoch in ihrem Unglauben beharren. Das Judenthum ist der eigentliche Boden, auf welchem Licht und Finsterniss in ihrem Gegensatz einander gegenüberstehen. So viele Strahlen des göttlichen Lichts das alte Testament in sich schliesst, so ausgezeichnet Judäa als das Vaterland des Messias, 4, 44, und als der Ort ist, von welchem das Heil ausgeht, 4, 22, so schwer liegt die Macht der Finsterniss auf dem Judenthum, und so gross ist sein Gegensatz zum Christenthum.

Dabei ist nun noch besonders bemerkenswerth, wie der Evangelist in der evangelischen Geschichte selbst den Punkt fixirt,

auf welchem das Christenthum vom Judenthum sich ablöst, und
der Bruch beider vollendet ist. Es geschieht diess durch die
eigenthümliche Weise, wie er Jesum als das wahre und eigentliche Passahlamm darstellt, 19, 36 f. Was das alttestamentliche
Passahlamm blos typisch war, kam in ihm zu seiner vollen Realität
in dem Moment, in welchem an ihm das nicht geschah, was auch
an dem jüdischen Passahlamm nicht geschehen durfte. Sobald
das Bild zur Wahrheit, der Typus zur Sache selbst geworden ist,
hat das Bild, der Typus, seine Bestimmung erreicht und erfüllt,
er hat nun nichts weiter zu bedeuten. Derselbe Moment, in
welchem der gekreuzigte Christus als das wahre und eigentliche
Passahlamm dargestellt wurde, ist der Wendepunkt, in welchem
das Judenthum aufhörte zu sein, was es bisher war, sein Ende
war gekommen, und das Christenthum trat als die wahre Religion
an seine Stelle. Das Grosse, Bedeutungsvolle jenes Moments
war daher, dass in ihm die alttestamentliche Religionsökonomie,
wie sie in dem Worte der Schrift prophetisch und typisch enthalten ist, nunmehr abgelaufen war, und eine neue ihren Anfang
nahm, deren Charakteristisches in dem aus der Seite Jesu ge-
flossenen Blut und Wasser angeschaut wird. Wie sehr dem
Evangelisten dieser Gedanke vorschwebt, ist aus der Sorgfalt zu
sehen, mit welcher er die Erfüllung alttestamentlicher Weissagungen gerade im Momente des Todes Jesu nachzuweisen
sucht. Alles was nur immer in Stellen des alten Testaments sich
darauf beziehen lässt, wird herbeigezogen, um diesem Moment
seine volle Bedeutung zu geben. Den dabei leitenden Gedanken
hat der Evangelist selbst in dem letzten Worte des sterbenden
Jesus ausgesprochen in dem Worte: τετέλεσται, 19, 30. Es ist
vollendet, nämlich, wie aus V. 28 zu sehen ist, alles, was zur
Erfüllung des alten Testaments an Jesus, als dem Messias, geschehen musste. In diese grossartige geschichtliche Anschauung
muss man sich hineinversetzen, wenn man den Evangelisten in
seiner Darstellung des Todes Jesu richtig verstehen will. Es ist

der Wendepunkt der beiden Religionsökonomien, der Umschwung
aus dem alttestamentlichen jüdischen Bewusstsein in das neutestamentliche christliche, welchen er im Momente des Todes Jesu
vor sich gehen sieht, das Alte ist abgelaufen und zu seinem Ende
gekommen, und das Neue tritt in's Dasein. Wenn also auch das
Judenthum noch fortexistirt, so ist es eine blosse Form ohne
alle innere Bedeutung, und es ist nur die Verblendung und Ver-
stockung des Unglaubens, welche dem Christenthum gegenüber
noch am Judenthum festhält. Wie fern musste der Verfasser des
Evangeliums schon der Periode des Urchristenthums stehen, wenn
er auf das Judenthum so tief herabsehen konnte, und wie wenig
kann man sich ihn in einer nationalen Beziehung zu demselben
denken, wenn er so wenig Sympathie für die Juden hat, dass er
in ihnen nur Söhne des Teufels und durch göttliches Verhängniss
zum Unglauben Verblendete und Verstockte sieht? Vgl. 12, 37 f.
Welche grosse Kluft trennt ihn in dieser Beziehung nicht blos
von dem Apokalyptiker, sondern auch von dem Apostel Paulus!
     Wie der Verfasser des Evangeliums vom Judenthum und
Judaismus sich völlig losgesagt hat, so hat er auch den Paulinismus hinter sich, er hat ihn aber zugleich so in seinen Lehrbegriff
aufgenommen, dass er die wesentliche Grundlage desselben ist.
Der paulinische Universalismus ist eine schon feststehende Thatsache, und er hängt mit der Grundidee des Evangeliums, der
Lehre vom Logos so eng zusammen, dass er nun erst auch theoretisch begründet ist. Als der göttliche, schon vor der Welt
existirende Logos ist Christus über den jüdischen Particularismus
so erhaben, dass alles, was er Nationales an sich hat, nur in
einer sehr zufälligen Beziehung zu ihm zu stehen scheint. Er ist
zwar der jüdische Messias 1, 42. 4, 22 (nur im johanneischen
Evangelium wird dieser ächt jüdische Name gebraucht, und
gleichsam eine antiquarische Notiz über ihn gegeben), der im
alten Testament prophetisch Verheissene, welcher, weil ja ἡ
σωτηρία ἐκ τῶν Ἰουδαίων ἐστίν, 4, 22, auch nur unter den Juden

auftreten konnte; sonst jedoch ist von dem johanneischen Christus
alles Nationale abgestreift, der Ausdruck υἱὸς τοῦ θεοῦ hat nicht
denselben Sinn wie bei den Synoptikern, von einem Davidssohn
ist gar nicht die Rede, das den synoptischen Evangelien so
wichtige Dogma, dass der Messias als ἐκ τοῦ σπέρματος Δαβιδ,
καὶ ἀπὸ Βηθλεὲμ, τῆς κώμης, ὅπου ἦν Δαβιδ, ἔρχεται, 7, 42,
führt er blos als jüdische Meinung an, die Einzugsscene geschieht
zwar auch hier auf dieselbe Weise, wie bei den Synoptikern, sie
erscheint aber hier offenbar nur als Accommodation von Seiten
Jesu, um den Juden auch diesen Vorwand ihres Unglaubens abzuschneiden, wie wenn sie wegen eines solchen ihm fehlenden
Kriteriums der Messianität an ihn nicht hätten glauben können.
Auf dem universellen Standpunkt des johanneischen Evangeliums
ist der Logos, seiner ursprünglichen Idee nach, das Licht der
Welt, ὃ φωτίζει πάντα ἄνθρωπον, 1, 9, und selbst wenn unter
den τὰ ἴδια und οἱ ἴδιοι V. 11 nur das jüdische Volk zu verstehen
wäre, was jedoch keine nothwendige Annahme ist, wird durch
dieses specielle Verhältniss jenes allgemeine keineswegs beschränkt. Wenn der Evangelist 11, 52 mit besonderem Nachdruck hervorhebt, dass Jesus nicht blos für das jüdische Volk
sterben sollte, sondern dazu, durch seinen Tod auch die zer-
streuten Kinder Gottes zu einem Ganzen zu vereinigen, so setzte
er solche zerstreute Kinder Gottes auch in der heidnischen Welt
voraus. Je grösser der Unglaube der Juden war, je weniger
daher an ihnen der Zweck der Wirksamkeit Jesu erreicht werden
konnte, desto mehr musste er in der heidnischen Welt in Erfüllung gehen, in ihr also auch eine weit grössere Empfänglichkeit für das Wort Gottes und den Glauben an Jesus vorhanden
sein, als bei den Juden, wie denn auch wirklich der Evangelist
in mehreren Stellen die Heiden auf diese Weise vor den Juden
auszeichnet. Es gehört hieher besonders die Erzählung K. 4.
Der Evangelist sieht hier in den Samaritanern, welche den Übergang zu den Heiden machten, das reiche Erndtefeld, das in der

empfänglichen Heidenwelt dem Glauben an Jesus sich öffnete.
Die bekehrten Samaritaner gehören schon zu jenen andern
Schafen, welche Jesus in der Gleichnissrede vom guten Hirten
zu seiner Heerde führen zu müssen versichert, 10, 16. Bemerkenswerth ist in dieser Beziehung besonders auch die Stelle, 12, 20 f.,
in welcher Jesus gleichfalls das, was im unglaubigen Judenthum
nicht möglich war, seine Verklärung durch den Glauben an ihn,
in der glaubigen Heidenwelt sich verwirklichen sieht. In jenen,
das glaubige Heidenthum repräsentirenden Hellenen fällt der verklärte Blick Jesu auf die zu seiner Verherrlichung bestimmte
Sphäre, in welcher aus seinem Tode die Gemeinde der Glaubigen
erstehen sollte. Die gleiche Berechtigung und Befähigung der
Heiden zur Theilnahme am messianischen Heil ist dem Evangelisten eine längst entschiedene Sache, eine Frage, welche nicht
mehr, wie in den Briefen des Apostels Paulus, Gegenstand des
Streits und lebhafter, das Zeitinteresse in Anspruch nehmender
Verhandlungen ist, sondern sich in der Wirklichkeit schon dadurch gelöst hat, dass es eine aus Heiden und Juden bestehende,
zur Einheit eines Ganzen gewordene christliche Gemeinde gab.
Hierin also, in diesem die Heidenwelt als sein wesentlichstes
Element betrachtenden Universalismus steht das johanneische
Evangelium ganz auf dem Boden der Errungenschaft des Pauli-
nismus.

Was nun aber das Verhältniss des johanneischen Lehrbegriffs zum paulinischen in den auf das innere Verhältniss des
Menschen zu Gott sich beziehenden Lehren betrifft, so ergibt
sich schon aus dem johanneischen Standpunkt überhaupt, dass
er über die paulinische Lehre vom Glauben und der Rechtfertigung hinausliegt. Wer dem Gesetz schon so fern steht, wie der
Verfasser des johanneischen Evangeliums, kann es auch nicht als
die Hauptaufgabe der erlösenden Thätigkeit Jesu betrachten, den
Menschen von der Schuldforderung des Gesetzes zu befreien.
Eine Auffassung des Todes Jesu, bei welcher auf die stellver-

tretende und genugthuende Bedeutung desselben das Hauptgewicht gelegt wird, passt nicht in den johanneischen Lehrbegriff,
in welchem die Person Jesu in ihrer Einheit und Totalität so sehr
die Grundanschauung ist, dass auch der Tod Jesu als specielles
Moment nicht so sehr hervorgehoben und fixirt werden kann. Nur
in einer Rede des Täufers 1, 19 wird Jesus das Lamm Gottes genannt, ὁ αἴρων τὴν ἁμαρτίαν τοῦ κόσμου, und auch dieses αἴρειν
ist nicht von einem stellvertretenden Tode zu verstehen, sondern
nur davon, dass er überhaupt durch seine ganze persönliche
Erscheinung und Wirksamkeit die Sünde hinwegnimmt und aufhebt. Hiemit fällt der specifisch-paulinische Begriff des Glaubens
hinweg, und das Object des Glaubens ist nicht der Tod Jesu mit
seiner sündenvergebenden Kraft, sondern die Person Jesu überhaupt als des fleischgewordenen Logos, oder, da Jesus als der
Gesendete nur in der unmittelbarsten Einheit mit dem ihn Sendenden gedacht werden kann, Gott selbst. Man glaubt in Jesus an
Gott selbst, 5, 24. Für πιστεύειν stehen daher auch mehrere, ein
persönliches Verhältniss ausdrückende Begriffe, wie λαμβάνειν,
παραλαμβάνειν, 1, 11. 12. 3, 11. 32. 5, 43. 12, 48. 13, 20,
ἀκούειν 8, 43. 47. 10, 3. 16. 18, 37, ἔρχεσθαι 6, 35. 37. 7, 37.
Die paulinische Unterscheidung zwischen dem Glauben und den
Werken hat auf dem johanneischen Standpunkt keine Bedeutung.
Das durch den Glauben bezeichnete Verhältniss zu Jesu ist an
sich ein practisches Verhalten, das sich auch thatsächlich äussern
muss. Auf die Frage des Volks 6, 28: τί ποιῶμεν, ἵνα ἐργαζώ-
μεθα τὰ ἔργα τοῦ θεοῦ; gibt Jesus die Antwort: τοῦτό ἐστι τὸ
ἔργον τοῦ θεοῦ, ἵνα πιστεύσητε εἰς ὃν ἀπέστειλεν ἐκεῖνος. Der
Glaube ist also selbst ein ἔργον, dadurch hebt sich der Streit über
den Glauben und die Werke von selbst auf. Ein solches ἔργον,
als unmittelbares practisches Verhalten ist aber der Glaube nur
wegen der persönlichen Beziehung, die in ihm liegt. Als Vertrauen zu Jesus, als Anhänglichkeit an seine Person, als Liebe
zu ihm, enthält der Glaube von selbst den Trieb, sich practisch

zu äussern. Wenn ihr mich liebet, sagt Jesus 14, 15, werdet
ihr meine Gebote halten. Die Liebe zu ihm kann sich nur dadurch bethätigen, dass man nach seinen Geboten handelt. Ihr
seid meine Freunde, sagt Jesus 15, 14, wenn ihr alles thut,
was ich euch befehle. Wer meine Gebote hat, sich ihrer bewusst
ist, und sie hält, der ist's, der mich liebt, und wer mich liebt,
wird von meinem Vater geliebt werden, und ich werde ihn lieben,
14, 21. Wie mich der Vater geliebt hat, so habe ich euch geliebt,
bleibet in meiner Liebe; wenn ihr meine Gebote haltet, werdet
ihr in meiner Liebe bleiben, wie auch ich die Gebote meines
Vaters gehalten habe und in seiner Liebe bleibe, 15, 9 f. Auf
das τηρεῖν τὰς ἐντολὰς, oder darauf, dass man das thut, was dem
Willen Gottes und Jesu gemäss ist, kommt hier alles an in Hinsicht des Verhältnisses des Menschen zu Gott. Das Princip und
Motiv dieses Thuns ist die Liebe, und zwar nicht in dem Sinne,
in welchem der Apostel Paulus, wenn er von einer πίστις ἐνεργουμένη δι' ἀγάπης spricht, die Liebe aus dem Glauben hervorgehen lässt, sondern die Liebe tritt hier unmittelbar an die Stelle,
welche bei dem Apostel Paulus der Glaube einnimmt. Wer an
Jesus glaubt, tritt dadurch in ein Liebesverhältniss zu ihm, das
das bestimmende Princip seines Seins und Lebens wird. Die
Liebe zu ihm treibt ihn, alles das zu thun, was Jesus von ihm
verlangt, und die Liebe zu Jesus schliesst ganz besonders die
Liebe zu Andern in sich. Das ist mein Gebot, sagt Jesus 15, 12,
dass ihr einander liebet, wie ich euch geliebt habe. Auch da,
wo Jesus von der Liebe als einem neuen Gebot spricht, versteht
er es von dem ἀγαπᾶν ἀλλήλους: wie er die Seinen geliebt habe,
so sollen auch sie sich unter einander lieben.

Wie die Liebe, als das Princip des christlichen Verhaltens
in der Liebe wurzelt, welche Jesus zu den Seinen hat, so hat
diese Liebe Jesu selbst ächt johanneisch ihre höhere Begründung
in dem Verhältniss, in welchem er zu dem Vater steht. Das
innerlichste Band dieses Verhältnisses ist die Liebe. Von der

Liebe, mit welcher der Vater den Sohn geliebt hat, vor Grund-
legung der Welt, und vermöge welcher der Vater in ihm und er
im Vater ist, 17, 23. 24, geht alles aus. Diese Liebe des Vaters
und Sohns in der höchsten metaphysischen Sphäre, von welcher
die Betrachtungsweise des Evangeliums ausgeht, ist der maassgebende Typus für alle auf der Sendung des Sohns beruhende
Verhältnisse. Sie ist der Grund der Sendung des Sohns. Denn
also hat Gott die Welt geliebt, dass er seinen eingebornen Sohn
gab, auf dass alle, die an ihn glauben, nicht verloren gehen,
sondern das ewige Leben haben, 3, 16. Mit derselben Liebe,
mit welcher der Vater den Sohn liebt, liebt er auch die Welt,
und mit derselben Liebe, mit welcher der Sohn den Vater liebt,
thut er alles, was der Vater aus Liebe zur Welt von ihm verlangt. Die Welt soll erkennen, sagt Jesus 14, 31, dass ich den
Vater liebe und so thue, wie mir der Vater befohlen hat. Mit
derselben Liebe, mit welcher der Vater die Welt liebt, liebt der
Sohn die, die ihm der Vater gegeben hat, und der grösste Beweis seiner Liebe ist, dass er sein Leben für sie gibt, weil ja
niemand grössere Liebe hat als die, dass er sein Leben lässt für
seine Freunde, 15, 13. Indem so die Liebe immer auf ein höheres
Verhältniss zurückweist, in welchem sie selbst wurzelt, erhält
dadurch erst alles Thun seinen absoluten sittlichen Werth. In
diesem Sinne sagt Jesus, dass er nicht seine eigene Ehre suche,
sondern nur die Ehre dessen, der ihn gesendet hat, 8, 50. 7, 18,
dass es seine Speise sei, den Willen dessen zu thun, der ihn
gesendet hat, und sein Werk zu vollenden, 4, 34, dass er vom
Himmel gekommen sei, nicht seinen Willen zu thun, sondern
den Willen dessen, der ihn gesendet hat, 6, 38. Wie das ganze
Thun des Sohns schlechthin bedingt ist durch sein Einssein mit
dem Vater, so dass dadurch von selbst alles, was nur aus ihm
ist, ausgeschlossen und unmöglich gemacht ist, so können auch
die an ihn Glaubenden nur in der Einheit mit ihm und in der
schlechthinigen Abhängigkeit von ihm auf fruchtbringende Weise

wirken, wie diess durch das Gleichniss vom Weinstock und den
Reben veranschaulicht wird, K. 15. Wie in der Einheit des
Vaters und Sohns das Thun des Sohns eigentlich das Thun des
Vaters ist, so hat auch das Thun der Seinen das bestimmende
Princip nur darin, dass sie in ihm sind und bleiben. Das Verhältniss des Sohns zum Vater ist auf diese Weise der absolute
Typus für alles, wodurch das Verhältniss der Menschen zu Gott
practisch realisirt werden soll. Daher kann auch das Endziel nur
ein diesem Verhältniss analoges sein. Was der Sohn auf absolute Weise ist, sollen die an ihn Glaubenden durch seine Vermittlung werden. Ist also er der Eingeborne, so erhalten sie
von ihm die ἐξουσία, τέκνα θεοῦ γενέσθαι, 1, 12. Als Kinder
Gottes sind sie von Gott gezeugt. Dieses Kindschaftsverhältniss hat
zwar von der menschlichen Zeugung seinen Namen und ist insofern derselben analog, wenn man aber auch aus dem menschlichen Verhältniss alles Unreine und Materielle hinwegdenkt, so
ist es doch ein von demselben unendlich verschiedenes, ein Verhältniss ganz eigener Art, 1, 13. Dieses γεννηθῆναι ἐκ θεοῦ ist
gleichbedeutend mit dem γεννηθῆναι ἄνωθεν, dem von oben Ge-
borenwerden, 3, 3 f., wobei neben dem auf die christliche Taufe
sich beziehenden Wasser noch besonders der Geist als wirkendes Princip genannt wird, auf dieselbe Weise, wie Jesus ungeachtet seiner Identität mit dem göttlichen Logos noch besonders
das πνεῦμα zugeschrieben wird. Demgemäss geht nun auch
dasselbe innige Verhältniss, in welchem Jesus zum Vater steht,
auf die mit ihm Verbundenen über. Die Liebe, mit welcher ihn
der Vater geliebt hat, soll auch in den Seinen sein, wie er in
ihnen ist, 17, 26. Wenn einer ihn liebt, und somit auch sein
Wort hält, so wird ihn auch der Vater lieben, und beide, der
Vater und der Sohn, kommen zu ihm, um ihre Wohnung bei ihm
zu nehmen, 14, 23. So ist das Verhältniss der an Jesum Glaubenden zu ihm nur die Fortsetzung des Verhältnisses, in welchem
er selbst zum Vater steht, das eine Verhältniss reflectirt sich in

dem andern, so jedoch, dass das eine dem andern nicht blos untergeordnet, sondern auch wieder mit ihm identisch ist. In demselben Verhältniss, in welchem der Sohn zum Vater steht, stehen die Glaubigen nicht blos zum Sohn, sondern durch die Vermittlung des Sohns auch zum Vater. Das bestimmende Princip des ganzen Verhältnisses aber ist die durch unbedingte Hingabe und Befolgung des göttlichen Willens sich bethätigende Liebe, deren höchstes absolutes Princip die Liebe des Vaters zum Sohn und Gottes zu der Welt ist.

Die Liebe ist somit überhaupt der höchste Begriff, von welchem die johanneische Anschauungsweise ausgeht. In ihr liegt daher auch der Punkt, in welchem der johanneische Lehrbegriff von dem paulinischen sich scheidet. So hoch auch der Apostel Paulus die Liebe Gottes stellt, so steht doch in seiner Anschauungsweise vermöge seiner Ansicht vom Gesetz der Liebe noch immer die Gerechtigkeit gegenüber. Der Mensch kann von dem Gesetz nicht hinwegkommen, ohne dass dem Rechtsanspruch des Gesetzes an ihn Genüge geschehen, seine Schuldforderung getilgt, das Lösegeld bezahlt ist. Diess geschieht durch den Tod Jesu, er ist das Hauptmoment, in welchem das ganze Werk der Erlösung sich vollzieht. Mit dieser centralen Bedeutung, welche der Tod Jesu im paulinischen Lehrbegriff hat, ist sogleich alles gegeben, was den eigenthümlichen Inhalt desselben ausmacht, der intensive Begriff des nur auf den Tod als sein eigentliches Object gerichteten Glaubens, und das ebendadurch bedingte Verhältniss des Glaubens und der Werke in Hinsicht der Rechtfertigung. Im johanneischen Lehrbegriff fehlt vor allem eine solche Bedeutung des Todes Jesu, wie bei Paulus, und zwar aus dem doppelten Grunde, weil das Gesetz dem Gesichtskreis des Evangeliums schon so entrückt ist, dass seine Ansprüche gleichsam als antiquirt anzusehen sind, und sodann weil die ganze Anschauung von der Person Jesu es nicht gestattet, ein einzelnes Moment auf so überwiegende Weise hervorzuheben, dass der Schwer-

punkt des ganzen Erlösungswerkes in dasselbe fällt. Erlösend
ist Jesus durch seinen Tod nur in demselben Verhältniss, in
welchem er es durch seine irdische Erscheinung überhaupt ist.
Was bei Paulus die Thatsache des Todes ist, ist hier das rein
Persönliche, die Person Jesu in ihrer absoluten Bedeutung. Daher
kann man des der Menschheit durch Jesus zu Theil gewordenen
Heils nur dadurch theilhaftig werden, dass man den ganzen Eindruck seiner Persönlichkeit auf sich wirken lässt, sich ihr hingibt
und sich durch sie practisch bestimmen lässt. Wie also der johanneische Lehrbegriff von dem Judenthum als einem noch fort-
bestehenden Moment des religiösen Bewusstseins sich völlig
losgesagt und alles Judaistische weit hinter sich zurückgelassen
hat, so geht er in demselben Verhältniss über den paulinischen
Standpunkt hinaus, in welchem auf demselben noch das Bedürfniss vorhanden ist, sich mit dem Gesetz erst rechtlich auseinander-
zusetzen. Einen Zusammenhang mit dem Judenthum, vermöge
dessen das Christenthum von ihm sich erst losmachen und emancipiren, gleichsam seine Schuld an dasselbe abtragen müsste,
um das Recht seiner freien Existenz zu haben, gibt es für das
johanneische Evangelium nicht.

Wie so der johanneische Lehrbegriff sich nicht blos über
den Judaismus, sondern auch den Paulinismus erhebt, und auf
beide als überwundene Standpunkte herabsieht, so besteht überhaupt sein eigenthümlicher Charakter darin, dass er in freier
Idealität über den Gegensätzen steht, und auf dem Standpunkt
der absoluten Idee sich selbst über die Momente der geschichtlichen Vermittlung hinwegsetzt. Seine ganze Betrachtungsweise
geht nicht von unten nach oben, sondern von oben nach unten.
Konnte der Apostel Paulus den Anknüpfungspunkt für das Christenthum nur in der Sünde finden, und das Christenthum nur aus
dem Gesichtspunkt des Gegensatzes auffassen, in welchem in der
geschichtlichen Entwicklung der Menschheit Sünde und Gnade,
Tod und Leben zu einander stehen, so ist dagegen auf dem jo-

hanneischen Standpunkt der höchste Zweck des Christenthums
nicht das practische Interesse der erlösungsbedürftigen Menschheit, sondern das Theoretische der Selbstoffenbarung und Selbst-
mittheilung Gottes an die Menschheit, wie sie in der Idee des
Logos ausgesprochen ist. Tritt sie in die Welt und Menschheit
herein, so kann sie zwar auch nur den Gegensatz von Licht und
Finsterniss hervorrufen, sie ist aber nicht selbst durch ihn bedingt, so dass die überwiegende Macht der Finsterniss in der
Welt die Ursache der göttlichen Offenbarung wäre. Der höchste
Begriff, in welchem im johanneischen Evangelium das absolute
Wesen Gottes in seiner Beziehung zur Welt und Menschheit ausgesprochen wird, ist die ζωὴ αἰώνιος. Wie dem Sohn als dem
Logos die Macht über alles Fleisch gegeben ist, so soll er allem,
was ihm der Vater gegeben hat, der ganzen Menschheit, allen
in ihr begriffenen Subjecten, das ewige Leben geben. Das aber
ist das ewige Leben, dass sie den Einen wahren Gott und den,
den er gesendet hat, Jesum Christum, erkennen, 17, 2 f. Die
Mittheilung des ewigen Lebens besteht also in der Mittheilung
des wahren Gottesbewusstseins an die Menschheit. Mitgetheilt
wird dieses Bewusstsein durch Jesus, es ist diess der ganze
Zweck seiner Sendung in die Welt, und wie sich die Mittheilung
des wahren Gottesbewusstseins an die Menschheit zu der Mittheilung des ewigen Lebens verhält, so verhält sich die Verherrlichung des Vaters durch den Sohn. Das Eine ist die Voraussetzung des Andern. Verherrlicht wird der Sohn durch den
Vater, wenn die Erkenntniss des Einen wahren Gottes und dessen, den er gesendet hat, durch den fortgehenden Erfolg der
von Jesu ausgegangenen Thätigkeit das allgemeine Bewusstsein
der Menschheit wird, und in demselben Verhältniss, in welchem
diess geschieht, erfolgt die Verherrlichung des Vaters durch den
Sohn in der Mittheilung des ewigen Lebens an die Menschheit.
Beides also ist Eines und dasselbe, die Mittheilung des wahren
Gottesbewusstseins und die Mittheilung des ewigen Lebens, das

Eine wie das Andere ist der absolute Zweck und Inhalt des
Christenthums. Daher ist die höchste Aufgabe der Sendung Jesu,
den Namen Gottes zu offenbaren, ihn den Menschen bekannt zu
machen, 17, 6. 26. Diess kann nur dadurch geschehen, dass
Gott als das, was er an sich ist, erkannt wird. Was aber Gott
an sich ist, ist 4, 24 in dem einfachen Satze gesagt: πνεῦμα ὁ
θεός. Gott ist Geist, und wie er selbst Geist ist, so müssen auch
die, die ihn anbeten, ihn im Geist und in der Wahrheit anbeten.
Wird nun in demselben Zusammenhang gesagt V. 23, dass die
Stunde kommt und schon da ist, wo die wahren Anbeter anbeten
werden den Vater im Geist und in der Wahrheit, weil ja der
Vater nur solche als seine Anbeter verlangt, so ist auch dadurch
die absolute Bedeutung des Christenthums ausgesprochen. Die
Mittheilung des wahren Gottesbewusstseins im Christenthum besteht darin, dass Gott als reiner Geist erkannt ist, und somit
auch der Mensch nur in einem rein geistigen Verhältniss zu ihm
stehen kann. Das Christenthum ist daher die Erhebung des Bewusstseins in die Sphäre reiner Geistigkeit, in welcher Gott als
Geist gewusst wird, und alles Particuläre und Beschränkende in
der Allgemeinheit der Idee Gottes aufgehoben ist. In diesem
reinen geistigen Gottesbewusstsein ist, was schon der Prolog als
das Eigenthümliche der christlichen Offenbarung hervorhebt, das
unsichtbare Wesen Gottes, das niemand je gesehen, durch den
Eingeborenen, den im Schoosse des Vaters Seienden, aufgeschlossen und in das menschliche Bewusstsein als sein absoluter
Inhalt übergegangen.

Besteht nun aber das Absolute des Christenthums ebensosehr
in der Mittheilung des wahrhaft geistigen Gottesbewusstseins an
die Menschheit, als in der Mittheilung des ewigen Lebens: wie
verhält sich das Eine zu dem Andern? gehört zwar das Erstere
der Gegenwart, das Letztere aber der Zukunft an, oder ist
beides im christlichen Bewusstsein so ineinander, dass der Christ
in demselben Verhältniss, in welchem er das wahre Gottesbe-

wusstsein hat, auch das ewige Leben hat? Unstreitig ist das
Letztere die Lehre des johanneischen Evangeliums, und es
schliesst uns darin erst vollends die hohe Eigenthümlichkeit
seiner Anschauungsweise auf. Wie in der absoluten Idee Gottes
jede zeitliche und räumliche Schranke und in der dieser Idee
entsprechenden Einen Heerde unter dem Einen Hirten jeder
nationale Unterschied, alles was die Menschen äusserlich von
einander trennt, aufgehoben ist, so fällt in dieser Idee auch die
Zukunft mit der Gegenwart zusammen, es gibt keine das Jenseits
vom Diesseits trennende Kluft, das ewige Leben ist aus der
Äusserlichkeit eines nur künftigen Zustandes in die Innerlichkeit
des Geistes verlegt. Was Jesus 5, 24 so feierlich betheuert:
»wahrlich, wahrlich, ich sage euch, wer mein Wort vernimmt
und dem glaubt, der mich gesandt hat, der hat das ewige Leben,
und geht nicht in das Gericht, sondern ist schon vom Tode zum
Leben übergegangen«, ist der höchste, in so vielen Äusserungen
wiederkehrende Grundgedanke der johanneischen Eschatologie.
Vgl. 3, 16. 4, 14. 6, 40. 47. 10, 28. Wer sein Wort hält, wird
den Tod nicht sehen ewiglich, 8, 51, wer an ihn glaubt, wird
leben, ob er gleich stirbt, und jeder, der lebt und an ihn glaubt,
wird in Ewigkeit nicht sterben, 11, 26. Das ewige Leben ist
also schon jetzt der dem christlichen Bewusstsein immanente
Inhalt.

Wie verhält sich aber dazu der wirkliche Eintritt in das
zukünftige Leben? Ist die Zukunft der Gegenwart immanent,
sind beide ineinander, so darf die Eschatologie nichts enthalten,
was nur dazu dient, beide auseinanderzuhalten und eine Schranke
zwischen ihnen zu setzen, wie diess durch die Lehre von einer
erst am Ende der Welt erfolgenden Auferstehung geschieht. Es
ist jedoch auch im johanneischen Evangelium von einer allgemeinen, nicht unmittelbar auf dieses Leben folgenden Auferstehung
die Rede. Es kommt die Stunde, in welcher alle, die in den
Gräbern sind, die Stimme Christi hören, und hervorgehen werden

die Guten zur Auferstehung des Lebens, die Bösen zur Auferstehung des Gerichts, 5, 28. 29. Jesus wird die, die ihm Gott gegeben hat, am jüngsten Tag auferwecken, 6, 40. 44. 54. Welche Bedeutung kann aber eine solche Auferstehung haben, wenn das, was die Hauptsache bei der Auferstehung ist, schon anticipirt ist, oder welchen Glauben kann man an eine leibliche Auferstehung haben, wenn schon gesagt ist, dass das, worin die Auferstehung vor sich gehe, nicht der Leib ist, sondern der Geist? Wie nahe streift also das johanneische Evangelium, wenn es auch die künftige allgemeine Auferstehung stehen lässt, an die Lehre jener Gnostiker, welche 2 Tim. 2, 18 sagten: τὴν ἀνάστασιν ἤδη γεγονέναι? Überhaupt welchen Werth kann eine leibliche Auferstehung, d. h. eine Auferstehung der σάρξ in einem Evangelium haben, das als allgemeine Wahrheit ausspricht 6, 63: ἡ σάρξ οὐκ ὠφελεῖ οὐδέν? Hat es ja auch von der Auferstehung Jesu nicht die gewöhnliche materielle Vorstellung, und wenn, wie Jesus 14, 3 sagt, wo er ist, auch die sein sollen, die ihm angehören, so kann man sich auch die Letztern nicht in materieller Leiblichkeit mit dem Auferstandenen zusammendenken. Der Zeitpunkt der Auferstehung ist auch der des Gerichts, aber auch das Gericht setzt das johanneische Evangelium ebenso aus der Zukunft in die Gegenwart. Der Vater hat zwar dem Sohn alles Gericht übergeben, 5, 22, aber auch der Sohn richtet eigentlich nicht, denn wer an ihn glaubt, wird nicht gerichtet, und wer nicht glaubt, ist schon gerichtet, darum weil er nicht glaubt an den Namen des eingebornen Sohnes Gottes. Die von ihm ausgehende κρίσις besteht nur darin, dass durch das Kommen des Lichts in die Welt die Menschen nach der Beschaffenheit ihrer Werke in zwei Classen sich scheiden, in Freunde des Lichts und Freunde der Finsterniss, 3, 19 f. Selbst den, welcher seine Worte nicht achtet und nicht glaubt, sagt er 12, 47 f., richte er nicht, denn nicht um die Welt zu richten, sondern um sie zu retten, sei er gekommen; wer ihn nicht achte und seine Worte

nicht annehme, habe den, der ihn richtet, das Wort, das er
gesprochen, dieses werde ihn richten am jüngsten Tage, 12, 48.
Auch so gibt es also eine ἐσχάτη ἡμέρα des Gerichts? Wenn aber
Jesus nicht selbst richtet, sondern sein λόγος, und mit diesem
Richten nur diess gesagt sein kann, dass seine Lehre den Maassstab enthält, nach welchem der innere sittliche Werth eines jeden
zu bemessen ist, so ist dieses Richten nicht sowohl ein künftiger,
als vielmehr ein gegenwärtiger Act.

Und wie mit der Auferstehung und dem Gericht, so verhält
es sich auch mit der Parusie. Es gibt auch nach dem johanneischen
Evangelium eine Parusie, aber auch sie ist nicht an die Zukunft
gebunden, denn wer ihn liebt, den wird er lieben und sich ihm
offenbaren, 14, 21, oder zu ihm kommen, und Wohnung bei ihm
machen, 14, 23. Schon jetzt ist er also jedem, der die wahre
geistige und sittliche Empfänglichkeit für ihn hat, gegenwärtig.
Insbesondere zeigt auch das ganze Verhältniss, in welchem er
als der nach seinem Tode und seiner Auferstehung im Geiste zu
seinen Jüngern Kommende, sie Wiedersehende und mit ihnen
Redende, 16, 25, zu ihnen steht, welche vergeistigte Bedeutung
die Parusie in diesem Evangelium hat, und wie sehr es auch in
dieser Beziehung über die sonst im neuen Testament gewöhnliche
Anschauungsweise sich erhebt.

So gehört es überhaupt zu der dem johanneischen Evangelium eigenen Idealität, dass alle Gegensätze ihm immer wieder
ein fliessender Unterschied werden, und alles äusserlich Objective
zu einer geistigen Anschauung aufgehoben wird. Kein Evangelium legt so grosses Gewicht auf die ἔργα Jesu, wie das johanneische, wenn es Jesum sogar sagen lässt 10, 38: wenn man
auch ihm selbst nicht glaube, soll man doch seinen ἔργα glauben.
Und kein Evangelium setzt den Glauben um der σημεῖα καὶ τέρατα
oder um der ἔργα willen, bei welchen der Glaube auf dem Sehen
beruht, so tief herab, indem es absichtlich zeigt, wie dieser
Glaube zuletzt doch nur ein πιστεύειν τῷ λόγῳ sein kann, 4, 50.

In demselben Sinn thut es 6, 63 den Ausspruch, dass nur der Geist das Lebendigmachende ist, das Fleisch aber schlechthin keinen Nutzen hat, dass die Worte, die Jesus spricht, Geist und Leben sind, in demselben Sinne preist es 20, 29 die selig, die nicht sehen und doch glauben. Diess ist immer wieder derselbe Idealismus, welchem in der Selbstgewissheit seiner innern Anschauung zuletzt sogar die geschichtliche Wirklichkeit nur eine äussere, das an sich Wahre für das Bewusstsein vermittelnde Form ist.